温宿年鉴

2020

WENSU NIANJIAN 2020

温宿县地方志办公室 编

方志出版社
Publishing House of Local Records

图书在版编目（CIP）数据

温宿年鉴．2020/温宿县地方志办公室编.--北京：
方志出版社，2020. 12
ISBN 978-7-5144-4745-3
Ⅰ．①温…Ⅱ．①温…·Ⅲ.①温宿县-2020-年鉴
Ⅳ．①Z524.54
中国版本图书馆CIP数据核字（2021）第025553号

温宿年鉴（2020）

编　　者：	温宿县地方志办公室
责任编辑：	王　品
出 版 者：	方志出版社
	地址　北京市朝阳区潘家园东里9号（国家方志馆4层）
	邮编　100021
	网址　http://www.zgfzcb.cn
发　　行：	方志出版社图书经销中心
	电话　（010）67110500
经　　销：	各地新华书店
印　　刷：	阿克苏飞达印务有限责任公司
开　　本：	889×1194　1/16
印　　张：	18.5
字　　数：	425千字
版　　次：	2020年12月第1版　　2020年12月第1次印刷
印　　数：	001~300册

ISBN 978-7-5144-4745-3　　　　定价：380.00元

《温宿年鉴（2020）》编纂委员会

主　任　薛建强

副主任　包尔汗·买买提　刘洪胜　肖　森　宋　磊

　　　　　阿孜古丽·阿吾拉

委　员　宁晓斌　李　平　郭其年　许　斌　韩晏飞　冯志雄

　　　　　景文兴　迪力穆拉提·穆萨　何德军　牛　东　白芳萍

　　　　　宋志斌　徐　慧　王吉山　王　迪　樊晓莉

《温宿年鉴（2020）》编纂人员

主　　　编　宋　磊

执行主编　樊晓莉

编　　　辑　石胜聪　赵　霞

摄　　　影　木太力甫·阿不都热合曼

　　　　　　　颜寿林　张军森

《温宿年鉴（2020）》撰稿人员名单

刘　芳　沈　茂　张　艳　贾建龙　詹　丽　李麦平　王　潼
张立鹏　张义玲　潘晓娜　朱　谱　刘　杨　梁金铸　刘妙玲
杨双双　杜光辉　徐海艳　逯　睿　李佳璐　许　斌　杨述森
张继方　周志桂　李　静　石德鹏　郭天鸿　梁海洋　宋鹏君
罗清平　李培东　董悦兰　谢伦胜　王奕辉　吕　勃　张自力
陈　娟　徐　莉　李姗薇　戴　冬　董宇良　陈羽轩　刘永成
吴玉文　杨　彪　张宽儒　杨喜晶　魏海玲　马小龙　陶淑华
刘维维　李明秀　赵新霞　吴贵平　狄欢欢　陈　鹏　周　渝
杨雪琴　汪　琪　张　炜　李小东　王　涛　刘一丹　谢　存
高　茹　陈　俊　王昌燕　许　芳　丁小平　惠浩租　文　磊
李东华　杨林举　王　琼　苗　婷　唐　玲　阿依努尔·托合提
曾　波　李向龙　徐圣富　陈　丽　曹宏刚　张　丽　卫江涛
徐天磊　付　丽　徐阿慧　陈　燕　库尔班尼沙·阿不来提　孙伟琴
陈昌凤　曹　鑫　郭永武　侯政新　买尔燕木·托合提　王国军
徐　铎　魏　瑶　种　强　赵　智　梁瑞敏　古丽坚乃提·艾海提
阿衣先木古丽·吐尔逊　艾克拜尔·达依木　巴图那生　陈　涛　陈昌凤　王　帅

1月12日，中共温宿县第十二届五次全委（扩大）会议召开

1月25日，温宿县召开全面打赢2019年脱贫攻坚战动员部署大会

2月13日，温宿县召开机构改革动员大会

6月29日，温宿县举行庆祝中国共产党成立98周年暨表彰大会

8月4日，温宿县文学艺术界联合会成立暨第一次代表大会开幕式

8月25日，温宿县召开加快推进“服务型”政府建设、深化“放管服”改革工作推进会

10月17日，温宿县召开青年工作联席会议第一次全体会议

12月26日，温宿县举办学习贯彻党的十九届四中全会精神暨系列白皮书集中培训班

3月10日，温宿县托乎拉乡河畔村方志馆开馆

5月23日，温宿县融媒体中心举行揭牌仪式

5月28日，温宿县举行新疆新华阿克苏地区集控管理基地项目开工仪式

6月26日，温宿国家农业科技园区科创中心交付使用

8月1日，温宿县图书馆投入使用

11月4日，温宿县人民医院举行首届膏方节

2月19日，温宿县各族群众共度元宵佳节

7月28日，温宿县举办“乡村文化旅游节”启动仪式暨钓鱼大赛活动

9月19日，温宿县阿热镇举办“壮丽70年 奋斗新时代”2019中国农民丰收节

10月1日，温宿县举办庆祝中华人民共和国成立70周年送文化下基层巡回演出活动

天山托木尔大峡谷景区

天山神木园景区

帕克勒克景区

鸟瞰温宿县城

核桃喜获丰收

水稻开机收割

红枣硕果累累

编 辑 说 明

一、《温宿年鉴》坚持以马克思列宁主义、毛泽东思想、邓小平理论、“三个代表”重要思想、科学发展观、习近平新时代中国特色社会主义思想为指导，坚持辩证唯物主义和历史唯物主义的立场、观点和方法，紧紧围绕县委、县政府的中心工作，全面客观地反映县委、县政府和各部门、各行业取得的成就。

二、《温宿年鉴》是地方综合年鉴，2006 年开始逐年编辑出版，公开发行。其宗旨是全面、系统、真实地介绍温宿县政治、经济、文化、社会等方面的基本面貌和发展情况，为社会各界了解温宿、认识温宿县提供权威资料性文献。

三、《温宿年鉴(2020)》采用分类编辑法。框架结构分为类目、分目、条目 3 个结构层次，主要记述单元为条目。条目标题均为黑体字加【】。

四、《温宿年鉴(2020)》所使用的国民经济和社会发展统计资料均按温宿县统计局的统计公报口径，其他数据一般截至 2019 年年底。

五、《温宿年鉴(2020)》采用资料是由全县各单位、部门提供，所有资料、数据均经供稿单位审核后上报编入。

目　录

特　载

坚守初心担使命　砥砺奋进抓落实　为夺取全面建成小康社会伟大胜利而不懈奋斗
——在中共温宿县第十二届五次全委(扩大)会议上的报告(摘要) …… 1
政府工作报告
——在温宿县第十三届人民代表大会第六次会议上的工作报告(摘要) …… 8

大事记

1月 …… 16
2月 …… 16
3月 …… 16
4月 …… 17
5月 …… 17
6月 …… 18
7月 …… 19
8月 …… 19
9月 …… 20
10月 …… 20
11月 …… 21
12月 …… 21

温宿概况

位置　地形

地理位置 …… 22
地形地貌 …… 22

沿革　区划

历史沿革 …… 22
行政区划 …… 23

自然环境

气候 …… 25
土壤 …… 27
植被 …… 27
水文 …… 27
自然灾害 …… 28

自然资源

土地资源 …… 28
林业资源 …… 28
水资源 …… 28
矿产资源 …… 29
动物资源 …… 29
植物资源 …… 29
旅游资源 …… 29
农业资源 …… 29

中共温宿县委员会

县委常委会会议

第一次县委常委会会议 …… 36
第二次县委常委会会议 …… 36
第三次县委常委会会议 …… 36
第四次县委常委会会议 …… 36
第五次县委常委会会议 …… 36

第六次县委常委会会议 …… 36
第七次县委常委会会议 …… 36
第八次县委常委会会议 …… 36
第九次县委常委会会议 …… 37
第十次县委常委会会议 …… 37
第十一次县委常委会会议 …… 37
第十二次县委常委会会议 …… 37
第十三次县委常委会会议 …… 37
第十四次县委常委会会议 …… 38
第十五次县委常委会会议 …… 38
第十六次县委常委会会议 …… 38
第十七次县委常委会会议 …… 38
第十八次县委常委会会议 …… 39
第十九次县委常委会会议 …… 39
第二十次县委常委会会议 …… 39
第二十一次县委常委会会议 …… 39
第二十二次县委常委会会议 …… 39
第二十三次县委常委会会议 …… 39
第二十四次县委常委会会议 …… 39
第二十五次县委常委会会议 …… 39
第二十六次县委常委会会议 …… 40
第二十七次县委常委会会议 …… 40
第二十八次县委常委会会议 …… 40
第二十九次县委常委会会议 …… 40
第三十次县委常委会会议 …… 40
第三十一次县委常委会会议 …… 40
第三十二次县委常委会会议 …… 40
第三十三次县委常委会会议 …… 40
第三十四次县委常委会会议 …… 40
第三十五次县委常委会会议 …… 41
第三十六次县委常委会会议 …… 41
第三十七次县委常委会会议 …… 41
第三十八次县委常委会会议 …… 41
第三十九次县委常委会会议 …… 41
第四十次县委常委会会议 …… 41
第四十一次县委常委会会议 …… 42

中心组学习

第一次县委中心组学习 …… 42
第二次县委中心组学习 …… 42
第三次县委中心组学习 …… 42
第四次县委中心组学习 …… 42
第五次县委中心组学习 …… 43
第六次县委中心组学习 …… 43
第七次县委中心组学习 …… 43
第八次县委中心组学习 …… 43
第九次县委中心组学习 …… 43
第十次县委中心组学习 …… 43
第十一次县委中心组学习 …… 44
第十二次县委中心组学习 …… 44
第十三次县委中心组学习 …… 44
第十四次县委中心组学习 …… 44
第十五次县委中心组学习 …… 44
第十六次县委中心组学习 …… 44
第十七次县委中心组学习 …… 44
第十八次县委中心组学习 …… 44
第十九次县委中心组学习 …… 44
第二十次县委中心组学习 …… 45
第二十一次县委中心组学习 …… 45
第二十二次县委中心组学习 …… 45

县委办公室工作

机构改革 …… 45
综合协调 …… 45
办文办会 …… 45
基层减负 …… 46
信息工作 …… 46
督查考评 …… 46

全面深化改革 …… 46
保密工作 …… 46
机要工作 …… 46
后勤保障 …… 47
平安机关 …… 47
精神文明建设 …… 47

组织工作

机构改革 …… 47
“访惠聚”工作 …… 47
干部队伍建设 …… 47
干部监督与管理 …… 48
干部教育培训 …… 48
党员管理 …… 48
党代表联络服务 …… 48
干部人事档案专项审核 …… 49
人才管理工作 …… 49
智力援疆培训 …… 49
农村基层党建 …… 49
城市基层党建 …… 50
新兴组织党建 …… 50
公务员管理 …… 50
信息调研 …… 50
自身建设 …… 51

金华援疆(温)工作

项目援疆 …… 51
产业援疆 …… 51
教育援疆 …… 51
医疗援疆 …… 51
交流交往交融 …… 52

宣传工作

概况 …… 52
宣传教育 …… 52
媒体宣传 …… 52
国防教育 …… 52

精神文明建设

公民道德建设 …… 53
社会主义核心价值观宣传 …… 53
精神文明创建 …… 53

统战工作

概况 …… 53
统战工作 …… 53
民族团结 …… 53
宗教事务管理 …… 54
少数民族发展资金项目 …… 54

目标管理考核

机构改革 …… 54
工作目标制定 …… 54
绩效考评指标体系 …… 54
考核督查方式和评价方法 …… 55
年终考评工作 …… 55

机关党建

机构改革 …… 56
基层组织建设 …… 56
党员发展 …… 56
培训学习 …… 56
党员统计 …… 56
党费收缴 …… 56

老干部工作

政治待遇 …… 56
生活待遇 …… 57
关心下一代 …… 57
老年大学 …… 57

编制工作

机构改革与设立 …… 57

编制统计和实名制工作 …… 57
党政部门权责清单推进 …… 57
事业单位登记与管理 …… 57

史志工作

机构改革 …… 58
年鉴编纂 …… 58
大事记编写 …… 58
供稿工作 …… 58
资料利用 …… 58

党校工作

干部教育培训 …… 58
教学创新 …… 58
科研建设 …… 59
教师队伍建设 …… 59
校风学风建设 …… 59

档案管理

档案达标 …… 60
基础业务建设 …… 60
业务培训 …… 60
馆藏档案查阅 …… 60
数字化录入 …… 60

温宿县人民代表大会常务委员会

履行基本职能

概况 …… 61
监督工作 …… 61
代表工作 …… 61
重大事项决定权和人事任免权 …… 62
规范乡镇人大建设 …… 62

重要会议

十三届人大常委会第二十次会议 …… 62
十三届人大常委会第二十一次会议 …… 62
十三届人大常委会第二十二次会议 …… 62
十三届人大常委会第二十三次会议 …… 62
十三届人大常委会第二十四会议 …… 63
十三届人大常委会第二十五次会议 …… 63
十三届人大常委会第二十六次会议 …… 63

温宿县人民政府

重要会议

政府党组会议 …… 64
政府常务会议 …… 65
重要办公会议 …… 66

提案、议案办理

提案、议案按时办理制度落实 …… 67
提案、议案按时办结 …… 67

政府办公室工作

概况 …… 67
信息督查 …… 67
自身建设 …… 67
政务公开 …… 67
信息公开 …… 68
依法行政 …… 68
后勤管理 …… 68

行政服务

概况 …… 68
窗口规范化管理 …… 68
行政审批管理 …… 68
公共资源交易管理 …… 69
文化建设 …… 69
党风廉政建设 …… 69
作风建设 …… 69

信访工作

机构改革 …… 69
来信来访 …… 70
五项服务承诺 …… 70
补助资金 …… 70
矛盾纠纷化解 …… 70
“四快一实”程序 …… 70
信访改革 …… 70
三调联动 …… 70

外事侨务

概况 …… 70
外事工作 …… 71
侨联工作 …… 71

中国人民政治协商会议温宿县委员会

履行基本职能

政协十三届委员会第四次会议 …… 72
参政议政 …… 72
提案办理 …… 72
民主监督 …… 72
庆祝政协成立 70 周年 …… 72

委员工作

委员学习培训 …… 73
委员询访 …… 73
政协委员联系群众 …… 73

温宿县纪委监委

纪检　监察

体制机制改革 …… 74
落实主体责任 …… 74
执纪监督 …… 74
作风建设 …… 74
纪检监察队伍建设 …… 74

巡视巡察

巡察工作 …… 75
上级巡视问题整改 …… 75

法　治

政法委及综治

社会治安综合治理 …… 76
维稳工作 …… 76
宣传教育 …… 76
平安创建 …… 76
队伍建设 …… 76
反邪教警示教育 …… 77

公　安

交通管理 …… 77
队伍建设 …… 77
刑事案件办理 …… 77
查处行政违法行为 …… 77
查处涉网违法犯罪 …… 77
打击毒品犯罪 …… 77
人口管理 …… 77
安全保卫 …… 78
应急处置演练 …… 78
边境管控 …… 78
窗口服务 …… 78
信息化建设 …… 78
教育训练 …… 78
消防管理 …… 78

检　察

机构改革 …… 79
打击刑事犯罪 …… 79
扫黑除恶 …… 79
公益诉讼 …… 79
未成年人“诉心”工作室 …… 79
“石榴籽”法律服务队 …… 79
“亮剑持正”大讲堂 …… 79
“匠心公诉”实训课 …… 79
刑罚执行和监管活动监督 …… 79
完善社会治理格局 …… 80
从严治检 …… 80
接受人大、政协监督 …… 80
检务公开 …… 80

法　院

机构改革 …… 80
刑事审判 …… 80
民商事审判 …… 81
执行案件 …… 81
审判监督 …… 81
信访案件 …… 81
队伍建设 …… 81
司法救济 …… 81
司法改革 …… 81
参与社会治理 …… 81
司法人权保障 …… 82
异地交流融合 …… 82
聘用制书记员改革 …… 82

司法行政

概况 …… 82
法律法规宣传 …… 82
普法依法治理 …… 82
依法行政 …… 82
人民调解 …… 83
公证工作 …… 83
律师管理 …… 83
法律服务 …… 83

网络安全和信息化管理

机构改革 …… 83
网络舆情处置 …… 83
网络宣传 …… 83
互联网党建 …… 83

群众团体

工　会

基层组织建设 …… 84
职代会制度 …… 84
集体协商工资 …… 84
工会干部培训 …… 84
会员评家活动 …… 84
厂(企)务公开 …… 84
文体活动 …… 84
困难群体帮扶 …… 85
慰问劳模 …… 85
自身建设 …… 85
促进再就业 …… 85
八大群体入会 …… 85

共青团

概况 …… 85
青少年思想道德教育 …… 85
团基层组织建设 …… 85
少先队工作 …… 86
服务新农村建设 …… 86
非公有制经济组织团建 …… 86

"助力圆梦"活动 …… 87
主题团队日活动 …… 87
大学生西部志愿者工作 …… 87

妇 联

概况 …… 87
基层组织建设 …… 87
维护妇女儿童权益 …… 87
思想宣传引领 …… 88
妇女发展 …… 88
"美丽庭院"创建 …… 88
妇联干部培训 …… 88

科 协

科技之冬 …… 89
科普信息化建设 …… 89
科普宣传工作 …… 89
科技馆建设 …… 89
乡级科协改革 …… 89

工商联

概况 …… 90
服务民营企业 …… 90
助力脱贫攻坚 …… 90
非公企业党建工作 …… 90

残 联

残疾人康复 …… 90
残疾人就业 …… 90
二代残疾证办理 …… 90
活动日宣传 …… 90
残疾人就业保障金征收 …… 90
残疾人帮扶慰问 …… 91

红十字会

社会救助 …… 91
应急救护培训 …… 91
博爱送温暖 …… 91
造血干细胞捐献 …… 91

军 事

温宿边境管理大队

强边固防 …… 92
政治工作 …… 92
暖心惠警 …… 92
队伍管理 …… 92

武警温宿中队

组织建设 …… 92
思想政治建设 …… 92
任务能力建设 …… 92
正规化建设 …… 93

温宿县人民武装部

组织建设 …… 93
思想政治建设 …… 93
国防动员工作 …… 93
队伍管理 …… 93

经济监督与管理

发展和改革管理

机构改革 …… 94
计划规划编纂 …… 94
深化改革 …… 94
项目完成情况 …… 94
新型工业化软环境建设 …… 94
粮食管理 …… 94
援疆工作 …… 94

物价管理 …… 95
价格认定 …… 95
粮食产量 …… 95
粮食购销 …… 95
粮食消费 …… 95

商务和工业信息化

机构改革 …… 95
隐患排查整治 …… 95
招商引资 …… 96
外贸工作 …… 96
商贸物流 …… 96
电子商务 …… 96
小升规培育 …… 96
落实扶持政策 …… 96
强化企业服务 …… 96
清理拖欠民营企业账款 …… 97
脱贫攻坚 …… 97

园　区

温宿国家农业科技园区

概况 …… 97
经济指标 …… 97
国家园区创建 …… 97
企业入驻 …… 97
基础设施建设 …… 97

温宿产业园区

经济指标 …… 98
基础设施建设 …… 98
产业项目发展 …… 98
招商引资 …… 98

统　计

城镇住户抽样调查 …… 98
普法与执法 …… 98
规范管理督查 …… 98

审　计

机构改革 …… 99
审计成果 …… 99
财政预算执行审计 …… 99
专项资金审计 …… 99
经济责任审计 …… 99
政府投资审计 …… 99
审计调查 …… 99
其他审计 …… 100

应急管理

概况 …… 100
安全生产责任制 …… 100
安全生产大检查 …… 100
安全生产标准化建设 …… 100
安全生产专项整治 …… 100
重点行业和部门监管 …… 101
应急管理 …… 101
宣传教育 …… 101

自然资源管理

机构改革 …… 101
基本农田保护 …… 101
执法监察 …… 101
土地出让 …… 101
矿产管理 …… 102
地质灾害防治 …… 102
不动产登记 …… 102
第三次国土调查 …… 102
扶持易地搬迁 …… 102

市场监督管理

食品安全监管 …… 102
药品安全监管 …… 103

市场监管 …… 103
有机产品认证 …… 103
非公经济发展 …… 103
消费者维权活动 …… 103
知识产权 …… 103
广告监管 …… 104
标准化工作 …… 104
计量器具检定 …… 104
“双随机”抽检 …… 104
特种设备安全监管 …… 104

油区管理

机构改革 …… 104
探明油气储量 …… 104
布井与油气产量 …… 105
物探作业 …… 105
协调服务 …… 105
油地共建 …… 105
城市气化建设 …… 105

农　业

社会主义新农村建设

新农村建设 …… 106
整村推进规划 …… 106

农业生产

机构改革 …… 106
农业生产 …… 107
农业产业化 …… 107
农业基础设施建设 …… 107
落实惠农政策 …… 107
无公害农产品 …… 107
设施农业建设 …… 107
农产品质量安全及农贸市场监管 …… 107

农村经营管理

机构概况 …… 108
农村经济 …… 108
农村负担监督管理 …… 108
农村土地承包经营权确权登记试点 …… 108
农村土地承包经营纠纷仲裁基础设施 …… 108
农村集体资产清产核资 …… 108
农村富余劳动力转移创收 …… 108
农民专业合作社建设 …… 108

农业技术

机构概况 …… 109
农作物病虫害防治 …… 109
植物检疫 …… 109
农业技术推广 …… 109
测土配方施肥 …… 109
农业科技培训与宣传 …… 109
项目实施 …… 109

种子管理

概况 …… 110
种子供应 …… 110
种子生产与良繁 …… 110
种子检验 …… 110
新品种推广 …… 110
新品种试验示范 …… 110
种子经营备案 …… 110
农业执法 …… 110
调解纠纷 …… 110
法规宣传 …… 110

农牧业机械化

农业机械化 …… 111
农机化作业 …… 111

农机审检 …… 111
农机安全监理 …… 111
农机购置补贴专项资金项目 …… 111
农机培训 …… 111
农机化推广 …… 111

畜牧业生产

概况 …… 111
基地建设 …… 111
种畜引进 …… 112
疫病防治 …… 112
畜产品安全 …… 112
畜牧业执法 …… 112
技术培训 …… 112

动物防疫监督

动物产地检疫 …… 112
动物屠宰检疫 …… 113
动物卫生监督 …… 113
兽药药政管理 …… 113
畜产品质量安全监管 …… 113
标识管理工作 …… 113
规范畜牧业生产经营 …… 113
宣传培训工作 …… 114

畜禽疫病防治

疫病防治 …… 114
“五号病”防治工作 …… 114
禽流感防治工作 …… 114
动物疫病监测 …… 114
生鲜乳安全监测 …… 114
业务培训 …… 114

畜禽品种改良

概况 …… 115
黄牛改良 …… 115
绵、山羊改良 …… 115
种子工程 …… 115
技术培训 …… 115

林　业

机构改革 …… 115
林业生产管理 …… 115
林政执法 …… 116
林木嫁接 …… 116
林草惠民项目 …… 116
服务体系建设 …… 116
植物检疫 …… 116
病虫害防控 …… 116
重点防护林建设 …… 116
造林管理 …… 116
生态扶贫 …… 116
丰产栽培管理 …… 117
示范园建设 …… 117
科研科技 …… 117
林果业管理 …… 117
生物绿肥种植 …… 117

草原管理

机构改革 …… 117
科技培训 …… 117
法律法规宣传 …… 117
森林草原防火 …… 118
草原虫鼠害防治 …… 118

水　利

机构改革 …… 118
水资源管理 …… 118
防汛工程建设 …… 118
农村饮水安全 …… 118
河长制工作 …… 118

水利基本建设 …… 119

库木艾日克托什干河流域管理

概况 …… 119
灌溉管理 …… 119
防汛抗旱 …… 119
水利工程管理 …… 119
水费征收 …… 120

台兰河流域管理

概况 …… 120
灌溉管理 …… 120
防汛抗旱 …… 120
水利工程管理 …… 120
农田水利建设 …… 120
水费征收 …… 120
安全生产 …… 120

农村自来水管理

概况 …… 120
农村安全饮水工作 …… 121
脱贫攻坚 …… 121
节水宣传 …… 121

防雹 增雨

概况 …… 121
标准化作业点建设 …… 121
绿洲项目 …… 121
业务技能培训 …… 121
技防建设 …… 121

财政 税务

财 政

机构改革 …… 122
财政收入 …… 122
财政支出 …… 122
社会保障体系 …… 123
“收支两条线”管理 …… 123
政府采购 …… 123
农村税费改革 …… 123
依法理财 …… 123
会计管理 …… 123
国库集中支付改革 …… 123
国有资产监管 …… 123
国有企业改革 …… 123
国有企业监管 …… 123
国企党风廉政建设 …… 124

税 务

税收收入 …… 124
落实优惠政策 …… 124
纳税评估 …… 124
税收检查 …… 124
社保费征收 …… 124
纳税服务 …… 124

银行 保险

银 行

中国农业发展银行温宿县支行

概况 …… 125
存贷款及利润 …… 125
财务管理 …… 125
信贷管理 …… 125
企业文化 …… 125
党风廉政 …… 125

中国工商银行股份有限公司温宿县支行

概况 …… 126
存贷款中收及利润 …… 126
金融服务 …… 126

中国农业银行股份有限公司温宿县支行

概况 …… 126
存款情况 …… 126
贷款情况 …… 126
中间业务收入 …… 126
信贷管理 …… 126

中国建设银行股份有限公司温宿支行

概况 …… 127
存款业务 …… 127
贷款业务 …… 127

新疆温宿农村商业银行股份有限公司

概况 …… 127
存款业务 …… 127
贷款业务 …… 127
普惠金融情况 …… 127
脱贫攻坚 …… 128
安全保卫 …… 128

保　险

中国人民财产保险温宿支公司

概况 …… 128
业务工作 …… 128

中国人寿保险温宿县支公司

概况 …… 128
业务工作 …… 129

公路运输　商贸

交通运输

机构改革 …… 130
公路建设 …… 130
交通扶贫 …… 130
农村公路养护 …… 130
城市客运管理 …… 130
农村客运站建设 …… 130
路政执法 …… 130
交通安全 …… 131

供销合作

概况 …… 131
“新网工程”建设 …… 131
农资供应 …… 131
产业化发展 …… 131

城乡供电

概况 …… 131
人力资源 …… 131
电网发展 …… 132
安全生产 …… 132
市场营销 …… 132
供电服务 …… 132

重点企业简介

国电阿克苏河流域水电开发有限公司 …… 132
新疆新华水电投资股份有限公司塔尕克水电厂 …… 133
新疆乌苏啤酒(阿克苏)有限公司 …… 133
阿克苏恒通果汁有限公司 …… 133
温宿县曦隆燃气开发有限公司 …… 133
温宿县新宏宇建材有限公司 …… 133
新疆弘泰农产品开发有限公司 …… 133
阿克苏泓盛化工有限公司 …… 133
阿克苏和鑫塑化有限责任公司 …… 134
温宿县佳华建材有限公司 …… 134
温宿县银峰盐业有限责任公司 …… 134
新疆香域绿色生物科技发展有限公司 …… 134
阿克苏金物联电子商务有限公司 …… 134
阿克苏九州通医药有限公司 …… 134

新疆普天医药有限责任公司 …………………… 134
西域春天购物中心 ……………………………… 135
温宿惠利佳好生活超市 ………………………… 135
温宿县金穗粮油购销有限责任公司 …………… 135

城乡建设　环境保护

住房和城乡建设

概况 …………………………………………… 136
机构改革 ………………………………………… 136
城镇绿化 ………………………………………… 136
房地产发展 ……………………………………… 136
城市基础设施 …………………………………… 136
保障性住房 ……………………………………… 136
建设市场管理 …………………………………… 137
新城区建设 ……………………………………… 137

环境保护

概况 …………………………………………… 137
污染防治攻坚战 ………………………………… 137
蓝天保卫战 ……………………………………… 137
碧水保卫战 ……………………………………… 137
净土保卫战 ……………………………………… 137
减排工作 ………………………………………… 138
生态文明建设 …………………………………… 138
环评审批 ………………………………………… 138
环境监察执法 …………………………………… 138
环保督察反馈意见整改 ………………………… 138
第二次全国污染源普查 ………………………… 138

气象服务

概况 …………………………………………… 138
公共气象服务 …………………………………… 138
气象防灾减灾体系建设 ………………………… 139
农村气象灾害防御体系建设 …………………… 139
设备维护及安全管理 …………………………… 139
执法检查、防雷减灾 …………………………… 139
气象现代化建设 ………………………………… 139
气象灾害 ………………………………………… 139

邮政　通信

中国邮政温宿县分公司

概况 …………………………………………… 141
代理金融 ………………………………………… 141
包裹速递业务 …………………………………… 141

中国电信温宿县分公司

概况 …………………………………………… 141
业务范围 ………………………………………… 141
维护管理 ………………………………………… 141
网络管理 ………………………………………… 142

中国移动温宿县分公司

概况 …………………………………………… 142
市场发展 ………………………………………… 142
网络建设 ………………………………………… 142
信息化建设 ……………………………………… 142

中国联通温宿县分公司

概况 …………………………………………… 142
市场经营 ………………………………………… 142
网络建设 ………………………………………… 143

教育　科技

教育管理

概况 …………………………………………… 144

机构改革 …… 144
党对教育工作的领导 …… 144
基础教育 …… 144
教育对口援助 …… 144
学前教育 …… 144
教育惠民政策落实 …… 145
基础教育新课程改革 …… 145
教科研活动 …… 145
国家通用语言文字教育 …… 145
项目建设 …… 145
教育信息化 …… 145
教学设备 …… 146
教育教学质量 …… 146
考风考纪管理 …… 146
教辅用书征订 …… 146
中小学教师培训 …… 146
对口支教工作 …… 147
教师资格认定 …… 147
专业技术职务评审 …… 147
校园安全 …… 147
德育及中小学生思想道德建设 …… 147
语言文字工作 …… 147
教育督导 …… 148
义务教育学校标准化建设及均衡发展 …… 148

县直学校简介

温宿县第一中学 …… 148
温宿县第二中学 …… 148
温宿县第三中学 …… 148
温宿县第四中学 …… 149
温宿县第五中学 …… 149
温宿县第二小学 …… 149
温宿县幼儿教育中心 …… 149
温宿县第二幼儿园 …… 149

职业教育

新疆农业广播电视学校温宿县分校

概况 …… 150
新型职业农民培育 …… 150
农村实用人才带头人培训工作 …… 150
实践教学 …… 150

科　技

科技体制改革 …… 150
科技项目 …… 150
科技培训 …… 151
科技队伍 …… 151
激励创新 …… 151

文化　体育　广播电视　旅游

文　化

概况 …… 152
机构改革 …… 152
文化阵地建设 …… 152
文化市场管理 …… 152
群众性文化活动 …… 152
“三馆一站”免费开放 …… 153
文物保护 …… 153
农村电影“2131”工程 …… 153
文化下乡 …… 153
非物质文化遗产保护 …… 154

体　育

群众体育 …… 154
竞技体育 …… 154

旅　游

宣传促销 …… 154

重大旅游节活动 …… 154
旅游合作 …… 154
旅游基础设施建设 …… 155
旅游规划 …… 155

重点景区介绍

托木尔世界自然遗产 …… 155
天山托木尔大峡谷 …… 155
天山神木园 …… 156
新疆天山托木尔森林公园 …… 156
西游乐园 …… 156
帕克勒克草原 …… 156
阿克布拉克草原 …… 157

融媒体中心

概况 …… 157
机构改革 …… 157
新闻宣传 …… 157
专题宣传报道 …… 157
媒体宣传 …… 158
节目创优 …… 158
节目审读 …… 158
技术维护 …… 158
托峰明珠广播介绍 …… 158

医疗　卫生

卫生工作

机构改革 …… 159
医药卫生体制改革 …… 159
人才培训 …… 159
基层卫生服务管理 …… 159
健康体检 …… 159
健康扶贫 …… 159
计划生育工作 …… 160
卫生监督检查 …… 160
老年人健康管理 …… 160

医疗机构

温宿县人民医院

概况 …… 160
公立医院改革 …… 160
学科建设 …… 161
人才队伍建设 …… 161
援疆工作 …… 161
公共卫生 …… 161
项目建设 …… 161
传染病防控 …… 161
药事管理 …… 162
优质护理服务 …… 162
医疗应急管理 …… 162
社会公益活动 …… 162

温宿县中医医院(维吾尔医医院)

概况 …… 162
业务指标完成情况 …… 162
医疗质量管理 …… 163
“三好一满意”活动 …… 163
中医民族医药适宜技术推广 …… 163
队伍建设 …… 163
临床科室与重点专科建设 …… 163
优质护理服务 …… 163
“治未病”服务 …… 164
医疗应急管理 …… 164
药事管理 …… 164
传染病防控 …… 164
社区卫生工作 …… 164
社会公益活动 …… 164

疾病预防控制中心

概况 …… 164
传染病监测 …… 164
免疫规划管理 …… 164
结核病管理 …… 165
地方病防治与宣传 …… 165
艾滋病防治 …… 165
慢性非传染性疾病管理 …… 165
检验检测 …… 165
健康教育、培训、督导 …… 165

妇幼保健院

门诊工作 …… 165
孕产妇儿童管理 …… 166
“出生医学证明”管理发放 …… 166
增补叶酸预防神经管缺陷 …… 166
新生儿疾病筛查 …… 166
免费医学检查 …… 166
艾滋病、梅毒、乙肝母婴阻断 …… 166

社会民生

民政工作

概况 …… 167
城乡低保 …… 167
保障兜底 …… 167
医疗救助 …… 167
临时救助 …… 167
流浪乞讨救助 …… 167
社会福利 …… 167
殡葬服务 …… 167
婚姻登记和收养登记 …… 168
行政区划与地名管理 …… 168
社会组织登记管理 …… 168
项目建设 …… 168

扶贫开发

争取国家扶贫资金 …… 168
定点对口帮扶 …… 168
贴息贷款工作 …… 168
扶贫政策宣传 …… 168
脱贫工作 …… 169
科技扶贫 …… 169

劳动就业

概况 …… 169
人员调配管理 …… 169
专业技术职务管理 …… 169
工资福利兑现 …… 170
抚恤金发放 …… 170
干部档案专项审核 …… 170
就业再就业 …… 170
职业介绍机构 …… 170
职业培训 …… 170
小额担保贷款 …… 171
执法监察 …… 171
劳务输出 …… 171
劳动仲裁 …… 171

社会保障

机构改革 …… 171
企业养老保险 …… 171
机关事业养老保险 …… 171
城乡居民养老保险 …… 171
失业保险 …… 172
工伤保险 …… 172

医疗保障

概况 …… 172

基本医疗保险征缴 …… 172
生育保险征缴 …… 172
医疗保险惠民政策宣传 …… 172
贫困户医保 …… 172
打击欺诈骗保 …… 172
一站式服务 …… 173

退役军人事务

概况 …… 173
党的建设 …… 173
社会事务 …… 173
双拥共建 …… 173
优抚优待 …… 174

乡(镇)建设

温宿镇

概况 …… 175
城镇建设及社区管理 …… 175
政治思想宣传 …… 175
精神文明建设 …… 175
社会事业发展 …… 175
基层组织建设 …… 176
基础设施建设 …… 176
特色产业 …… 176
实施惠民工程 …… 176

吐木秀克镇

概况 …… 177
农业农村经济 …… 177
社会事业 …… 177
惠民工程 …… 177
党建工作 …… 177
基层组织建设 …… 178
防洪工作 …… 178
精神文明建设 …… 178

阿热勒镇

概况 …… 180
农业农村经济 …… 180
政治思想宣传 …… 181
精神文明建设 …… 181
扶贫帮困 …… 181
科技培训 …… 181
社会事业 …… 181
卫生计划生育 …… 181
基层组织建设 …… 182
防洪工作 …… 182
水利工作 …… 182
安居富民 …… 182
文化旅游 …… 182
实施惠民工程 …… 182

佳木镇

概况 …… 184
农业农村经济 …… 185
种植业 …… 185
林果业 …… 185
畜牧业 …… 185
精神文明 …… 185
社会事业 …… 185
基础设施建设 …… 185
实施惠民工程 …… 185
基层组织建设 …… 185
社区建设 …… 186

克孜勒镇

概况 …… 188
农业农村经济 …… 188

种植业 …… 188
林果业 …… 188
畜牧业 …… 189
农机普及 …… 189
安居工程建设 …… 189
精神文明建设 …… 189
文化体育 …… 189
爱国卫生 …… 189
人口和计划生育 …… 189
民政工作 …… 189
劳动保障 …… 189
政治思想宣传 …… 189
基层组织建设 …… 190

托乎拉乡

概况 …… 192
政治思想宣传 …… 192
安全生产监管 …… 192
农业农村经济 …… 193
社会事业发展 …… 193
基层组织建设 …… 193
精神文明建设 …… 193
基础设施建设 …… 193
设施农业 …… 193
实施惠民工程 …… 193

恰格拉克乡

概况 …… 196
农业农村经济 …… 196
政治思想宣传 …… 196
实施惠民工程 …… 196
基层组织建设 …… 196
精神文明建设 …… 197
文化教育 …… 197
医疗卫生 …… 197
计划生育 …… 197
社会劳动保障 …… 197
环境保护 …… 197
文体广电 …… 197
基础设施建设 …… 198

依希来木其乡

概况 …… 200
农业农村经济 …… 200
农田水利设施建设 …… 200
基层组织建设 …… 200
党风廉政建设 …… 200
政治思想宣传 …… 200
脱贫攻坚 …… 200
惠农政策 …… 201
安居富民 …… 201

古勒阿瓦提乡

概况 …… 203
农业农村经济 …… 203
政治思想宣传 …… 203
实施惠民工程 …… 203
精神文明建设 …… 204
社会事业发展 …… 204
基层组织建设 …… 204

博孜墩柯尔克孜民族乡

概况 …… 206
农业农村经济 …… 206
政治思想宣传 …… 206
精神文明建设 …… 206
脱贫攻坚 …… 207
爱国卫生 …… 207
劳动保障 …… 207

民政救助 …… 207
全民体检 …… 207
惠民工程 …… 207
基层组织建设 …… 207
基础设施建设 …… 207
特色产业 …… 208

托甫汗镇

概况 …… 210
种植业 …… 210
林果业 …… 210
畜牧业 …… 210
农机管理 …… 211
基层组织建设 …… 211
流动人口管理 …… 211
宣传教育活动 …… 211
脱贫攻坚 …… 211
全民健康体检 …… 211
实施安居富民 …… 211
民生建设保障 …… 211
民生项目建设 …… 211

柯柯牙镇

概况 …… 214
惠民工程 …… 214
教育工作 …… 214
农业农村经济 …… 214
社会事业发展 …… 214
开发核桃新品种 …… 214
政治思想宣传 …… 214
基层组织建设 …… 214
精神文明建设 …… 215

共青团镇

概况 …… 217
农业农村经济 …… 217
基层组织建设 …… 217
民族团结教育 …… 217
政治思想宣传 …… 218
脱贫攻坚 …… 218
全民健康体检 …… 218
就业指导 …… 218
安居富民 …… 218
社会保障 …… 218
项目建设 …… 218

荣　誉

先进集体 …… 221
先进个人 …… 224

附　录

2019 年温宿县党、政、企事业单位负责人名录 …… 227
温宿县 2019 年国民经济和社会发展统计公报 …… 249
重要文件辑目 …… 252

特 载

坚守初心担使命 砥砺奋进抓落实 为夺取全面建成小康社会伟大胜利而不懈奋斗

——在中共温宿县第十二届五次全委(扩大)会议上的报告(摘要)

薛建强

(2020 年 1 月 12 日)

会议主要任务:坚持以习近平新时代中国特色社会主义思想为指导,深入贯彻落实党的十九大和十九届二中、三中、四中全会精神,以及自治区党委九届七次、八次全会和地委(扩大)会议精神,总结回顾 2019 年工作,分析当前形势,安排部署 2020 年工作,动员全县各级党组织和广大党员干部,坚定不移贯彻落实新时代党的治疆方略,特别是社会稳定和长治久安总目标,勇于担当、真抓实干,为夺取全面建成小康社会伟大胜利而不懈奋斗。

一、2019 年工作回顾

2019 年,在地委的坚强领导下,温宿县委团结带领各族干部群众,坚定坚决贯彻落实新时代党的治疆方略和自治区党委"1 + 3 + 3 + 改革开放"("1"是围绕总目标抓好反恐维稳工作;第一个"3"是全面贯彻新发展理念,抓好"三大攻坚战";第二个"3"是推动高质量发展,做好丝绸之路经济带核心区建设、乡村振兴战略和旅游产业发展三项重要工作。改革开放关键是要用足用好稳定红利,充分发挥市场机制作用,最大限度地吸引国内外各类企业来投资兴学)工作部署,攻坚克难、砥砺奋进,开创了各项事业全面进步的良好局面。

主题教育扎实开展。全县各级党员干部共检视整改问题 20 万余条。广泛开展新时代爱国主义教育、革命传统教育、先进典型教育和警示教育,依托柯柯牙绿化工程纪念馆等本地红色教育资源,切实增强学习教育的针对性、时效性和感染力。完成问题整改 103 项,围绕"1 + 3 + 3"为民办实事好事 2300 余件。

社会大局稳定向好。各族群众的获得感、幸福感、安全感不断增强。

经济发展稳中有进。全面贯彻落实新发展理念,"三大攻坚战"(防范化解重大风险、精准脱贫、污染防治)成效明显,"三项重点工作"(促进社会矛盾化解,促进和谐社会建设;参与社会管理创新,提高自身管理水平;促进公正执法,保障人民群众根本利益)稳步推进。预计全年地方生产总值增长 9.05%,全社会固定资产投资增长 17.56%,公共财政预算收入增长 6.3%,社会消费品零售总额增长 12.5%。乡村振兴战略深入实施,农业产业化水平不断提高,农村人居环境有效整治。污染防治力度空前,环境突出问题有力解决。旅游业呈现井喷式增长态势,全年接待游客 169.54 万人次、增长

99.46%,总收入9.86亿元、增长95.63%。天泽车业、华丰果业冷链仓储等重点项目有序推进。园区基础设施日趋完善,温宿国家农业科技园区顺利通过国家验收。

民生福祉不断改善。脱贫攻坚取得决定性胜利,实现8个贫困村退出、2283户7447名贫困人口脱贫,全县整体脱贫。实现城镇新增就业3897人,农村富余劳动力转移就业1.95万人次。投入3.11亿元,实施县一中新校区、四中搬迁建设,补配教学仪器设备。大力推进义务教育均衡发展,以优异成绩通过自治区评估验收。“医联体”(区域医疗联合体,是将同一个区域内的医疗资源整合在一起,通常由一个区域内三级医院与二级医院、社区医院、村医院组成一个医疗联合体)“医共体”(跨行政隶属关系、跨区域的医疗服务共同体)建设稳步推进,药品零差率销售全面实行,为患者让利546.37万元。全民参保计划有效落实,困难群体社会救助应纳尽纳。建成安居富民房2711套,完成棚户区改造2500户,新改建农村公路150.75千米,解决农牧民安全饮水1246户。城镇居民人均可支配收入32298元、增长7.4%,农牧民人均纯收入19025.85元、增长7.32%。

民族团结持续巩固。常态化开展“民族团结一家亲”和民族团结联谊活动,9100余名党员干部职工和各族群众结对认亲,开展各类联谊活动1.06万余场次,解决群众困难诉求6000余件,创建民族团结“八进”示范点13个,大力培树民族团结进步先进典型,推荐地区级民族团结进步模范个人10名、单位2个。

意识形态领域工作扎实有效。庆祝中华人民共和国成立70周年主题宣传活动成效显著,全年累计开展各类宣讲1.6万余场次,受教育群众170万余人次。县文学艺术界联合会成立,融媒体中心正式挂牌。托木尔文化旅游节、2019《中国好声音》新疆赛区海选赛等系列活动成功举办,“天山梦城·山水温宿”知名度进一步提升。县乡村公共文化场馆服务功能显著提升,图书馆建成开放,群众性文体活动丰富多彩。公民道德建设、精神文明创建扎实有效,成功荣获自治区文明县城荣誉称号。

改革开放深入推进。坚持试点先行、点面推进,7个领域23项266条改革任务全部完成,公园城市、乡村振兴、基层一张表等试点改革成效明显。党政机构改革高效完成,撤并整合机构43个。供给侧结构性改革深入推进,“三去一降一补”(去产能、去库存、去杠杆、降成本、补短板)有效落实,去库存18.6万平方米,降低企业用电成本529万元。减税降费政策全面落实,减免企业税费7482万元。“放管服”(简政放权、放管结合、优化服务)改革不断深化,“互联网+政务服务”平台运行规范,政务服务更加高效便利,企业登记注册压缩至1个工作日,个体工商户注册当场发照率100%,不动产综合服务区实现“一窗受理”。“六型”政府(建设忠诚型政府、法治型政府、服务型政府、担当型政府、创新型政府、廉洁型政府)建设有序推进,政府公信力、执行力显著增强。对外开放水平不断提升,招商引资到位资金52.33亿元,超额完成目标任务。对口援疆持续发力,实施援疆项目24个。油地共建、军民融合、兵地融合不断加强。

生态环境明显改善。深入开展国土绿化行动,大力实施植树造林、防风固沙、草畜平衡生态工程,新增造林面积4386.67公顷,全县森林面积达20.67万公顷,森林覆盖率达13.32%。投入8113万元,新建生态停车场、街角绿地、游园28个,旅游厕所9个。投入2260万元,完成街边(角)空地、棚户区已拆除区绿化工作,城市建成区绿化覆盖率达39.14%,人均公共绿地面积达18.04平方米。持续打好蓝天、碧水、净土保卫战,依法推进重点领域节能减排,污染源全面达标排放。严守水资源管理

“三条红线”(水资源开发利用控制、用水效率控制和水功能区限制纳污),全面落实河(湖)长制,水环境质量保持稳定良好。加大土壤污染治理和修复力度,土壤总体质量保持稳定。县林业和草原局荣获全国生态建设突出贡献先进集体称号。

党的建设不断加强。注重在脱贫攻坚一线、乡(镇)基层和艰苦边远地区培养锻炼干部,打造高素质公务员队伍成效显著,县人民检察院荣获全国“人民满意的公务员集体”荣誉称号。机关党的建设、基层党建责任落实有力。基层减负年工作成效明显,官僚主义、形式主义等作风得到有效整治。监察体制改革有序推进,巡视巡察问题全面整改,党风廉政建设和反腐败斗争深入推进。民主政治建设全面加强,人大、政协、群团组织积极发挥作用,爱国统一战线更加巩固。

过去的一年极不容易、极不平凡。一年来,温宿县广大党员干部肩负时代重任、勇于担当作为,付出巨大努力、倾注巨大心血、作出巨大牺牲,取得了十分不易的成绩。这是以习近平同志为核心的党中央特殊关怀和自治区党委、地委坚强领导的结果,是广大党员干部敢于担当、顽强拼搏的结果,是各方力量、社会各界精诚团结、倾情奉献的结果。在此,向为全县稳定发展改革付出艰辛努力和辛勤汗水的广大党员干部、政法干警、武警官兵、援疆干部,致以崇高的敬意!对长期以来关心支持帮助温宿各项事业发展的社会各界人士,表示衷心的感谢!

在肯定成绩的同时,必须清醒地看到,温宿县工作还存在一些问题和不足,主要是:对习近平新时代中国特色社会主义思想、新时代党的治疆方略的学习还不够全面系统;面临的稳定形势依然严峻复杂,影响稳定的深层次问题尚未解决;特色农产品产业化发展进程缓慢,农牧民持续增收难度较大;实体经济发展后劲不足,招商引资力度亟需进一步加大;民生领域还有不少短板,巩固提升脱贫攻坚成果任务艰巨;干部作风不实的问题还需下大力气整治;基层基础仍需进一步加强。这些问题温宿县必须高度重视,认真加以解决。

二、2020 年的工作思路和目标要求

总体要求:坚持以习近平新时代中国特色社会主义思想为指导,深入贯彻落实党的十九大和十九届二中、三中、四中全会及自治区党委九届七次、八次全会精神和地委(扩大)会议精神,坚决贯彻党的基本理论、基本路线、基本方略,统筹推进“五位一体”总体布局(经济建设、政治建设、文化建设、社会建设、生态文明建设)、协调推进“四个全面”战略布局(全面建成小康社会、全面深化改革、全面依法治国、全面从严治党),全面贯彻落实新时代党的治疆方略、自治区党委重点工作部署和地委“76331”(“7”就是建设稳定和谐平安区、多元一体文化区、民生建设示范区、生态治理先行区、特色产业优势区、能源产业集聚区、融合发展创新区;“6”就是发展能源化工、纺织服装、农副产品加工、商贸物流、建材冶金、战略新兴产业“六大产业集群”;第一个“3”就是培育区域性经济发展中心、交通枢纽中心、特色产品集散中心;第二个“3”就是围绕丝绸之路经济带核心区建设,打造区域性全域旅游高地、教育人才高地、医疗康养高地;“1”就是着眼宜居宜业公园城市定位,打造阿温同城区域性中心城市)战略,紧紧围绕社会稳定和长治久安总目标,着力提升社会治理体系和治理能力现代化水平,深入实施“14658”[“十三五”期间温宿县的战略定位。统筹一城四园:一城是指阿温同城;四园是温宿产业园区(自治区级),阿克苏纺织工业城(开发区)温宿产业园,温宿国家农业科技园区,阿克苏地区高新技术产业园(开发区)。推进六大工程:农民增收致富工程、文化引领工程、重点城镇提升工程、基础设施强化工程、民生保障工程和绿色生态工程。建设五个基地:把温宿县建设成为以核桃、红枣、苹果、水稻、畜禽等特色农副产品供产销基地;以水电、分布式能源为主的清洁能源基地;以新型材料、碳硅镁多联产、盐煤油气为主的精细化工基地;东联西出、贯通南北疆的丝路经济带综合商贸物流产业基地;集聚山水文化、历史文化以旅游名胜互相交汇融合的精品旅游目的基地。培育八大产业:重点发展以碳、硅、镁为主的碳硅镁多联产产业;以盐、煤、油、气为原料的精细化工产业;以水电、分布式能源为主的新型能源产业;以果、畜、粮为原料的特色农副产品精深加工业;以棉花、化纤为原料的纺织产业;以陶土、页岩、石灰石、花岗岩和工农业废渣、秸秆等为原料的现代建材业;以电子商务为依托的现代商贸物流业;以山水文化、历史文化为主的文化旅游产业]战略,不忘初心、牢记使命,努力建设平安和谐富裕美丽温宿,为夺取全面建成小康社会伟大胜利而不懈奋斗。

目标任务:力争全县地方生产总值增长8%以上,社会消费品零售总额增长10%以上,公共财政预算收入增长6%以上,规模以上企业工业增加值增长9%以上,城镇登记失业率控制在3.9%以内,城镇居民人均可支配收入增长8%以上,农牧民人均纯收入增长8%以上。社会大局持续稳定,经济发展稳中有进,生态环境持续改善,民生建设保障有力,党的建设全面加强。

三、2020年重点工作和主要措施

(一)聚焦总目标,坚决维护社会大局稳定。

1. 做实做细群众工作。深入开展各种技能培训和“理清两笔账、感恩共产党”专题活动,教育引导各族群众感党恩、听党话、跟党走。

2. 全面加强边境管控。健全完善党政军警兵民“六位一体”管边控边建边机制,构筑坚实的边境防控体系。

3. 不断加强社会治理。坚持系统治理、依法治理、源头治理、综合治理,全面加强流动人口服务管理,切实管住管好管到位,全面深化平安温宿建设。

4. 巩固发展民族团结。常态化开展“民族团结一家亲”和民族团结联谊活动,全面推进民族团结创建工作,挖掘、培育、表彰一批民族团结进步典型,营造人人争当民族团结模范、人人为民族团结做贡献的浓厚氛围。

5. 深入推进法治温宿建设。善于运用法治思维和法治方式维护稳定、推动发展、深化改革,推动全面依法治县工作规范化、制度化、科学化。深入推进司法体制改革,全面落实司法责任制,提高司法质效和公信力。

(二)聚焦总目标,推动经济高质量发展。

1. 打好精准脱贫攻坚战。聚焦“两不愁三保障”(扶贫对象不愁吃、不愁穿,义务教育、基本医疗和住房安全有保障),推进“六个一批”(扶持生产和就业发展一批、移民搬迁安置一批、低保政策兜底一批、医疗救助扶持一批、灾后重建帮扶一批、教育资助解困一批),落实“三个加大力度”(加大教育扶贫力度,阻断贫困代际传递;加大健康扶贫力度,防止因病致贫返贫;加大基础设施建设力度,改善生产生活条件等综合措施,精准发力,不断把脱贫攻坚工作推向深入),进一步巩固专项扶贫、行业扶贫、社会扶贫、援疆扶贫互为支撑、有机结合的大扶贫格局。坚持产业扶贫与乡村振兴、乡村旅游紧密结合,培育发展农民专业合作社,建立脱贫攻坚长效机制。完善脱贫攻坚项目库,加快扶贫项目建设。坚持扶贫与扶志扶智相结合,激发贫困群众内生动力。

2. 打好污染防治攻坚战。持续推进国土绿化行动和重点风沙策源地综合治理,抓好退耕还林、退牧还草等工作,不断改善生态环境。狠抓燃煤锅炉、挥发性有机物、扬尘污染防治,推进能源化工行业达标排放改造。严格落实河(湖)长制,加大水源地保护力度,加快推进阿克苏河温宿段、台兰河治理工程。

3. 打好防范化解重大风险攻坚战。强化底线思维,加大财政约束力度,严格落实“四个一律”(一律不准下达可能导致债务风险或隐性债务风险的指标;一律不准受理无资金来源的项目;一律不准申报无资金来源的项目;一律不准上无资金来源的项目)要求和违规举债终身问责、债务问题倒查制度,着力防范重点领域风险。强化政府债务风险评估和风险预警,管好用好地方政府债券资金。严厉打击非法集资等违法违规金融活动,有效防控互联网金融、资本市场等领域的风险。

4. 大力发展实体经济。大力发展能源产业,支持中石油、中曼油气、新能源塔北油气公司进行油气勘探开发。积极发展精细化工产业,实现利建建材、金泽源木业等项目建成投产。加快商贸物流产业园区建设,推进一批关键性、示范性、标志性重点商贸物流项目落地,努力打造商贸物流重镇。

5. 深入实施乡村振兴战略。推进稳粮、优棉、促畜、强果、兴特色,促进农业结构优化升级。落实粮食安全战略,振兴棉花产业,促进林果业提质增效,推进畜牧业规范化、标准化发展,壮大特色农业,积极发展特色作物。加快培育农业产业化龙头企业,推动农副产品精深加工业高质量发展。发展农业物联网、农村电商,拓宽农产品销售渠道。全面推进农村人居环境整治。

6. 加快发展旅游产业。大力实施“旅游兴疆”战略和创建全域旅游示范区工程,深入推进“旅游+”“+旅游”,推动旅游与相关产业、行业深度融合发展。打好旅游四季牌,开展以“春赏花、夏纳凉、秋采摘、冬农趣”为主题的乡村旅游活动,加快农家乐、民宿发展。积极举办第八届天山托木尔文化旅游节系列活动,提升温宿知名度。

7. 持续加强基础设施建设。坚持超前谋划、全盘统筹,高质量编制“十四五”规划。加强水利项目建设,加快农村电网改造,完善城乡交通网,大力发展园区经济。

(三)聚焦总目标,着力保障和改善民生。

1. 促进群众稳定就业。大力发展纺织服装、轻工食品等劳动密集型产业和“短平快”项目,最大限度开发就业岗位,着力推进贫困群众整建制转移就业。大力推进国家通用语言文字+技能培训促就业工程,积极提供就业服务。

2. 办好人民满意教育。大力实施“国家通用语言文字普及攻坚工程”。实行城乡学校捆绑共建,推动教育资源、师资力量向基层倾斜,提升义务教育均衡发展水平。整合教育资源,优化学校布局,不断改善办学条件。坚持把思想政治工作贯穿学校教育管理全过程,持续深化师生思想政治教育。

3. 提高群众健康指数。扎实推进“健康温宿”建设,深化医疗卫生体制改革,推动落实“三医联动”(医保体制改革、卫生体制改革与药品流通体制改革联动)。深入推进“医联体”“医共体”建设,不断改善基层医疗卫生机构基础设施。落实全民免费健康体检政策。不断完善公共卫生和重大传染性疾病预防机制。

4. 提升社会保障水平。全面实施全民参保计划,健全统筹城乡可持续的基本养老、基本医疗保险制度,全面落实社保降费政策,积极落实人身意外伤害保险、大病保险、跨省异地就医直接结算等各项惠民政策。完善城乡低保制度,做到应保尽保。

5. 建设宜居宜业公园城市。坚持以完善城市功能、提高城市品质为重点,推进城市美化绿化净化工程。进一步完善市政基础设施建设,大力推进新城街供水主管网、城区污水管网、生态停车场等工程,切实解决城市停车困难、脏乱差等突出问题。

6. 全力办好实事好事。坚决贯彻落实中央、自治区各项惠民政策,加快安居富民、棚户区改造等基础设施建设。加强农牧区基础设施建设,持续推进"九到农家"工程(水、电、路、气、讯、邮政、广播电视、电影、书屋"九到农家")。加强农产品和食品药品安全监管,持续稳控物价,让各族群众生活得更加幸福美好。

(四)聚焦总目标,坚决维护意识形态领域安全。

1. 加强思想道德建设。深入推进"习近平新时代中国特色社会主义思想进万家"活动,广泛开展党的十九届四中全会精神宣传教育,把党的声音传到千家万户。深入实施公民道德建设工程,引导各族群众做社会主义道德的示范者、诚信风尚的引领者。

2. 切实强化阵地建设。改进和创新正面宣传,开展"说成就、谈变化、展未来"系列对外宣传活动。抓好融媒体中心规范运行,推进传统媒体与新兴媒体深度融合,提高新闻舆论传播力、引导力、影响力、公信力。深入开展"扫黄打非"五大专项行动,净化文化市场环境。

3. 弘扬中华优秀传统文化。大力弘扬中华优秀传统文化、社会主义先进文化、红色革命文化,大力实施中华传统节日振兴工程。加大文化遗产保护力度,扎实开展群众性精神文明创建活动。全面推动新时代文明实践中心建设,打通宣传、教育、服务群众"最后一公里"。

4. 丰富群众文化生活。不断完善公共文化服务体系,深入实施文化惠民工程,实施文化精品战略,大力推行"文化+"模式,促进文化产业与旅游、体育、科技等融合发展,形成一批具有温宿特色的文化产品和文化品牌。

(五)聚焦总目标,不断深化改革开放和融合发展。

1. 深化重点领域改革。持续深化供给侧结构性改革,深入推进"放管服"改革,加快政务服务热线工程建设、国资国企改革,国土空间规划编制,农业水价综合改革,深化林业林权制度改革,推进农村宅基地制度改革。

2. 完善改革体制机制。完善公平竞争制度,创新投资管理体制,建立健全公共就业服务和职业技能培训制度,建立促进创业带动就业、多渠道灵活就业机制,探索薪酬分配新机制,进一步规范公立医院收入分配制度,加快现代医院管理体制改革。

3. 持续扩大对外开放。加快融入丝绸之路经济带核心区建设,支持发展跨境电商,大力推进招商引资"一号工程",持续改善投资环境,重点推动双发石油装备制造、智慧园区、新三新有机肥等项目的落地建设。

4. 不断深化对口援温和融合发展。进一步推进"十城百店""百村千厂"(浙江省推进产业援疆的重点工程,针对各族群众居住分散、喜欢就近就业的实际,坚持"政府前期引导、企业持续发力、劳动者积极参与、市场化良性运作",逐步实施来料加工"百村千厂"工程,便于当地群众就近就业、脱贫致富)"万亩亿元"(浙江省援疆指挥部与阿克苏地区共同实施的产业援疆项目,利用3~5年时间,推广林下套种黑木耳666.67公顷,实现增收1亿元)工作,带动各族群众就业创业。深化油地共建,坚持军政合力、军地共建、军民同心,推动军民融合深度发展。

四、全面加强党的领导,为决胜全面建成小康社会提供坚强政治保证

坚定坚决贯彻落实新时代党的建设总要求,坚持党要管党、全面从严治党,统筹推进党的思想、组织、作风、制度和反腐倡廉建设,不断夯实党的执政基础,巩固党的执政地位。

(一)加强思想政治建设。始终把党的政治建设摆在首位,建立"不忘初心、牢记使命"学习教育长效机制,坚持把“不忘初心、牢记使命”作为加强党的建设的永恒课题和全体党员干部的终身课题。严守政治纪律和政治规矩,严肃党内政治生活,坚持不懈锤炼党员干部忠诚干净担当、敢于斗争、善于斗争的政治品格,切实增强“四个意识”、坚定“四个自信”、做到“两个维护”,自觉在思想上、政治上、行动上同以习近平同志为核心的党中央保持高度一致。持续推进“两学一做”学习教育常态化制度化,不断加强理论武装,完善党委(党组)中心组学习、党组织集中学习、干部教育培训各项制度,深入学习贯彻习近平新时代中国特色社会主义思想、党的十九大和十九届二中、三中、四中全会精神及新时代党的治疆方略,巩固党的执政基础和各族干部群众团结奋斗的共同思想基础。

(二)筑牢基层组织基础。持续开展村干部能力素质提升“三大工程”(实施党建创新工程,强化执政能力建设;实施素质提升工程,增强履职尽责能力;实施和谐惠民工程,提升群众幸福指数),推进村(社区)“两委”班子优化提升,稳步有序推进国家干部到村工作,管好用好行政村科技副职,规范村级“星级化”创建。

(三)建设坚强干部队伍。持续完善干部监督管理和考核评价体系,坚持严管厚爱相结合,落实职务与职级并行政策、容错纠错和奖励规定,激励干部干事创业。坚持党管人才原则,进一步完善人才引进工作机制,优化人才发展环境,确保引得来、留得下、用得好。

(四)持之以恒正风肃纪。深入贯彻落实《中国共产党纪律处分条例》,用好监督执纪“四种形态”(经常开展批评和自我批评、约谈函询,让“红红脸、出出汗”成为常态;党纪轻处分、组织调整成为违纪处理的大多数;党纪重处分、重大职务调整的成为少数;严重违纪涉嫌违法立案审查的成为极少数),特别是党委(党组)“第一种形态”,强化日常管理和监督,常态开展纪律教育和警示教育,使铁的纪律转化为党员干部的日常习惯和自觉遵循。

(五)深入推进反腐败斗争。坚持一手抓反分裂斗争,一手抓党风廉政建设和反腐败斗争;深化扶贫领域、民生领域腐败问题专项治理;用好巡察利剑,大力惩治贪污腐败,巩固反腐败斗争压倒性胜利,营造风清气正的政治生态。深化纪检监察体制改革,持续完善纪法贯通、法法衔接的制度机制,充分发挥派驻(派出)纪检监察组作用,不断提高依规依纪依法履职水平。

(六)加强民主政治建设。始终坚持党委领导核心地位,充分发挥党委总揽全局、协调各方作用,统筹协调人大、政府、政协、司法机关和人民团体的工作。积极支持各级人大及其常委会依法履行职能,加强对“一府一委两院”的监督,充分发挥人大代表作用。加快政府转变职能,创新行政管理方式,持续深化“六型政府”建设。支持人民政协拓展协商民主形式,推进政治协商、民主监督、参政议政。加强与民主党派、工商联和无党派人士的团结合作,巩固和发展最广泛的爱国统一战线。充分发挥工会、共青团、妇联等人民团体作用,不断巩固和发展民主团结、生动活泼、安定和谐的政治局面。

政府工作报告

——在温宿县第十三届人民代表大会第六次会议上的工作报告(摘要)

包尔汗·买买提

(2020年1月13日)

2019年工作回顾

刚刚过去的2019年,温宿县迎来了中华人民共和国成立70周年和新疆和平解放70周年。温宿县坚持以习近平新时代中国特色社会主义思想为指导,深入学习贯彻党的十九大和十九届二中、三中、四中全会精神,紧紧围绕党中央治疆方略、特别是社会稳定和长治久安总目标,聚焦自治区"1+3+3+改革开放"重点工作,落实落细地委(扩大)会议、县十二届四次全委(扩大)会议明确的各项任务,在地委、行署和县委的坚强领导下,不忘初心、牢记使命,团结带领各族干部群众,攻坚克难、砥砺前行,圆满完成保稳定、稳增长、促改革、调结构、惠民生、防风险各项工作,实现了各项事业全面进步。

坚持不忘初心、牢记使命,主题教育扎实开展。依托柯柯牙纪念馆、革命烈士纪念地等红色教育资源,广泛开展新时代爱国主义教育、革命传统教育、先进典型教育和警示教育,切实办好"1+3+3"为民实事好事,解决了一批群众关心关注的热点难点问题。

坚持稳中求进、重点突破,发展质量稳步提升。预计全年地方生产总值增长9.05%;全社会固定资产投资增长17.56%;公共财政预算收入增长6.3%;社会消费品零售总额增长12.5%;城镇居民人均可支配收入32298元,增长7.4%;农牧民人均纯收入19025.85元,增长7.32%。"三大攻坚战"取得关键进展。投入2.75亿元,实施扶贫项目79个,受益贫困群众2.3万户;2283户7447名贫困人口脱贫,8个贫困村退出,全县实现整体脱贫,脱贫攻坚取得决定性胜利。持续打好蓝天、碧水、净土保卫战,扬尘、燃煤及重点行业污染得到有效整治,河湖长制严格落实,土壤污染防治工作深入推进,完成禁牧面积7.67万公顷,草畜平衡面积44.47万公顷,新增造林面积4386.67公顷,森林覆盖率达13.32%;城区绿化覆盖率达39.14%,人均公共绿地面积达18.04平方米。清理拖欠民营企业、中小企业账款工作成效明显,政府隐性债务风险有效化解。"三项重点工作"纵深推进。商贸物流业发展壮大,天泽车业、华丰果业冷链仓储等6个重点项目有序推进;园区基础设施日趋完善,承载力不断增强;温宿国家农业科技园区顺利通过国家验收;招商引资到位资金52.33亿元,比上年增长22.7%。乡村振兴战略稳步实施,粮食生产面积2.96万公顷,总产25.58万吨;棉花种植面积3.53万公顷,总产7.25万吨;林果挂果面积8.33万公顷,总产53.01万吨;牲畜出栏101.6万头(只)、家禽出栏620.52万羽;蔬菜种植1133.33公顷、黑木耳种植100万棒。"百十一"基地建设稳步推进。农村人居环境整治深入开展,建立示范乡(镇)1个、示范村12个,完成村庄绿化117个、改厕2万户、三区分离2.9万户。旅游产业蓬勃发展,全年接待游客169.54万人次、增长99.46%,旅游总收入9.86亿元、增长95.63%。

坚持民生为本、公平惠及,民生福祉持续增进。实现城镇新增就业3897人,农村富余劳动力转移就业1.95万人次,高校毕业生就业率达97.76%,城镇登记失业率控制在2.15%以内。五大保险参保人数10.88万人次,城镇职工、城乡居民基本医疗保险参保率达98.86%。社会事业全面发展。选聘科技特派员56名,培训科技明白人26.75万人次,申请知识产权32件。全面落实15年免费教育,落实各类教育惠民资金1.13亿元,受益学生5.6万人次;投入2.45亿元,实施县一中新校区、四中搬迁建设;投入6632万元,补配教学仪器设备,办学条件不断改善;教师队伍全面加强,教学质量稳步提升;高质量通过自治区义务教育均衡发展评估验收。投入200万元,建成融媒体中心指挥调度平台;投入5510万元,建成图书馆综合大楼;开展"双百"(百日广场文化活动、农牧民百日文体活动)文化活动1227场次,放映电影、送文化下乡1537场次,惠及群众170万余人次,群众精神文化生活更加丰富。深化公立医院体制改革,积极推进"医联体""医共体"建设,实行医疗服务价格调整和药品零差率销售,为患者让利546.37万元;全民免费健康体检全覆盖。发放特殊困难群体低保金2053万元,城乡救助金224万元,落实残疾人"两项补贴"(困难残疾人生活补贴和重度残疾人护理补贴)163万元,社会保障体系日趋完善。发放退役士兵一次性经济补助112万元,义务兵优待金93.5万元,退役军人服务保障能力不断提升。城乡面貌焕然一新。投入3050万元,完成龙泉湖公园、湿地公园北门等5处景观改造提升;投入8113万元,新建景观游园7个、生态停车场5个、街角绿地16个、旅游厕所9座;投入9426万元,完成城区道路、亮化改造及棚户区改造拆迁片区绿化。建成通村油路150.75千米,解决农牧民安全饮水1246户、用电问题6697户,完成安居房2711户、棚户区改造2500户。

坚持改革创新、与时俱进,深化改革纵深推进。坚持以供给侧结构性改革为主线,巩固"三去一降一补"成果,完成房地产去库存18.6万平方米,减免税费7482万元,降低企业成本529万元。"放管服"改革不断深化,"互联网+政务服务"平台规范运行,梳理"马上办"事项207项、"网上办"事项609项、"一次办"事项166项。农业农村综合改革深入推进,完成12个乡(镇)140个行政村清产核资。党政机构改革全面完成,撤并整合机构43个。对外开放水平不断提升,完成外贸出口5244万美元。投入援疆资金1.26亿元,实施援疆项目24个,实现人才、产业、教育、医疗、文化等多领域、全方位深度融合。油地共建、兵民融合、兵地融合进一步深化。

坚持依法行政、改进作风,政府职能持续转变。以"六型"政府建设为抓手,严字当头、实处用劲,为各项工作深入推进提供了坚强保障。全面落实党风廉政建设责任制,严格执行中央八项规定及其实施细则,大力倡导勤俭节约之风,"三公经费"[政府部门人员在因公出国(境)经费、公务车购置及运行费、公务招待费产生的消费]支出持续下降;强化资金项目审计监督,源头遏制腐败行为。持续推进政府系统作风效能建设,"基层减负年"成效明显。自觉接受人大法律监督、政协民主监督和社会公众监督,办理人大代表建议议案60件、政协委员提案43件,办复率100%;受理县长信箱来信149件、专员信箱3件,办结率100%。强化政府网站建管用,畅通来访渠道,政府工作透明度、政府公信力进一步增强。

2020年工作安排

县十二届五次全委(扩大)会议提出的总体要求是:坚持以习近平新时代中国特色社会主义思想

为指导,深入贯彻落实党的十九大和十九届二中、三中、四中全会及自治区党委九届七次、八次全会精神和地委(扩大)会议精神,坚决贯彻党的基本理论、基本路线、基本方略,统筹推进"五位一体"总体布局、协调推进"四个全面"战略布局,全面贯彻落实新时代党的治疆方略、自治区党委重点工作部署和地委"76331"战略决策,紧紧围绕社会稳定和长治久安总目标,着力提升社会治理体系和治理能力现代化水平,深入实施"14658"战略,不忘初心、牢记使命,努力建设平安和谐富裕美丽温宿,为夺取全面建成小康社会伟大胜利而不懈奋斗。

县十二届五次全委(扩大)会议提出的目标任务是:力争全县地方生产总值增长8%以上,社会消费品零售总额增长10%以上,公共财政预算收入增长6%以上,规模以上企业工业增加值增长9%以上,城镇登记失业率控制在3.9%以内,城镇居民人均可支配收入增长8%以上,农牧民人均纯收入增长8%以上。社会大局持续稳定,经济发展稳中有进,生态环境持续改善,民生建设保障有力,党的建设全面加强。

一、紧紧围绕总目标,在维护社会大局稳定上持续用力

始终把维护稳定作为压倒一切的政治任务、重于泰山的政治责任,倍加珍惜来之不易的大好局面,高举法治旗帜,保持定力、主动进攻,标本兼治、综合施策,坚定坚决打好反恐维稳组合拳。

二、紧紧围绕总目标,在推动经济高质量发展上持续用力

坚持稳中求进工作总基调,贯彻新发展理念,坚持以供给侧结构性改革为主线,坚持以深化改革开放为动力,把握机遇优势、破解发展难题,坚决打好"三大攻坚战",全面做好"六稳"(稳就业、稳金融、稳外贸、稳外资、稳投资、稳预期工作)工作,推动经济高质量发展。

(一)坚决打好"三大攻坚战"

1.坚决打好精准脱贫攻坚战。严格落实精准扶贫、精准脱贫基本方略,咬定目标、尽锐出战,落实"六个精准",推进"六个一批""三个加大力度",落实"九个聚力攻坚"(一要在补齐短板上聚力攻坚;二要在精准施策上聚力攻坚;三要在资金项目上聚力攻坚;四要在政策保障上聚力攻坚;五要在统筹力量上聚力攻坚;六要在问题整改上聚力攻坚;七要在防止返贫上聚力攻坚;八要在扶志扶智上聚力攻坚;九要在夯实基础上聚力攻坚),做到"九清"(一要意义清、统一思想认识;二要底数清、摸清贫困底数;三要路子清、找准脱贫路径;四要标准清、实事求是脱贫;五要风气清、加强监督执纪;六要资金清、提高资金效益;七要动力清、转变思想观念;八要责任清、层层传导压力;九要目标清、实现统筹兼顾),严格执行"四个不摘"政策,做到"四个只增不减"(工作力度只增不减,资金投入只增不减,政策支持只增不减,帮扶力度只增不减),确保脱贫攻坚善始善终、善作善成。强化脱贫攻坚大数据平台精细化运用,建立返贫监测预警机制,持续抓好已退出深度贫困乡(镇)、贫困村和贫困人口的巩固提升工作,确保已脱贫人口不返贫,确保非贫困人口不致贫。突出抓好发展产业、转移就业、土地清理再分配、转为护边员、综合社会保障兜底扶贫举措,持续加大教育、健康扶贫力度,完善基础设施,做到一户一策、精准发力。着力完善脱贫攻坚长效机制,精准摸排富余劳动力,积极引导贫困人口就业,确保就业人员稳得住、干得好、能致富;加大农民专业合作社规范化管理,大力推广"企业+合作社+贫困户""合作社+贫困户+托养托管"模式,实现产业发展促脱贫。着力发挥项目效益,梳理完善脱贫攻坚项目库,明确方向、严格把关、规范管理;高标准、高质量推进扶贫项目建设,确保早动工、早见效。着力消除精神贫困,坚持扶贫与扶志扶智相结合，改进帮扶方式，加强教育引导，突出示范引领，全面激发贫困群众内生动力。

2. 坚决打好污染防治攻坚战。牢固树立绿水青山就是金山银山的理念，突出精准治污、科学治污、依法治污，严禁"三高"项目进温宿，严格执行环境保护一票否决制，努力建设天蓝地绿水清的美丽温宿。打好蓝天保卫战，深入实施燃煤、扬尘、重点行业挥发物、机动车尾气综合整治，推进能源化工行业达标排放，不断提升县域空气质量。打好碧水保卫战，严守水资源管理"三条红线"，严格落实河湖长制，大力推进河湖整治三年行动，加快推进阿克苏河流域温宿段、台兰河综合治理，加大水源地保护力度，严厉整治违法排污行为，以水环境质量改善造福于民。打好净土保卫战，持续推进国土绿化行动和重点风沙策源地综合治理，持续抓好退耕还林、退牧还草等重点林草工程。

3. 坚决打好防范化解重大风险攻坚战。强化底线思维，加大财政约束力度，严格落实"四个一律"和违规举债终身问责、债务问题倒查制度，着力防范重点领域风险。强化政府债务风险评估和风险预警，严禁新增隐性债务上项目、铺摊子，严守不发生政府债务风险的底线。紧盯规范金融市场秩序、化解非法集资陈案积案等重点领域和关键环节，有效防控互联网金融、资本市场等领域的风险。

（二）大力实施重点发展战略

1. 积极融入丝绸之路经济带核心区建设。积极发展城市综合商贸、专业市场集群、特色商业街、商品交易中心等新业态，重点推进红旗坡冷链物流、冰雪蜜脆园示范基地等商贸物流项目建设，努力打造商贸物流重镇。不断完善园区基础设施建设，推动项目资金、技术、人才等要素向园区聚集，激发园区发展动力和活力。

2. 深入实施乡村振兴战略。按照稳粮、优棉、促畜、强果、兴特色的思路，优化农业布局，落实粮食安全战略，建设高标准粮食生产功能区。振兴棉花产业，加快推进高标准农田建设。促进林果业提质增效，推进林果标准化生产。推进畜牧业规范化、标准化发展，做大做强肉牛、肉羊产业，扩大猪禽养殖规模，做精做优特色养殖。壮大特色农业，设施农业面积稳定在 233.33 公顷。提升农业产业化水平，深入实施"十仓百企""十城百店"工程。拓宽农产品销售渠道，不断提升农产品附加值。扎实推进人才振兴。坚持定人帮带、定岗锻炼、定期培训，培育一批新型职业农民、农村专业人才、返乡人才。扎实推进文化振兴。大力弘扬和践行社会主义核心价值观，充分发挥新时代文明实践中心作用，积极倡导现代文明生活方式，活跃文化大院、农家书屋、百姓舞台等文化阵地，稳步提升农民群众素质和乡风文明程度。扎实推进生态振兴。深入学习借鉴浙江"千万工程"经验，全面推进"十村示范、百村整治"工程，以院内院外"六件事"为抓手，重点抓好托乎拉乡和 17 个示范村人居环境整治工作，示范带动其余乡村全面掀起农村人居环境整治热潮。加强村庄规划与国民经济和社会发展规划、国土空间规划有机衔接，形成城乡融合、区域一体、多规合一的规划体系。常态开展"星级文明户""美丽庭院"评比活动，广泛宣传好典型、好做法，营造人人参与环境整治的浓厚氛围。扎实推进组织振兴。切实发挥农村基层党组织的领导核心作用，健全自治、法治、德治相结合的乡村治理体系，努力建设充满活力、和谐有序的善治乡村。

3. 全力推进旅游产业发展。深入实施"旅游兴疆"战略，积极创建全域旅游示范区，促进旅游产业全域布局、服务全域配套、环境全域提升、市场全面拓展。统筹各方资源，加快推进天山托木尔大峡谷国家 AAAAA 级景区创建；持续提升旅游接待能力，加快景区提档升级。大力发展乡村旅游和旅游民宿。围绕"旅游 +"，推动旅游与文化、体育等深度融合。组织策划天山托木尔文化旅游节、世界自然遗产摄影节等系列活动,积极参加各类旅游交易会、博览会等大型展会,持续扩大山水温宿旅游品牌影响力。不断丰富特色旅游产品,拓宽旅游产品产业链,拉动旅游消费市场。依托阿克苏地区智慧城市建设,不断完善智慧旅游公共服务体系,推动旅游产业信息化发展。

(三)稳步推进全面深化改革

深化供给侧结构性改革,巩固"三去一降一补"成果,落实好减税降费政策,降低企业用电、用气、物流成本。深入推进"放管服"改革,加快"最多跑一次"改革步伐,大力推广"互联网+政务服务"平台应用,加快推进公共资源交易全流程电子化,最大程度方便企业和群众办事。全面开展自治区级温宿产业园体制机制改革,优化园区审批流程。深化国资国企改革,确保国有资本保值增值。深化农林牧场改革,确保国有农牧场"两个三年"任务如期完成。推进农村水价综合改革、林业林权制度改革、农村宅基地制度改革,深化粮食收储流通体制机制改革、棉花目标价格改革,切实提升服务"三农"能力。深入推进医药卫生体制改革,促进"三医联动",让群众享受更加便利的医疗服务。深化对口援疆工作,加强金温两地交流,突出产业、人才、智力、资金援疆。促进兵地融合发展,加强一师四团、五团、六团共融共建。深化油地共建,不断巩固油地融合发展成果,培育油地经济发展新动能。深化军地军民融合,落实退役军人安置、家属就业、子女教育等政策,全面加强退役军人服务保障。

(四)大力发展实体经济

1.加快重点项目建设。完善重大项目推进工作机制、协调服务机制,积极谋划和争取一批投资效益好、带动作用强、引领力度大的项目,为发展赢得主动。着力推进拓美特果蔬、疆味天下等农副产品深加工产业项目建成投产;力促利建建材、金万莱油脂等精细化工产业项目投产达效;加快推进龙湖映象、金桥·太古里等房地产项目建设,持续扩大有效投资。

2.推进优势资源转化。加大石油、天然气、煤炭等资源开发力度,将资源优势转化为发展优势。推进煤炭产业升级,争取泊尔孜煤矿列入自治区"十四五"规划调整矿井名单,完成克孜勒布拉克煤矿和博孜墩煤矿东井改扩建核准。

3.发展壮大民营企业。积极推动民营经济转型升级,支持民营企业创新创造,培育和弘扬企业家精神,在市场准入、审批许可、经营运行等方面,为民营企业营造公平竞争环境。加强中小微企业成长培育指导,促进"小升规、规上市",重点扶持启德油脂、华丰果业小升规,壮大曦隆燃气、泓盛化工等规上企业。加强民营企业帮扶,强化重点要素保障,依法保护民营企业权益,让企业安心生产、放心经营、全心发展。

4.加快扩大开放步伐。大力实施招商引资"一号工程",立足资源优势、区位优势,紧抓丝绸之路经济带核心区建设机遇,精准谋划招商项目,创新招商方式、拓展招商领域、优化招商服务,全面提升招商引资质量和水平,不断扩大招商引资成果,重点推动西咪替丁、无机颜料等项目落地建设,加快发展外向型经济,力争外贸进出口总额增长10%。

5.强化财税金融支撑。加强税收征管,做到依法征税、应收尽收。牢固树立"过紧日子"的思想,调整优化财政支出结构,压缩一般性支出,集中财力保工资、保运转、保民生、保稳定。优化金融环境,规范政府投融资载体建设,增强融资能力,进一步繁荣金融市场。推进会计核算中心规范化建设和政府采购改革,促进政府采购阳光透明、廉洁高效。

(五)加强基础设施建设

坚持基础设施先行，加大水利、交通、电力等重点基础设施建设力度，重点推进台兰河洼地水库项目建设，加快推进大石峡水利枢纽、铁米尔苏梯级水电站建设；完成220千伏变电站二期扩建、台兰河三级水电站110千伏送出工程建设；新建农村公路100千米，争创“四好（建好、管好、护好、运营好）农村公路”示范县；新建市政天然气管网15千米，新增天然气入户5000户，不断提升经济社会发展的支撑能力。

（六）着力提升城市品位

坚持“城在林中、水在城中、人在园中”的理念，完善城市功能，提高城市品质，着力打造宜居宜业公园城市。强化规划引领，加快编制国土空间规划，推动多规合一，实现城乡资源合理配置。大力实施老城区提升改造，强力推进新城区建设。加快推进城区污水管网建设项目（二期）、新城街供水主管网建设，不断完善城市基础设施。推进城市美化绿化净化工程，加大城区绿线、街头空地、街头游园绿化补植补种力度。坚持“就近相邻、规模适中、宜合就合”的原则，大力推行居民小区整合，提升群众生活便捷度和舒适度。

（七）科学编制“十四五”规划

全面评估“十三五”规划实施情况，精准研判发展机遇，细致分析困难挑战，突出保持经济运行在合理区间、推动高质量发展，突出以人民为中心的发展思想，突出以改革创新破解发展难题，科学编制“十四五”规划，建立以国民经济和社会发展总体规划为统领、空间规划为基础、专项规划和区域规划为支撑的规划体系。立足县情实际，积极主动对接，抓住有利政策，谋划一批重大工程和生态、民生项目，确定一批带动性强的重大产业项目和基础设施项目，争取将更多补齐全面建设小康社会短板的项目纳入“大盘子”，给社会良好预期。

三、紧紧围绕总目标，在保障和改善民生上持续用力

（一）坚持就业惠民，多渠道促进就业创业

始终把稳定就业放在最突出位置，健全完善劳动者自主创业、市场调节就业、政府促进就业机制。引导各族群众有序外出就业、鼓励就近就业、扶持返乡创业。大力推进国家通用语言文字+技能培训促就业工程，多渠道实现各类群体就业创业，确保应届毕业生就业率达90%以上；以园区转移就业为重点，大力发展纺织服装、民族特色手工业等劳动密集型产业，推进“短平快”项目和就业创业基地建设，最大限度开发就业岗位。

（二）坚持教育惠民，加快教育事业发展

坚持社会主义办学方向，全面落实15年免费教育政策，大力实施“国家通用语言文字普及攻坚工程”，实现国家通用语言教育全覆盖。全面优化教师队伍结构，加大国家通用语言教师招聘力度，加强师德师风建设，努力打造高素质专业化教师队伍。整合教育资源，优化学校布局，启动大学城实验小学新建，完成一中新校区建设和四中搬迁新建，推进幼儿教育中心提升改造，不断改善办学条件。加大校园“三防”建设力度，强化校内外综合治理，确保校园安全稳定。

（三）坚持医疗惠民，提高全民健康水平

实施健康温宿行动，扎实推进“医联体”“医共体”和医疗卫生信息化建设，不断改善基层医疗卫生服务条件，增强医疗卫生服务能力。深入推进全民健康体检和家庭医生签约工作。持续开展爱国卫生运动和“健康知识进万家”活动，不断完善公共卫生和重大传染性疾病预防机制，切实把好各族群众健康关。

（四）坚持社保惠民，完善社会保障体系

深入实施全民参保计划，持续扩大五大保险征缴覆盖面，年内城乡居民参保率达95%以上。足额发放各类社会保险待遇，维护参保人员合法权益。

加强医保资金监管,严厉打击欺诈、骗取、盗刷医保资金行为。积极落实人身意外伤害保险、大病保险、跨省异地就医直接结算等各项惠民政策。加大社会救助力度,健全流浪乞讨人员、未成年人救助等社会服务保障机制,实现有意愿的“五保”老人集中供养、孤儿集中收养率达100%。持续加强残疾人康复服务工作。

(五)坚持安居惠民,改善群众居住条件

扎实推进安居工程和老城区改造,新建安居房745套,完成棚户区改造200户,巩固提升农村饮水安全水平,进一步改善群众生产生活条件。建立完善多主体供给、多渠道保障、租赁并举的住房制度,确保低收入住房困难群体“住有所居”。强化物业公司规范化管理,不断提高物业服务水平,让各族群众住得舒心、住得安心。

(六)坚持文化惠民,满足群众精神需求

大力弘扬中华优秀传统文化、社会主义先进文化、红色革命文化,深入实施文化惠民工程,持续推进“东风工程”、广播电视“户户通”工程。坚持以现代文化为引领,优化城乡文化资源配置,建管用好基层文化阵地,广泛开展全民健身活动和群众文化体育活动,不断丰富各族群众精神文化生活。

(七)坚持兴边惠民,有力促进稳边固边

持续加强边境区域道路、水利等基础设施建设,加快边境乡(镇)发展。投入1044万元,实施博孜墩柯尔克孜民族乡提坎库如克村防洪坝等7个少数民族发展资金项目,在博孜墩柯尔克孜民族乡、吐木秀克镇、柯柯牙镇3个边境乡(镇)修建村级公路6.4千米、防洪坝4千米、防渗渠2千米,不断改善边境区域生产生活条件。

(八)坚持安全惠民,提升群众安全指数

牢固树立安全发展理念,落实安全生产责任制,健全完善“1+X”风险隐患排查治理机制,抓好危险化学品、交通运输、建筑、消防等领域安全生产工作,推动安全风险分级管控和隐患排查治理规范化、常态化、制度化,坚决遏制重特大安全事故发生。加强食品药品和产品质量安全监管,让群众饮食更加放心、用药更加安全。完善地震、冰雹、山洪等自然灾害监测、预警、救助综合体系,加强应急演练,规范物资储备及调拨管理,不断提升应对处置各类突发事件的能力和水平。

四、紧紧围绕总目标,在加强政府自身建设上持续用力

(一)持续推进忠诚型政府建设

坚持理论学习制度化、常态化,把学习贯彻习近平新时代中国特色社会主义思想作为开展工作的首要前提,用党的创新理论武装头脑、指导实践、推动工作。全方位加强政府系统党员干部素质规范和素质建设,严守政治纪律和政治规矩,规范政府系统党内政治生活,不断提高政治觉悟和政治能力,永葆共产党人政治本色。

(二)持续推进法治型政府建设

强化法治教育,落实“七五”普法任务,深入开展法治宣传,全面推进城乡法治明白人工程,带动群众学法用法、遵法守法。完善法律顾问、行政听证等制度,提升政府依法决策、科学决策水平。坚持规范公正文明执法,严格按法定权限和程序行使权力,依法接受人大及其常委会的监督,自觉接受人民政协的民主监督,主动接受社会和舆论监督,认真听取社会各界意见,办理人大代表建议议案、政协委员提案,做到有权不可任性、有权必受监督。做好政务公开和政府信息公开,保障群众的知情权、参与权、监督权。

(三)持续推进服务型政府建设

增强服务本领,提高行政效能,全面理清、减量、优化政府权责清单,推进市场准入负面清单、涉企收费清单制度;推进行政审批服务“马上办、网上办、就近办、一次办”，加快审批服务标准化建设，持续开展“减证便民”行动；着力提升“互联网＋政务服务”水平，创新便民利企审批服务方式，逐步推进基本公共服务向乡、村延伸，尽心竭力为民办实事、做好事、解难事，促进发展成果更多惠及各族群众。

（四）持续推进担当型政府建设

保持作风建设永远在路上的自觉，持续改进作风，创造求真务实、真抓实干、担当作为、敢于负责的干事创业环境。巩固拓展“不忘初心、牢记使命”主题教育成果，时刻保持旺盛生命力和强大战斗力，提升政府工作人员想干事、能干事、干成事的主动性。集中精力整治形式主义、官僚主义等作风顽疾，大力营造“雷厉风行抓落实、事不办好不罢休”的担当氛围。

（五）持续推进创新型政府建设

聚焦推动工作中的关键环节、关键问题，激励政府工作人员开动脑筋、勇于革新，在工作实践中不断研究新情况、探索新方法、总结新经验、解决新问题，在政府各项工作中推出更多突破、创新性实招，加快推进政府治理体系和治理能力现代化。继续坚持和完善推进工作中产生的好经验、好做法，确保政府工作持续高效推进。

（六）持续推进廉洁型政府建设

认真落实党风廉政建设责任制，深入贯彻中央八项规定精神及其实施细则，严禁以权谋私，持之以恒正风肃纪。巩固发展反腐败斗争压倒性态势，无禁区、全覆盖、零容忍惩治各类腐败行为。强化重点资金、重点项目审计监督，强化权力约束和源头治理，把权力关进制度的笼子。构建社会监督机制，畅通群众诉求渠道，用好县长信箱等政民互动平台，及时回应群众关切。

大事记

1月

1日　温宿边境管理大队举行揭牌仪式。

5日　中国人民政治协商会议温宿县第十三届委员会第四次会议开幕。

6日　温宿县第十三届人民代表大会第四次会议第一次全体会议在县青少年活动中心开幕,出席人大代表165名。

7日　温宿县召开自治区党委经济工作会议分组讨论会。

10日　温宿县举行县乡两级人大代表脱贫攻坚专题培训。

▲　温宿县召开2019年重点项目推进会。

19—21日　温宿县住建局安居办开展农村安居工程建筑工匠培训,举办培训班4期,培训人数621人。

21日　温宿镇召开温宿县纪检监察系统集中整治形式主义、官僚主义暨纪检监察业务培训动员大会。

29日　温宿县召开中石油塔里木油田分公司石油天然气勘探开发对接会,中国石油集团塔里木油田分公司向温宿县人民政府捐赠30万元。

▲　温宿县人民法院召开新闻发布会,发放涉民生案款。县人民法院清理涉及温宿县小台兰煤矿、新疆温宿县库尔归鲁克煤炭开发有限责任公司民生案件14件、涉及14人,执行到位涉民生案款199.47万元。

31日　温宿县召开"聚焦总目标作风再整顿"专项活动总结大会。

2月

13日　温宿县召开机构改革动员大会。

15日　温宿县文化体育广播电视和旅游局、县卫生健康委员会、县教育和科学技术局、县商务和工业信息化局、县医疗保障局正式挂牌。

16日　温宿县农业农村局挂牌。

17日　温宿县林业和草原局举行揭牌仪式。

24日　温宿县召开贯彻落实中央脱贫攻坚专项巡视反馈意见整改动员暨2019年脱贫攻坚会议。

26日　温宿县召开第四次全国经济普查正式登记工作推进会。

3月

18日　温宿县举行2019年固定资产投资项目集中开(复)工仪式。此次集中开工项目50个,涉及产业发展、民生工程、基础设施建设等各项领域,总投资39.78亿元。

19日　温宿县在药品集散中心召开"政银企"对接会。

21日　温宿县召开2019年农村安居工程推进会。

25日　温宿县首届天山梦城·山水温宿"金物联"杯文化旅游形象大使选拔赛决赛在县青少年活动中心举行。

▲　温宿县在温宿镇政府举行烈属、军属和退役军人等家庭集中悬挂光荣牌启动仪式。

26日　温宿县召开2019年招商引资务虚会。

27日　温宿县召开十二届县委第六轮巡察工作动员部署会议。十二届县委第六轮巡察从4月上旬开始,巡察县直单位8个、国有企业4个、行政村24个。

30日　温宿县农口系统召开"政治思想强、业务技术精、服务质量好、作风纪律严"专项整顿活动动员会。

4 月

8 日　温宿县召开旅游发展暨创建全域旅游示范区动员大会。

18 日　温宿县举行城乡富余劳动力整建制转移重庆就业欢送仪式，来自佳木镇、博孜墩柯尔克孜民族乡等 12 个乡(镇)的 117 名务工青年奔赴重庆开启就业增收之路。

26 日　地区人大干部履职培训班学员 120 余人在温宿县实地观摩人大代表活动工作开展情况。

27 日　由中共温宿县委员会、温宿县人民政府、金华市援疆指挥部联合主办，温宿县文化体育广播电视和旅游局、浙江省旅游集团文化会展公司承办的“天山梦城·山水温宿”旅游嘉年华在义乌国际博览中心举行。

28 日　温宿县在恰格拉克乡举办首届天山梦城·山水温宿“希望杯”农牧民运动会。

29 日　温宿县召开贯彻落实习近平总书记在解决“两不愁三保障”突出问题座谈会上的重要讲话精神扎实推进脱贫攻坚工作会议。

▲　温宿县委召开全面依法治县委员会第一次会议。

▲　温宿县委召开国家安全委员会第一次会议。

▲　温宿县委召开外事工作委员会第一次会议。

30 日　温宿县召开庆祝 2019 年“五一”国际劳动节暨先进集体和个人表彰大会。10 个基层工会先进集体、5 个先进职工之家、5 个先进职工小家、10 名优秀工会工作者、10 名“五一生产能手”受到表彰。

▲　温宿县四套班子在家领导及各族党员干部分别集中收看纪念五四运动 100 周年大会直播。

5 月

1 日　中央电视台《新闻直播间》推出“五月中国·江山胜迹”专栏，分两场直播新疆阿克苏地区温宿托木尔大峡谷壮观的景色。

3 日　温宿县委政法委组织政法系统科级干部、乡(镇)政法书记 96 名，开展《中国共产党政法工作条例》理论知识闭卷考试。

▲　温宿县召开学习贯彻习近平总书记纪念五四运动 100 周年大会重要讲话精神暨纪念五四运动 100 周年座谈会。

7 日　温宿县召开人大代表议案、建议、批评、意见和政协委员提案交办工作会议。

▲　温宿县中医医院 200 余名医护人员为阿热勒镇皮亚其村捐款 10 万元，帮助贫困群众脱贫。

8 日　温宿县人大检查组一行赴各乡(镇)检查贯彻落实《中华人民共和国国家通用语言文字法》《新疆维吾尔自治区民族团结进步工作条例》情况。

12 日　温宿县委、援疆指挥部、县委常委、宣传部部长、教育党工委及县文旅、自然资源、林草等部门负责人，与地区国资办、多浪龟兹旅游公司、托峰局领导，一同前往帕克勒克草原、平台子、大峡谷、阿克布拉克草原等地实地踏查，谋划全域旅游布局、研究解决旅游发展中遇到的突出问题。

13 日　阿克苏地委调研组赴温宿县博孜墩柯尔克孜民族乡、托乎拉乡，实地调研脱贫攻坚、乡村振兴和社会稳定等工作开展情况。

15 日　浙江省永康市党政代表团一行到温宿县考察调研。

▲　温宿县召开创建全域旅游示范区工作第一次推进会。

17 日　温宿县举办离退休干部党支部书记及业务骨干培训班。

19 日　阿克苏地区双重预防机制建设工作现场推进会在温宿召开。

▲　2019 年阿克苏地区“科技活动周”启动仪式在温宿县第二小学举行。

21 日　温宿县召开推进清理拖欠民营企业、中小企业账款工作会议。

22 日　温宿县召开自治区级文明单位、文明村

“零基启动”动员大会。

▲ 温宿县第十八届百日广场文化活动在温宿镇新泉社区启动。

23日 温宿县融媒体中心举行揭牌仪式,标志温宿县深化媒体融合转型发展进入新阶段。

25日 温宿县纪委监委举办“学纪法强本领提质量”培训。

27日 温宿县第十三届人民代表大会第五次会议在文化艺术中心开幕,应到代表165名,出席代表153名。

28日 新疆新华阿克苏地区集控管理基地项目在温宿县正式开工。

29日 教育部副部长到温宿县第五中学、温宿镇稻香路幼儿园调研指导援疆支教和教育扶贫工作,并慰问浙江省金华市援疆支教教师。

30日 人社部事业单位人事管理司及自治区人社厅调研组一行在地区人社局相关负责人的陪同下到温宿县调研县事业单位人事管理工作。

▲ 温宿县召开2019年县委审计委员会第一次会议。

6月

7日 温宿县委书记到佳木镇喀赞阿斯玛村、栏杆村、佳木阔坦村、通吐尔村、加依村、拉帕村、萨依买里村慰问“访惠聚”驻村工作队,为他们送上节日祝福和诚挚慰问。

8日 阿克苏地区农业农村局、地区水利局以及地区发改委一行到温宿调研2019年上半年项目建设和“点线面”机制推进情况。

10—11日 温宿县政协召开2019年政协委员全力打赢精准脱贫攻坚战调研工作汇报座谈会。会议要求,政协委员要强化政治担当、责任担当和行动自觉,以“工匠精神”做实做细协商工作,提出更高质量的议案建议,全力助推打赢脱贫攻坚战。

11日 温宿县召开党员分类管理专项改革试点动员会。

12日 国家发展改革委产业经济与技术经济研究所调研组一行到温宿开展品牌建设政策调研活动。

13日 新疆残疾人福利基金会带领自治区残疾人福利基金会调研组一行到温宿县调研助残扶贫工作。

▲ 阿克苏地区“时代新人说——我和祖国共同成长‘绿水青山’主题演讲”决赛在温宿县举行。

15日 阿克苏药品集散中心举办以“助力康养,合作共赢”为主题的2019中国新疆阿克苏药品博览会。

15—16日 温宿县召开2019年上半年脱贫攻坚暨农业农村工作现场会。

17日 第十三届全国人大代表法蒂玛·马合木提到温宿县对南疆四地州关于贫困人口大病补偿医疗普惠保险开展落实情况进行走访查看。

▲ 温宿县举行自治区劳动人事争议调解仲裁行风建设培训班。来自南疆四地州及巴音郭楞蒙古自治州的近100名劳动人事业务人员参加培训。

18日 自治区人社厅调解仲裁管理讲师团到温宿县为南疆四地州、巴音郭楞蒙古自治州的仲裁员开展劳动人事争议调解仲裁现场庭审观摩授课活动。

18—19日 自治区畜牧兽医局讲师团到温宿县阿热勒镇吐尔拜提尤喀克买里村和温宿县克孜勒镇开展畜牧养殖技术培训,各乡(镇)动物防疫员、养殖户等250人参加培训。

19日 温宿县召开庆祝中国共产党成立98周年离退休干部座谈会,全县60名离休干部和副县级以上退休干部参加会议。

▲ 地区人大调研组对温宿县重大项目建设、人居环境整治、劳动力转移就业、脱贫攻坚等工作开展情况进行集中视察和专题调研。

19—20日 自治区科技厅预验收工作组到温宿县考察国家农业科技园区创建工作。

26日 温宿县禁毒委员会成员单位组成禁毒宣传队采取向居民群众发放禁毒知识宣传单、展示宣传展板、悬挂宣传横幅、现场宣讲等方式集中开展禁毒宣传教育活动。

▲ 温宿县科创中心举行浙江省金华市向温宿国家农业科技园区项目钥匙交付仪式。

27日 温宿县“基层减负年”工作领导小组召开第一次会议。

7月

6日 温宿县应急管理局联合县交通局、运管局、交警队召开“源头治超、规范经营”约谈会议。

8日 阿克苏地区2019年扶贫专项审计进温宿县见面会召开。

9日 温宿县举行阿克苏地区2019年新型职业农民产业扶贫(黑木耳、蔬菜)专题培训班。

12日 温宿县举办2019年“创想新时代 共圆中国梦”创业大赛。

▲ 温宿县首个消防取水码头在阿温大道与建业街交汇处的龙泉湖景观带河流建成并投入使用。

13日 温宿县温宿镇民生社区启动阿克苏地区残联“共筑小康梦”残疾人脱贫攻坚典范人物巡回宣讲活动。

15日 温宿县阿热勒镇16个行政村暑假辅导班——“红领巾小课堂”开班,有2890名中、小学生参加。

▲ 阿克苏地区塔里木歌舞团赴温宿县开展庆祝“中华人民共和国成立70周年暨我和我的祖国”送文艺下基层巡回演出活动。

18日 温宿县“三支一扶”大学生招募考试结束。

18—19日 温宿县举办基层年轻干部素质能力提升班,各乡(镇)80余名干部参加培训。

19日 中国美术学院绘画艺术学院一行应阿克苏地区美术家协会邀请,到温宿县柯柯牙镇帕克勒克景区采风。

20日 “第三届海立方水上电音节”暨2019世界旅游小姐大赛阿克苏赛区温宿县分赛区在金桥夜市举行决赛。

21日 温宿县温宿镇九阳社区开办“六点半课堂”。“课堂”由农发行温宿县支行驻温宿镇九阳社区“访惠聚”工作队与社区干部联合举办,免费开设语文、数学、英语等作业辅导课程和阅读、剪纸、绘画、书法等兴趣培养课程,主要邀请返乡大学生授课。

22日 温宿镇开展“国医健康行”活动,活动由陕西国恩中医康复研究中心调研组进行调研、义诊和咨询。

▲ 温宿县举办“守初心、担使命、坚决做到‘两个维护’”廉政书画作品展。

▲ 温宿县举办乡(镇)党务干部业务能力提升专题培训班。

▲ 由县纪委监委、县妇联联合举办的“传承红色家风·共建廉洁家庭”家庭助廉座谈会在文化艺术中心举行。

23日 温宿县农业农村暨脱贫攻坚工作推进会在博孜墩柯尔克孜民族乡吾斯塘博依村召开。

28日 温宿县“庆祝中华人民共和国成立70周年·我和我的祖国乡村文化旅游节”启动仪式暨钓鱼大赛在阿热勒镇清河湾垂钓园举行。

▲ 温宿县以“守初心担使命做‘两个维护’的忠实践行者”为主题,开展全县副科级以上领导干部上党风廉政教育专题党课活动。

29日 温宿县四套班子领导带领县直各单位慰问驻温宿县部队官兵、退役军人代表、烈士家属以及一线干警。

8月

1日 温宿县海立方启动“十年携手再谱新篇”金华·温宿文旅走亲活动。

4—5日 温宿县文学艺术界联合会第一次代表大会在县党政综合楼召开。

18日 温宿县帕克勒克景区举办阿克苏首届动力伞精英赛开赛,60余名专业飞行员齐聚天山脚下。

20日 温宿县托乎拉乡库如力村举行中组部、

农业农村部2019年第六期农村实用人才带头人和大学生村官示范培训班，来自新疆维吾尔自治区各地的120名实用人才带头人学员参加为期6天的培训。

9月

1日　温宿县托乎拉乡河畔村举办"壮丽70年奋斗新时代庆祝中华人民共和国成立70周年暨阿克苏地区美术家协会'我的梦·中国梦'"文艺下乡活动，中国美术家协会30余名绘画爱好者参加活动。

2日　温宿县文化艺术中心举办"壮丽70年阔步新时代"庆祝中华人民共和国成立70周年全国集邮文化活动，全县千余名干部群众参观邮展。

3日　温宿县举行"壮丽70年·奋斗新时代"阿克苏地区全媒体记者践行"四力"走基层大型主题采访活动，阿克苏日报社、地区电视台20余名记者在温宿县开展为期3天的主题采访活动。

▲　温宿县新疆同力和环材科技有限公司在乌鲁木齐举行的由自治区工信厅、财政厅主办的2019年"创客中国"新疆中小企业创新创业大赛决赛中获大赛优秀奖，是阿克苏地区唯一获奖参赛企业，共有各地州层层选拔的68家优秀企业参加决赛。

6日　温宿县举行"2019年其他省市普通高校阿克苏籍援疆助学金"发放仪式。县教科局为受资助的26名贫困家庭大学生每人发放6000元助学金，共计发放15.6万元。

7日　中石油塔里木油田分公司调研组到温宿开展石油天然气勘探开发调研。

10日　中广核集团在温宿县吐木秀克镇河崖村第二小学开展捐资助学活动。捐赠少儿读物和各类书籍529册，给18名成绩优秀学生发放3600元奖学金，并为改善学校教职工办公环境购置10套新办公桌椅。

12日　温宿县召开"不忘初心、牢记使命"主题教育部署会议。

16日　温宿县举办2019年工贸企业警示教育暨安全生产培训会。

17日　中组部、农业农村部2019年第八期农村实用人才带头人和大学生村官示范培训班在温宿县开班。

18日　温宿县农业农村局举行中共温宿县委员会农牧和水利行业工作委员会揭牌仪式。

24日　温宿县四套班子领导走访慰问张兴德、于芳甫、符昌斌、张智敏、王俭昌、敬鹤龄、井行珍、姜秀珍8名荣获"庆祝中华人民共和国成立70周年"纪念章的老同志，向他们致以崇高的敬意和亲切的问候。

29日　温宿县四套班子领导开展庆祝中华人民共和国成立70周年走访慰问活动，向27名离退休老干部、烈士家属、因公牺牲基层党员干部家属、自治区级以上优秀共产党员和优秀党务工作者致以诚挚的问候和节日的祝福。

10月

11日　温宿县四套班子副县级以上领导干部前往柯柯牙绿化工程纪念馆开展"不忘初心、牢记使命"革命传统教育。

12日　自治区人大常委会调研组到温宿县调研各级人大在坚持党的领导、依法履职、自身建设等方面的基本情况。

15日　新疆消除疟疾技术评估反馈会在温宿县召开，评估组专家对温宿县消除疟疾工作给予充分肯定。新疆维吾尔自治区符合开展省级消除疟疾终审评估的条件，建议国家卫生健康委员会组织进行终审评估。

▲　温宿县举办"不忘初心、牢记使命"主题教育专题培训班，来自各县直单位、乡（镇）的135名党支部书记参加培训。

16日　温宿县召开2019年秋季植树造林动员大会。

21日　自治区第十二届少先队辅导员专业技能

大赛暨2019年少先队活动课专题培训在温宿县第二小学开幕,来自新疆维吾尔自治区各地的160余名参赛选手及少先队骨干辅导员参加此次活动。

24日　温宿县召开全域旅游专项规划中期成果汇报会,听取《温宿县全域旅游专项规划》中期成果汇报,审议《温宿县全域旅游专项规划》。

30日　陕西省延安市刘志丹干部学院讲师在温宿县青少年活动中心举办阿克苏地区“不忘初心、牢记使命”主题教育报告会——《刘志丹故事会》巡回宣讲。

11月

1日　温宿县第二小学“薪火相传庆甲子,不忘初心砥砺行”建校60周年庆典文艺会演隆重举行。

4日　以“坚守初心扬国粹,膏方养生促健康”为主题的温宿县首届膏方节在温宿县人民医院开幕。

▲　“一带一路”——全国知名画家走进温宿写生活动启动仪式在温宿县青少年活动中心举行,自全国各地的12名知名画家及县委宣传部、县文化馆、县文联美术协会成员、城区各中小学校美术老师参加启动仪式。

6日　温宿县中小微企业托管服务考核评估表彰会召开。

7日　“天山梦城在温宿”首届创意短视频大赛启动仪式在温宿县正式启动。

8日　阿克苏天一航空“云中漫步”低空旅游通航仪式暨穿越峡谷千人徒步大赛在天山托木尔大峡谷景区开幕。

14日　温宿县召开学习贯彻南疆四地州33个县(市)委书记座谈会精神专题会议。

▲　温宿县借助“一带一路写生活动”全国知名画家集聚温宿的机会,邀请重庆大学知名画家孔宇教授走进乡村少年宫温宿镇第六小学向水粉社团学生传授水粉画绘画技巧。有22名美术社团学生参加本次授课活动。

15日　中国少年先锋队温宿县第四次代表大会在温宿县文化艺术中心隆重召开。

16日　温宿县大欣汽车城人保财险交管服务便民服务站正式运营。

20日　河南鹤壁市“晴空一鹤”女子合唱团一行15人到温宿县开展文化交流活动。

27日　由自治区社科联主办的“我和我的祖国”2019年自治区社科专家基层行科普宣讲活动走进温宿县。

12月

4日　温宿县人大常委会开展“12·4”国家宪法日宣传活动。组织2019年新任命国家机关干部、人民陪审员等60余名党员面向国徽进行庄严宣誓。

8日　温宿县冬春冰雪旅游宣传推介启动仪式暨汉易休闲农业草莓采摘节在托乎拉乡汉易水乡休闲农业产业园正式启动。

27日　温宿县召开2019年度党组织书记抓基层党建工作述职评议考核会。

28日　温宿县托乎拉乡举办冬季冰雪节暨托万克苏布拉克村滑冰场启动仪式。在水稻冬灌地上制作冰雪,建起6.67公顷滑冰场,开设冰上陀螺、单人滑犁、双人滑犁、冰上自行车、极速滑冰和欢乐悠波球等游乐项目。全乡千名群众参加长跑、短跑、踢毽子、拔河、斗羊、斗鸡等活动。

31日　温宿县消防救援大队举行挂牌仪式。

温宿概况

位置　地形

【地理位置】 温宿县位于阿克苏地区西北部、天山中段的托木尔峰南麓,塔里木盆地西北边缘,地处北纬40°52′~42°21′、东经79°28′~81°30′之间,东隔木扎提河和拜城县、新和县为邻,南与阿克苏市毗连,西隔托什干河与乌什县相望,北以天山主脊克尔斯克尔为界与昭苏县相依,西北与吉尔吉斯斯坦和哈萨克斯坦共和国接壤。得名于古温宿国,是个半农半牧边境县。南疆铁路、国道314线自东而西穿境而过,民航机场距县城公路里程3千米,温宿县距地域性中心城市阿克苏市12千米,距自治区首府乌鲁木齐市1019千米。

【地形地貌】 温宿县东西宽约153千米,南北长约167千米,总面积1.46万平方千米。地势北高南低,北部山区占全县总面积的56.67%。耸立着15座6000米以上的巨峰,天山最高峰托木尔峰,海拔7435.29米。地形崎岖,峰峦峻拔,冰川密布,冰雪嵯峨,峭壁凌空,万仞攒空,具有独特的冰蚀地貌。是一座壮美瑰丽的立体水库,蕴含着丰富的奇珍异宝。冰川伸入峡谷,冰雪融汇成河,是各条河流之源。林木和高山、亚高山划地穿布其间,是传统的畜牧业基地。南部平原占全县总面积的43.33%。由于不同水系的历史切割、冲击,形成以约50千米长的坎坡为界线的有着不同气候、土壤、生物资源的两片平原——西部库玛拉克河与托什干河冲积平原、东部台兰河与喀拉尤勒滚河洪积平原。平川沃野,良田连片,水网纵横,是传统的农牧业基地。

沿革　区划

【历史沿革】 从汉代至清代中晚期,包括新疆天山南北的广大地区被统称为西域,意为西部疆域。汉代以前,西域与中原地区早有商旅往来。汉武帝于西汉建元三年(前138)派张骞出使西域,13年后从西域返回,西汉政权即与西域各城邦建立联系。太初四年(前101),西汉在西域设使者校尉,在今尉犁、轮台一带屯田。神爵二年(前60),西汉政府在乌垒(今轮台县境内)设西域都护府,管理天山南北包括巴尔喀什湖以东以南广大地区,同时晋封和委派各地官吏。自此,西域正式列入西汉版图。

东汉建武五年(29),立莎车王康为西域大都尉,姑墨受其辖属。永元三年(91)十二月,东汉复置西域都护府于龟兹它乾城,县境受其管辖。永初元年(107)6月,东汉迎还西域都护及屯田吏卒,县境役属北匈奴。延光三年(124),东汉置西域长史,姑墨、温宿归其管辖。

魏晋南北朝时期,魏黄初三年(222)二月,姑墨、温宿隶属西域戊己校尉。西晋永宁元年(301)一月,凉州刺史统领西域长史、戊己校尉,县境归属之。东晋咸康元年(335)十二月,西域尽入前凉版图,姑墨、温宿受其西胡校尉管辖。前秦建元二十年(384)六月,姑墨、温宿隶属前秦西域校尉。后凉麟嘉五年(393)七月,姑墨隶属后凉西域大都护。东晋义熙五年(409),隶属西凉。东晋义熙十年(414),柔然可汗的统治范围扩展到姑墨。

南朝宋永初三年(422),温宿、姑墨向北凉称臣贡献。北魏太延四年(438),属柔然。北魏太平真君九年(448)五月,韩牧为假节征西将军领护西戎校尉,姑墨受其节制。北魏延兴元年(471),姑墨受北魏西域校尉领属。北魏宣武二年(505),役属嚈哒。北周天和二年(567),姑墨受突厥统治。其后隶属于西突厥。唐贞观二十二年(648),隶属安西都护府。显庆三年(658)五月,县境置温肃(宿)洲、姑墨州,隶属安西都护府。武则天长寿元年(692)十月,县境仍隶属安西都护府。景龙二年(708)十一月,县境为突骑施占据。其后,突骑施首领娑葛降附唐朝。开元三年(715),郭虔瓘兼安西大都护,唐在西域声望大振,姑墨、温宿隶安西都护府。贞元五年(789),吐蕃陷北庭(今吉木萨尔界境),县境属吐蕃。景福二年(893),温宿、姑墨受喀喇汗王朝影响。

五代十国时期,后梁开平元年(907)至后周显德七年(960),县境属葛逻禄部(《西天路竞》称“割鹿图”)。北宋熙宁五年(1072)至北宋熙宁七年(1074),温宿已是喀喇汗王朝的领域。南宋绍兴四年(1134),温宿归属西辽。

元太祖十三年(1218),县境归附蒙古汗国。太祖二十年(1225),县境内为察合台汗封地,察合台汗又将包括温宿、姑墨在内的一带地域赐予其总管杜格拉特部首领。元至元三年(1266),窝阔台汗之孙海都役属察合台汗国,温宿、姑墨受其统治。大德十年(1306),县境仍归察合台汗国统治。元至正七年(1347),杜格拉特部在温宿拥立秃黑鲁·帖木尔为察合台汗。元至正二十三年(1363),杜格拉特部怯马鲁丁僭汗位。

明洪武八年(1375)至洪武二十年(1387),察合台秃黑鲁·帖木尔汗幼子黑的儿·火者被属下拥立为东察合台汗,县境仍受其总管杜格拉特部统治。正德九年(1514)六月,赛德汗建立叶尔羌汗国,县境受其统治。

清康熙十七年(1678),县境为准噶尔部统治。乾隆二十二年(1757),清政府将温宿城定名为“阿克苏”。乾隆二十三年(1758),阿克苏设办事大臣。乾隆三十年(1765),阿克苏办事大臣移驻乌什。乾隆四十四年(1779),移乌什领队大臣于阿克苏。乾隆四十七年(1782),仍驻办事大臣。同治六年(1867)四月,浩罕(今乌兹别克斯坦境内)阿古柏军侵占阿克苏,建立“哲德沙尔”(意为七城国)。光绪三年(1877),清政府讨平阿古柏侵略军,阿克苏设善后总局。

光绪九年(1883),置温宿直隶州,并置阿克苏分巡兵备道衙署于阿克苏城。光绪十一年(1885),主要军政机关迁驻阿克苏新城。阿克苏老城(今温宿县城)设巡检,隶属温宿直隶州。

光绪二十八年(1902)9月,温宿直隶州升格为府,增设温宿县,隶属温宿府。

民国元年(1912),沿清旧制。温宿县隶属温宿府。

民国2年(1913),温宿府改设阿克苏县,温宿县隶属于阿克苏道。

民国17年(1928),阿克苏道改为阿克苏第四区行政长公署,温宿县受其管辖。民国32年(1943),阿克苏区行政长公署改为阿克苏第四区行政督察专员公署,温宿县受其管辖。

中华人民共和国成立后,温宿县受阿克苏区行政督察专员公署管辖。1958年5月29日,经国务院批准,温宿县并入阿克苏县,撤销温宿县建制。1962年,经国务院批准,恢复温宿县。合并于阿克苏县的原温宿县行政区域为温宿县的行政区域。

【行政区划】 清光绪二十八年(1902),温宿建县,全县分设10个庄和柯坪分防县丞,即伴尔满庄、喀喇玉尔滚庄、黑孜尔庄、阿吉力庄、哈哈密什庄、阿拉庄、赛里木庄、依拉克庄、雅赛岭庄、鹅斯堂不一庄;柯坪分防县丞辖城厢、市镇各1处,村14个。宣统三年(1911)六月,柯坪分防县丞改为温宿府属分防巡检。光绪三十四年(1908),新疆开始推行地方自治,温宿县划分4个自治区域,即南区、东区、西区、北区,各区辖村数不等。

民国19年(1930),全县设东、西、南、北4个乡,分辖51个庄,即:东乡辖帕满苏鲁瓦、黑孜尔、恰其力克、扎木台、西兰其等24个庄;西乡辖阿热力、吉格代、麦盖提等7个庄;南乡辖托甫汗、库尔巴格、大汗等9个庄;北乡辖吐木秀克、兰杆、恰格拉克、萨瓦甫齐等7个庄。

民国25年(1936),全县设8个区,11个乡,5个镇。即一区辖新温乡;二区辖忠孝乡;三区辖仁爱乡;四区辖信义、和平2个乡;五区辖孝悌、育才2个乡;六区辖礼义、廉耻(亦称廉洁)2个乡;七区辖民德、新民2个乡;八区辖民爱、文化、公平、光明、育才5个镇。

民国32年(1943),推行保甲制。全县辖2个镇,4个乡,46个保。民国33年(1944),又划为11个乡和城区5个镇,即忠孝乡辖喀拉尤勒滚、哈拉不永、阿拉巴什、秋口尔、扎木台、阿拉力巴各、推满、卡西力克、阿吉力克、甲乙托拉克;仁爱乡辖推美其、巴下克其、刀合提拉克、一仁麻、合克日、铜头尔、拉帕、卡西艾日克、都瓦、兰杆;信义乡辖加各大、哈拉沙、勿各龙、帕满、哈里克、色也克、玉力艾日克、西兰其;和平乡辖阿合托拉克、恰尕克、苏力瓦、黑子都外、苏各铁力克、红塘、红开洛、合一其、阿合提其;孝悌乡辖恒地沙合提、兰干、毛拉科共其、上库肉里、下库肉里、加以东、下色各帕其、下苏不拉克、东买里、上库日巴各、下库日巴各、吐古其、大汗;新温乡辖勿士当不一、黑子不拉克、哈拉布拉克、包孜东;育才乡辖上托卜汗、下托卜汗、和什托拉克、上巴当、下巴当、哈拉木克齐、巴各其;礼义乡辖兰杆、色日木、吐木首克、勿一台台尔、求塔、托亥、下塔哈克、上塔哈克、协黑力;廉洁乡(亦称廉耻乡)辖苏牙合色、代卜待、吉各代、土日各、吾七八仁、哈拉沙、卜各拉克、也克艾日克、提克艾日克;明德乡(亦称买克乡)辖上买克提、下买克提、哈拉多尾;新民乡(亦称阿克乡)辖吾日其、加各吉代、以仁木、上阿日买里、哈拉多外、工切力克、上买力、下阿日买里;育才镇辖9个保31个甲,900户;民爱镇辖10个保93个甲,917户;光明镇辖9个保79个甲,748户;文化镇辖9个保91个甲,936户;公平镇辖8个保80个甲,807户。

民国36年(1947)9月,整编乡、镇、保、甲,以3乡3镇合并为1乡1镇,3保3甲合并为1保1甲。10月6日,县参议会合议,全县农村编为4个乡,城区编为两个镇,即忠孝乡、仁爱乡、信义乡合编为民和乡,称新一乡;和平乡、孝悌乡、新温乡合编为孝悌乡,称新二乡;育才乡、礼义乡、廉洁乡合编为忠信乡,称新三乡;新民乡、明德乡合编为明德乡,称新四乡;民爱、光明、育才镇合编为育才镇,称第一镇;公平、文化镇合编为文化镇,称第二镇。

1950年废除保甲制,全县划为6个区,30个乡,即一区(育才、文化两镇)辖解放、文化、和平、建设、交通5个街道;二区(托乎拉)辖托乎拉、托甫汗、海力瓦甫、库尔巴格、大汗5个乡;三区(吐木秀克)辖兰杆、帕万拉、曲达、塔嘎克4个乡;四区(阿热勒)辖结格其、乌尔其、吐尔拜提、喀拉都维、吉格代、恰格拉克、尤喀克、托万克麦盖提8个乡;五区(佳木)辖包孜东、喀拉尤勒滚、吐曼、扎木台、塔拉布运、西兰其6个乡;六区(克孜勒)辖卡尔萨、加格达、依尔玛、苏鲁瓦、黑孜尔、阿吉日克、恰其力克7个乡。1954年,从四区划出恰格拉克为八区,从五区划出依希来木其为七区。全县辖8个区。

1956年,将城区划为镇,全县辖1个镇6个区、35个乡。即温宿镇;一区辖依希来木其、沙地克其、都瓦、苏盖特艾日克、阔依其5个乡;二区辖托甫汗、库尔巴格、海力瓦甫、巴格其、巴勒当、托乎拉6个乡;三区辖兰杆、帕万拉、曲达、塔尕克、库尔巴格5个乡;四区辖结格吉、吐尔拜提、乌尔其、尤喀克麦盖提、托万麦盖提、喀拉都维、喀拉萨、吉格代、叶克艾日克9个乡;五区辖佳木、吐曼、恰其力克、喀拉尤勒滚4个乡;六区辖加依托格拉克、帕满、加格达、阿吉日克、喀拉萨、克孜勒6个乡。

1958年5月29日,经国务院全体会议第七十七次会议批准,将温宿、阿克苏两县合并为阿克苏县,撤销温宿县建制,县境并入阿克苏县,原被划分为1镇4区,即温宿镇(将原托乎拉并入温宿镇)、阿克苏县第七区(原四区)、阿克苏县第八区(原三区)、阿克苏县第九区(原五区)、阿克苏县第十区(原六区)。同年10月,撤销区乡建制。1镇4区成立5个政社合一的人民公社,即温宿镇人民公社、阿热勒前进人民公社、吐木秀克天山人民公社、佳木东风人民公社、克孜勒先锋人民公社。

1962年10月20日，复经国务院全体会议第一百一十七次会议决定，恢复温宿县治。以合并阿克苏县的原温宿县行政区域为温宿县的行政区域。温宿县下辖1镇5社，24个管理区，93个大队，5个居委会。即温宿镇人民公社，下辖3个大队，5个居委会；托乎拉人民公社，下辖托乎拉、库尔巴格、托甫汗3个管理区，12个大队；阿热勒人民公社，下辖恰格拉克、吉格代、尤喀克麦盖提、托万麦盖提、乌尔其、结格吉、吐尔拜提、喀拉都维8个管理区，22个大队；吐木秀克人民公社，下辖塔尔尕克、曲达、兰杆3个管理区，15个大队；佳木人民公社，下辖佳木、依希来木其、吐曼3个管理区，15个大队；克孜勒人民公社，下辖帕满、依尔玛、苏鲁瓦、阿吉日克、加依托格拉克、古勒阿瓦提、恰其力克7个管理区，26个大队。

1969年4月4日，温宿县革命委员会成立，各公社也先后成立革命委员会，撤销公社管理区建制。1980年3月14日，撤销水稻二场，将该场集体部分的5个大队，加上阿热勒公社划出的二十、二十一、二十二等3个大队，组建恰格拉克公社。1981年，恢复公社管理区建制。

1984年，政社分设，原公社、大队、生产队分别改为乡、村民委员会、村民小组，同时废除管理区建制。从佳木公社分出48个村民小组，成立依希来木其乡。经阿克苏地区行署批准，成立博孜墩柯尔克孜民族乡。

1990年，全县辖1个镇，9个乡，6个居民委员会，97个村民委员会，478个村民小组。即温宿镇辖6个居委会，4个村民委员会，11个村民小组；托乎拉乡辖10个村民委员会，48个村民小组；阿热勒乡辖15个村民委员会，82个村民小组；吐木秀克乡辖10个村民委员会，37个村民小组；佳木乡辖11个村民委员会，57个村民小组；依希来木其乡辖11个村民委员会，48个村民小组；克孜勒乡辖11个村民委员会，66个村民小组；古勒阿瓦提乡辖12个村民委员会，61个村民小组；博孜墩柯尔克孜民族乡辖5个村民委员会，17个村民小组；恰格拉克乡辖8个村民委员会，51个村民小组。

2000年12月至2002年3月撤乡建镇，全县辖5镇5乡104个村民委员会，即温宿镇、佳木镇、克孜勒镇、吐木秀克镇、阿热勒镇，托乎拉乡、恰格拉克乡、依希来木其乡、古勒阿瓦提乡、博孜墩柯尔克孜民族乡。5个国有农场、5个国有牧场、2个国有林场。

2001年4月，吐木秀克乡撤乡建镇，辖10个行政村，40个村民小组；12月，佳木乡撤乡建镇，辖12个行政村，62个村民小组。

2002年3月，阿热勒乡撤乡建镇，辖15个村民委员会，82个村民小组。7月，克孜勒乡撤乡建镇，辖12个行政村，71个村民小组。

2015年6月，温宿县托甫汗管理区（试点镇）、柯柯牙管理区（试点镇）、共青团管理区（试点镇）成立。

2019年，温宿县辖5个镇（温宿镇、佳木镇、克孜勒镇、吐木秀克镇、阿热勒镇），5个乡（托乎拉乡、恰格拉克乡、依希来木其乡、古勒阿瓦提乡、博孜墩柯尔克孜民族乡），3个试点镇（托甫汗镇、柯柯牙镇、共青团镇），15个居委会，140个行政村。

自然环境

【气候】 日照　温宿县日照年总辐射量为135千卡/平方厘米～140千卡/平方厘米。全年日照时数：西部为2760.5小时，中部为2753.9小时，东部为2556.1小时。日照百分率：西部、中部为62%，东部为58%。≥0℃期间的日照时数为2010.3～2163.0小时，占年总日照时数的77%～78.9%；≥5℃期间的日照时数为1844.0～1978.4小时，占年总日照时数的69.2%～72.1%；≥10℃期间的日照时数为1558.1～1710.8小时，占年总日照时数的57.2%～

62.3%。7月日照时数最多,为287.3~309.1小时;西部1月最少,为180.4小时;中、东部2月最少,分别为170.5小时和161.1小时。10月浮尘天气结束,日照百分率为70%。4月风沙、浮尘天气最多,日照百分率仅为45%~53%,对农作物的生长和水稻育秧有一定影响。5—10月农作物生长期间,每月日照时数均在200小时以上。

气温　平原地区平均气温为8.4℃~10.1℃。7月最热,平均气温22℃~24.1℃;1月最冷,平均气温-11.5℃~-9.2℃。山区:海拔1900~2000米处地区,年均气温6.9℃~7.5℃,最热月均气温15℃~21℃,最冷月均气温-17℃~-16℃。海拔2200~2600米地区,气候年均气温0℃~2℃,最热月均气温12℃~16℃,最冷月均气温-18℃~-17℃。海拔2600~2900米地区,年均气温在0℃~2℃,最热月均气温10℃~12℃,最冷月均气温-19℃~-18℃。海拔2900~3600(3700)米地区,最热月均气温5℃~10℃,最冷月均气温-21℃~-19℃。平原地区年平均最高气温16.7℃~17.1℃,年极端最高气温37.6℃~40.9℃;年平均最低气温0.8℃~3.3℃,年极端最低气温-33.2℃~-27.4℃。山区极端最高气温,海拔2000米处为34.5℃,海拔2650米处为35℃;极端最低气温分别为-24.4℃和-23℃。

积温　平原地区:≥0℃持续日数为261.7~268.4天,积温3903.7℃~4289.3℃;≥5℃持续日数225.4~237.9天,积温3801.9℃~4200.9℃;≥10℃持续日数183.7~198.3天,积温3469.7℃~3882.7℃;≥15℃持续日数为137.1~153.1天,积温2826.6℃~3240.7℃;≥20℃持续日数为61~66.5天,积温1368.5℃~1560.4℃。山区:≥0℃持续日数239~248天,积温2580.3℃~3333.6℃;≥5℃持续日数204~215天,积温2464.9℃~3236.8℃;≥10℃持续日数133~173天,积温1874.6℃~2919.9℃;≥15℃持续日数52~123天,积温818.2℃~2266.2℃。

无霜期　温宿县境内无重霜冻初日为3月27日,终日为10月25日。无霜期中部211.7天,东部202.3天,西部185.3天。全县年无霜期185天。平原地区作物生长期内一般无重霜冻危害。

降雨　南部平原降雨量少,年平均降水量65.4~78.7毫米。北部山区降雨量随海拔高度升高而增多。海拔1900~2200米处,年降水150~250毫米;海拔2200~2600米处,年降水250~300毫米;海拔2600~2900米处,年降水300~350毫米;海拔2900~3600米处,年降水350~400毫米;海拔4000~5000米处,年降水800~1000毫米;海拔5000~6000米处,年降水1000毫米以上。雨水以7月、8月两月最多,平原地区年平均雷阵雨量占全年降雨量80%以上,连阴雨较少,最长持续6天。四季降水量:春季占17%~21%,夏季占55%~58%,秋季占15%,冬季占9%~11%。降雨年际变化大。多雨年份,南部平原降雨量100毫米以上;北部山区海拔2000米处达400毫米以上;海拔2650~3500米处可达500毫米。少雨年份,平原地区少于30毫米,山区少于70毫米。

降雪　平原地区降雪少。年降雪日数平均为8.7~9.1天。11月7日为最早初日,4月20日为最晚终日。1970年12月5日,温宿县城日最大降雪量9.6毫米,地面积雪少。年平均积雪日数27.1~27.5天,最多72天,最少2天。年最大积雪深度9~13厘米。山区海拔2000米以下,降雪比平原多10~20天。最大积雪深度1.5米以上。海拔4200米以上终年积雪。

风　年均风速北部山区略大于南部平原,北部山区为2.18米/秒,南部平原区为1.6米/秒~1.8米/秒。瞬间最大风速,北部山区小于南部平原区,平原区风速达40米/秒。风速季节分布:山区风速暖季大于冷季。暖季平均风速达2米/秒~3.9米/秒,平原农业区4—8月是大风季节,平均风速一般为1.8米/秒~2.6米/秒。秋季风速逐渐减小;冬季天气晴稳,风速最小,平均风速仅0米/秒~1.7米/秒。北部山区多西风,暖季略多于冷季。东部平原多东北风,四季变化不大,春夏季略多,秋冬季多东北风或北风。西部平原多西北风或东风。季节变化为春、秋季,多东风,夏、冬季多西风。平原地区春季以东灌大风为主,占全年36%;夏季大风频繁,多为西侵大风,占全年56%;秋季大风较少,占全年8%;冬季无大风。大风常伴随风沙,形成浮尘天气,影响作物生长和人畜健康。全县年平均浮尘天气52.2~64.3天,占全年天数14.4%~17.6%。山区无浮尘,平原区均受浮尘之害。

【土壤】 温宿县土壤分为10个土类,69个土种。各土类所占百分比为:盐土27.2%,草甸土23.3%,潮土21%,棕漠土12.2%,灌淤土9.4%,风沙土2.56%,沼泽土1.9%,水稻土1.3%,棕钙土1.06%,新积土0.06%。全县耕地土层深厚,质地适中,无盐化。有机质含量在1.5%以上的耕地占28.5%;有机质含量在1%~1.5%的耕地占43.5%,有机质含量在1%以下的耕地占28%。土壤养分含量碱解氮在60ppm以上的耕地占16.64%,在30ppm~60ppm之间的占49.1%,小于30ppm的占34.26%。速效磷在10ppm以上的占0.77%,5ppm~9ppm的占9.62%,小于3ppm的占89.61%。

山地土壤　分布主要受海拔高度的影响,具有明显的垂直地带分布特征,据中国科学院1977—1978年在海拔托木尔峰地区考察天山南坡土壤分布的资料表明:3600~4250米为原始土;2900~3600米为草甸土;2600~2900米为草原土;2200~2600米为栗钙土;1900~2200米为棕钙土;1900米以下为棕漠土。

扇形地土壤　洪积—冲积扇土壤分布:扇形地顶部为砾质棕漠土,扇形地上部为沙砾棕漠土、灌溉棕漠土、灌淤黄土,扇形地中部为灌淤土、潮土、草甸土、灌溉草甸土、盐土、盐化土。

微地形土壤　佳木镇、依希来木其乡、古勒阿瓦提乡、阿热勒镇、恰格拉克乡地形受流水冲蚀,形成沟地、槽地、洼地和鱼脊式的高地。鱼脊背顶部为灌淤土、灌淤潮土,鱼脊背中部为灌淤潮土、潮土,鱼脊背下部为盐化潮土、盐化草甸土,槽地、沟地、洼地为盐化草甸土、盐土、沼泽土。

【植被】 温宿县植被分布呈带状,托木尔峰南坡植被自上而下可划分为荒漠带、山地荒漠平原带、山地草原带、高山草甸带及高山甸状植被地衣带,其特点是灌木和半灌木、荒漠及山地半平原广泛发育。温宿县森林资源主要由天山山区天然灌木林、荒漠天然林(胡杨林)和平原人工林3部分组成。全县森林资源总量呈逐年上升趋势。

【水文】 托木尔峰山区山脊南侧海拔4000~5000米附近有一最大降水带,年降水量可达600~800毫米,有广阔的积蓄地区,故在大多数冰川处于后退状况时,县境内阿依浪苏冰川、科其喀尔冰川、萨依赛培尔冰川都处于前进状态,巨大固体水库影响全县地表径流和地下水源。

冰川　托木尔峰最高处有巨厚的冰雪盖层,是天山现代冰川的分布中心。是中国最大的现代冰川作用区之一。这个巨大的天然固体水库每年有近50亿立方米的融水注入源于山区的大小河流。县境内有托木尔峰南部冰川197条,占托木尔峰地区冰川629条的31.32%。其东部冰川144条也大都分布在县境内,其中大型山谷冰川10条。冰川面积1219.68平方千米,占该地区总面积3849.47平方千米的31.68%。平均每条冰川面积6.19平方千米;冰川密度0.9克/立方厘米。总储水量1582.02亿立方米,占全区冰川总储水量4959.29亿立方米的31.9%。

地表水　县境有河流43条,湖、泉5处,较大自然水沟19条。径流量96.4亿立方米,其中源于县境内的32.8亿立方米。

地下水　依县境内河川径流量估算,地下水动储量16.18亿立方米。其中台兰河地下水动储量1.74亿立方米,托什干河地下水动储量2.5亿立方米,库木艾日克河地下水动储量11.12亿立方米,柯克牙河地下水动储量0.29亿立方米,喀拉玉儿滚河地下水动储量0.53亿立方米。

【自然灾害】 干旱 春播期河水补给不足,农田得不到及时灌溉,气温回升后,蒸发量大,作物生长缓慢、萎蔫、枯黄以至死亡,春播推延,贻误农时。台兰河灌区河水流量季节分布相差悬殊,春旱现象最为严重。3—5月,台兰河径流量占年径流量的15%,年最大流量5.31立方米/秒,最小流量2.3立方米/秒。遇山区降雪少,翌年又逢春寒,冰川融水不足,旱情更为严重,导致冬小麦大部分只能灌水一次或浇不上水,造成春播作物争水,玉米不能按时播种。旱情重的年份播种期推至6月。干旱是牧区的重要灾害,春旱则牧草返青迟,饱青期开始晚;夏旱牧草生长不良,产草量下降,质量降低;少雨、少雪,使牲畜饮水困难。

干热风 多出现在5—9月上旬,以6—9月上旬最多,年平均为6.5天。特别是小麦5月下旬至6月中、下旬,处于扬花、乳熟阶段,在高温、低湿的环境下,蒸腾作用加强,株体大量失水,新陈代谢受到抑制,作物从尖、叶芒自上而下干枯,使小麦减产,全县这一段时间的干热风占全年的41.5%。

自然资源

【土地资源】 温宿县地势北高南低,分为北部山区和南部平原两大部分。北部山区占全县总面积的56.17%,南部平原占全县总面积的43.83%。由于某种原因不同水系的历史切割、冲击,形成以约50千米长的坎坡为界线的有着不同气候、土壤、生物资源的两片平原——西部库玛拉克与托什干河冲积平原和东部台兰河与喀拉尤勒滚河洪积平原。平川沃野,良田连片、水网纵横是传统的农牧业基地。

温宿县土地总面积1345767.51公顷(不含兵团)。其中耕地82470.68公顷,园地30209.25公顷,林地26312.24公顷,草地706079.99公顷,城镇村及工矿用地12876.45公顷,交通运输用地7760.99公顷,水域及水利设施用地224379.40公顷,其他土地255678.51公顷。

【林业资源】 温宿县有森林面积20.67万公顷。其中生态公益林11.53万公顷、生态经济林8.33万公顷、防护林0.81万公顷。天然林主要包括山区针叶林和荒漠林。山区针叶林主要分布于托木尔峰南麓的博孜墩柯尔克孜民族乡,海拔1800 ~3000米的天山中段,总面积17695公顷,其中幼林14825公顷、疏林1800公顷、灌木575公顷、林地495公顷,总蓄积量23.5万立方米。阴坡、半阴坡分布有云杉和云杉桦木混交林,河谷地带分布有山杨、高山柳、天山花楸等。阳坡分布有稀疏的小蘖、锦鸡儿、野蔷薇等灌木树种。林区坡度大,林相稀疏,每亩活立木蓄积量只有2.58立方米,其主要作用是涵养水源,保持水土平衡。乌鲁克也尔胡杨荒漠林,位于北纬40°58′~41°27′、东经80°47′ ~81°28′之间,距县城直线距离58千米。海拔1100米。降雨稀少,无灌溉设施,土壤盐分较高。历史上因河水浸流形成胡杨、红柳荒漠林区,总面积26.67万公顷,其中胡杨林8866.67公顷、红柳6.67万公顷、草场19.11万公顷。林区有芦苇、甘草、野麻、白刺草、铃铛刺等野生植物。乔木有云杉、桦树、白蜡、杨树等10多种;灌木有高山柳、天山花楸、野蔷薇、新疆圆柏等100余种;经济林有苹果、葡萄、梨、桃、杏、核桃、红枣、酸梅、石榴、无花果、樱桃、巴旦杏等12个品系200多个品种。

【水资源】 温宿县地处阿克苏河流域上游,位于天山南麓托木尔峰脚下,塔里木盆地西北边缘,东西宽约153千米,南北长约167千米,总面积1.46万平方千米。全县境内有托木尔峰南部冰川197条,冰川面积1219.68平方千米,总储水量1582.02亿立方米;境内大小河流43条,地表水多年平均年径流量约85.79亿立方米;县内地下水资源相对丰富,地下水资源总量19.12亿立方米。

【矿产资源】 温宿县境内有着丰富的矿产资源，现已探明的矿种有煤、铀、石油、天然气、铁、铜、钴、铅、锌、锡、金、银、石膏、岩盐、花岗岩、石灰岩、白云岩、石墨、磷、钒、自然硫、黄铁、砷、硫铁、黑曜岩、冰洲石、东陵玉、地下水、页岩、陶土、黏土31种。各种矿产地107处，其中，大型11处，中型13处，小型14处，矿点20处，矿化点49处。矿产门类10种，其中能源矿产石油、天然气、煤3种，黑色金属铁1种，有色金属矿产铜、铅、锌、钴4种，贵金属矿产有金、银2种，放射性矿产铀1种，冶金辅助原材矿产有白云岩1种，化工原料非金属矿产盐、磷、硫3种，建材及其他非金属矿产石棉、石灰岩，石墨、石膏、高岭土、黑曜岩、大理岩、砖瓦黏土共14种。已开发利用的主要矿种有煤、岩盐、铁矿、石膏、黏土、建筑用砂、花岗岩、页岩。

【动物资源】 温宿县的动物资源丰富、种类多，野生动物主要有北山羊、旱獭、熊、狼、棕狐、石貂、猞猁、雪豹、马鹿、野猪等。其中雪豹尤为珍贵，还有国家一、二类保护动物黑鹳、天鹅等。野生动植物资源丰富。有珍稀野生动物63种，属国家一级保护动物的有野骆驼、雪豹、中华秋沙鸭、黑颈鹤等13种，属国家二级保护动物的有猞猁、马鹿、棕熊、黑熊、盘羊、荒漠猫等50种。禽类有19目40科161种，其中鸟类有65种5亚种，约占托木尔峰山区繁殖鸟类总数的75.3%；蛇虫类有10目53科151种。牲畜主要有牛、马、绵羊、山羊、猪、骆驼、驴等10余种。

【植物资源】 温宿县的植物资源有高等植物4门59科382种；真菌有12目185种；地衣有11科26种；牧草有200多种。采得的生物化石有5类49属125种及亚种。植物品种繁多，主要树种有云杉、天山桦、落叶松、山杨、新疆杨、银白杨、箭杆杨、苦杨、小白杨、加拿大杨、欧洲大叶杨、北屯银白杨、胡杨、灰杨，灌木有天山小蘖、盐穗木、山里红、锦鸡儿、鬼见愁、野蔷薇、沙棘、红柳、梭梭、白刺等。中草药有党参、手掌参、黄芪、雪莲、全绿叶青兰、大黄、麻黄、柴草、锁阳、肉苁蓉、甘草、柴胡、独活等200多种。经济树种有苹果、梨、核桃、桃、红枣、葡萄、无花果、酸梅、沙枣、桑树等。

【旅游资源】 温宿历史文化底蕴深厚。温宿是古西域三十六国之姑墨国所在地、丝绸之路上的著名商埠，有着深厚的姑墨文化、丝路文化。汉代细君公主、解忧公主经温宿木扎尔特古道远嫁乌孙；唐代佛教翻译大师鸠摩罗什在温宿完成大乘佛法本土化，点燃了龟兹文明的火种；诗仙李白经温宿返回长安，写下了“明月出天山，苍茫云海间”的豪迈诗句；林则徐等历史名人驻足温宿，留下了许多珍贵的人文典故。博孜墩深山古岩画是古代天山游牧民族所做，喀拉玉尔滚石窟标志着温宿佛教渐入鼎盛，扎木台古城诉说着温宿的悠悠历史和曾经繁华。

温宿旅游资源壮美神奇。境内天山托木尔世界自然遗产是旅游、探险、登山、科考的圣洁之地。被誉为戈壁翡翠的天山神木园、活的地质教科书托木尔大峡谷、骏马天堂冰川大草原近在眼前；登山探险大本营托木尔星空草原、青蛙谷、杏花岭、金窝子、白泉子游人如织，河谷森林星罗棋布、色彩斑斓的百泉滩金色胡杨，瀚海戈壁中的绿色奇迹——柯柯牙绿化工程培育出了驰名中外的阿克苏冰糖心苹果。雪峰冰川、红层峡谷、荒漠景观和绿洲文化的完美组合，构成了新疆天山南部规模宏大的立体画卷。

【农业资源】 温宿县是新疆商品粮基地之一，农副产品资源独具特色。温宿县2019年开展绿色农产品申报工作，有绿色有机产品15个。其中大米绿色产品4个，分别是秋田小町、越光米、黑香米、长粒香。有机大米1个，西域王米；绿色林果产品7个，分别是红富士苹果、核桃、红枣，绿色矿泉水1个，绿色加碘盐2个。2019年通过农业部绿色发展中心颁发的3.6万公顷绿色原料基地（苹果、红枣、核桃）认证书,其中苹果 2000 公顷、核桃 2.2 万公顷、红枣 1.2 万公顷。

温宿大米,尤其是香稻,是温宿县大米品种中最出名的,品质也最佳。在历史上,温宿种植的大米“纯系贡品”且“庶民不得尝”,其香气纯正、浓郁,有“一地开花香满坡,一家做饭四邻香”的赞誉。

温宿县 13 个乡(镇)155 个村(社区)一览表

表 1

乡(镇)	村(社区)数量	村(社区)名称
温宿镇	15	交通路社区
		友谊社区
		迎宾社区
		新泉社区
		欣业社区
		校场社区
		明园社区
		泉城社区
		民生社区
		龙泉社区
		柯克牙社区
		九阳社区
		姑墨社区
		甘泉社区
		稻香社区
佳木镇	14	加依村
		通吐尔村
		阿热勒巴格村
		萨依买里村
		绿戈壁村
		托万克吐曼村
		尤喀克吐曼村
		兰干村
		绿园村

续表 1

乡（镇）	村（社区）数量	村（社区）名称
佳木镇	14	喀赞阿斯玛村
		喀什艾日克村
		拉帕村
		英买里村
		佳木阔坦村
柯柯牙镇	13	艾肯博依村
		龙口村
		柯柯牙村
		萨依巴格村
		核桃新村
		果林村
		英沿村
		英巴村
		园林村
		绿化新村
		戈壁新村
		帕克勒克村
		塔格拉克村
恰格拉克乡	10	叶克艾日克村
		喀拉萨尔村
		恰格拉克村
		吉格代村
		前进村
		苏亚克斯村
		古勒巴格村
		喀拉都维村
		庆塔买里村
		和谐村

续表1

乡(镇)	村(社区)数量	村(社区)名称
托乎拉乡	9	托乎拉村
		金华新村
		稻园村
		托万克苏布拉克村
		托万克库尔巴格村
		尤喀克苏布拉克村
		尤喀克库尔巴格村
		思源村
		河畔村
阿热勒镇	16	结格吉村
		依尔玛村
		吾斯唐博依村
		吐尔拜提尤喀克买里村
		吐尔拜提阿热买里村
		吐尔拜提喀拉都维村
		皮亚其村
		乌尔其托万克买里村
		夏合吐尔村
		尤喀克买盖提村
		巴格其艾日客村
		大杨树村
		喀什博依村
		托万克麦盖提村
		提格艾日客村
		花果村
博孜墩柯尔克孜民族乡	9	雪源村
		阿克布拉克村

续表 1

乡(镇)	村(社区)数量	村(社区)名称
博孜墩柯尔克孜民族乡	9	尤喀克买里村
		提坎库如克村
		博孜墩村
		克孜布拉克村
		库尔干村
		吾斯塘博依村
		博孜也尔村
托甫汗镇	8	酒花楼村
		新村
		路南村
		稻泉村
		尤喀克托甫汗村
		托万克托甫汗村
		托甫汗村
		阿亚克其村
依希来木其乡	12	克孜勒都瓦村
		依希来木其村
		阿克托格拉克村
		阔依其村
		苏盖提艾日克村
		拜什买热克村
		海楼村
		苏鲁瓦村
		强尕克村
		依来克村
		斯也克村
		团结村
吐木秀克镇	12	尤喀克塔尕克村
		托万克塔尕克村

续表 1

乡(镇)	村(社区)数量	村(社区)名称
吐木秀克镇	12	尤喀克托喀依村
		托万克托喀依村
		曲达村
		吐木秀克村
		尤喀克斯日木村
		托万克斯日木村
		兰杆村
		帕万拉村
		河崖村
		塔木里克村
古勒阿瓦提乡	11	古勒阿瓦提村
		古勒艾日克村
		巴格其村
		买里艾日克村
		桥头村
		博斯坦托克拉克村
		提根村
		阿克吾斯塘村
		米勒克艾日克村
		色格孜勒克村
		英艾日克村
克孜勒镇	16	其克特村
		其曼村
		巴夏克其村
		乌克铁热克村
		依尔玛村
		古洛克村
		加格达村

续表 1

乡（镇）	村（社区）数量	村（社区）名称
克孜勒镇	16	阿热买里村
		帕曼村
		喀勒克村
		喀拉萨村
		青年新村
		喀什博依村
		喀什克沙亚提村
		博然其村
		克尔库木村
共青团镇	10	尤喀克佳木村
		托万克佳木村
		千亩地村
		喀拉布运村
		尤喀克买里村
		吉日木苏盖特村
		阿孜干布拉克村
		萨叶科普村
		恰其力克村
		铁路新村

中共温宿县委员会

县委常委会会议

【第一次县委常委会会议】 1月8日,温宿县召开2019年第一次县委常委会会议,听取《温宿县2018年脱贫攻坚工作开展情况汇报》《温宿县2018年脱贫攻坚工作成效第三方评估准备情况的报告》,审议《温宿县进一步激发内生动力坚决打赢脱贫攻坚战的工作方案》《温宿县加快推进贫困村提升工程实施方案》。

【第二次县委常委会会议】 1月10日,温宿县召开第二次县委常委(扩大)会议,学习《地委对习近平总书记有关新疆工作重要指示批示精神贯彻落实情况"回头看"领导小组会议纪要》。

【第三次县委常委会会议】 1月21日,温宿县召开第三次县委常委会会议,专题研究审议《温宿县机构改革方案》。

【第四次县委常委会会议】 1月24日,温宿县召开第四次县委常委会会议,听取《温宿县扫黑除恶专项斗争工作汇报》,审议《关于推荐上报2018年度自治区级"民族团结一家亲"和民族团结联谊活动先进集体和先进个人的请示》。

【第五次县委常委会会议】 1月30日,温宿县召开第五次县委常委会会议,审议《温宿县贯彻落实2019年地委(扩大)会议主题报告重点工作和主要措施的分工意见》《关于〈温宿县机构改革方案〉的实施意见》《关于调整县直单位党组(党委)设置的请示》《温宿县2018年度"访惠聚"驻村工作考核定等建议的请示》《2018年度县委管理的领导班子、领导干部考核定等建议方案》《温宿县拟表彰奖励2018年度反恐维稳忠诚卫士、先进集体和先进个人的请示》《关于表彰温宿县2018年招商引资先进单位和先进个人的请示》《温宿县人民政府向温宿县人大常委会报告国有资产管理情况制度》,听取《温宿县脱贫攻坚"冬季攻势"开展情况汇报》,审议《温宿县关于阿瓦提县审计反馈脱贫攻坚工作问题整改方案》,听取《温宿县贯彻落实自治区第三方2018年度财政专项扶贫资金绩效检查存在问题整改情况报告》,审议《关于调整充实温宿县"大棚房"问题专项清理整治行动协调推动领导小组的通知》,听取《温宿县"大棚房"问题专项清理整治工作汇报》,审议《关于申请发放2018年度精神文明建设奖的请示》《关于拟命名一批县级文明单位、文明村、文明校园的请示》《关于拟撤销、限期整改一批县级文明单位的请示》《温宿县2018年度绩效综合考评结果及表彰奖励方案》。

【第六次县委常委会会议】 2月13日,温宿县召开第六次县委常委会会议,专题研究审议《机构改革人事方案》。

【第七次县委常委会会议】 2月21日,温宿县召开第七次县委常委会会议,研究地委交办中央第六巡视组脱贫攻坚专项巡视反馈意见整改任务认领推送事宜,研究干部议题。

【第八次县委常委会会议】 2月23日,温宿县召开第八次县委常委(扩大)会议,传达学习《习近平总书记关于扶贫工作重要讲话和重要指示批示精神》、自治区贯彻落实中央第六巡视组开展脱贫攻坚专项巡视反馈意见整改工作动员大会精神、地区贯彻落实中央脱贫攻坚专项巡视反馈意见整改动员暨2019年脱贫攻坚会议精神，传达学习自治区农村基层党建工作会议、自治区组织部部长、干部教育培训工作会议暨老干部局（处）长会议精神、地区组织部部长会议精神、《各县（市）2018年度“一报告两评议”民主评议结果情况通报》，审议《关于调整温宿县扶贫开发领导小组组成人员的请示》《关于调整温宿县深度贫困地区脱贫攻坚工作领导小组的请示》《温宿县贯彻落实中央脱贫攻坚专项巡视反馈意见整改方案》《2019年温宿县脱贫攻坚工作要点》《关于表彰2018年脱贫攻坚工作先进集体和先进个人的方案》《温宿县贯彻落实中央第六巡视组开展脱贫攻坚专项巡视反馈意见整改工作动员大会暨2019年脱贫攻坚工作会议方案》《〈关于温宿县委财经委员会组成人员任职的通知〉等8个委员会、2个领导小组组成人员任职通知》。

【第九次县委常委会会议】 3月8日，温宿县召开第九次县委常委（扩大）会议，传达学习《关于“大棚房”问题专项清理整治行动整改工作的指导意见》《胡春华副总理在推进“大棚房”问题专项清理整治行动电视电话会议上的讲话》和自治区“大棚房”问题专项清理整治地州市负责同志座谈会精神及《2019年第十二次地委委员（扩大）会议纪要》，听取《温宿县“大棚房”问题专项清理整治情况汇报》，审议《温宿县“大棚房”问题专项清理整治再“回头看”工作方案》。

【第十次县委常委会会议】 3月16日，温宿县召开第十次县委常委会会议，审议《关于调整温宿县四套班子成员分工的请示》，传达学习《阿克苏地区召开脱贫攻坚专项巡视反馈意见整改专题民主生活会工作方案》听取《温宿县1—3月份脱贫攻坚工作开展情况汇报》，审议《温宿县推进产业扶贫提质增效工作方案》《温宿县贯彻落实〈自治区党委关于推进“访民情惠民生聚民心”驻村工作常态化长效化制度化的意见〉的方案》《温宿县城区2019年春季绿化实施方案》《温宿县经济口关于贯彻落实自治区党委九届六次全体会议精神的实施方案》《温宿县关于贯彻〈新疆维吾尔自治区落实重点流域水污染防治规划（2016—2020年）实施方案〉的任务分解方案》《温宿县打赢蓝天保卫战三年行动计划实施方案（2018—2020年）》《关于对温宿县城区内违法违章建筑进行集中整治的请示》《关于进一步推进“三进两联一交友”活动制度化常态化长效化工作实施方案》《温宿县乡（镇）卫生院、计生服务站事权上划工作实施方案》《关于调整充实温宿县旅游产业发展领导小组成员的请示》《温宿县纪委监委1、2月份扶贫领域腐败和作风问题专项治理情况汇报》《关于十二届县委第一至四轮巡察整改专项督查情况及处理意见的请示》《干部议题》。

【第十一次县委常委会会议】 3月18日，温宿县召开第十一次县委常委会会议，审议《温宿县2019年扫黑除恶专项斗争工作要点》《温宿县34个党政部门“三定”规定及油区协调服务中心“三定”规定的请示》。

【第十二次县委常委会会议】 3月29日，温宿县召开第十二次县委常委（扩大）会议，传达学习《习近平总书记关于扫黑除恶工作重要指示批示精神》《中共中央、国务院关于开展扫黑除恶专项斗争的通知》《自治区党委、自治区人民政府关于贯彻落实习近平总书记重要指示和中共中央、国务院关于开展扫黑除恶专项斗争决策部署的意见》，审议《温宿县迎接中央扫黑除恶专项斗争督导组开展专项督导工作方案》，听取《温宿县3月份中央脱贫攻坚专项巡视反馈问题整改销号情况汇报》。

【第十三次县委常委会会议】 4月22日，温宿县召开第十三次县委常委会会议，传达学习《习近平总书记在解决“两不愁三保障”突出问题座谈会上的讲话精神》《习近平总书记在中共中央政治局第十四次集体学习时关于〈加强对五四运动和五四精神的研究激励广大青年为民族复兴不断奋斗〉的讲话精神》《人在园中、园在城里——四川成都通过林盘、绿道、微绿地等多种形式,建设公园城市》,审议《温宿县贯彻落实自治区党委政法工作会议精神任务分解方案》,听取《温宿县贯彻落实中央脱贫攻坚专项巡视反馈问题整改工作进展情况汇报》,审议《关于进一步细化温宿县2019年脱贫攻坚工作方案的请示》,听取《温宿县基层组织建设工作汇报》,审议《关于成立温宿县委人事调配管理工作领导小组的请示》《关于调整温宿县委党的建设工作领导小组成员的请示》《关于调整县委基层组织建设领导小组组成人员的请示》《关于调整县委人才工作领导小组成员的请示》《关于调整温宿县“访民情惠民生聚民心”驻村工作领导小组成员的请示》《关于成立温宿县委新兴组织党建工作领导小组成员的请示》《政协温宿县委员会2019年度委员开展调研视察活动方案》《温宿县贯彻落实地区“六型”政府建设实施意见责任分工方案》《温宿县农林牧场改制情况及有关问题的报告》《关于调整充实温宿县招商引资工作领导小组的请示》《温宿县关于大力促进民营企业经济健康发展的实施方案》《温宿县级领导联系服务企业责任分解方案》《温宿县党政机关办公用房管理办法》《温宿县党政机关公务用车管理办法》《温宿县关于创建全域旅游示范区实施方案的请示》《温宿县贯彻落实自治区旅游兴疆战略 加快全域旅游发展实施方案》《关于推荐地区第八次民族团结进步创建表彰大会拟表彰模范单位和个人的请示》,听取《关于温宿县3月份扶贫领域腐败和作风问题专项治理情况汇报》《温宿县严肃整治领导干部利用名贵特产类资源谋取私利问题情况汇报》,研究违纪干部处理事宜。

【第十四次县委常委会会议】 5月15日,温宿县召开第十四次县委常委会会议,专题研究脱贫攻坚工作,学习《习近平扶贫论述摘编》,听取《温宿县2019年4月份脱贫攻坚工作开展情况汇报》《温宿县5月份中央脱贫攻坚专项巡视反馈问题整改情况汇报》,审议《温宿县关于阿克苏地区2018年扶贫开发成效考核反馈问题自查整改方案》《温宿县2019年脱贫攻坚工作单项考评奖励办法》,听取《温宿县4月份扶贫领域腐败和作风问题专项治理情况汇报》。

【第十五次县委常委会会议】 5月15日,温宿县召开第十五次县委常委会会议,审议《温宿县贯彻落实习近平关于加强和改进人民信访工作的重要思想创新发展温宿新时代“枫桥经验”实施方案》《关于召开温宿县第十三届人民代表大会第五次会议的请示》《关于成立温宿县第十三届人民代表大会第五次会议临时党委和各代表团临时党支部的请示》《温宿县委宣传部2019年宣传思想工作要点》《关于规范党委(党组)理论学习中心组学习的方案》《关于成立温宿县绩效考评委员会的请示》《温宿县2019年度绩效综合考评办法》《温宿县统筹规范督查检查考核工作方案》《干部议题》。

【第十六次县委常委会会议】 6月6日,温宿县召开第十六次县委常委会会议,专题研究脱贫攻坚工作,审议《2019年新增财政专项扶贫资金(扶贫发展资金)项目》《温宿县关于贯彻落实中央脱贫攻坚专项巡视指出突出问题和共性问题整改方案》《温宿县关于2018年国家脱贫攻坚成效考核问题整改方案》。

【第十七次县委常委会会议】 6月6日,温宿县召开第十七次县委常委会会议,专题观看《温宿县人民检察院申报第九届全国“人民满意的公务员集体”先进事迹材料和专题片》,审议《温宿县贯彻落实〈关于解放军、武警部队在边境管理方面与公安机关职责划分和工作有关问题的意见〉的实施办法》《温宿县贯彻落实〈自治区党委、自治区人民政府关于防范化解地方政府隐性债务风险的实施意见〉的实施方案》《温宿县全面实施预算绩效管理的实施方案》

《2019年度温宿县旅游工作单项考评奖励办法》《干部议题》。

【第十八次县委常委会会议】 6月17日，温宿县召开第十八次县委常委会会议，学习《杨晓渡同志在与中国纪检监察学院北戴河校区部分学员座谈时的讲话和在中国纪检监察学院部分学员座谈会上的讲话摘编》《关于当前纪检监察工作应注意的问题》，听取《温宿县6月份中央脱贫攻坚专项巡视反馈问题整改销号情况汇报》《关于庆祝中国共产党成立98周年暨“一先双优”表彰大会的方案》《关于推荐自治区、地区、县“七一”表彰先进基层党组织、优秀共产党员、优秀党务工作者的请示》，听取《关于第二季度基层组织建设工作开展情况的汇报》，审议《温宿县关于贯彻落实自治区党委、地委2018年度抓基层党建工作评价意见的整改落实方案》《温宿县2019年农业产业化工作单项考评奖励办法》《温宿县2019年农村人居环境整治行动考评奖励办法》，听取《温宿县纪委监委5月份扶贫领域腐败和作风问题专项治理情况汇报》，审议《温宿县委关于自治区党委第二巡视组反馈立行立改问题的整改方案》，听取《温宿县纪委监委2019年上半年处分决定宣布情况报告》，研究违纪干部处理事宜。

【第十九次县委常委会会议】 7月13日，温宿县召开第十九次县委常委会会议，专题研究脱贫攻坚工作，听取《温宿县2019年上半年脱贫攻坚工作开展情况汇报》，审议《温宿县2019年脱贫攻坚地方政府债券资金项目的请示》《温宿县纪委监委6月份扶贫领域腐败和作风问题专项治理情况汇报》。

【第二十次县委常委会会议】 7月13日，温宿县召开第二十次县委常委会会议，审议《温宿县贯彻落实〈关于加快推进基层社会治理现代化努力开创平安新疆建设新局面的意见〉的实施方案》《温宿国家农业科技园区迎接国家验收工作方案》，听取《温宿县2019年上半年减税降费工作情况汇报》，审议《温宿县职务与职级并行制度实施方案》《温宿县公务员职务与职级并行首次套转方案》，听取《温宿县基层组织建设工作汇报》《中共温宿县委落实党风廉政建设党委主体责任情况报告》《温宿县落实“基层减负年”工作情况汇报》《温宿县机要保密工作检查指导情况汇报》，审议《温宿县纪委监委派驻（派出）纪检监察机构改革方案》《温宿县党政机关国内公务接待管理实施细则》。

【第二十一次县委常委会会议】 7月16日，温宿县召开第二十一次县委常委（扩大）会议，专题研究旅游工作，听取《温宿县旅游工作情况汇报》，审议《温宿县全域旅游专项规划》。

【第二十二次县委常委会会议】 8月3日，温宿县召开第二十二次县委常委会会议，专题研究脱贫攻坚工作，听取《温宿县2019年7月份脱贫攻坚工作开展情况汇报》，审议《温宿县关于解决“两不愁三保障”突出问题坚决打赢脱贫攻坚战的实施方案》。

【第二十三次县委常委会会议】 8月3日，温宿县召开第二十三次县委常委会会议，审议《关于召开温宿县文学艺术界联合会成立暨第一次代表大会的请示》《温宿县创建“自治区文明县”活动实施方案》，研究干部议题。

【第二十四次县委常委会会议】 8月22日，温宿县召开第二十四次县委常委会会议，专题研究脱贫攻坚，听取《温宿县脱贫攻坚问题整改调度汇报》《中央脱贫攻坚专项巡视反馈问题整改台账销号情况》《温宿县解决“两不愁三保障”突出问题一户一策情况》，审议《温宿县脱贫攻坚问题整改“回头看”工作方案》《温宿县2019年贫困退出自查自验工作方案》。

【第二十五次县委常委会会议】 8月22日，温宿县召开第二十五次县委常委会会议，审议《“不忘初心、牢记使命”主题教育软弱涣散基层党组织及“一村

（社区）一策”整顿方案》。审议《关于召开温宿县教育大会暨第35个教师节表彰大会的请示》《第35个教师节拟表彰人员名单》《关于对县教科局、卫健委、扶贫办、文联等单位有关问题核查处理意见的请示》，研究违纪干部处理事宜。

【第二十六次县委常委会会议】 9月2日，温宿县召开第二十六次县委常委会会议，传达学习《阿克苏地区落实自治区党委第二巡视组反馈意见整改工作方案》，审议《温宿县贯彻落实自治区党委第二巡视组巡视阿克苏地区反馈意见整改工作方案》《新疆温宿县环境保护“十三五”规划》，听取《关于对惠民惠农财政补贴资金“一卡通”专项整治工作开展履责约谈的报告》，研究干部议题。

【第二十七次县委常委会会议】 9月11日，温宿县召开第二十七次县委常委会会议，专题传达学习习近平总书记对“记者再走长征路”主题采访活动作出的重要指示批示精神、习近平总书记在甘肃考察时的重要讲话精神、习近平总书记在中央党校（国家行政学院）中青年干部培训班开班式上的重要讲话精神、8月30日中共中央政治局会议精神、中央财经委员会第五次会议精神、《中央“不忘初心、牢记使命”主题教育领导小组印发〈关于开展第二批“不忘初心、牢记使命”主题教育的指导意见〉的通知》。

【第二十八次县委常委会会议】 9月11日，温宿县召开第二十八次县委常委会会议，专题审议《温宿县关于中央扫黑除恶第21督导组反馈问题整改方案》。

【第二十九次县委常委会会议】 9月11日，温宿县召开第二十九次县委常委会会议，听取《2019年上半年温宿县第十三届人民政府常务会议研究事项汇报》，审议《关于成立温宿县“不忘初心、牢记使命”主题教育领导小组和派出主题教育指导组的方案》《中共温宿县委员会关于开展“不忘初心、牢记使命”主题教育的实施方案》《2018—2022年温宿县干部教育培训规划》《温宿县关于加强县直机关党的建设工作的意见》，听取《关于进一步明确新兴领域党组织隶属关系的意见》，审议《温宿县第一幼儿园校园提升改造建设项目修建性详细规划》。

【第三十次县委常委会会议】 10月18日，温宿县召开第三十次县委常委会会议，专题研究扫黑除恶专项斗争相关工作，听取《温宿县扫黑除恶专项斗争第三季度工作开展情况汇报》《温宿县关于中央扫黑除恶第21督导组反馈问题整改情况汇报》。

【第三十一次县委常委会会议】 10月18日，温宿县召开第三十一次县委常委会会议，专题研究脱贫攻坚工作，听取《温宿县脱贫攻坚重点工作开展情况报告》《温宿县2019年贫困退出自查自验工作情况报告》《温宿县第三季度扶贫领域腐败和作风问题专项治理情况汇报》。

【第三十二次县委常委会会议】 10月18日，温宿县召开第三十二次县委常委会会议，传达学习《关于有效推动解决形式主义突出问题为基层减负贯彻落实情况调研报告》，研究违纪干部处理事宜。

【第三十三次县委常委会会议】 10月28日，温宿县召开第三十三次县委常委会会议，听取《温宿县“不忘初心、牢记使命”主题教育工作汇报》《温宿县“不忘初心、牢记使命”主题教育派出各指导组工作汇报》《温宿县第三季度基层组织建设工作汇报》，审议《温宿县关于进一步加强人才工作的意见》《温宿县骨干人才选拔培养考核管理办法》，研究干部议题。

【第三十四次县委常委会会议】 11月11日，温宿县召开第三十四次县委常委会会议，学习《地委管理领导班子和领导干部2019年度（绩效）考核工作方案》，审议《温宿县领导班子2019年度工作总结》

《县委管理领导班子和领导干部2019年度(绩效)考核工作方案》《温宿县科级事业单位调整改革方案》《关于推荐韩博等8名个人、博孜墩乡等2个单位为自治区脱贫攻坚奖候选人和候选组织的请示》《关于选举参加自治区妇女第十二次代表大会代表及推荐自治区妇联第十二届执委候选人的请示》《关于设立县法学会党组的请示》,研究干部议题。

【第三十五次县委常委会会议】 11月27日,温宿县召开第三十五次县委常委会会议,专题研究脱贫攻坚工作,听取《温宿县10月份以来脱贫攻坚重点工作开展情况报告》,审议《温宿县脱贫攻坚"冬季攻势"工作方案及其4个子方案》《温宿县2020年财政专项扶贫资金项目计划》。

【第三十六次县委常委会会议】 11月27日,温宿县召开第三十六次县委常委会会议,审议《温宿县"不忘初心、牢记使命"主题教育专题民主生活会方案》《温宿县2019年度基层党组织召开专题组织生活会和开展民主评议党员方案》《温宿县委班子"不忘初心、牢记使命"主题教育专题民主生活会方案》,听取《温宿县委班子"不忘初心、牢记使命"主题教育专题民主生活会筹备情况汇报》《温宿县委班子"不忘初心、牢记使命"主题教育专题民主生活会检视剖析材料》,审议《温宿县县级领导班子、领导干部2019年度考核定等的请示》,听取《温宿县十一月份基层组织建设工作汇报》。

【第三十七次县委常委会会议】 12月10日,温宿县召开第三十七次县委常委会会议,审议《温宿县开展"冬季大培训"工作方案》《关于成立温宿县表彰奖励评审小组的请示》,研究干部议题。

【第三十八次县委常委会会议】 12月25日,温宿县召开第三十八次县委常委会会议,专题研究扫黑除恶相关工作,审议《温宿县关于中央扫黑除恶第21督导组"回头看"反馈问题整改工作方案》,听取《温宿县2019年度扫黑除恶专项斗争工作汇报》。

【第三十九次县委常委会会议】 12月25日,温宿县召开第三十九次县委常委会会议,专题研究脱贫攻坚工作,听取《温宿县2019年度脱贫攻坚工作报告》《温宿县第四季度扶贫领域腐败和作风问题专项治理情况汇报》。

【第四十次县委常委会会议】 12月25日,温宿县召开第四十次县委常委会会议,审议《中共温宿县第十二届五次全委(扩大)会议主题报告》《中共温宿县委员会2019年工作报告》《中共温宿县第十二届五次全委(扩大)会议结束时的讲话》《关于召开中共温宿县第十二届五次全委(扩大)会议的请示》《关于召开温宿县十三届人民代表大会第六次会议的请示》《关于成立温宿县第十三届人民代表大会第六次会议临时党委和临时党支部的请示》《关于温宿县十三届人大六次会议选举工作的请示》《关于召开政协温宿县十三届委员会第五次会议的请示》《关于调整县委常委班子成员分工的请示》,听取《2019年下半年温宿县第十三届人民政府常务会议研究事项汇报》,审议《温宿县维稳指挥部值班带班制度(试行)》《拟推荐地区表彰奖励2019年度反恐维稳先进集体、先进个人方案的请示》《温宿县"十四五"规划纲要基本思路(草案)》《关于表彰2019年度温宿县固定资产投资先进单位的方案》,听取《温宿县"不忘初心、牢记使命"主题教育工作总结》,审议《温宿县"景观亮化工程"过度化等"政绩工程""面子工程"问题专项整治工作方案》《2019年度县委管理领导班子、领导干部考核定等方案》《关于表彰第九批浙江省金华市优秀援疆干部、优秀援疆人才、优秀支教教师的方案》《关于为第九批金华援疆指挥部记集体三等功的请示》《2019年温宿县村级组织"星级化"创建管理命名授牌方案》,听取《温宿县党政机关、事业单位公务用车编制核定情况汇报》,审议《温宿县党政机关、事业单位违规配备使用公务用车专项清理方案》,研究干部议题。

【第四十一次县委常委会会议】 12月27日，温宿县召开第四十一次县委常委(扩大)会议，专题听取县人大、政府、政协、法院、检察院、司法局党组，公安局党委，农业科技园区、产业园区、教育党工委2019年党建工作开展情况汇报，对工作中存在的问题进行逐一点评，并提出具体的工作要求。 (沈 茂)

中心组学习

【第一次县委中心组学习】 1月8日，温宿县举行第一次县委中心组暨“聚焦总目标 作风再整顿”专项活动第十一次集体学习会议。与会人员集中学习《习近平在中央政治局第十一次集体学习时的讲话》《中共阿克苏地委办公室 阿克苏地区行署办公室印发〈阿克苏地区贯彻落实〈自治区党委、自治区人民政府、新疆军区关于新时代加强党政军警兵民合力强边固防的实施意见〉责任分解方案〉的通知》《中共阿克苏地委办公室 阿克苏地区行署办公室印发〈阿克苏地区贯彻落实自治区坚持发展新时代“枫桥经验”会议精神的实施方案〉的通知》《自治区党委 自治区人民政府〈关于大力促进民营经济健康发展的若干意见〉》。

【第二次县委中心组学习】 1月25日，温宿县举行第二次县委中心组集体学习会议。与会人员学习《地委稳定工作会议精神》《中共中央办公厅关于印发〈民主党派代表人士队伍建设规划(2018—2027年)〉的通知》《自治区党委办公厅关于印发〈关于建立各民族相互嵌入式的社会结构和社会环境的意见〉的通知》《关于印发〈阿克苏地区信访工作联席会议工作规则〉的通知》《关于纪检监察系统认真学习贯彻习近平总书记在十九届中央纪委三次全会上重要讲话精神的通知》《自治区党委关于印发〈中共新疆维吾尔自治区委员会实施〈中国共产党党务公开条例(试行)〉细则〉的通知》《自治区党委关于推进“访民情惠民生聚民心”驻村工作常态化长效化制度化的意见》《转发〈关于进一步加大脱贫攻坚“冬季攻势”宣传力度的通知〉的通知》。

【第三次县委中心组学习】 2月11日，温宿县举行第三次县委中心组集体学习会议。与会人员集中学习《习近平总书记在第二次中央新疆工作座谈会上的讲话》《地区机构改革动员会精神》《聚焦总目标 强化抓落实 奋力开创持续全面稳定新局面的工作方案》《关于对贯彻落实中央八项规定精神情况进行排查汇总的通知》《自治区党委办公厅关于印发〈中共新疆维吾尔自治区委员会党务公开目录〉的通知》《中共中央、国务院关于坚持农业农村优先发展做好“三农”工作的若干意见》。

【第四次县委中心组学习】 3月16日，温宿县举行第四次县委中心组集体学习会议。与会人员集中观看《正确认识新疆若干历史问题专题报告》专题片，集中学习《习近平总书记在中央政治局第十二次集体学习时的讲话》《习近平、赵乐际同志在十九届中央纪律检查委员会第三次全体会议上的讲话和报告》《陈全国同志在自治区贯彻落实中央第六巡视组开展脱贫攻坚专项巡视反馈意见整改工作动员大会上的讲话》《陈全国、杨鑫同志在自治区纪委九届四次全会上的讲话和报告》《窦万贵同志在地区贯彻落实中央脱贫攻坚专项巡视反馈意见整改动员暨2019年脱贫攻坚会议上的讲话》《中共新疆维吾尔自治区委员会关于坚持以习近平新时代中国特色社会主义思想为指导，聚焦社会稳定和长治久安总目标，扎实做好反恐维稳转入基本常态各项工作的意见》《自治区党委办公厅 自治区人民政府办公厅关于印发〈贯彻落实自治区党委经济工作会议重点任务分工方案〉的通知》《自治区党委 自治区人民政府关于印发〈新疆维吾尔自治区贯彻落实中央第六巡视组开展脱贫攻坚专项巡视反馈意见整改方案〉的通知》《关于印发〈阿克苏地区贯彻落实中央脱贫攻坚专项巡视指出突出问题和共性问题整改方案〉的通知》。

【第五次县委中心组学习】 4月1日,温宿县举行第五次县委中心组集体学习会议。传达学习习近平总书记对江苏响水"3·21"爆炸事故作出的重要指示批示精神,集中学习《陈全国书记在〈关于和田地区脱贫攻坚工作的报告〉上的批示》《陈全国同志在自治区党委理论学习中心组集体学习会上的讲话》《阿克苏地区深度贫困地区2019年脱贫攻坚工作方案》《阿克苏地区2019年脱贫攻坚工作方案》。

【第六次县委中心组学习】 4月30日,温宿县举行县委中心组第六次集体学习会议。会议传达学习习近平总书记系列重要文章和重要讲话精神,集中学习《习近平同志在中央机构编制委员会第一次会议上的讲话》《中共中央 国务院〈关于打赢脱贫攻坚战三年行动的指导意见〉》《关于印发解决形式主义突出问题为基层减负的20条措施的通知》《阿克苏地区遍访贫困对象工作方案》。

【第七次县委中心组学习】 6月10日,温宿县举行县委中心组第七次集体学习会议。与会人员集中学习《习近平总书记在中央政治局第十四次集体学习时的讲话》《赵乐际同志在市县巡察工作推进会上的讲话》《中共中央 国务院关于新时代推进西部大开发形成新格局的指导意见》《关于做好〈正确认识中美经贸斗争 集中精力办好自己的事〉学习材料学习使用工作的通知》《中共中央关于在全党开展"不忘初心、牢记使命"主题教育的意见》《中共中央办公厅 国务院办公厅关于隆重庆祝中华人民共和国成立70周年广泛组织开展"我和我的祖国"群众性主题宣传教育活动的通知》《中共阿克苏地委 阿克苏地区行署关于进一步加强和规范新形势下宗教事务管理的实施意见》。

【第八次县委中心组学习】 6月30日,温宿县举行县委中心组第八次集体学习会议。与会人员集中学习《习近平总书记在"不忘初心、牢记使命"主题教育工作会议上的讲话》《陈全国同志在自治区开展"不忘初心、牢记使命"主题教育工作会议上的讲话》、陈全国书记在自治区"不忘初心、牢记使命"主题教育上的党课报告、在参观兵团军垦博物馆座谈会上的讲话、在自治区副省级以上领导干部"不忘初心、牢记使命"主题教育集体学习结束时的讲话以及《中共新疆维吾尔自治区委员会关于在全区开展"不忘初心、牢记使命"主题教育的实施意见》《自治区第二十一个党风廉政教育月活动安排意见》《地区扫黑除恶专项斗争工作专题汇报会议纪要》《地区"基层减负年"工作领导小组第一次会议纪要》《党政领导干部选拔任用工作条例》。

【第九次县委中心组学习】 7月15日,温宿县举行县委中心组第九次集体学习暨第二十一个党风廉政教育月专题学习会议。与会人员集中学习《习近平新时代中国特色社会主义思想学习纲要》《习近平关于全面从严治党论述摘编》相关章节,全文传达学习《中国共产党纪律处分条例》《中华人民共和国监察法》《关于加强党的政治建设的意见》、中央八项规定及其实施细则。

【第十次县委中心组学习】 8月15日,温宿县举行县委中心组第十次集体学习会议。与会人员集中学习《习近平同志在中央政治局第十五次集体学习时的讲话》、中共新疆维吾尔自治区第九届委员会第七次全体会议报告和讲话、《中共中央关于印发〈中国共产党宣传工作条例〉的通知》《关于在自治区"不忘初心、牢记使命"主题教育中深入学习张富清同志先进事迹的通知》《自治区党委办公厅关于印发〈党委(党组)运用监督执纪"第一种形态"实施办法(试行)〉的通知》《关于学习贯彻〈中国共产党重大事项请示报告条例〉的通知》《阿克苏地区庆祝中华人民共和国成立70周年活动实施方案》《自治区违建别墅问题清查整治专项行动实施方案》《关于印发阿克苏地区违建别墅问题清查整治专项行动实施方案的通知》《第七次全国对口支援新疆工作会议新闻通稿》《自治区党委办公厅关于印发〈新疆维吾尔自治区干部容错纠错暂行办法〉的通知》。

【第十一次县委中心组学习】 10月5日,温宿县举行县委中心组第十一次集体学习暨“不忘初心、牢记使命”主题教育专题学习研讨会。与会人员集中学习《新疆的反恐、去极端化斗争与人权保障》《新疆的若干历史问题》《新疆的职业技能教育培训工作》白皮书。

【第十二次县委中心组学习】 10月7日,温宿县举行县委中心组第十二次集体学习暨“不忘初心、牢记使命”主题教育专题学习研讨会。与会人员集中学习《习近平同志在中央政治局第十五次集体学习时的讲话》《习近平、丁薛祥同志在中央和国家机关党的建设工作会议上的讲话》。

【第十三次县委中心组学习】 10月7日,温宿县举行县委中心组第十三次集体学习会议。与会人员集中学习《汪洋、尤权同志在第七次全国对口支援新疆工作会议上的讲话》《陈全国同志在自治区传达学习第七次全国对口支援新疆工作会议精神电视电话会议上的讲话》《陈全国同志在中央扫黑除恶第21督导组督导新疆维吾尔自治区情况反馈会上的表态讲话》《中共中央办公厅关于贵州省认真贯彻习近平总书记重要指示批示精神深入开展领导干部利用茅台酒谋取私利问题专项整治情况的通报》《中共新疆维吾尔自治区委员会关于严肃反分裂斗争纪律的规定》《关于开展第二批“不忘初心、牢记使命”主题教育的指导意见》《阿克苏地区落实自治区党委第二巡视组反馈意见整改工作方案》。

【第十四次县委中心组学习】 10月22日,温宿县举行县委中心组第十四次集体学习暨扫黑除恶专题学习会议,与会人员集中学习全国、自治区扫黑除恶专项斗争第二次推进会精神,并对扫黑除恶专项斗争工作进行再安排、再部署。

【第十五次县委中心组学习】 10月31日,温宿县举行县委中心组第十五次集体学习暨《中国共产党宣传工作条例》专题学习会议。与会人员集中学习《中国共产党宣传工作条例》。

【第十六次县委中心组学习】 11月4日,温宿县举行县委中心组第十六次集体学习暨《中国共产党第十九届中央委员会第四次全体会议公报》专题学习会议。

【第十七次县委中心组学习】 11月7日,温宿县举行县委中心组第十七次集体学习暨“不忘初心、牢记使命”主题教育专题学习交流研讨会。与会人员集中学习《中国共产党第十九届中央委员会第四次全体会议公报》《习近平在全国民族团结进步表彰大会上的重要讲话》《中共中央办公厅关于贵州省认真贯彻习近平总书记重要指示批示精神深入开展领导干部利用茅台酒谋取私利问题专项整治情况的通报》《中国共产党九十年》《中华人民共和国史稿》《见证初心和使命的“十一书”》《坚决彻底反对形式主义、官僚主义——毛泽东同志等老一辈革命家的部分论述》《“不忘初心、牢记使命”优秀共产党员先进事迹选编》等文件精神,集中观看《张富清先进事迹报告会》《任性的代价》专题片。

【第十八次县委中心组学习】 11月7日,温宿县举行县委中心组第十八次集体学习暨中华人民共和国成立70周年庆祝活动总结报告专题学习会议。

【第十九次县委中心组学习】 12月18日,温宿县举行县委中心组第十九次集体学习暨“不忘初心、牢记使命”主题教育专题学习交流研讨会。与会人员集中学习《习近平总书记在中央经济工作会议上的讲话》《中国共产党第十九届中央委员会第四次全体会议公报》《习近平总书记关于坚持、完善和发展中国特色社会主义国家制度与法律制度》《习近平总书记关于学习马克思主义基本理论是共产党人的必修课》。

【第二十次县委中心组学习】 12月27日，温宿县举行县委中心组第二十次集体学习会议。与会人员集中学习习近平同志在中央政治局第十七次、十八次、十九次集体学习时的讲话、自治区“不忘初心、牢记使命”主题教育第一批总结暨第二批部署会议精神、自治区机关党的建设工作会议精神。专题学习《加快推进社会治理现代化 努力开创平安阿克苏建设新局面的实施方案》《关于转发〈整治形式主义为基层减负工作负面清单〉的通知》《中国共产党问责条例》。

【第二十一次县委中心组学习】 12月27日，温宿县举行县委中心组第二十一次集体学习会议。与会人员集中学习习近平总书记在《求是》杂志上发表的系列重要文章。

【第二十二次县委中心组学习】 12月31日，温宿县举行县委中心组第二十二次集体学习暨“不忘初心、牢记使命”主题教育专题学习交流研讨会。与会人员集中学习《关于认真学习贯彻习近平总书记在中央政治局专题民主生活会上重要讲话的通知》《习近平总书记在中央政治局专题民主生活会上的重要讲话》《陈希同志在学习贯彻党的十九届四中全会精神深入推进第二批“不忘初心、牢记使命”主题教育工作座谈会上的讲话》《关于整治“景观亮化工程”过度化等“政绩工程”“面子工程”问题的通知》《关于认真做好自治区“不忘初心、牢记使命”主题教育总结工作的通知》《关于扎实深入做好“不忘初心、牢记使命”主题教育当前工作的通知》《关于阿克苏地区“不忘初心、牢记使命”主题教育评估工作方案》。

（郭永武）

县委办公室工作

【机构改革】 2019年，党政机构改革，县委全面深化改革委员会办公室、县委信息综合室的职责、县督查考评工作委员会办公室的县委督查和县绩效考评职责，县档案局（馆）承担的行政职能划入中共温宿县委员会办公室（简称温宿县委办公室）。县委办公室内设机构有秘书室、保密室、信息综合室、督查考评室、财务室、翻译室、档案监督指导室、县委国家安全委员会办公室、县委全面深化改革委员会办公室、县委财经委员会办公室、机关党委。

【综合协调】 2019年，温宿县委办公室站在县委工作的全局高度，思考、筹划、安排和处理问题，通盘考虑，综合权衡，协调县委领导之间、县委与各大班子之间、县委与下级党委之间、办公室与各部门之间的工作关系，保证县委领导班子意图顺利实现和全局工作协调运转。办公室领导班子合理确定内部分工，对信息调研、督促检查、文稿起草、公文处理、会议安排、行政后勤、机要保密等各项工作明确任务、职责，简化程序，提高服务质量，确保各项工作高效运转。

【办文办会】 2019年，温宿县委办公室建立健全办文、办会责任制，严格按照“服务、精简、高效”的原则，对会议通知、文件起草、修改、校对、翻译、印发、会场布置、会后反馈每一个环节层层把关，确保万无一失，提高办文、办会质量。组织筹备县委全体委员会会议、县委常委会会议、四套班子会议、财经委员会会议、县城乡规划建设委员会会议等各类会议60场次，起草印发温党发文件35件、温党委文件22件、温党办文件88件、温党办通报26期、会议纪要75件、温宿发电47件，起草各类讲话稿40余篇，公文差错率控制在0.2%

以内,办文、办会质量和效率提升。

【基层减负】 2019 年,温宿县委办公室学习习近平总书记关于力戒形式主义、官僚主义重要指示精神,贯彻落实中央办公厅《关于解决形式主义突出问题为基层减负的通知》和自治区、地区关于“基层减负年”各项部署,结合实际研究制定贯彻落实措施,紧盯文山会海、督查考核等突出问题,明确精文减会量化目标,统一闸口管理,统筹规范督查检查考核事项,严格审批报备,狠抓问题整改。2019 年全县共印发重点精简类文件 1328 件,比上年减少 58.36%,召开会议 199 场次,比上年减少 55.18%。

【信息工作】 2019 年,温宿县委办公室坚持及时、准确、全面的原则,以县委中心工作为主线,围绕改革发展稳定中的大事、要事,领导和群众关注的热点、难点问题,将信息任务量化分解到每一位秘书和相关工作人员,督促指导信息收集和编报工作,纠正在信息工作中报喜不报忧现象,反映工作中真实情况,做到深入开发、综合利用、及时上报,为县委科学决策发挥参谋助手作用。全年编报《温宿信息》760 篇,温宿《信息快报》24 期。上报信息被《阿克苏信息》、阿克苏《信息快报》采用 340 篇,被自治区党委《信息摘报》采用 110 篇。

【督查考评】 2019 年,温宿县委办公室围绕地委、行署安排部署和县委中心工作,抓各级重大决策部署督促落实,完成地区督办通知 7 份,跟踪督办县委决策部署和重点工作,下发督办通知 36 份。建立县委主要领导批示件办结跟踪台账,每 10 天一反馈,坚持从快办理,对急、难、重事项全程盯办,办理领导批示件 32 期,确保各项工作落地见效;落实中央、自治区统筹规范督查检查考核活动,建立健全督查审批报备制度,科学统筹协调,开展督查检查考核 8 项 17 次,比上年减少 91.6%;印发《温宿县 2019 年度绩效综合考评办法》,组织实施全县年终绩效考评工作,做好地区对温宿县年终考评各项协调、服务和准备工作。

【全面深化改革】 2019 年 2 月机构改革,成立中共温宿县委全面深化改革委员会办公室。围绕“1 +3 +3 + 改革开放”,以推进供给侧结构性改革为重点,结合县域实际,研究制定温宿县 2019 年全面深化改革 7 个领域 23 项 266 条改革任务,承担 3 个地区级改革任务试点,推动改革工作向纵深推进。根据《改革任务动态管理台账》,定期不定期对改革工作进展情况进行跟踪问效,编发《温宿改革信息简报》47 期,在温宿政府网、阿克苏新闻媒体发布改革动态 24 篇,对已出台改革方案进行政策解读 7 次。围绕各族群众关注的焦点、难点问题,组织协调开展调研课题 76 个,完成地区级重点研究课题 5 个。

【保密工作】 2019 年,温宿县委办公室学习习近平总书记关于加强保密工作的重要讲话精神,贯彻落实党中央关于保密工作的决策部署和自治区党委、地委工作要求,以“保密警示教育年”为契机,开展理想忠诚、密码安全保密形势、失泄密警示及《中华人民共和国保守国家秘密法》《中华人民共和国保守国家秘密法实施条例》为主要内容的主题教育活动,签订领导干部“保密工作责任书”,对涉密人员逐一政审,发放涉密文件专管人员工作证;联合纪检、公安、网信等部门开展保密检查 4 次,下发保密检查整改通知书 130 余份,完成全县涉密计算机保密防护措施安装。

【机要工作】 2019 年,温宿县委办公室规范密码和密码设备配备、递送、接收、保管、清退,及密码电报办理、登记、流转、借阅、销毁等管理工作流程。争取县财政资金 35 万元,完成机要加密视频会议双设备升级改造项目建设,修订完善机要加密视频会议、应急密码通信随行服务保障应急预案等密码通信服务保障机制。做好党政机关“安可”应用设备网络接入、场地改造等前期准备工作,为 89 个县直、乡(镇)试点单位配发“安可”应用设备,开展系统操作培训 2 场次,国产化安全可靠应用替代工作稳步推进。

【后勤保障】 2019年，温宿县委办公室加强机关财务管理，强化节俭意识，减少不必要开支，合理支配工作经费，保证机关工作正常开展；落实《自治区党政机关公务用车管理办法》《地区党政机关公务用车管理办法》，开展公务用车专项清理，确保公务用车规范化、正规化运行。强化机关车辆日常管理维护，保证车辆安全、正常运行；落实机关后勤管理责任制，统筹做好县委机关楼、机关家属区卫生清洁、设施维护、后勤保障、施工监管等日常管理服务，保障水、暖、电设施正常运转，营造良好工作生活环境。

【平安机关】 2019年，温宿县委办公室围绕社会稳定和长治久安总目标，落实安全防范措施，加强县委机关值班备勤和警卫工作，落实出入登记和安全检查等制度，确保机关和住宅小区的安全稳定。开展平安单位创建工作，强化干部职工平安知识教育，排查隐患漏洞，完善县委机关应急演练方案，确保机关平安和谐。

【精神文明建设】 2019年，温宿县委办公室加强干部队伍建设和软硬件建设，开展精神文明创建活动。完善干部职工学习教育、节水节电、扶贫帮困等10余项制度，不定期开展义务劳动、“弘扬雷锋精神，争做文明公民”活动20余场次，开展“民族团结一家亲”“民族团结联谊活动”60余场次，为结亲群众捐款捐物1万余元，解决困难诉求80余件，2个科室、1名干部获得精神文明创建表彰奖励。温宿县委办三年复验再次获得“自治区级文明单位”称号。

（沈　茂）

组织工作

【机构改革】 2019年，温宿县委老干部局并入温宿县委组织部。对外保留温宿县委老干部局牌子，加挂温宿县公务员局牌子。下辖温宿县党员干部现代远程教育管理中心（党员电化教育中心）、温宿县老年活动中心2个事业机构。正科级建制，核定编制43名，实有29人，内设办公室、干部室、干部监督室、组织一室、组织二室、老干部管理办公室、人才与援疆工作办公室、信息调研室、公务员局9个科室，有临时机构县“访惠聚”办。

【“访惠聚”工作】 2019年，温宿县有155支940名驻村干部，其中自治区级20支150人、地区级28支166人、县级107支624人。其中女干部251人，少数民族干部481人，地厅级干部4人、正处级干部17人、副处级干部36人、科级干部147人、一般干部736人。解决群众困难诉求3172件、化解矛盾纠纷2217件。表彰优秀工作队60个，其中自治区级16个、地区级13个、县级31个；表彰优秀工作队队长43名，其中自治区级5名、地区级8名、县级30名；表彰优秀工作队队员225名，其中自治区级31名、地区级41名、县级153名；表彰优秀派出单位17个，其中自治区级5个、地区级5个、县级7个。

【干部队伍建设】 2019年，温宿县委组织部调整干部10批次516人，提拔重用178人（具有一线工作经历的干部占93.13%），提拔重用反分裂斗争一线优秀干部49名，脱贫攻坚一线干部43名。注重年轻干部培养选拔，提拔重用干部平均年龄35.3岁，选拔3名35岁左右优秀年轻干部充实到乡（镇）党政正职岗位，建立39人的正科级年轻干部库、94人的副科级年轻干部库，重点关注跟踪培养。贯彻落实中央《关于进一步激励广大干部新时代新担当新作为的意见》，注重关心关爱干部身心健康，健全容错纠错机制，准确把握容错纠错政策界限，对17名处分期（影响期）满，工作表现优秀的干部进行提拔重用。有序推进《公务员职务与职级并行规定》，为64名公务员晋升职级，为26名干部报销在职学历学费12.98万元，组织1176名干部开展健康体检，健全完善健康档案，先后举办2期心理健康辅导班，普及科学的心理健康知识,提高自我调节能力。制定印发《县委管理领导班子和领导干部2019年度(绩效)考核工作方案》《关于做好2019年度温宿县公务员考核工作的通知》,从实际出发,注重平时考核,体现差异化考核,着重考核遵守政治纪律和政治规矩等情况,对83个县委管理的领导班子,664名县委管理的乡科级,1522名县委组织部管理的公务员进行了考核,其中优秀等次247人、称职1171人、不定等次103人、不称职1人。

【干部监督与管理】 2019年,温宿县委组织部完成40名县领导、14名副县级后备干部个人有关事项的填报、审核、系统录入、扫描等工作;完成750名科级领导干部个人有关事项报告审核、把关、抽核;核查13名在企业兼职国家公职人员领筹情况,未发现在企业领取报酬现象;核查3批次考察对象个人有关事项。重点监督2016年后违反政治纪律受党纪政务处分、组织处理人员421人,登记备案领导干部请销假452人次,其中,向地委组织部报备县处级领导干部45人次,本级登记备案乡科级领导干部407人次,核查国家公职人员(含退休)持出国(境)证照情况11892名。

【干部教育培训】 2019年,温宿县委组织部制定印发《2018—2022年温宿县干部教育培训规划》,对党政领导班子成员、机关公务员、企业领导人员、事业单位领导人员、专业技术人员、年轻干部、基层干部等7类群体分类分级开展培训。举办主体班16个21期,培训5201人次;举办研修班18个21期,培训18580人次。选派10名县级领导干部到中央党校、国家机关有关部委培训基地,参加13个班次理论和专业能力方面培训;选派13名科级干部参加自治区、地区和兵团党校举办的理论和专业知识方面培训;选派48名一般干部参加地委党校举办的年轻干部培训。组织810名科级以上干部参加新疆干部网络学院线上学习(其中县级干部42名、科级干部768名),参学率和学分合格率100%。

【党员管理】 2019年,温宿县新发展党员886名,其中,农牧民664名,社区居民40名,机关、企事业单位干部105名,教师61名,非公企业和社会组织人员16名。在元旦、春节、七一、中华人民共和国成立70周年等重大节庆期间,对生活困难党员、因公殉职党员干部家属、在反恐维稳斗争中英勇牺牲的党员干部家属、脱贫攻坚一线党员干部、生产工作一线党员干部和反恐维稳一线党员干部开展走访慰问1085人次,党费列支慰问金72.19万元。开展农牧民党员“对党忠诚”专题培训6782名。研究制定《温宿县党员分类管理改革试点工作方案》,在农村、机关、学校、新兴组织、国有企业党组织等领域中的17个党组织中开展党员分类管理改革试点工作,通过在职党员“双重管”、无职党员“定岗管”、流动党员“跟踪管”、离退休党员“关怀管”、困难党员“帮扶管”、农牧民党员“属地管”、“两新”党员“行业管”等方式,建立健全党员教育、日常管理和考核评价机制,解决部分党员宗旨意识淡薄、组织观念不强、发挥作用不明显等问题。召开温宿县庆祝中国共产党成立98周年表彰大会,表彰先进基层党组织24个、优秀共产党员58名、优秀党务工作者28名。组织基层党员和农牧民群众开展集中学习2.7万场116.4万人次。吸纳村(社区)后备干部155名,开展送教育下基层培训39场次。争取资金为6个党员电教站点安装电子大屏,拍摄制作各类汇报片、短视频15部。其中,七一展播片《那山、那路、那人》在新疆电视台进行展播,荣获“2019年行业电视节目展评展播活动纪录片类优秀作品”奖。

【党代表联络服务】 2019年,全县有县级党代表270名,县级党代表缺额46人,其中27人因调离温宿县自愿辞去代表职务,2名代表去世,17名代表因违纪违法受到留党察看以上处分被取消中共温宿县第十二届党代表资格。会同县纪委、政法委、检察院、公安局、司法局,做好党代会代表违纪违法通报和处理工作。

【干部人事档案专项审核】 2019年，温宿县委组织部落实《干部人事档案工作条例》，组织全县各单位开展《干部人事档案工作条例》专题培训120人次，与县人社局、县教科局等管档单位开展交流培训8场次。加强干部人事档案内容建设和服务干部人才工作，收集各类反映干部的政治思想、民族团结、学习培训、党政纪处理等方面的材料3000余份。开展专项审核干部人事档案"回头看"工作，复审全县公务员干部人事档案近1100余卷，对14名出生年月、参加工作时间、入党时间、学历、工作经历、干部身份因缺失材料认定不准的进行补充材料，经干部人事档案专项审核领导小组会议研究补充认定。执行人事档案转递制度，审核整理转入档案120卷，转出档案61卷，补充缺失材料200余份。配合各单位查(借)阅档案736卷，审核干部档案信息623卷。

【人才管理工作】 2019年，温宿县委组织部制定出台《温宿县2019年人才工作要点》《温宿县关于进一步加强人才工作的意见》，成立6个人才工作专项组(党政人才工作专项组、社会工作和社会组织人才工作专项组、专业技术人才和高技能人才工作专项组、农村实用人才工作专项组、国有企业经营管理人才工作专项组、非公经济组织人才工作专项组)，引进各行业急需紧缺人才39名，落实引进人才各项待遇，协调办理社保医疗、子女就学等各项事宜，将人才结对帮扶对象全部纳入项目科研团队，共同参与重大人才项目科研、新技术推广等活动，促进全县21名专业技术拔尖人才与128名专技人才结成帮带对子，申报地区级人才项目12个，拨付扶持资金201.5万元，评审立项县级重大人才项目6个，拨付扶持资金119万元，规范建设16个行业技能人才及教学能手培养工作室，推荐命名3个县级科普种养殖示范基地，累计举办各类种养殖实用技术培训40余期；邀约地区8名行业拔尖领军人才到温宿开展项目合作、技术指导、专题讲座12场次；组织县域各级优秀人才赴基层一线开展巡回义诊、送技下乡大型活动14场次，专题讲座、服务咨询和现场指导50余场次，统筹开展"组团式"人才服务基层活动10场次，服务群众1200余人次。

【智力援疆培训】 2019年，温宿县委组织部选派基层优秀干部人才赴其他省市专题培训3期126名，完成本地培训基层年轻干部人才4期310人；选派14名专业技术人才赴金华市对口部门(单位)开展带培进修和学术交流；开展"课题结亲共建·人才结对带培"活动，筛选出10个县域重点领域或急需攻破的项目课题，与金华市对口项目团队的18名优秀人才开展为期1~2年的项目合作关系，帮带扶持14人，其中2个项目纳入县级人才项目进行扶持推进；开展"党政干部大讲堂"项目2期，邀请5名金华市中心医院专家、市委党校教授，完成对全县医护人员、党政干部专题培训；开展援疆人才拜师大会，帮带优秀弟子42人。强化温宿县第二中学、第五中学"彼岸援疆传帮带工作室"功能建设，利用远程电教直录播课件平台和优秀课件教学资源库，开展远程在线授课，利用浙江师范大学温宿县智慧云教育服务平台，持续开展温宿县暑期教师继续教育培训。

【农村基层党建】 2019年，温宿县委组织部调整53个村党总支、87个村党支部设置。组织268名村干部分三批参加为期4个月国家通用语言封闭式培训班，提升村干部政策理论水平和群众工作能力。开展"冬季大培训"工作，对1142名村(社区)干部、6892名村(居)民党员、26万名农牧(居)民等进行培训。建立村干部基本报酬增长机制，村"两委"正职(治保主任)从2060元/人/月增加至2770元/人/月，村"两委"副职从1300元/人/月增加至1995元/人/月，"四老"人员生活补贴从340~880元/人/月增加至785~1445元/人/月，村(居)民小组长工作补贴从600元/人/月增加至800元/人/月，村民小组副组长工作补贴从300元/人/月增加至500元/人/月。对140个行政村"星级化"创建工作进行联合考评，全县达到一类村(9~10颗星)42个；二类村(7~8颗星)83个；三类村(5~6颗星)15个。向上级争取专项资金1050万元,将8个乡(镇)21个空壳村扶持壮大村集体经济项目列入中央(15个)和自治区(6个)扶持范围。开展基层减负工作,将5大类63种1200余张/次报表整合精简为5大类11种15张表格,选取克孜勒镇和阿热勒镇2个乡(镇)进行试点。按照党建示范点"四个一"要求,打造古勒阿瓦提乡桥头村、托乎拉乡库如力村、托万克苏布拉克村示范点。召开4次基层组织建设暨"访惠聚"工作现场会,提供学习交流平台,推广好的经验做法,规范党组织工作运行。

【城市基层党建】 2019年,温宿县委组织部印发《关于进一步深化社区"大党委"和在职党员到社区报到工作的通知》《温宿县关于推行"四定四联四协同"工作法的实施方案》,统筹社区所辖的各类党组织力量,成立社区"大党委"15个,打造网格党支部59个,建立楼栋党小组158个。推行"四定四联四协同"工作法,促进社区和共驻共建单位形成服务群众和阵地建设的长效机制,174个机关企事业单位,1115名在职党员到社区报到开展活动,构建共建共治共享的区域化党建格局。按照"四个一"标准,打造新泉社区、迎宾社区、泉城社区党建示范点。将稻香社区、欣业社区纳入软弱涣散整顿,稻香社区纳入"不忘初心、牢记使命"主题教育集中整顿软弱涣散范围。龙泉社区、稻香社区综合服务设施投入使用。规范"四化"建设,推行"警社合一"运行模式,统一整合社区、警务站、警务室等机构人员力量,成立"社区维稳服务中心",建立"三定一包"责任制,即定人、定责、定岗,确定片区长、网格长、网格员,明确各自职责,重点研究处理群众反映突出的社情民情舆情问题,将不稳定因素化解在网格内。

【新兴组织党建】 2019年,县委制定下发温宿县《关于印发〈关于进一步明确新兴领域党组织隶属关系的意见(试行)〉的通知》,按照谁主管谁负责、谁资质审核谁负责、谁注册登记谁负责的要求,新成立9个行业党工委,任命13名党委(党组)书记担任行业党工委书记、41名班子成员担任副书记或委员。划分行业党工委管理的新兴组织123家,乡(镇)兜底管理42家,组织行业管理对象开展党建专题培训班19期。召开推进会6次,打造温宿县曦隆燃气开发有限公司党支部、温宿县平安客运汽车出租有限公司党支部2个党建示范点,其中,平安客运汽车出租有限公司党支部于2019年7月获"地区级先进基层党组织"称号。2019年,全县共有新兴组织党组织48个,选派68名党建指导员提供服务指导,非公企业党组织覆盖率达64.02%。

【公务员管理】 2019年2月机构改革,公务员管理办公室(县公务员局)由县人力资源和社会保障局划转至温宿县委组织部,股级科室,主要负责全县公务员日常管理及工资福利等业务工作。开展公务员招录32人、国家干部100名、录用天池计划人员14人、录用村干部3人、政法定向录用1人,为324名试用期满考核合格人员按时办理公务员转正、任职、登记审批,并及时兑现工资待遇。推行公务员职务与职级并行、职级与待遇挂钩制度,对1153名综合管理类公务员进行职级套转入轨,对第一批29个县直单位、13个乡(镇)职级职数进行审批,第一批次职级晋升64人。组织32名面向社会公开招录公务员开展为期15天的初任培训,选派3名选调生赴自治区参加示范培训班。整体维护全县公务员管理信息系统,完成2019年2323名公务员统计工作。嘉奖2018年度考核优秀公务员396名,36名连续三年考核优秀的公务员记三等功,评选表彰全国第九届、自治区第四届"人民满意的公务员""人民满意的公务员集体",温宿县人民检察院被评为全国"人民满意公务员集体"。落实公务员工资政策,为438名公务员办理工资转接手续,开展全县公务员两年、五年考核工资调级调档、职级晋升工资调整、年终一次性奖金审批及日常工资调整工作。

【信息调研】 2019年,温宿县委组织部撰写各类信息300余篇,9篇信息被中组部采用,其中2篇建议类信息，7篇经验类信息。采写图文稿件44篇，15篇图文稿件被《中国组织人事报》采用。《自治区专报》采用3条，正刊采用1条。地区采用55条。确定4个重点课题进行专项调研，撰写《温宿县村干部减负工作研究》《温宿县年轻干部工作研究》《温宿县以强基固本引领全面促进乡村振兴》等8篇调研成果，其中1篇获得地区一等奖。上报组织工作舆论引导共计160万余条。信息调研工作综合排名位列阿克苏地区第2名。

【自身建设】 2019年，温宿县委组织部开展部机关班子“不忘初心、牢记使命”主题教育专题学习8场次，交流研讨4次，确定调研课题10个，支部党员检视问题492条，立查立改407条，长期整改85条，征集群众意见182条，逐条进行自查整改。坚持落实“五个一”学习机制，组织部政治学习36次、业务学习43次、支部学习18次。根据《党的建设制度改革专项小组贯彻落实〈中共温宿县委全面深化改革领导小组2019年工作要点〉实施方案》要求，全面推进部机关各项改革目标任务按期完成。落实“基层减负年”要求，全年下发各类文件161份，举行会议7场，比上年分别下降61.5%和56.3%。执行《温宿县干部关心关爱十条规定》，让组工干部生活上有质量，待遇上有保障。 （陈　娟）

金华援疆（温）工作

【项目援疆】 2019年，浙江金华援温指挥部实施援疆项目24个，总投资3.88亿元，其中援疆资金1.26亿元，85.2%资金投入基层，92.3%涉及民生。温宿县图书馆“交钥匙”项目8月交付使用，可容纳各类藏书30余万册。抓好一批“交支票”基建项目监管。龙泉社区服务中心、稻香社区服务中心、温宿高清数字法庭等建设项目建成，帕克勒克游客服务中心、县委视频会议系统、民生社区服务中心投入使用。

【产业援疆】 2019年，浙江金华援温指挥部组织其他省市企业参加“浙洽会”，举办多种形式的推介会，积极推介温宿县投资环境。引进企业15家，落地投资额4.5亿元，带动就近就地就业600人，赴其他省市转移就业71人。投资700余万元完成阿克苏地区“万亩亿元”增收工程果园生态高效栽培黑木耳试点，黑木耳种植在阿克苏地区全面推广，成为当地精准扶贫和农民增收的重要举措，2019年全县种植黑木耳100余万棒。帮助金华新村开展AAA景区创建，完善公厕等配套设施，开发青年渠漂流、少儿游乐园等游乐项目，打造农旅结合的示范村。健全金华市“十城百店”销售网络，全市开设旗舰店、直营店、加盟店53家，超市专柜50个，实现县（市、区）全覆盖。在福建省开设直营店18家。搭建众联福、拾花集等电商销售平台，拓展线上销售渠道。帮助销售农产品1万余吨，金额1.5亿元。

【教育援疆】 2019年，浙江金华援温指挥部牵手浙江师范大学在温宿建立3个在线支教基地，开设永康市“互联网+义务教育”同步课堂，举办网络示范课、讲座79次，培训教师1300人次，完成温宿四中教学综合楼升级改造，受援地学校和其他省市学校结对5对，选派支教教师46人，引进教师15人。

【医疗援疆】 2019年，浙江金华援温指挥部实施医疗普惠工程。选派医务人员5名，培养医疗骨干12人，开展医疗卫生人才培训42场次，培训2300人次，实现科研突破2项；组织5次巡回义诊，巡诊1400人次。建成南疆地区首个县级医院国医堂和康复医学中心，年接诊万余人次。援疆医生开展种植牙、白内障超声乳化加人工晶体植入等新技术37项，其中种植牙手术是阿克苏地区首例，牵头组织专题讲座、科室业务交流117次，所在科室开展微创手术比例提高到90%以上，援疆医生所在的妇科、泌尿外科、普外科、五官科、口腔科、康复科成为阿克苏地区领先科室。

【交流交往交融】 2019年,浙江金华援温指挥部开展“弘扬新时代、共圆中国梦”系列活动,主办返乡大学生红歌会、民族团结故事万人讲等活动,参加群众10万余人。持续开展农民画大赛、中华传统文化才艺秀、体育活动联赛等文体比赛,丰富各族群众精神文化生活。会同温宿县委、县政府承办2019《中国好声音》全国海选新疆赛区比赛,温宿县成为新疆唯一一个全国海选赛区。组织两地青少年开展手拉手夏令营、“万里鸿雁传真情”等活动,让民族团结之花在金华和温宿两地青少年中常开长盛。支持温宿县开展阿克苏地区“最多跑一次”改革试点工作,试点取得成功,经验做法在阿克苏地区交流推广。

(王国军)

宣传工作

【概况】 1951年9月,温宿县委宣传部成立。1993年5月机构改革,精神文明建设办公室并入县委宣传部。2004年4月,成立县委对外宣传办公室并入县委宣传部管理,副科级建制。2012年10月18日,成立社会科学界联合会。2019年,核定编制27名,其中行政编制5名,参照《中华人民共和国公务员法》管理事业编制9名,工勤编制1名,全额事业编制12名,实有26人。内设办公室、理论宣传室、新闻宣传室、电影放映室(新闻出版局)、文明创建室。

【宣传教育】 2019年,温宿县委宣传部开展学习宣讲活动,整合各级各类宣讲力量,建立380名宣讲人才库。组织骨干宣讲员深入基层一线,开展习近平新时代中国特色社会主义思想和党的十九大、全国两会精神面对面宣讲活动3.5万场次、受教育群众9.8万余人次。采取群众喜闻乐见形式,举办宣讲培训班105期,培训党员干部群众1.8万人次,发挥“访惠聚”驻村工作队工作优势,形成人人都是宣讲员格局,开展党的十九大、全国两会精神入户宣讲12万户,覆盖率100%。

【媒体宣传】 2019年,温宿县委宣传部按照一月一主题宣传方案,制定采访线工程,邀请各级主流媒体深入温宿进行宣传报道,创作一批有影响力稿件在中央电视台、《中国青年报》、人民网、《农民日报》《新疆日报》等主流媒体刊(播),在国家级媒体上稿160篇、自治区级媒体上稿344篇、《阿克苏日报》上稿779篇、中央广播电视台刊播8条,新疆广播电视台刊播115条,阿克苏地区电视台刊播220条。构建媒体融合宣传格局,温宿县融媒体中心挂牌成立,整合电视、广播、温宿零距离、微博、政务网站等传统媒体与抖音、微信、腾讯视频、网易新闻、手机APP等新媒体融合,增强新闻时效性和内容多元化,更好引导群众和服务群众。围绕改革开放、脱贫攻坚、民族团结、“不忘初心、牢记使命”主题教育,贯彻落实以习近平同志为核心的党中央治疆方略,展示温宿县在中华人民共和国成立70周年来的伟大成就,制定宣传报道方案,编印温宿县百人先进典型人物库向外推介,用典型人物事迹感召各族干部群众,以人物讲述改革开放以来温宿县发展重大变化。借助2019《中国好声音》新疆赛区、中国新疆阿克苏药品博览会、2019国际环塔拉力赛在温宿举办为契机,围绕“旅游+文化”的理念,宣传温宿县全域旅游、经济发展、社会进步,向各级媒体推介温宿,提高温宿知名度和美誉度。

【国防教育】 2019年,温宿县委宣传部依据《中华人民共和国国防教育法》和《关于加强新形势下国防教育工作的意见》,抓好领导干部、青少年学生和民兵预备役国防教育。推动国防教育进校园、进课堂、进课程,督促指导各中小学校利用主题班会、知识竞赛、板报比赛等形式开展国防教育。

精神文明建设

【公民道德建设】 2019年,温宿县委宣传部开展培育和塑造身边典型活动,组织开展"中国好人""最美新疆人""最美阿克苏人——每月之星"评选活动,以近年来涌现的各级各类先进典型为榜样,广泛发动,积极引导;组织开展"道德模范在身边"宣传学习活动,加大先进典型宣传力度,提升示范引领效果。在乡(镇)实施建设新时代文明实践中心试点工作,以"关爱他人、关爱社会、关爱自然"三关爱为主要内容,开展志愿服务行动。组织交警、学校师生、单位机关干部、"访惠聚"驻村工作队队员、乡(镇)党团员开展形式多样志愿服务活动百余场,参加人数2.7万人次。

【社会主义核心价值观宣传】 2019年,温宿县委宣传部开展社会主义核心价值观"六进"活动(进机关、进企业、进学校、进社区、进村镇、进家庭)。在19座公交站台、人民广场围栏等地制作172块公益广告,在各级文明单位、校园、乡(镇)办公楼制作相应文明创建宣传标语,编制印发精神文明建设应知应会手册5000余本。

【精神文明创建】 2019年,温宿县委宣传部围绕庆祝中华人民共和国成立70周年这条主线,培育和践行社会主义核心价值观,深化群众性精神文明创建活动,开创温宿县精神文明建设工作新局面。组织开展自治区文明县、文明单位、文明村镇、文明校园创建活动,获得自治区文明单位、文明校园、文明村镇单位称号18个,县级文明单位、文明校园、文明村称号24个;组织开展"之江杯"精神文明建设"五个一"亮点工程,温宿县克孜勒镇喀拉萨村获"一个好的精神文明建设示范村"称号,温宿县检察院获"一个好的精神文明建设示范单位"称号。 (张立鹏)

统战工作

【概况】 2019年,中共温宿县委员会统一战线工作部(简称温宿县委统战部)是中共温宿县委员会主管统一战线工作的职能部门,正科级建制;统一领导县民族宗教事务局,加挂温宿县民族宗教事务局牌子;统一管理侨务工作,加挂温宿县人民政府侨务办公室(简称县政府侨务办公室)牌子。核定编制11名,其中行政编制9名,机关工勤事业编制2名,实有11人。下属单位温宿县政治学校,全额事业单位,有编制5名,实有5人。

温宿县自1982年民族团结进步创建以来,受到表彰的国家级民族团结集体2个、自治区级民族团结集体3个、地区级民族团结集体13个,县级民族团结集体117个;受到国家表彰的民族团结先进个人1人,受到自治区表彰的民族团结先进个人6人,受到地区表彰的民族团结先进个人44人,受到县级表彰的民族团结先进个人197人。

【统战工作】 2019年,温宿县委统战部落实各项统战政策,统战工作要求,发放宗教人士和统战对象补贴152.18万元,春节、肉孜节、古尔邦节期间发放慰问金1.5万元。

【民族团结】 2019年,温宿县委统战部学习习近平总书记关于民族宗教工作的重要讲话和重要指示批示精神,落实党中央关于民族宗教工作的重大决策部署,借助民族团结一家亲"六项载体"(结对子、勤走访、相互学、多活动、真帮扶、重激励),做到"八个讲清楚"。每季度组织民族团结进步模范人物开展巡回报告宣讲活动。组织10名先进模范人物到乡(镇)、村(社区)开展巡回报告宣讲,受教育群众22.6万人次;把结对认亲与脱贫攻坚工作结合,温宿县11989名干部职工与21847户群众结对认亲,开展联谊会、座谈会、茶话会、文体比赛等民族团结联谊活动10679场次,推进“三进两联一交友”活动。

【宗教事务管理】 2019年,温宿县委统战部贯彻党的宗教信仰自由政策、坚持依法管理宗教事务、独立自主自办原则、引导宗教与社会主义社会相适应的基本方针,加强宗教人士队伍建设,选派8名宗教人士在自治区伊斯兰教经文学院大专班学习,13名宗教人士在自治区伊斯兰教经文学院参加为期6个月的培训,26名宗教人士在地区伊斯兰教经文学校培训。

【少数民族发展资金项目】 2019年,温宿县委统战部争取自治区少数民族发展资金1342万元,规划立项建设项目11个,其中兴边富民行动补助资金建设工期项目8个962万元(水利建设项目3个、道路建设5个),惠及7个村430户农牧民群众;扶持人口较少民族发展资金3个380万元(水利建设项目1个、道路建设2个),惠及3个村449户农牧民群众。

(文　磊)

目标管理考核

【机构改革】 2002年,温宿县目标管理考核委员会办公室成立,2014年6月更名为温宿县绩效考评委员会办公室,2016年2月与县委办公室信息督查室、县政府办公室信息督查室职能整合,设立温宿县督查考评工作领导小组办公室(简称温宿县督查考评办)。2019年3月机构改革,人员、编制、职能划分为两部分,政府办公室设立信息督查室,县委办公室设立督查考评办。

【工作目标制定】 2019年,温宿县督查考评办纳入绩效考评单位116个,其中乡(镇)13个,社区15个,县直一级单位58个,二级单位30个。乡(镇)工作目标由县督查考评办将指标框架和指标制定的标准、要求和依据等下达给县直目标监管单位,县直目标监管单位按照要求提出具体的考评指标草案,经各口牵头单位召集归口单位研究讨论后,报各口分管县领导召开会议初审,县督查考评办根据分管领导审签意见进行修改汇总,形成讨论稿提交县绩效综合考评委员会审议修改,最后经县委常委会审定印发执行。县直目标责任单位考评指标分为业务工作目标和共性工作目标。业务工作目标由县直各目标责任单位根据县督查考评办提出的指标框架和指标制定的标准、要求和依据等自行提出具体考评指标草案,报各口分管县领导召开会议初审,县督查考评办根据分管领导审签意见进行完善、汇总,形成讨论稿提交县绩效综合考评委员会审议,最后经县委常委会会议审定印发执行。共性工作目标由相关县直目标监管单位根据县督查考评办提出的指标框架和指标制定的标准、要求及依据等提出,报各口分管县领导召开会议初审,并征求县直目标责任单位意见,经县绩效综合考评委员会审议后,提交县委常委会会议审定印发执行。

【绩效考评指标体系】 2019年,温宿县督查考评办实行千分制考评,乡(镇)、县直目标责任单位均由指标考评、满意度测评、领导评价、绩优绩误加(扣)分“3+1”综合考评模式组成。乡(镇)主要考评“社会稳定”“经济发展(三大攻坚战+三项重点工作+改革开放)”和“其他指标”3个方面。县直单位指标体系由业务工作目标和共性工作目标两部分构成,业务工作目标又分为:本单位重点工作、县重点工作、地区下达的工作3部分内容。地区下达的工作任务不赋分值,实行倒扣分制,如未完成目标任务,按地区扣分标准的2倍扣分。共性工作目标分为:社会稳定、党风廉政建设、党的建设和意识形态领域工作4部分内容。

【考核督查方式和评价方法】 2019年,温宿县督查考评办为确保工作目标在日常实施和管理中及时有效落实,调动各乡(镇)、县直各单位领导班子成员、工作人员的积极性和主动性,明确目标责任,严格责任追究办法。由县督查考评办牵头,组织"五大口"工作领导小组办公室(绩效考评牵头部门)和目标监管单位,对乡(镇)、县直目标责任单位工作目标执行情况,采取日常督查、季度点评、年终一次性考核评价等方式进行动态监管。建立和完善日常督查工作制度。根据阶段性工作需要,各牵头单位、县直各业务主管部门拟定日常督查项目、工作安排计划(方案),报县督查考评办审核,并经县督促检查工作领导小组组长审批后,由申请单位下发督查通知,按照通知确定的考评督查项目、内容、要求和时限组织实施。建立和完善绩效考评工作例会制度。县"五大口"领导小组每季度至少召开一次绩效考评工作例会,对目标执行情况进行分析研究,督促检查目标实施进度和质量,保证工作目标全面及时完成。建立和完善目标进展台账登记制度。县直各目标责任单位要加强对重点工作目标执行情况的监管,通过建立月台账、月报表和开展日常督查等方式及时掌握目标执行进度和情况。承担地区目标任务的县直各目标责任单位每季度按时限要求认真填报"阿克苏地区绩效考评管理信息系统",县督查考评办及时掌握工作目标进展情况,并对进展滞后的工作目标协调开展跟踪督查和督办。

【年终考评工作】 2019年,温宿县督查考评办按照《温宿县2019年度绩效综合考评办法》,对被考评单位工作实绩给予客观公考评。经县督查考评办整理汇总并分别征求六大口领导小组意见,提交县常委会研究,最后形成2019年度绩效考评结果。乡(镇)绩效考评结果:综合类乡(镇)一等奖2名,分别为古勒阿瓦提乡、阿热勒镇;二等奖3名,分别为佳木镇、托乎拉乡、克孜勒镇;三等奖3名,分别为恰格拉克乡、依希来木其乡、吐木秀克镇。单一类乡(镇)一等奖1名,为温宿镇;二等奖2名,分别为柯柯牙镇、托甫汗镇;三等奖2名,分别为博孜墩柯尔克孜民族乡、共青团镇。温宿镇社区获奖情况:4个"优秀"单位分别为迎宾社区、交通路社区、新泉社区、龙泉社区;5个"优良"单位分别为甘泉社区、九阳社区、民生社区、明园社区、姑墨社区;6个"合格"单位分别为柯克牙社区、稻香社区、泉城社区、友谊社区、校场社区、欣业社区。

县直单位绩效考评结果:县委办、政府办、人大办、政协办、林草局、商工局、财政局、住建局、发改委、政法委、公安局、网信办、司法局、组织部(编办)、纪委监委(巡察办)、总工会、宣传部(社科联)、卫健委(红十字会)、气象局、税务局、农商银行、邮政储蓄银行、农业银行、建设银行、农业发展银行、工商银行26个单位被评为县直一级"优秀"单位;水利局、人影办、审计局、自然资源局、人社局、行政服务中心、环保局、检察院、法院、信访局、统战部(工商联)、民政局、妇联、党校、教科局(教育工委)、文旅局16个单位被评为"优良"单位;农业农村局(扶贫办)、供销社、统计局、应急管理局、温宿国家农业科技园区管委会、产业园区管委会、市场监督管理局、交通局、阿克苏纺织工业城(开发区)温宿产业园办公室、残联、机关工委、史志办、团县委、退役军人事务局、医保局、科协16个单位被评为"合格"单位。县直二级单位:林业工作管理站、广电中心、人民医院、疾控中心4个单位被评为"优秀"单位;草原工作站、库托河水管总站、文化馆、卫生监督所、维吾尔医医院、青少年活动中心6个单位被评为"优良"单位;畜牧兽医站、农业产业化服务办公室、农机安全监理站、农业技术推广站、农业检验检测中心、畜禽品种改良站、农机服务中心、农村合作经济中心(农经局)、动物卫生监督所、胡杨林管理站、早让自然保护区管理站、台兰河水管总站、农村自来水管理总站、电影放映管理中心、图书馆、妇幼保健院、计生服务站17个单位被评为

“合格”单位;农业执法监察大队、农广校、文化艺术中心3个单位被评为“不合格”单位。

(张　艳)

机关党建

【机构改革】　2019年3月18日,中共温宿县委、县人民政府印发《中共温宿县委员会直属机关工作委员会职能配置、内设机构和人员编制规定》的通知,中共温宿县直属机关工作委员会更名为中共温宿县委员会直属机关工作委员会(简称温宿县委直属机关工委),设县委直属机关纪检监察工作委员会。县委直属机关工委下设办公室、业务室2个内设科室,核定编制8名,其中行政编制3名,参照《中华人民共和国公务员法》管理事业编制4名,工勤事业编制1名;领导职数3名;实有8人。县委直属机关工委下辖111个党组织,其中,党委10个、党总支4个、独立党支部20个,共有党员1926名。

【基层组织建设】　2019年,温宿县委直属机关工委开展组织生活会和党员民主评议工作。组织各党组织书记专项述职。抓好“三会一课”和主题党日活动落实。以机构改革为契机,做好涉改部门党建工作。对县直单位51个党组织设置进行调整,其中,撤销党组织22个,新建党组织14个,更名党组织15个。加强县直单位党建工作的指导。领导班子成员分别结合“一岗双责”,建立机关党建联系点,每季度党委总支对下设党支部工作进行指导,每半年工委对所属党支部党建工作进行指导。规范党支部运行,对县直单位党员少于3人的3个党支部、党员超过50人的3个党支部进行调整。指导县直单位党支部成立党小组。截至2019年年底,县直单位共设立党小组62个。组织县直10个党委、4个党总支、20个独立党支部开展党组织书记专项述职。

【党员发展】　2019年,温宿县委直属机关工委按照控制总量、优化结构、提高质量、发挥作用的总要求和5个环节、25个步骤发展党员,吸收预备党员39名,其中,机关34名,企业5名,预备党员转正33名。

【培训学习】　2019年,温宿县委直属机关工委开展《中国共产党支部工作条例(试行)》的学习贯彻执行及党务知识的培训。开展党务干部培训3期,培训县直单位党组织书记和党务干部356人。

【党员统计】　2019年,温宿县委直属机关工委将县直机关单位的1926名党员信息每半年进行一次核对,全年核对2次。

【党费收缴】　2019年,温宿县委直属机关工委规范党费收缴工作,加强对党费的收缴管理。开展党费收缴工作专题培训1期,建立党员月缴纳党费台账和党支部季度收缴党费清单,收缴党费30.76万元。

(刘　芳)

老干部工作

【政治待遇】　2019年2月,温宿县委召开县离退休干部迎春座谈会,县四套班子领导参加会议,县委主要领导向离退休干部通报全县经济发展稳定工作情况,并组织离退休干部参观县第二幼儿园、第二小学、药品集散中心。举办离退休干部“保健知识讲座”5场次、“消防安全知识”讲座1场、防诈骗知识讲座2场,2925名离退休干部聆听讲座。结合庆祝中国共产党成立98周年,召开离退休干部座谈会,组织离退休干部党员重温入党誓词,参观柯柯牙绿化工程纪念馆。

【生活待遇】 2019年，温宿县各级组织开展走访慰问离退休干部2.5万余人次，发放慰问品、慰问金共计19.17万元。为7名90岁以上离休干部集体过生日，为2名去世离休干部办理后事，为8名离退休干部及离休干部遗孀落实帮扶资金3.5万元。

【关心下一代】 2019年，温宿县有关心下一代工作委员会194个，实现县、乡（镇）、村（社区）纵向到底，机关、学校、企业各类组织横向到边的网络覆盖。参与关心下一代工作人员1424人，其中骨干692人。开展各类爱心帮助活动100余场次，组织爱心捐赠物资发放仪式28场次，为全县41所中小学及8所幼儿园发放爱心书包、文具、体育用品等，受益贫困学生1200余人。

【老年大学】 2019年，温宿县老年大学举办第六届老年老干室内运动会，66名老干部参加门球、健身球、乒乓球、台球、棋牌等10余个项目。元旦、春节期间，老年大学举办晚会1场，丰富老干部文娱生活。 （陈　娟）

编制工作

【机构改革与设立】 2019年，中共温宿县委员会机构编制委员会办公室（简称温宿县委编办）落实自治区党委、地委机构改革部署，改革后35个新组建党政机关挂牌对外办公、职能划转及人员转隶到位、“三定”规定印发，完成县党政机构改革工作任务。设立县退役军人服务中心、县文学艺术界联合会、县医疗保障服务中心、县第二幼儿园、县第四中学、县国土空间规划发展中心、县融媒体中心等机构；完成县纪委监委派驻（派出）机构改革、县文化市场综合行政执法改革、县森林公安机关管理体制调整工作等改革任务。

【编制统计和实名制工作】 2019年，温宿县委编办遵照“四清两对应”（机构清、编制清、领导职数清、实有人员清，具体机构设置与按规定审批的机构相对应、实际配备人员和财政供养人员与批准的编制和职数相对应）原则，在日常机构编制管理工作中完善平台信息建设，通过规范机构名称、人员编制、领导职数、经费性质等机构信息和使用编制类型、职务、职称等实有人员信息的录入和核对及管理工作等，保证机构和人员编制信息全面、真实。

【党政部门权责清单推进】 2019年，温宿县委编办巩固深化机构改革成果，规范和完善权责清单制度标准化建设，发挥权责清单制度在推动政府部门全面正确履职尽责方面的基础性制度效用。结合法律法规及规章立改废释情况、2018年度党政机构改革后最新“三定”规定和自治区一体化在线政务服务平台事项库认领的事项进行甄别比对、查漏补缺、归集完善，按照中央、自治区、地区、温宿县行政职权调整和四级权责事项的名称、类型、依据、编码“四同”标准化要求，全县28个党政部门参与梳理权责清单，梳理出行政职权2566项。同时2019年通过机构改革职能划转、比对一体化在线平台、法律法规规章立改废释、查漏补缺方式划入、下发（承接）行政职能458项，取消、划出行政职能450项。

【事业单位登记与管理】 2019年，温宿县委编办完成223个事业单位法人报告公示工作，其他事业单位因未独立开展财务核算等原因不具备登记条件而未予登记，报告率达100%。办理事业单位设立登记13个，变更登记139个，注销登记38个，补领法人证书3个。按照事业单位年度报告公示要求，为全县

223个事业单位更换事业单位法人证书正(副)本。将事业单位年度报告及变更、设立、注销登记等工作根据依法公开原则,在温宿县人民政府网站上向社会公示。（张义玲）

史志工作

【机构改革】 2019年4月10日,中共温宿县委、县人民政府印发《中共温宿县委员会党史研究室暨温宿县地方志办公室职能配置、内设机构和人员编制规定》的通知,温宿县地方志办公室(温宿县党史研究室)更名为中共温宿县委员会党史研究室暨温宿县地方志办公室(简称温宿县委党史研究室暨县地方志办公室),下设综合室、业务室两个内设科室,核定全额事业编制5名,设主任1名,副主任1名,实有5人。

【年鉴编纂】 2019年,温宿县委党史研究室暨县地方志办公室以县委、县政府名义印发《关于报送〈温宿年鉴(2019)〉资料的通知》,向119个党政机关、企事业单位征集年鉴文字资料78万余字、图片110余幅。采取分工负责、责任到人的编纂方法,对年鉴资料进行编辑、修改,形成48万字年鉴初稿。

【大事记编写】 2019年,温宿县委党史研究室暨县地方志办公室从县广电中心、县政府电子政务办等单位征集大事记资料20万字,内容主要包括县委作出的重大决定、召开的重要会议;全县经济、文化、社会建设等工作中采取的重大举措及成果;县人大、政协开展的重要工作;组织机构调整和重要人事任免;地区级以上机构表彰奖励的先进集体和个人等。共编写大事记150余条,1.7万字。

【供稿工作】 2019年,温宿县委党史研究室暨县地方志办公室从县委办、政府办、宣传部、统计局等40余个单位收集2018年工作总结等文字资料约45万字、资料卡片190余张,完成《新疆年鉴(2019)》《阿克苏年鉴(2019)》、第二轮《阿克苏地区志》中温宿县内容的撰稿报送,共撰写条目30余个,4万字。

【资料利用】 2019年,温宿县委党史研究室暨县地方志办公室为各乡(镇)、县直各单位工作查考、编史修志、课题研究等查阅资料60余人次,借阅《温宿年鉴》,第一、二轮《温宿县志》,《中国共产党员新疆维吾尔自治区温宿县组织史资料(第二卷)》40余本。（罗清平）

党校工作

【干部教育培训】 2019年,温宿县委党校坚持把干部教育培训作为推动实现总目标的一项重要政治任务,把大规模培训党员干部工作作为强基层、稳基础的基础性工作摆上重要日程。县委书记先后两次赴党校调研指导工作,协调解决党校教学管理及学员食宿等突出问题,县委拨付84.5万元运转经费,其中23.5万元用于党校校区建设。县委主要领导及各常委带头参加培训讲党课5节。举办各级各类培训班48期,培训学员12107人次。党的十九大精神、农牧民党员“对党忠诚”专题培训班10期都以“送教下乡”的形式开展,覆盖全县乡(镇)村的农牧民党员。制定《中共温宿县委党校党性教育“课前十分钟”教学方案》,每期培训班“课前十分钟”开展党性教育,课后十分钟学员讨论;举办县委党校教师春秋季讲课比赛,参加地区党校系统备课会,4名教师参加地区党校系统备课会均入围。

【教学创新】 2019年,温宿县委党校围绕县委中心工作,发挥理论宣传“喉舌”作用,选配教学骨干宣讲

“好政策”、传播“好声音”、传递“正能量”，破解常态反恐维稳新形势下，基层一线干部“调训难”突出问题，主动送学送教，将党校课堂延伸至乡村一线。坚持多元教学提升培训质量。推进课堂教学方式转变，普及多媒体教学，探索以研讨式(模块化研讨)、案例式、体验式等多样化教育培训方式，落实地委党校“一张大课表”。开发情景模拟教学专题1个，培育运用好7个现场教学基地，建立“教学案例库”。整合社会资源，完善党校教学师资库，规范师资标准，建立动态管理办法，形成以32名县领导及26名党政机关主要领导为主体的党政干部师资库。邀请5名县领导到党校上党课，邀请组织部、保密局、政法委、扶贫办等10个部门县直领导授课，参与教学授课20余人次。打造“温宿党政干部大讲堂”“金字课堂”，邀请浙江省精品课程教授到温宿授课。坚持开放办学，邀请金华市委党校、自治区党校高端专家教授，提高县级党校培训规格，提升培训层次、培训质量，所授课程占主体班理论课程的24%。

【科研建设】 2019年，温宿县委党校坚持科研立校方向不动摇，强化科研为县委决策服务、为提高教学质量服务导向，完善科研管理机制，落实教师职级科研目标责任，加大科研成果奖励，严格实行科研一票否决制度。结合县域实际，因地制宜开展教学调研，利用党员走访日及民族团结结亲时机，有组织地开展教师调研活动，严格落实《县委党校关于加强教学、科研工作若干问题的实施意见》《科研管理制度》等鼓励教师撰写发表理论文章，各类期刊发表理论文章10篇，向地委党校报送校级科研课题8篇，1名教师参与新疆师范大学自治区“十三五”重点学科课题研究。校级课题《“访惠聚”活动中驻村干部的心理健康状况调查》获地委党校2018年度课题优秀奖。

【教师队伍建设】 2019年，温宿县委党校坚持党校姓党的原则，把党的政治建设摆在首位，加强教师队伍的政治意识和政治纪律，建立分管领导教案审核和理论宣讲责任追究制度，坚决查处“两面人”行为，做好党的理论政策宣传。完善党校教学、教研及考勤等管理制度，坚持从严治校、从严治教，严肃党的纪律，严明校纪校规，压实工作责任，做到守土有责、守土尽责。鼓励教师参与继续教育，选派教师参加上级党校业务培训、教学观摩研讨等，增强教师能力素质。把教师授课质量、教学水平测评和教学任务完成情况与个人工作业绩奖惩及职称晋升挂钩，调动教师教学积极性和主动性，增强培训效果。制定“理论攻关”“教学研讨”“集体备课”工作方案，落实教师教学“讲、听、评、赛、研”五位一体量化考核机制，实行末位淘汰工作制，营造能者上、庸者下的良性竞争机制。1名骨干教师赴中央党校培训，2名教师赴自治区党校培训；组织教师开展3轮专题试讲，其中2个专题被否决，多个专题经2次以上试讲通过，通过严把教学质量关，教师授课质量提升，授课质量学员反馈满意率98%以上。3名教师5个专题被纳入地委党校大课堂。

【校风学风建设】 2019年，温宿县委党校构建“4+2”党性教育课程体系。“4”即主体班次上好信念宗旨课、党史国史传统教育课、道德品行及法制课和反腐倡廉党纪法规课“四堂课”，按照不少于总课时30%的要求，强化学员党性理论教育，夯实思想基础。“2”即搭建党性教育活动载体、完善党性教育考核机制。坚持用活载体，组织手抄《中国共产党章程》和党的十九大报告，开展“集体默写入党誓词”，讲解入党誓词演变进程，现场教学参观宣传教育展馆、村史馆等教育学员“感党恩、听党话、跟党走”，组织学员唱国歌、红歌，开展民族团结联谊活动，以学员论坛组织授课交流、典型发言。严格学籍考核，以考勤、请销假、课堂纪律等学风表现为抓手，结合学员论坛、调研、研讨等实践活动及参与“两委”(班委、临时支委)工作，强化学员党性考核，严格落实党性表现、结业考试成绩“双百分”考核机制，有效促使

学员学风转变。 (杨述森)

档案管理

【档案达标】 2019年,温宿县档案管理升级达标单位有:自治区一级单位7个,自治区二级单位28个,自治区行政村档案管理工作规范化标准单位104个,自治区社会主义新农村建设档案工作示范乡(镇)3个。

【基础业务建设】 2019年,温宿县档案馆馆藏档案107个全宗76595卷114876件,资料4800册,其中民国档案2个全宗309卷,中华人民共和国成立后档案105个全宗、76286卷,实物档案1249件,照片74册3612张。其中,接收各涉改单位(含二级单位)文书档案永久156卷40992件;长期185卷6747件;30年22853件。照片档案74册3612张、实物档案899个,会计凭证13837卷,会计报表714卷,会计账簿2309卷。业务档案7068卷,项目档案永久534卷,长期519卷。共计25322卷70592件。

【业务培训】 2019年,温宿县档案馆组织涉改单位(二级单位)开展档案业务培训活动,各单位兼职档案员100余人参加。

【馆藏档案查阅】 2019年,温宿县档案馆接待企业和各族干部群众查阅档案235人次,查阅档案1540卷次300件次,复印档案5400页,为群众补办"独生子女证"、信息核实、办理退休手续等提供档案依据。

【数字化录入】 2019年,温宿县档案馆接收县人力资源和社会保障局移交档案共1211卷;卷内目录5267条,案卷目录1211条,共计6478条目录,扫描页数共225779页,数字化率41.8%。 (张 丽)

温宿县人民代表大会常务委员会

履行基本职能

【概况】 2019 年,温宿县十三届人大常委会由 26 名成员组成,其中常委会主任 1 名、副主任 4 名,委员 21 名。内设 4 个工作委员会、1 个办公室,机关工作人员 17 名,常委会党组副书记、主任、副主任 5 名。有自治区人大代表 5 名,县级人大代表 170 名。召开 2 次人民代表大会、7 次常委会,12 次主任会议,依法做出 16 项决议决定,任免国家机关工作人员 57 名,任免人民陪审员 129 名,听取和审议"一府一委两院"8 个专项工作报告,对 3 部法律法规的实施情况进行执法检查,对 6 项工作进行专题视察调研。

【监督工作】 2019 年,温宿县人大常委会督促政府及有关部门落实民族团结工作职责,按照加快旅游业发展的部署,对温宿县实施《中华人民共和国旅游法》进行执法检查,督促开拓旅游新思路,强化管理,加强旅游助推脱贫,正确处理旅游开发与环境保护的矛盾。听取和审议县人民法院刑事审判工作、县人民检察院法律监督工作专项报告,组织人大代表参加法院庭审和检察开放日活动,深化司法监督,支持审判机关、检察机关公正司法。

加强对三大攻坚战的监督,推动经济高质量发展。听取审议县人民政府计划、预算执行情况报告、审计工作及审计查出问题整改情况报告和国有资产管理情况工作报告,督促政府规范财政专项资金管理使用,守住不发生系统性风险的底线。扛起脱贫攻坚重大政治责任,开展脱贫攻坚工作专项视察,督促政府及有关部门切实履行打赢脱贫攻坚战的责任,确保如期实现脱贫工作目标。树立"绿水青山就是金山银山"发展理念,听取和审议 2018 年环境状况和环境保护目标完成情况报告,审议通过温宿县环境保护规划。坚持把乡村振兴战略作为监督工作的重点,组织代表对温宿县乡村环境卫生整治情况进行视察,督促政府采取措施彻底改变农村"脏乱差"面貌。调查"七五"普法工作,视察重点项目建设进展情况,教育系统幼升小、初升高工作,督促政府及有关部门对工作中存在的问题采取措施加以整改、改进。

配合自治区人大常委会和地区人大工委开展《新疆维吾尔自治区去极端化条例》《新疆维吾尔自治区民族团结进步工作条例》《新疆维吾尔自治区边境管理条例》《物业管理条例》4 项执法检查工作,对党的建设、"三农"工作、医疗联合体建设、地区民营经济和中小企业发展情况开展调研;对《新疆维吾尔自治区地质灾害防治条例(草案修改稿)》《新疆维吾尔自治区实施〈中华人民共和国反家庭暴力法〉办法(草案)》等 5 部法律法规提出修改建议,为自治区人大常委会立法提供参考依据。

【代表工作】 2019 年,温宿县人大常委会举办人大代表培训班 2 期,赴各乡(镇)组织人大代表培训 21 期,邀请地区人大领导培训 1 次,提高代表履职能力。县十三届人大四次会议上代表提出 60 件议案建议,其中 5 件议案已全部办结,办结率 100%;55 件建议中,已解决或基本解决的 28 件,正在解决或已纳入计划逐步解决的 19 件,因条件限制及其他原因暂不能解决做解释说明的 8 件,代表满意率 95.3%。代表提出《关于在龙泉小区附近修建一座学校的议案》,在县人民政府推动下,温宿县第四中学于 2019 年 4 月开工建成,解决附近学生就近入学的问题。代表提出《关于解决共青团镇铁路新村村级道路硬化的建议》，通过承办单位努力，柏油路面已铺设完毕并投入使用。

【重大事项决定权和人事任免权】 2019年，温宿县人大常委会围绕审查批准县人民政府2018年度决算，调整2019年财政预算、新增政府债券等重大经济工作事项以及全县重点工作作出16项决议决定，督促和支持县人民政府及相关部门规范预算管理，严肃财经纪律，充分发挥财政资金对维护社会稳定、拉动经济发展、改善民生的作用。坚持党管干部与人大依法任免相统一原则，完善任免办法，规范法律知识考试、供职发言、颁发任命书等任免程序。落实自治区实施宪法宣誓制度办法，在2019年12月4日，举行国家宪法日活动，组织任命的国家机关工作人员和人民陪审员集体宣誓，强化任命人员宪法意识和公仆意识。

【规范乡镇人大建设】 2019年，温宿县人大常委会落实《温宿县人大常委会聚焦总目标，规范乡镇人大工作的意见》《温宿县人大常委会组成人员联系代表、代表联系人民群众工作的方案》，以“三有六规范”为主要内容，加强“代表之家”建设，不断健全代表履职保障机制，邀请代表参加执法检查、专题调研等活动，向代表通报全县的形势和重要工作，指导开展“代表之家”等活动阵地建设，提升乡（镇）人大履职能力和工作实效。4月、8月，地区人大工委组织8县1市乡（镇）人大主席及部分人大代表观摩温宿县乡（镇）人大工作，学习交流先进经验。

重要会议

【十三届人大常委会第二十次会议】 1月3日，温宿县召开第十三届人大常务委员会第二十次会议。会议审议通过县十三届人大四次会议有关事项；审议《温宿县人民政府关于调整温宿县2018年本级财政预算收支的报告》；审议《关于温宿县第十三届人民代表大会补选代表资格的审查报告（草案）》；审议干部任免事项。

【十三届人大常委会第二十一次会议】 2月28日，温宿县召开第十三届人大常务委员会第二十一次会议。会议审议《温宿县人大常委会关于接受刘洪胜辞去温宿县监察委会主任职务的决定（草案）》；审议《温宿县人大常委会关于接受艾山·拜克日辞去温宿县人民检察院检察长职务的决定（草案）》；审议《温宿县人大常委会关于接受阿不都热依木·买买提辞去县十三届人大常委会委员职务的决定（草案）》；审议《温宿县人大常委会关于孙凤霞任温宿县监察委员会代理主任的决定（草案）》；审议《温宿县人大常委会关于买买提·吐尼亚孜任温宿县人民检察院代理检察长的决定（草案）》；审议《温宿县人大常委会2019年工作要点（草案）》；听取《温宿县人民政府2018年度依法行政工作情况的报告》；审议关于2019年温宿县政府债务限额的议案；审议干部任免事项。

【十三届人大常委会第二十二次会议】 3月28日，温宿县召开第十三届人大常务委员会第二十二次会议。会议审议《温宿县人大常委会关于召开温宿县第十三届人民代表大会第五次会议的决定（草案）》；审议《温宿县十三届人大五次会议议程（草案）》；审议《温宿县十三届人大五次会议主席团和秘书长名单（草案）》；审议通过《温宿县十三届人大五次会议代表分团名单（草案）》；审议通过《温宿县十三届人大五次会议列席人员名单（草案）》。审议干部任免事项。

【十三届人大常委会第二十三次会议】 5月20日，温宿县召开第十三届人大常务委员会第二十三次会议。会议听取和审议县人民政府贯彻执行《新疆维吾尔自治区民族团结进步工作条例》情况的报告；听取和审议《县人大常委会贯彻执行〈中华人民共和国国家通用语言文字法〉情况的报告》;审议《县人民政府〈关于温宿县2019年政府债务限额及分配方案〉的议案》;安排县十三届人大五次会议有关事宜;审议干部任免事项。

【十三届人大常委会第二十四会议】 7月25日,温宿县召开第十三届人大常务委员会第二十四次会议。会议听取《县人民政府关于2019年上半年国民经济和社会发展计划执行情况报告》;听取《县人民政府关于2018年本级财政决算草案及2019年上半年预算执行情况的报告》;审查批准县人民政府2018年财政决算;听取《县人民政府关于2018年本级财政预算执行情况及其他收支情况的审计报告》;听取《县人民政府关于国有资产管理情况的工作报告》;审议《县人民政府关于温宿县2019年政府债务限额及分配方案的议案》;审议干部任免事项。

【十三届人大常委会第二十五次会议】 9月24日,温宿县召开第十三届人大常务委员会第二十五次会议。会议听取和审议《县人民政府关于"七五"普法工作情况的报告》;听取和审议《县人民政府关于贯彻执行〈中华人民共和国旅游法〉情况的报告》;听取《县人民政府关于县十三届人大四次会议代表议案、建议办理情况报告》;审议《县人民政府关于温宿县"十三五"环境保护规划的议案》《关于接受阿不来提·吾斯曼辞去温宿县人大常委会副主任职务的决定(草案)》;审议干部任免事项。

【十三届人大常委会第二十六次会议】 11月21日,温宿县召开第十三届人大常务委员会第二十六次会议。会议听取和审议《县人民政府脱贫攻坚工作报告》;听取和审议《县人民法院关于开展刑事审判工作情况的报告》;听取和审议《县人民检察院关于开展法律监督工作情况的报告》;审议《县人大常委会关于接受王文彬辞去温宿县人民政府副县长职务的决定(草案)》;审议干部任免事项。

(许　芳)

1月6日,温宿县第十三届人民代表大会第四次会议第一次全体会议开幕

温宿县人民政府

重要会议

【政府党组会议】 1月11日,温宿县召开第十三届人民政府党组第三十二次会议。会议传达学习《地委对习近平总书记有关新疆工作重要指示批示精神贯彻落实情况“回头看”领导小组会议纪要》,研究处理地区深化党政机构改革保障工作督导反馈问题。

2月15日,温宿县召开第十三届人民政府党组第三十三次会议。会议审议《关于武建新等八十八名同志职务任免的通知》。

2月28日,温宿县召开第十三届人民政府党组第三十四次会议。会议审议《关于木拉提·肉孜等四十八名同志职务任免的通知》。

2月28日,温宿县召开第十三届人民政府党组第三十五次会议。会议研究《中央第六巡视组开展脱贫攻坚专项巡视组反馈问题》认领整改工作。

3月26日,温宿县召开第十三届人民政府党组第三十六次会议。会议审议《关于整改落实县委在听取政府党组工作汇报时提出的意见建议的方案》《温宿县贯彻落实〈自治区人民政府工作报告〉、2019年行署第一次全体会议和〈县人民政府工作报告〉重点工作部署的方案》《关于成立温宿县推进政府职能转变和“放管服”改革协调领导小组的通知》,听取《温宿县3月份中央脱贫攻坚专项巡视反馈问题整改情况汇报》。

5月13日,温宿县召开第十三届人民政府党组第三十七次会议。听取《温宿县2019年1—4月份脱贫攻坚项目进展情况汇报》《温宿县5月份中央脱贫攻坚专项巡视反馈问题整改情况汇报》。

6月12日,温宿县召开第十三届人民政府党组第三十八次会议。会议听取《2019年第一季度安全生产工作专项检查的情况通报》《温宿县2019年1—4月份安全生产隐患排查治理情况汇报》,审议《温宿县“六型”政府建设2019年工作要点》等5个事项。

6月12日,温宿县召开第十三届人民政府党组第三十九次会议。会议研究审议《温宿县人民法院聘用制书记员管理制度改革工作实施方案》《温宿县人民检察院招录聘用制书记员的报告》,研究《中央脱贫攻坚专项巡视指出突出问题和共性问题》《2018年国家脱贫攻坚成效考核反馈问题》认领整改工作。

6月15日,温宿县召开第十三届人民政府党组第四十次会议。会议听取《温宿县6月份中央脱贫攻坚专项巡视反馈问题整改情况汇报》《温宿县“两不愁三保障”突出问题摸排情况汇报》。

8月9日,温宿县召开第十三届人民政府党组第四十一次会议。会议审议《关于郭其年等二十四名同志职务任免的通知》等事项。

9月21日,温宿县召开第十三届人民政府党组第四十二次会议。会议听取《温宿县2019年1—9月份财政专项扶贫资金项目进展情况汇报》,审议《关于温宿县2019年博孜墩柯尔克孜民族乡雪源村等8个贫困村出列的报告》。

9月21日,温宿县召开第十三届人民政府党组第四十三次会议。会议听取《温宿县义务教育均衡发展工作情况汇报》《温宿县近期安全生产工作情况汇报》。

11月18日,温宿县召开第十三届人民政府党组第四十四次会议。会议审议《关于董建利等四十五名同志职务任免的通知》。

12月2日，温宿县召开第十三届人民政府党组第四十五次会议。会议听取《温宿县人民政府党组班子"不忘初心、牢记使命"主题教育专题民主生活会筹备情况汇报》，审议《温宿县人民政府党组班子"不忘初心、牢记使命"主题教育专题民主生活会方案》《温宿县人民政府党组班子"不忘初心、牢记使命"主题教育专题民主生活会检视剖析材料》，听取《温宿县违建别墅清查整治专项行动工作汇报》。

【政府常务会议】 2019年2月1日，温宿县召开第十三届人民政府第十七次常务会议。会议学习《中华人民共和国土壤污染防治法》，审议《温宿县经济口关于贯彻落实自治区党委九届六次全体会议精神的实施方案》《关于温宿县公益性岗位人员退出有关事宜的请示》《温宿县国有农林牧场债权债务清理化解方案》等20项事宜。

3月2日，温宿县召开第十三届人民政府第十八次常务会议。会议审议《关于办理温宿县凤泉河河道综合治理建设项目等两类用地手续的请示》《关于签订第二期〈非公开公司债券中介费用及资金管理服务费缴纳协议〉和〈非公开公司债券用款协议〉的报告》《关于地区审计局对温宿县2018年支持新疆发展资金和项目跟踪审计反馈问题整改方案的请示》《关于对温宿县城区内违法违章建筑进行集中整治的请示》等10项事宜。

4月6日，温宿县召开第十三届人民政府第十九次常务会议。会议学习《生产安全事故应急条例》，审议《温宿县贯彻落实地区"六型"政府建设实施意见责任分工方案》《关于征求库车—阿克苏—巴楚Ⅱ回750千伏线路工程路径意见的函》《关于温宿县萨瓦甫齐铀矿划定矿区范围的请示》等19个议题，并安排部署近期重点工作。

6月6日，温宿县召开第十三届人民政府第二十次常务会议。会议听取《温宿县2019年5月份财政专项扶贫资金项目进展情况》，审议《温宿县2019年新增财政专项扶贫资金（扶贫发展资金）项目的请示》。

6月12日，温宿县召开第十三届人民政府第二十一次常务会议。会议学习《重大行政决策程序暂行条例》，审议《关于签订第三期〈非公开公司债券中介费用及资金管理服务费缴纳协议〉和〈非公开公司债券用款协议〉的报告》《关于签订〈非公开定向融资工具（PPN）中介费用及资金管理服务费缴纳协议〉和〈非公开定向融资工具（PPN）用款协议〉的报告》《关于规范洪积平原（共青团镇铁路新村）国有土地承包合同的请示》《关于阿克青边境派出所征用国有土地的请示》等14个议题。

6月12日，温宿县召开第十三届人民政府第二十二次常务会议。会议审议《温宿县防范化解地方金融风险2019年工作要点》《温宿县保障农民工工资支付管理暂行办法》《温宿县2019年扩大投资攻坚行动方案》等14个议题。

7月18日，温宿县召开第十三届人民政府第二十三次常务会议。会议听取《温宿县2019年6月份财政专项扶贫资金项目进展情况汇报》。

8月9日，温宿县召开第十三届人民政府第二十四次常务会议。会议审议《关于PPP项目解除合同并申请退库的请示》《温宿县城镇供水二期地下水源地保护区划分方案》《温宿县城镇供水二期水源保护区划分方案》等19项议题。

10月30日，温宿县召开第十三届人民政府第二十五次常务会议。会议听取《温宿县2019年财政专项扶贫项目资金进展情况汇报》，审议《关于乌什县审计局审计2019年上半年脱贫攻坚政策贯彻落实、扶贫资金分配管理使用和效益反馈问题整改方案》。

11月10日，温宿县召开第十三届人民政府第二十六次常务会议。会议审议《温宿县托乎拉乡库如力村更名的请示》《温宿县公安局南城派出所组建方案》，通报《阿克苏地区2019年第二次安全生产驻地巡查情况》，听取《温宿县中央环境保护督察反馈意见整改工作情况汇报》《地区安全生产巡查反馈问题整改情况汇报》《温宿县1—10月份安全生产形势分析报告》。

11月14日,温宿县召开第十三届人民政府第二十七次常务会议。会议听取《关于清理拖欠民营企业中小企业账款工作开展情况汇报》,审议《关于建议减免矿盐征收城乡道路养护费的请示》《关于核销温宿县博孜墩牧场部分资产的报告》《关于阿克苏天雁实业有限公司股权转让的报告》等10项议题。

11月20日,温宿县召开第十三届人民政府第二十八次常务会议。会议学习《新疆维吾尔自治区行政执法公示办法》《新疆维吾尔自治区行政执法全过程记录办法》《新疆维吾尔自治区重大行政执法决定法制审核办法》《新疆维吾尔自治区全面推行行政执法公示制度执法全过程记录制度重大执法决定法制审核制度的实施意见》,审议《关于签订〈(一期)中票中介费用及资金管理服务费缴纳协议〉和〈(一期)中票用款协议〉的报告》《关于建立温宿县公平竞争审查工作联席会议制度的请示》《温宿县行政服务中心事项统计表的请示》等10项议题。

12月2日,温宿县召开第十三届人民政府第二十九次常务会议。会议审议《关于签订〈非公开定向融资工具PPN(第二期)中介费用及资金管理服务费缴纳协议〉和〈非公开定向融资工具PPN(第二期)用款协议〉的报告》《温宿国家农业科技园区2019年道路建设项目路线调整的请示》《温宿国家农业科技园区集中供热建设项目相关事宜变更的请示》等7项议题。

【重要办公会议】 1月23日,温宿县召开"大棚房"问题专项整理工作会议,"大棚房"领导小组成员单位及各乡(镇)主要负责人参加会议。

1月29日,温宿县召开安委会2019年第一次全体会议,县安委会成员单位及各乡(镇)主要负责人参加会议。

2月2日,温宿县召开扶贫攻坚"冬季攻势"农村工作推进会,扶贫开发领导小组成员单位及各乡(镇)主要负责人参加会议。

2月26日,温宿县召开第四次经济普查工作推进会,县第四次经济普查工作领导小组成员单位及各乡(镇)主要负责人参加会议。

4月10日,温宿县召开防控非洲猪瘟工作会议,县直各相关单位主要负责人参加会议。

4月14日,温宿县召开防控非洲猪瘟工作会议,县直各相关单位主要负责人参加会议。

5月7日,温宿县人民政府召开2019年第一次全体会议,县直各相关单位主要负责人参加会议。

5月7日,温宿县召开人大代表提案、建议、批评、意见和政协委员提案交办工作会议,县直各相关单位主要负责人参加会议。

5月21日,温宿县召开推进清理民营企业、中小型企业欠款工作会议,县直各相关一级单位主要负责人参加会议。

5月21日,温宿县召开税务、财政、市场监管系统"转作风、提效率、优服务"动员大会,县直各相关单位主要负责人参加会议。

7月7日,温宿县召开迎接自治区财政厅相关检查督导工作安排部署会议,各乡(镇)主要负责人参加会议。

7月19日,温宿县召开自治区财政厅相关检查督导问题反馈整改推进会,各乡(镇)主要负责人参加会议。

8月9日,温宿县召开第四次经济普查工作事后质量抽查工作推进会,县直各相关单位主要负责人参加会议。

9月5日,温宿县召开校园安全工作会议,县直各相关单位及各乡(镇)主要负责人参加会议。

9月8日,温宿县召开2019年第三次安委会工作会议,县直各相关单位及各乡(镇)主要负责人参加会议。

11月7日,温宿县召开地区安全生产驻地巡查反馈问题交办会,县直各相关单位及各乡(镇)主要负责人参加会议。

11月7日,温宿县召开第四季度安全生产工作安排部署会议,县直各相关单位及各乡(镇)主要负责人参加会议。

11月19日，温宿县召开ETC推广应用推进会，县直各相关单位及各乡（镇）主要负责人参加会议。

11月25日，温宿县召开2019年固投项目推进会，各固投项目建设相关单位主要负责人参加会议。

12月16日，温宿县召开“六型”政府建设推进会，县直各相关单位及各乡（镇）主要负责人参加会议。

12月24日，温宿县召开人居环境整治工作推进会，县直各相关单位及各乡（镇）主要负责人参加会议。

12月27日，温宿县召开违建别墅清查整治自查自纠“回头看”工作推进会，县直各相关单位和各乡（镇）主要负责人参加会议。

提案、议案办理

【提案、议案按时办理制度落实】 2019年，温宿县人民政府始终将人大代表议案、意见、建议和政协委员提案纳入重要议事日程，召开人大代表议案、建议、批评、意见和政协委员提案交办工作会议，落实人大代表议案、意见、建议和政协委员提案办理各项工作。将各部门的办理工作纳入目标管理考核，由县目标管理考核办牵头，会同政府办公室，定期对各承办单位的办理工作进行督查。

【提案、议案按时办结】 2019年，温宿县人民政府针对各承办单位在办理工作中存在的问题，政府办公室主动与人大常委会代表人事工委和政协提案科沟通联系，共同拟定解决办法，梳理汇总后及时督促落实。各承办单位复函经统一审核后报县人大常委会代表人事工作委员会、政协提案科、政府办公室，确保办理质量。办理人大代表议案、意见、建议60件，办理政协委员提案43件，办复率达100%。

（刘永成）

政府办公室工作

【概况】 温宿县人民政府办公室（简称温宿县政府办）成立于1950年3月，时称秘书室，1962年11月改称办公室。属于协助县人民政府领导处理日常工作的机构，正科级建制。2019年，核定编制39名，实有37人。内设综合室、秘书翻译室、信息督查室、县政务服务办公室、外事办公室5个科室。有下属单位电子政务管理办公室。

【信息督查】 2019年，温宿县政府办以政府中心工作为主线，围绕改革、发展、稳定中的大事、要事，围绕领导和群众关注的热点、难点问题，将信息任务量化到每一位干部，鼓励有一定文字功底工作人员编写信息，办公室领导督促指导信息收集和编报工作，为政府科学决策发挥参谋助手作用。全年上报政务信息92篇，下发督办通知、督查通报21期，办理行署领导、县长批示件60余件。

【自身建设】 2019年，温宿县政府办落实“三会一课”“5+X”、党务公开等制度，开门纳谏、接受监督。以创建“党员先锋岗”为契机，将办公室业务和党建工作同步纳入创建内容。建立在职党员包联离退休党员工作方案，组织离退休党员干部参加支部政治理论学习和“5+X”组织生活，为离退休党员送学送教。完成政府办公室党支部换届，6人提交入党申请书，2人被确定为入党积极分子。

【政务公开】 2019年，温宿县政府办坚持“以公开为常态、不公开为例外”原则，围绕《新疆维吾尔自治区2019年电子政务工作要点》《新疆维吾尔自治区2019年政务公开要点》与网信、宣传等部门对接，发布本级政府及各部门政务活动情况，推进决策、执行、管理、服务和结果全过程公开。政府网站发布动态信息23057条，主动公开政府信息483条，依法申请公开政府信息329条。

【信息公开】 2019年，温宿县政府办围绕修订后的《政府信息公开条例》做好自治区“互联网+监管”系统建设工作，对21个单位实现电子政务外网的联接和应用。配合自治区完成政府网站集约化平台建设，实现政府网站资源优化融合。政府网站“县长信箱”收到群众来信投诉、咨询、建议类信件134件、感谢信2件，专员信箱转办件3件，答复率均达100%。

【依法行政】 2019年，温宿县政府办以“六型”政府建设为抓手，推进各项任务部署。遵守政治纪律和政治规矩，落实党风廉政建设责任制，执行中央八项规定及实施细则，倡导勤俭节约之风，“三公经费”支出持续下降；强化资金项目审计监督，从源头遏制腐败行为。推进政府系统作风效能建设，“基层减负年”成效明显，形式主义、官僚主义等作风顽疾得到整治。接受人大法律监督、政协民主监督和社会公众监督，办理人大代表建议议案60件、政协委员提案43件，办复率100%。强化政府网站“建管用”，畅通来访渠道，提高政府工作透明度，增强政府公信力。

【后勤管理】 2019年，温宿县政府办坚持以服务领导、服务机关、服务基层为宗旨，提升机关后勤管理服务水平。以量力而行、开源节流为原则，严控办公用品采购、车辆维护、电脑耗材等费用支出，节俭办公。强化驾驶员技能培训和安全知识教育，选派3名驾驶员参加专业职业技能提升培训。 (刘永成)

行政服务

【概况】 2019年，温宿县行政服务中心进驻单位40个，开设窗口70个，其中行政审批单位25个，便民服务单位10个；日平均接待办事群众6000余人次。受理行政审批事项7725件，办结率100%；受理便民服务事项103871件，办结率100%；代审办受理项目211件，其中重大项目92件，涉及国土、住建、发改、环保、农业、林业、市监、税务等部门。

2019年，温宿县行政服务中心政府采购组织招标采购活动891次(其中公开招标84次、询价采购311次、竞争性谈判采购方式25次，竞争性磋商3次，单一来源采购1次)，协议供货办理完成470项。采购预算资金31920.20万元，实际采购支出28876.02万元，节约资金3044.18万元，平均节约率9.53%；工程招投标完成进场交易项目221个。其中房建市政类97个，计划总投资93020.61万元，中标金额81377.24万元，节约率12.5%；水利类项目55个，计划总投资17274.27万元，中标金额163694.06万元，节约资金880.21万元，节约率5.1%；公路类项目73个，计划总投资45809.40万元，中标金额44190.09万元，节约资金1619.31万元，节约率3.5%。

【窗口规范化管理】 2019年，温宿县行政服务中心严格窗口管理，提升服务水平。建立行政服务中心日常管理考核办法、AB岗工作制度、失职追究制度、投诉处理制度、工作人员服务规范等管理制度；开展评选表彰活动12次，24个窗口被评定“红旗窗口”，24名工作人员被评选“服务之星”，培育树立先进典型。设置公开栏，将每月量化考核情况在大厅醒目位置进行公示，激发窗口工作人员“比学赶超”工作热情和积极性；不定期组织窗口工作人员进行业务知识测试，提高窗口工作人员业务技能水平。

【行政审批管理】 2019年，温宿县行政服务中心规范审批行为，深化“三集中 三到位”改革(各部门行政审批职能向一个科室集中，部门审批科室向政务服务中心或分中心集中，审批事项向网上办理集中；做到政务服务事项进驻大厅到位，审批授权窗口到位、电子监察到位),实现“一个窗口对外、一个机构履职、一枚印章审批”模式。提升服务质量,变“群众跑腿”为“数据跑腿”。代理审批办公室为投资主体无偿提供服务,推行“一口受理、一窗出件、一条龙服务”,针对涉及部门多、情况复杂重大项目实行容缺、联办并行制度。推进“互联网+政务服务”一体化平台系统的应用,实现一网受理,让老百姓通过身份证认证,利用手机上网就能办理相关证照。一体化平台试运行以后,平台办件量达36956件。建立网上预审机制,开展在线填报、在线提交和在线审查。打造电脑PC端(网上办事大厅)、手机移动端(政务APP、微信公众号)、自助服务端(自助办事服务机)等多端业务受理模式,实现网上申请、预审全覆盖。

【公共资源交易管理】 2019年,温宿县行政服务中心发挥公共资源交易“七大”系统(招投标信息预告系统、评标专家抽取系统、身份识别系统、门禁系统、电子评标系统、视频音频监控系统及语音答辩系统)使公共资源交易活动向规范化、法制化方向迈进。监督管理招投标全过程,实行“事前核准、事中监督、事后备案”,规范项目招投标方式,招标组织形式的核准、公告发布、资格审查、开标、评标、中标公示以及招标文件和中标通知书备案等重要工作环节。推进政府采购电子招投标系统建设,组织县域政府采购供应商参加培训以及办理CA证书。加快政府采购标准化建设。规范采购流程,细化评分标准,规范评审细则,减少政府采购评审专家自由裁量权,确保采购活动公平公正。

【文化建设】 2019年,温宿县行政服务中心开展形式多样的文体活动,举办庆元旦文艺会演和工会文体活动,丰富党员干部业余文化生活;开展文明单位、卫生红旗单位创建活动。通过中心组学习、民主生活会制度、廉政宣传栏等多种形式对干部职工进行思想教育,增强廉政文化渗透力;通过政治学习及播放爱国主义教育片对工作人员及办事群众开展爱国主义教育,培养正确的国家观和爱国情怀。

【党风廉政建设】 2019年,温宿县行政服务中心落实一日三检查、一周一讲评、一月一评比、一月一发函、一季一通报的“五个一”管理措施,加强对中心工作人员管理;运行电子监察系统,对进驻单位办理事项办事环节、办事流程进行全程跟踪监管,鞭策窗口提高办事效率;公开办事流程、收费项目、收费标准、岗位职责,开设收费窗口,将18个单位收费项目统一在收费窗口收费,遏制乱收费等现象发生。

【作风建设】 2019年,温宿县行政服务中心提升窗口办事效率和服务质量,强化领导干部和工作人员作风建设。规范招标采购,规范公共程序,对风险领域工作人员进行轮岗;采取讲政策、学规定、看视频、谈体会等方式,对党的路线方针政策及《中华人民共和国宪法》《中华人民共和国行政许可法》《中华人民共和国公务员法》等法律法规和《温宿县行政服务中心效能作风建设措施》《温宿县行政服务中心考核管理办法》等规定进行学习;制作行政服务中心服务指南,明确办理事项明细、联系电话、预约电话、投诉电话等,接受群众监督;开展电话预约服务和延时服务。对部分群众无法在正常工作时间申办业务而又急需申办的可事先通过电话向窗口预约提供服务;到下班时间尚未办理完毕的事项,业务窗口提供延时服务直至该事项办理完毕。 (陈羽轩)

信访工作

【机构改革】 1991—1992年,温宿县信访局隶属于政府办公室,配备信访接待员2名。1993年,温宿县信访局并入温宿县人民政府办公室,称温宿县人民政府信访办。1994年从政府办公室分出,成立温宿县信访局,属于温宿县人民政府办公室管理的二级局,正科级建制,行政单位。2012 年 1 月,设立中共温宿县委群众工作部,与温宿县信访局"一个机构、两块牌子"。2019 年 3 月机构改革,取消中共温宿县委员会群众工作部牌子,保留温宿县信访局,属温宿县人民政府管理的行政部门。核定编制 5 名,其中科级领导职数 3 名(正科级 2 名、副科级 1 名),机关工勤事业编制 1 名,实有 6 人。

【来信来访】 2019 年,温宿县信访局接待群众来访 377 件 495 人次,按期办结 377 件,化解 321 件,办结率 100%,化解率 85%;受理网上投诉信访事项 123 件,化解 123 件,录入率 100%;受理挂号督办信访事项 198 件,办结 198 件,化解 179 件,办结率 100%,化解率 90%。发出预警告知 21 份。

【五项服务承诺】 2019 年,温宿县信访局落实热情接待不推诿、一次告知少跑腿、及时办理不拖延、定期督查问结果、案件办理作评价常态承诺措施,热情接待来访群众,回访 67 件 67 人次,及时受理率、按期办结率 100%,群众满意率 96.5%。

【补助资金】 2019 年,温宿县信访局落实疑难复杂信访救助资金信访事项 30 件,受益群众 30 人,补助资金 32 万元,全部按时发放到位,群众满意率 100%。

【矛盾纠纷化解】 2019 年,温宿县信访局夯实县乡村三级信访矛盾化解处理工作导向,按照乡级访村级必包、县级访乡级必包、越级访县级必包;小矛盾、小纠纷村级必包;重信重访、越级访、集体访、联名访乡级必包,疑难复杂访县级必包的原则,县处级领导包案化解重点疑难复杂信访事项 68 件,促进问题就地解决。

【"四快一实"程序】 2019 年,温宿县信访局推行群众诉求快接快督快办快结得到实实在在解决的"四快一实"简易办理程序,采取一案件一督办一答复一承诺和挂号销号办法,当日受理、当日督办、限期办结。

【信访改革】 2019 年,温宿县信访局抓小事不出村组、大事不出乡镇、难事不出县域目标不松劲,消除中梗阻、畅通解决路、理顺群众心、问题限时办、化解在基层。健全县乡村三级信访接待、热线电话、一微一端网上投诉,通过信访信息系统乡(镇)、成员单位全覆盖,推动走访向网访转变,网上信访向掌上信访延伸,减少群众访累、访怨,及时受理率、按期办结率 100%。

【三调联动】 2019 年,温宿县信访局探索构建信访与司法行政部门人民调解、乡(镇)级职能部门行政调解、审判机关司法调解的矛盾纠纷多元化解工作机制,约请律师参与化解信访问题,延伸"三调联动"触角。与公安、法院等机关互通信息,实现人员就地疏导、问题就地化解。 (孙秀琴)

外事侨务

【概况】 1982 年 2 月,温宿县人民政府外事办公室(简称温宿县外事办)成立。1984 年 4 月,温宿县边防委员会下设县人民政府边防办公室,由外事办公室负责开展边防管理工作。1990 年 6 月,外事办公室列入政府办公室管理,独立开展业务工作。1994 年 7 月 5 日,温宿县旅游事业管理办公室成立,与外事办公室合署办公,一个机构、两块牌子。1997 年,外侨旅游办公室与政府办公室分设,主要开展边防、外事、侨务、侨联等业务工作。2003 年成立侨联。2004 年 11 月,外事办公室和旅游办公室分设,成立外事侨务办公室,归属政府办公室管理,独立开展业务工作。2012 年 3 月,整合划入政府办公室。2019 年 3 月,机构改革后成立温宿县人民政府外事办公室、侨务办公室。2019 年 12 月，温宿县人民政府侨务办公室归口县委统战部管理，为正科级。

【外事工作】 2019 年，温宿县外事办贯彻落实县委、县政府交办的各项外事侨务工作，配合县纪委监委，严把审核关口，做好党政干部公款出国(境)旅游专项治理工作，做好因公出入国(境)人员的登记备案、因公出国(境)人员的护照管理工作。完成边境内部调查工作，开展边境内部踏查，完善边界基础信息。

【侨联工作】 2019 年，温宿县侨联与地区侨联进行对接，做好侨眷侨属宣传教育管理工作。通过中国侨联思利及人公益基金会，为 700 名困难小学生捐赠生活用品；推荐 1 名侨眷参加自治区第八次归侨侨眷代表大会；组织 5 名侨眷侨属到乌鲁木齐市参加技能培训；为 3 名困难大学生申请“黄土计划”助学金 2000 元；为 8 名困难侨眷侨属每人发放慰问金 1000 元。 (刘永成)

中国人民政治协商会议温宿县委员会

履行基本职能

【政协十三届委员会第四次会议】 1月5—7日,政协温宿县第十三届委员会第四次会议召开,出席委员125人。会议听取并审议批准政协十三届委员会常务委员会所作的工作报告、政协十三届委员会提案委员会所作的提案工作报告。列席温宿县十三届人大四次会议,听取并协商讨论《政府工作报告》《温宿县2018年国民经济和社会发展计划执行情况的报告》《温宿县2018年财政预算执行情况的报告》《县人民法院工作报告》《县人民检察院工作报告》。会议补选政协温宿县第十三届委员会副主席,补选政协温宿县第十三届委员会常务委员。会议审议通过《政协温宿县第十三届委员会第四次会议关于政协温宿县第十三届委员会常务委员会工作报告的决议(草案)》《政协温宿县第十三届委员会第四次会议关于政协温宿县第十三届委员常务委员会提案工作报告的决议(草案)》《政协温宿县第十三届委员会第四次会议提案审查情况的报告(草案)》《政协温宿县第十三届委员会第一次会议政治决议(草案)》。

【参政议政】 2019年,温宿县政协开展协商议政。深化政协范围内的协商民主建设改革,认真贯彻落实全体会议规则和政协协商民主建设各项规定,召开全体委员会会议1次,主席会议4次,常委会会议3次,提案交办会议1次。按照《中共温宿县委关于进一步加强人民政协协商民主建设的实施意见》,坚持把协商民主纳入决策程序,经县委研究印发《政协温宿县委员会2019年委员调研视察工作方案》,开展脱贫攻坚、环境保护、农村人居环境整治和旅游发展4次专题调研视察,并将调研成果转化为专题报告,指出问题,提出意见建议,增强建言的深度和实效。

【提案办理】 2019年,温宿县政协加强和改进提案工作。强化提案征集、立案、交办、督办、征求意见等环节制度建设,加强提案承办单位和提案委员联系与沟通,加强对提案办理督促问询,严格审核提案办理情况,提升提案办理质量。政协十三届四次会议上,各族各界政协委员提交提案77件,经主席会议研究正式立案43件,选取人民群众关注停车难、入厕难、公共交通、医疗保障、村级队伍建设、群众文化建设6件提案进行重点督办,办理答复43件,办复率100 %,委员满意率90%以上。

【民主监督】 2019年,温宿县政协探索民主监督有效形式。完善民主监督职能,聚焦全县改革发展稳定各项重点工作,运用委员调研视察、政协提案、社情民意反映等方式开展民主监督。加强调研视察监督,选择涉及稳定、发展、经济、民生的4个监督性议题,听取情况介绍,现场实地察看,开展座谈讨论,提出批评和建议,推动县委和县政府决策部署落细落实。强化对提案办理成效的监督,对提案办理情况进行满意度调查。选派政协委员56人次出席参加党代会、干部考核推荐、脱贫攻坚成效考核、检法两院案件审理、政府采购等监督活动,多渠道参与民主监督。

【庆祝政协成立70周年】 2019年,温宿县政协组织开展中华人民共和国成立70周年、政协成立70周年系列活动,成立活动领导小组,开展学习研讨和征文等工作，营造浓厚氛围。

委员工作

【委员学习培训】 2019年，温宿县政协采取集中轮训的方式，对全体政协委员开展一次集中培训，培训委员125人次。规范和完善乡（镇）联络办公室的工作流程及履职活动，定期指导政协委员乡（镇）联络办公室的工作，帮助健全业务档案，推进基层政协委员工作规范化、制度化。

【委员询访】 2019年，温宿县政协委员集中询访乡（镇）基层一线委员，询访面100%，提高乡（镇）基层一线委员干事创业的积极性。

【政协委员联系群众】 2019年，温宿县政协完善政协领导联系乡（镇）联络办公室、乡（镇）联络办公室联系辖区政协委员、乡（镇）政协委员包联服务片区基层群众、企业界政协委员包联企业职工和贫困户工作机制，各界别政协委员结合各自岗位实际，开展扶持发展、转移就业、技能培训、养殖增收、庭院改造等帮扶。发挥专业优势，开展文化、教育、卫生、法律等下基层、“百企帮百村”系列活动。包联贫困户84户，工商联、工会界企业政协委员围绕社会稳定、扶贫帮困献计出力，帮助贫困群众就业8人。 （许 斌）

1月5日，中国人民政治协商会议温宿县第十三届委员会第四次会议开幕

温宿县纪委监委

纪检　监察

【体制机制改革】　2019年,温宿县纪委监委根据自治区、地区纪委监委关于推进县纪委监委派驻(派出)机构改革的相关部署要求,制定《温宿县纪委监委派驻(派出)机构改革方案》。6月,温宿县纪委监委派驻(派出)机构改革,下设6个派驻纪检监察组和1个派出纪检监察工委。县纪委监委、县委巡察机构核定编制109名,其中,行政编制86名,参公(含事业)编制18名,机关工勤事业编制5名。

【落实主体责任】　2019年,温宿县纪委监委把全面从严治党作为分内之事、应尽之责,主动承担、统一领导、直接主抓,落实主体责任。把党风廉政建设和反腐败工作与社会稳定、经济发展工作同安排、同部署、同落实、同考核,层层压紧压实责任,强力推动主体责任由思想认识到实践落地。全年召开县委常委会研究党风廉政建设和反腐败工作20次,县委中心组学习各级纪委监委重要会议精神以及各类党纪法规13次。县委主要领导履行党委书记"第一责任人"责任,既挂帅、又出征,落实"四个亲自"要求,先后52次对有关党风廉政建设方面的文件作出批示,在2019年纪检监察工作会议上提出要求,为纪委监委开展工作指明方向。严格落实《党委(党组)运用监督执纪"第一种形态"实施办法》,县委分管领导对66个相关单位主要领导进行约谈或提醒谈话,担负起全面领导反腐倡廉建设的政治职责。支持纪委监委信息化建设,拨付资金50万元用于纪检监察内网建设。督促各职能部门充分履职,各负其责,通过逐级传导压力,各级党组织和党组织书记切实扛稳抓牢各自责任,形成全面从严治党合力。

【执纪监督】　2019年,温宿县纪委监委坚持惩治腐败无禁区、全覆盖、零容忍,审查调查力度不减、节奏不变,遏增量、减存量。各级纪检监察机关处置问题线索1249件,立案审查调查479件,给予党纪政务处分460人,移送司法2人。运用监督执纪"四种形态"处置1259人次,占比分别为63.5%、17.5%、14.9%、4.2%。坚持"回访一个、教育一片"的原则,帮助556名回访对象分析所犯错误根源、筑牢思想防线、真心认错悔错改错。在3个发案单位召开"以案促改"警示教育大会,引导党员干部知敬畏、明底线、守纪律。组织各级党组织和党员干部分批次观看《任性的代价》《迟到的扶贫羊》《偏离轨道的人生》《贪与悔》等警示教育片,教育党员干部警钟长鸣、警惕常在。以第21个党风廉政教育月活动为抓手,丰富廉政教育载体和内容,开展党组织书记讲廉政党课、党纪党规专题学习、廉政警示教育,受教育党员干部2万余人次。

【作风建设】　2019年,温宿县纪委监委高悬执纪利剑,坚持一手抓反分裂斗争,一手抓党风廉政建设和反腐败斗争,深挖彻查在落实"两个维护"、社会稳定和长治久安总目标中打折扣、搞变通的"两面人""两面派",查处违反政治纪律案件267件,给予党纪政务处分267人。开展"自查自省、践行忠诚"专项行动,参加自查自省活动党员干部和公职人员17277名,谈心谈话18412人次,主动交代违纪问题线索2172条,经分析研判,确定违纪问题线索29人48条。

【纪检监察队伍建设】　2019年,温宿县纪委监委制定《温宿县乡(镇)纪检监察干部“学纪法强本领提质量”大培训方案》《2019年温宿县纪检监察干部培训计划》《温宿县乡(镇)纪检监察干部大练兵竞赛实施方案》等,建立以班子成员、部室主任为主的师资库20人,组织集中培训10次,选派9名优秀干部外出培训,选送50名县乡纪检监察干部到各级纪检监察机关跟班锻炼。

巡视巡察

【巡察工作】 2019年,温宿县纪委监委落实巡察“一轮一授权”“一轮一动员”“一轮一报告”制度,提升巡察工作质量,推动巡察工作实现全覆盖。巡察单位党组织72个,发现问题480条,党员干部线索82条。

【上级巡视问题整改】 2019年,温宿县纪委监委围绕自治区党委第二巡视组反馈立行立改6个方面16个问题和综合反馈5个方面19个问题,召开协调会3次,开展实地指导2次,督促14个牵头单位逐条逐项对照整改。跟踪督办地委巡察阿热勒镇、吐木秀克镇等反馈问题,快查快办快结9条问题线索,追责问责9人。通过“巡视巡察数据平台+台账管理+实地回访+定期督办”等监督方式,专项检查十二届县委前四轮巡察的59个单位整改情况,问责15家整改不到位、不彻底单位党组织。 (戴 冬)

法 治

政法委及综治

【社会治安综合治理】 2019年,中共温宿县委员会政法委员会(简称温宿县委政法委)常态开展“三查三找三落实”活动,强化重点要素管理,温宿县203个重点单位建立内部保卫机构,20家物流寄递企业落实“三个100%”。加强流动人口服务管理,落实“金钥匙·平安锁”“369”限时工作法和“双向”管控措施。推进城镇“网格化”服务管理和基层“维稳双联户”联户轮值工作,“警社合一”试点先行,“巡夜守年”成效显著。推进“基层平安细胞”建设,完成平安建设满意度测评,巩固“自治区优秀平安县”创建成果。紧盯社会公共安全管理,督促整改火灾隐患2072处,查处各类交通违法行为11.6万起。

【维稳工作】 2019年,温宿县委政法委打掉黑恶团伙12起88人。打击整治黄赌毒、诈拐骗、非法集资等群众反映强烈的违法犯罪活动,破获刑事案件256起,查处治安案件102起,破获毒品案件5起。

【宣传教育】 2019年,温宿县委政法委组织学习《中国共产党政法工作条例》,推进公共法律服务实体化,落实“谁执法、谁普法”责任制,规范全县35个重点普法单位的宣传内容,深化律师制度改革,成立中共温宿县委员会法律服务行业党工委,延伸工作触角。建立县级公共法律服务中心1个、乡(镇)公共法律服务工作站13个、村(社区)公共法律服务工作室155个。开展民族团结教育,宣传民族团结模范事迹,弘扬见义勇为精神,巩固自治区文明县城创建成果。

【平安创建】 2019年,温宿县委政法委巩固和提升“自治区优秀平安县”创建成果,建立健全党委领导工作制度,坚持“五个一”宣传方式,提升平安知晓率和参与率。平安细胞创建覆盖率达95.6%,其中,创建“平安家庭”65509户,创建率97.6%;创建“平安乡镇”13个,创建率100%;创建“平安村(社区)”153个,创建率98.1%;创建“平安单位”85个,创建率96.4%;创建“平安企业”56个,创建率90.5%;创建“平安景区”14个,创建率100%;创建“平安校园”87所,创建率100%;创建“平安医院”20个,创建率100%。采取入户宣传、集中宣传、文艺演出、法制讲座、发放宣传单、制作标语、横幅、编纂板报、绘制宣传画、广播播放、“温宿零距离”宣传方式,宣传平安建设好做法和好典型,调动干部群众参与平安建设积极性。

【队伍建设】 2019年,温宿县委政法委开展学习贯彻习近平新时代中国特色社会主义思想大学习、大研讨、大培训活动,落实《中国共产党政法工作条例》。坚持素质强警,突出实战导向,注重一线练兵,健全教、学、练、战一体化教育培训模式,常态化组织专班攻坚、专案练兵、应急拉练、技能比武等活动。开展“不忘初心、牢记使命”主题教育活动和政法系统“强纪律、转作风,锻造忠诚铁军”活动,加大对政法各部门党员干部监管力度,整治“四风”“四气”,问责处理作风漂浮、纪律散漫、工作棚架等问题。搭建干事创业平台,激发政法干警干事创业信心。注重科学用警,改进工作方式、调整勤务模式,强化干警关爱机制,解决干警后顾之忧。

【反邪教警示教育】 2019年,温宿县委政法委加强邪教组织活动线索及重点案件的梳理排查、串并分析,强化重点对象、重要阵地内线侦察,提升对邪教反宣煽动活动防范、发现和处置能力。强化风险预警和处置能力,建立协调联动应急处突工作机制,做好应对各种复杂局面准备,提高风险防控整体效能。强化各族干部群众反邪教斗争意识,加强各单位对邪教人员冒充国家机关工作人员诈访的防范,加强反邪教宣传工作,防止邪教组织利用卫星电视插播煽宣、利用电话、书信向人民群众投寄邪教宣传品,提高群众防范邪教意识。 (石德鹏)

公 安

【交通管理】 2019年,温宿县公安局开展各项交通安全管理工作,预防和减少道路交通事故发生。2019年,温宿县辖区发生交通事故913起,其中亡人事故26起,造成26人死亡、9人受伤;伤人事故114起,造成124人受伤;简易事故773起。现场查处酒后驾驶违法行为317起,因酒后驾驶造成交通事故45起。比上年事故总数减少21起、下降2.25%,亡人事故增加2起(死亡人数持平、受伤人数增加7人),伤人事故减少36起、下降24%,受伤人数减少36人、下降22.5%;现场查处酒后驾驶违法行为317起、比上年增加14%,因酒后驾驶造成交通事故数量减少8起、比上年减少15.09%。

【队伍建设】 2019年,温宿县公安局加强队伍管理和日常管理。坚持每周四召开奖惩警示教育会议和周调度机制,共召开奖惩警示教育会和周调度104场次。组织全局民辅警分批次到看守所开展警示教育,让广大民辅警心存戒惧。

【刑事案件办理】 2019年,温宿县公安局立各类刑事案件218起,经济案件8起,侵财类案件95起,其他类刑事案件97起;侦破各类刑事案件228起,破案率104%,比上年同期上升36.81%,抓获犯罪嫌疑人261人。

【查处行政违法行为】 2019年,温宿县公安局推动制度化、规范化,健全行刑衔接、联合执法等工作机制,打击食品药品农资违法犯罪专项行动。畅通信息交流、线索通报、案件移送等合作渠道。办理涉赌案件8起,行政处罚26人,罚款1.12万元,收缴赌资5000元;涉黄案件4起,行政处罚5300元,行政拘留8人;办理食药环案件17起、刑事案件2起。其中,非法排污案件3起、环境噪音案件12起,罚款2人,警告10人。

【查处涉网违法犯罪】 2019年,温宿县公安局由刑侦部门牵头,协调网安、技侦、情报等专业警种成立工作专班,研究电信诈骗案件的新变化、新特点和新动向,合成作战。做好案件受理、平台录入、紧急止付和串并研判工作。立电信诈骗案件75起,自立38起,自破8起(破2019年7起,破2018年1起),带破外地案件2起,外地带破温宿本地案件29起,抓获犯罪嫌疑人8人,累计被骗金额93.25万元。

【打击毒品犯罪】 2019年,温宿县公安局结合日常侦查破案、基础业务建设,加强毒品犯罪情报线索的收集、排查。共破获毒品案件4起,抓获犯罪嫌疑人12名,强制戒毒5人,刑拘4人;缴获各类毒品折合海洛因46.51克。

【人口管理】 2019年,温宿县公安局开展户籍制度改革、双重、虚假户口清理整治、建立无户籍人员落户长效机制,推进人口管理规范化建设,运用信息化手段提升实有人口服务管理水平。办理居民身份证27811张,维吾尔语翻译身份证信息24457条,办理临时身份证708张,签发户口准迁证702张,审批各类户籍信息18624条,出具身份证号码变更证明164

份;清理无相片人员1540余人,办理居住证1326张,临时居住证5200余张,清理重复户口178个,清理摸排解决无户籍人员47人。

【安全保卫】 2019年,温宿县公安局做好2019《中国好声音》新疆赛区海选、中外记者采访安保、驻外使节团到温宿县考察安保、中央“四个一批”督导组、2019国际环塔拉力赛、中国新疆温宿药品博览会等大型活动安保工作。严格按照局党委部署要求,结合行动路线、安保任务等逐个进行风险隐患排查,按照警卫要求,围绕住地、活动地、路线缜密部署,细化任务,确保各类安保行动顺利完成。

【应急处置演练】 2019年,温宿县公安局联合温宿县边境管理办公室、特战大队、移民局等部门在博孜墩柯尔克孜民族乡组织开展“清边”行动联合演练1次,库马力克河口“清边”演练1次,“清边”活动21次。

【边境管控】 2019年,温宿县公安局协调温宿县委投入3000余万元,新修、维护边防巡逻公路,新建通信基站、建设输电线路。构建“人防全面加强、物防全线闭合、技防全域覆盖、人机全时联动”立体防控新模式;加强边境旅游景区管理,在平台子、帕克勒克、神木园、大峡谷景区重点时段增设临时边境警务站,开展严密查缉,检查进出边境管理区车辆35万余辆次,检查人员116万余人次。

【窗口服务】 2019年,温宿县公安局落实“放管服”要求,推动公安行政管理业务在“互联网+”平台办理,出入境借助该系统智能化办证、无纸化审批、数字化归档等优势,优化办事流程。启用自助照相设备,做好免费自助照相、自助填表等业务的对外宣传推广工作。申请人享受便利服务515名,办理出入境证件1262件(异地72件),比上年增长81%;寄出入境证件1262件,为群众节省费用14398元。

【信息化建设】 2019年,温宿县公安局履行科技暨信息化工作管理职能,抓运行管理,确保公安网络及信息安全,采集数据12139条,采集率100%;完善数据12139条,完善率100%,复用率100%;各部门反馈的基础信息化设备故障维护1300余次;开展基础信息化设备巡检、测试800余次。

【教育训练】 2019年,温宿县公安局设立指导组督促指导培训工作,开展“冬训”练兵小教官培训3期、大比武活动1期、实弹射击6期、派出所体能达标测试考核9期、酒驾查处专项培训6期、辅警入职培训4期、应急处突力量培训1期、事业编干部轮值轮训2期。开展多警种演练95次,联合边境管理大队开展“清边”行动演练23次。利用现有刑事科学技术室,每周组织刑侦大队4名技术员、3名法医及11名跟班学习人员,开展一次刑事技术专项培训,邀请专家11批次66人组织36名业务骨干赴浙江金华跟班学习,12名办案民警赴沈阳警察学院进修,5批120余人次所队长、办案民警参加法院庭审,学习举证、质证过程,编发学习经验102期。 (李向龙)

【消防管理】 2019年,温宿县公安消防大队更名为温宿县消防救援大队(简称温宿县消防大队)。2019年,温宿县消防大队检查单位1782家,督促整改火灾隐患2504处,下发“责令整改通知书”830份,下发“行政处罚决定书”30份,下发“临时查封决定书”2份,责令“三停”(停产停业、停止使用、停止施工)单位14家,罚款22.2万元。提请县政府对温宿华鼎温泉水都有限公司进行重大火灾隐患挂牌督办,督促该单位落实60余万元整改经费,将重大火灾隐患消除在萌芽状态。推动县住建局新建28个消火栓、3个消防水鹤,推动社会单位安装独立式火灾报警器290个,联合温宿县第二小学建立温宿县消防科普教育馆、龙泉湖城市取水码头,提升公共消防基础设施建设。修订灭火作战预案87份,开展各类演练200余次,开展消防水源普查4次,建立消防水源档案187份。定期组织专人指导派出所消防监督工作。在农村、学校、社区、居民小区、机关、企业等单位场所开展消防知识宣传普及活动，开放消防科普教育馆128次，发送消防公益短信6000条，发放宣传资料5万余份。处置火灾和抢险救援事故76起（其中火灾23起），出动车辆152辆次，出动警力425人次，抢救被困人员9人，疏散被困人员11人，抢救财产价值23.6万元。　（吴玉文）

检　察

【机构改革】 2019年司法责任制改革，温宿县人民检察院内设机构5个，其中业务部门3个：第一检察部（由侦查监督科、公诉科整合）、第二检察部（由民事行政检察科重组）、第三检察部（由案件管理办公室、监所检察科、控告申诉检察科整合）；综合部门2个：办公室（司法警察大队）、政治部。县聘书记员12名。

【打击刑事犯罪】 2019年，温宿县人民检察院树立总体国家安全观，维护国家安全和社会稳定大局，注重办案质量，通过打得“精准”实现打得“稳狠”，对进入批捕、起诉环节的案件，依法严把事实关、证据关、程序关。发出逮捕案件继续侦查取证意见书34份，无捕后不诉情形，批捕和审查起诉准确率100%。

【扫黑除恶】 2019年，温宿县人民检察院贯彻中央、自治区、地区、县委及上级检察机关关于扫黑除恶专项斗争的安排部署，提高政治站位，强化责任担当，抽调业务骨干组成专案组，履行侦查取证引导职责，指控犯罪主体职责，诉讼监督保障职责，依法办理扫黑除恶案件。

【公益诉讼】 2019年，温宿县人民检察院坚持从群众最关心的问题、最直接的利益入手，公益诉讼寻求为民“最大公约数”，办理涉及生态环境和国土资源保护公益诉讼案件3件。

【未成年人“诉心”工作室】 2019年，温宿县人民检察院建立未成年人检察“诉心”工作室，统一阿克苏检察机关未成年人检察“诉心”工作室标识、定位和职能，选派11名检察官担任中小学法治副校长，开展“百名检察官进校园”活动，选派干警参加自治区人民检察院、教育厅“法治进校园”巡回宣讲活动。向教育部门发出检察建议，督促落实高检院“一号检察建议”。2019年办理未成年人犯罪案件21件23人，提起公诉13件14人，相对不起诉1件1人，附加条件不起诉1件1人。

【“石榴籽”法律服务队】 2019年，温宿县人民检察院成立“石榴籽”检察官法律服务队，以“稳情绪、消疑虑、解心结”为重点，真情帮教、以案释法，开展“四个讲清”等普法宣传92场次，法律政策解读47场次，化解矛盾纠纷151件。

【“亮剑持正”大讲堂】 2019年，温宿县人民检察院开设“亮剑持正”大讲堂，利用“学习强国”、检察“云课堂”、国旗下发声亮剑等平台，采取领导干部上大课、学习培训体会交流分享等形式，持续强化理论武装。开展各类讲堂11场次，20名外出参加培训学习的干警开展学习成果分享交流，做到一人受训、全员受益。

【“匠心公诉”实训课】 2019年，温宿县人民检察院搭建公诉人学习锻炼平台，将工匠精神引入到公诉工作中，精雕细琢、精益求精，培养独具匠心的新时代公诉人。领导带头办理疑难复杂案件79件，以“师傅带徒弟”“以案代训”“交流轮岗”等形式，组织开展“观摩庭”3次，检察长列席审委会12次，交流轮岗11人次。

【刑罚执行和监管活动监督】 2019年，温宿县人民检察院审查群众申诉的民事行政案件3件，强化刑罚执行监督，审查刑罚财产刑执行案件543件611.76万元；依法开展羁押必要性审查，加强监管场所的监督力度，保障被监管人员的合法权益，切实维护好监管秩序；依法开展社区矫正专项检察，针对部分乡(镇)司法所社区矫正服刑人员管理工作中存在的不规范、监管不力等问题，向司法局发放检察建议，联合召开整改工作推进会，进行专项监督纠正，防止社区矫正人员脱(漏)管和再犯罪。

【完善社会治理格局】 2019年，温宿县人民检察院贯彻认罪认罚从宽制度，认罪认罚案件使用率达70%；审查人民法院做出的刑事判决、裁定506人；围绕群众反映强烈的律师会见难、阅卷难等问题，设立律师会见室，为律师办理绿色通行证，在阅卷、会见和案件信息公开等方面保障律师执业权益。践行发展新时代"枫桥经验"，在温宿镇新泉社区建立检察便民服务室，每周一安排1名检察官开展普法宣传、法律援助和矛盾纠纷调处化解等工作。

【从严治检】 2019年，温宿县人民检察院落实"1231"学习机制(每月1次中心组学习；每周三、周五的2次专题学习；坚持"领导干部大上党课、举办各类培训和个人自学"3种方式；每季度开展1次闭卷考试)，开展"不忘初心、牢记使命"主题教育，坚持把学习教育、调查研究、检视问题、整改落实四项重点措施有机融合、统筹推进，班子检视问题16条，党组成员检视问题123条，支部党员检视问题280条，发现和解决一批自身存在的问题。

【接受人大、政协监督】 2019年，温宿县人民检察院坚持向温宿县人大及其常委会汇报检察工作，落实相关决议，改进检察工作；向温宿县政协汇报检察工作，特邀全国人大代表视察指导检察工作，组织"检察开放日"等活动诚恳听取意见建议，接受民主监督。

【检务公开】 2019年，温宿县人民检察院运行微信、微博、今日头条客户端等新媒体宣传矩阵，应用12309检察服务公共平台，完善案件信息公开，加大检务公开力度，以公开促公正，以公正促和谐，让数据多跑路、群众少跑腿，提升服务办案、服务群众、服务社会的能力和水平。

(李佳璐)

法　　院

【机构改革】 1954年2月，温宿县人民法院成立，有内设机构11个。2019年4月，自治区基层法院内设机构改革，温宿县人民法院内设机构8个，分别是：政治部(机关党委)、综合办公室(司法警察大队)、审判管理办公室(研究室)、立案庭(诉讼服务中心)、行政审判庭(综合审判庭)、民事审判庭、刑事审判庭、执行局；下设佳木镇、克孜勒镇、阿热勒镇、博孜墩柯尔克孜民族乡4个基层人民法庭。

【刑事审判】 2019年，温宿县人民法院推进严打斗争，开展扫黑除恶专项斗争，落实县委和上级法院安排部署，开展专项学习培训10次，统一思想认识，召开13次专题会议，研究部署扫黑除恶工作，41名犯罪分子被绳之以法。依法严惩严重影响群众安全感的刑事犯罪，审结故意伤害、盗窃等犯罪85件；开展扫黄打非专项行动和禁毒斗争，审结黄赌毒案件9件。保持惩治腐败犯罪高压态势，开展反腐败斗争，依法审结贪污受贿、职务犯罪案件7件，挽回经济损失470.74万元。加强对人民群众密切关注的交通安全、食药安全、生态环境、电信网络等领域案件的办理，依法审结危险驾驶、交通肇事等犯罪案件575件。

【民商事审判】 2019年，温宿县人民法院服务供给侧结构性改革，审结买卖合同、加工承揽、民间借贷纠纷案件262件。服务县域开发建设，化解重点工程、项目推进过程中遇到的矛盾纠纷，审结房地产开发、建设工程纠纷35件。坚持“绿水青山就是金山银山”生态发展理念，依法审结非法收购珍贵、濒危野生动物案1件。审结事关群众切身利益的婚姻家庭、交通事故、农民工工资、医疗和住房类案件459件。加强行政行为司法审查，办理行政非诉案件6件，支持监督行政机关依法履职，保障群众合法权益。

【执行案件】 2019年，温宿县人民法院开展春分、秋收等集中执行活动，采取网络查控、拍卖、曝光和联合惩戒等措施，巩固执行难成果，开展查询1500余次，依法将75人纳入失信被执行人黑名单，压缩“老赖”生存空间，彰显强制执行威慑力，执结案件1031件，执行到位标的5292.40万元。

【审判监督】 2019年，温宿县人民法院接受人大监督，汇报刑事审判工作，邀请自治区、地区、县人大代表参加重大案件旁听、见证执行。接受政协民主监督，办结政协委员提案1件。接受检察机关法律监督，邀请检察长列席审委会154次，办理检察机关建议。接受社会监督，加大司法公开力度，利用三大网络平台、庭审直播系统和网站、微博、微信等新媒体依法公开案件、文书、工作等信息。邀请各界人士4次500余人次开展法院开放日活动。接受舆论监督，邀请电视台、报社等媒体召开新闻发布会4场，向社会各界公布法院工作。保障公民依法参加审判活动，落实人民陪审员改革，选任人民陪审员96名，人民陪审员参与审理案件949件，陪审率100%。

【信访案件】 2019年，温宿县人民法院坚持信访接待坐班制度，每日1名领导坐班接访来访群众，处理问题线索21条。依托信访联动机制，定期排查上访信访苗头案件，定期报送有信访苗头的案件，办理上级交办、转办案件。

【队伍建设】 2019年，温宿县人民法院坚持把党旗插在审判一线，党组成员担任各支部第一书记，在审判团队设立党小组，开展“党员示范工程”，把党员的先锋模范体现在执法办案和司法为民的各项工作中。严明政治纪律和政治规矩，建立舆情处置、稿件政审等机制，抵制错误思潮。开展各类专项治理活动，受理问题线索14条，开展技能竞赛、专业培训等活动21场次，外派交流、挂职16人次。

【司法救济】 2019年，温宿县人民法院开展司法援助和司法救助工作，为困难当事人减免缓交诉讼费1.5万元，发放司法救助金31.5万元。

【司法改革】 2019年，温宿县人民法院优化审判权运行和司法资源配置，推动内设机构改革，11个内设机构整合为8个。推进人员职务序列改革，完善员额法官管理机制，实施动态进出、末位淘汰机制，增补、退额各1人。推进聘用制书记员改革，公开招聘书记员31名。加强新型审判团队建设，结合人员特长，科学配置审判团队。贯彻入额必办案的要求，院庭长带头办案2257件，占案件总量的41%。明确院庭长审判管理和监督权限，改革裁判文书签发流程，实现“让审理者裁判，由裁判者负责”。发挥好专业法官会议作用，为办案人员提供咨询服务，把握重大疑难案件裁判尺度。

【参与社会治理】 2019年，温宿县人民法院推进多元化纠纷解决机制，开通在线调解平台，特邀调解员12名，在温宿县依希来木其乡阔依其村开展人民调解员培训试点，凝聚司法调解、人民调解、行政调解合力。落实普法责任制，加强以案释法，撰写典型案例7篇，在集市、包联村开展宪法宣传周，宣传8场次，担任法制副校长的法官到所在中小学开展法律讲座、宣传21场次。做好群众工作、民族团结工作,开展脱贫攻坚工作,开展联谊活动11场次。

【司法人权保障】 2019年,温宿县人民法院落实刑事辩护制度,推进刑事案件律师辩护全覆盖,向县司法局发出指定辩护通知书,为犯罪嫌疑人、被告人提供指定辩护律师390人次,保障律师知情、会见、阅卷、辩护等权力,维护被告人合法权益。推进刑事诉讼制度改革,开展庭前会议、排除非法证据、法庭调查三项规程,落实罪刑法定、疑罪从无、证据裁判等制度,防范冤假错案发生。坚持宽严相济刑事政策,在依法严惩严重刑事犯罪的同时,对那些社会危害不大、主观恶性不深,具有自首、立功等法定从宽情节的被告人以及较轻犯罪的初犯、偶犯,依法给予从宽处理。

【异地交流融合】 2019年,温宿县人民法院加强对口援疆工作,深化异地交流,选派6名年轻干警分3批到浙江省金华市婺城区人民法院挂职锻炼。8月,浙江省金华市婺城区人民法院一行7人到温宿县人民法院就审判执行、司法改革等工作进行学习交流,捐赠40万元新建温宿县科技法庭。

【聘用制书记员改革】 2019年,温宿县人民法院根据中央司法体制改革的要求,按照自治区、地区部署,研究制定《温宿县人民法院聘用制书记员管理制度改革工作实施方案》,成立温宿县人民法院聘用制书记员管理制度改革工作领导小组,对聘用制书记员岗位职责、人员条件、用人额度、招聘程序、待遇保障、管理考核等方面作初步规定,公开招聘聘用制书记员31名。

(杨林举)

司法行政

【概况】 1981年,温宿县革委会设司法科,1984年改称司法局。2019年,温宿县委全面依法治县委员会办公室设在县司法局。温宿县人民政府法制办公室职责划入县司法局。内设办公室、基层室、社区矫正室、公共法律服务管理室、政策法规室5个科室。下辖13个乡(镇)司法所。

【法律法规宣传】 2019年,温宿县全面依法治县委员会办公室开展《中华人民共和国宪法》《中华人民共和国国家安全法》《中华人民共和国反间谍法》《中华人民共和国保守国家秘密法》等国家安全相关法律法规宣讲,组织各党委(党组)学习80余次,宣讲150余场次,发放宣传资料2000余份,制作宣传版面43张,宣传横幅168条。开展"安康杯""学宪法讲宪法""扫黑除恶""纪法铭记于心廉洁伴我行"知识竞赛12场次。利用"12·4"国家宪法日、4月自治区"宪法法律宣传月"等活动,开展"升国旗,讲宪法"活动780场次、宪法宣誓活动400余场次,在温宿县100余家民营企业集中开展"法治体检"。

【普法依法治理】 2019年,温宿县全面依法治县委员会办公室组织167个单位7069名领导干部参加网上学法活动,参考率、及格率均在95%以上。选优配强学校法治副校长、法治辅导员108名,41所学校聘请法律顾问。155个行政村(社区)培养"法律明白人"186人,建设法治宣传橱窗、法治文化墙、法治文化一条街、图书室(角)118个。温宿县有"全国民主法治示范村"1个,"自治区依法治校示范校"4所,"地区级依法治校示范校"34所,"县级依法示范学校"54所。

【依法行政】 2019年,温宿县司法局对31个单位证明(盖章)事项599项,清理前提交证明材料1291个,清理后963个,缩减74.59%;清理前申请人提交自备类材料2808个,清理后需提交1804个,缩减率64.25%。审核各类规范性文书草案12件,建立健全温宿县涉及事关民生、重大政府投资项目、国民经济发展等24个重大行政决策机制，9月在政府网站予以公示。

【人民调解】　2019年，温宿县司法局规范人民调解组织建设。有调解组织166个，人民调解员827名，村（社区）各级人民调解员1637名，人民调解培训23场次。受理人民调解案件2185件，调解成功2185件，疑难复杂案件257件，协议涉及金额103万元。打造人民调解自治区示范点13个，建立20个个人调解室。

【公证工作】　2019年，温宿县公证处进驻行政服务中心，落实"最多跑一次"公证事项，让群众在窗口办理公证业务。深化金融领域服务，加强与温宿县农商银行、温宿县建设银行协作，扩大贷款公证服务范围。办理公证案件1072件，其中经济类102件、民事类970件。

【律师管理】　2019年3月，温宿县司法局成立中共温宿县任长勇律师事务所联合支部委员会，9月成立中共温宿县委员会法律服务行业党工委（简称温宿县委法律服务行业工委）。落实党工委委员包联企业制度，做好法律服务行业党建指导工作，领导班子包联温宿县5家律师事务所，派出5名党员干部指导联合党支部工作。

【法律服务】　2019年，温宿县司法局推进公共法律服务体系建设。在温宿县法律服务中心、13个乡（镇）公共法律服务站、155个村（社区）公共法律服务室和法律服务工作点，开通对农民工、退役军人、残疾人等群体绿色通道。制作2万余份宣传资料，利用集市天深入各村（社区）宣传《法律援助条例》，接待法律咨询995人次，办理法律援助案件549件，代写法律文书15起，律师参与扫黑除恶法律援助案件23件。　（周志桂）

网络安全和信息化管理

【机构改革】　2017年2月，中共温宿县委网信办成立，为县委直属正科级全额事业单位。2019年机构改革，更名为中共温宿县委员会网络安全和信息化委员会办公室（简称温宿县委网信办）为行政单位。加挂温宿县互联网信息办公室牌子，与中共温宿县委员会网络安全和信息化工作委员会（简称温宿县委网信工委），"一个机构、三块牌子"。内设综合室、新闻信息传播室、执法监督和网络安全室、应急管理和舆情处置室4个科室。

【网络舆情处置】　2019年，温宿县委网信办对网民在领导留言板、微博、贴吧等平台提出利益诉求，统筹网信、人社等部门第一时间跟进处置，化解属地网民提出民生类诉求信息32起。

【网络宣传】　2019年，温宿县委网信办开展网络安全宣传教育、"网络安全宣传周"活动，组织《中华人民共和国网络安全法》专题学习测试，印制宣传海报、宣传册，深入网站、企业、学校、乡村（社区）举办网络安全知识讲座、培训20余场，普及网络安全常识，筑牢网络安全思想防线。完成自治区党委网信办"达人西游"网络主题传播第7季在温宿大峡谷、帕克勒克草原的旅游推介体验活动。通过舆论引导，形成网上网下宣传合力。

【互联网党建】　2019年，温宿县委网信办召开互联网党建工作推进会，签订"党建工作责任书"，举办《中国共产党支部工作条例（试行）》专题培训，落实网站巡查、走访，强化联系指导，组织属地网站党支部书记、党员赴柯柯牙生态纪念馆开展主题党日活动、交叉观摩学习，强化网站党建示范点创建指导。　（刘妙玲）

群众团体

工　　会

【基层组织建设】 2019年,温宿县总工会按照基层工会规范化建设标准指导,严抓基层工会组织建设,健全工会组织机构,制定规章制度,基层工会悬挂工会委员会牌子,规范基层工会组织建设139家,达标率95%以上。新组建工会8家,新入会会员378人。

【职代会制度】 2019年,温宿县总工会印发《关于进一步健全和规范职工代表大会制度的通知》,推进职工代表大会工作制度化、规范化、程序化,保障职工知情权、参与权、表达权和监督权,解决职代会组织制度和工作制度建设中存在的问题,调整、充实职代会职权。全县建立职代会制度企业工会35家,涉及职工2500余人,审议解决提案83件。

【集体协商工资】 2019年,温宿县总工会落实《自治区企业工资集体协商条例》《关于印发〈自治区总工会关于建立工资集体协商指导员队伍的实施意见(试行)〉的通知》,聘任工会专职工资集体协商指导员3名,采取分类指导、上门服务等方式,推进企业工资集体协商指导工作。组织符合签订三项合同的165家企业工会(15人以上)开展工资集体协商邀约活动,参与职工4598人,覆盖率100%。

【工会干部培训】 2019年,温宿县总工会举办企事业单位职工代表骨干培训班2期,培训职工代表250余人。

【会员评家活动】 2019年,温宿县总工会开展会员评家活动,组织37家符合条件的基层工会参与评议活动,参与会员2119人。其中先进集体10家、先进职工之家5个、职工小家5个、优秀工会工作者10名,"五一生产能手"10名,五一劳动奖2个。

【厂(企)务公开】 2019年,温宿县总工会落实"四个条例一个规定",全县国有企业100%,非公企业85%以上建立职工代表大会(或职工大会)制度、民主管理制度、平等协商集体合同制度、劳动争议调解制度、厂(企)务公开、工会会员评议工会民主管理制度、依法健全工会经费收缴及使用等各项管理制度,确保工会工作正常开展。

【文体活动】 2019年,温宿县总工会组织开展各种活动,提高职工队伍素质,发挥工会组织的作用。在柯柯牙镇英沿村举办庆"三八"妇女节系列活动,表彰"三八红旗手""五好文明家庭""女致富能手""好婆婆、好媳妇""美丽庭院"等25名优秀妇女。组织全县机关事业单位300余名青年干部开展"汇才聚爱·青春同行"青年联谊交友活动。开展以"生命至上、安全发展"为主旋律演讲比赛;开展"中国梦·劳动美·新疆美"为主旋律的劳动技能竞赛;开展"防风险、除隐患、遏事故"为主题的"安康杯"演讲比赛。开展"安康杯"劳动竞赛活动32家,班组数85个,职工数3100人。出资3万余元与温宿县住房和城乡建设局联合举办第十七届"环卫工人节"活动,表彰一批在环卫工作中涌现出的优秀干部职工,颁发节日礼品。开展各种群众喜闻乐见的集体活动,活跃职工文化生活。为纪念"五四运动"100周年,喜迎中华人民共和国成立70周年庆典,筹办第三届"神奇峰"杯庆"五一"迎"五四"职工运动会、"青年联谊会"、全县干部职工广播体操比赛、企业创业大赛、旅游小姐选拔赛、古诗词擂台赛等。

【困难群体帮扶】 2019 年,温宿县总工会开展特困职工帮扶和送温暖活动,实施四大品牌(夏送清凉,冬送温暖,大病救助,金秋助学)民心工程,开展城镇困难职工脱困解困工作,实施精准帮扶。对困难职工重新调查摸底,就致困原因、收入状况、就业情况、帮扶措施、脱贫目标等一一建档,划分帮扶类别,实行动态调整,对症下药,精准帮扶。对因重大疾病致困的 5 名困难职工申请医疗救助,发放 2 万元大病救助款;为 22 名困难职工及农民工子女、单亲特困职工子女发放 3.9 万元金秋助学金;为 54 名困难职工开展生活救助,发放帮扶资金 20.63 万元。采取措施,多渠道帮助困难职工再就业,集中帮助下岗零就业家庭重新上岗。与县人社局联合举办创业就业培训,完成培训 156 人,富余劳动力转移再就业 333 人。组织三级劳动模范与困难职工签订"一对一"帮扶协议,签订帮扶协议 20 份,结对 20 人。

【慰问劳模】 2019 年,温宿县总工会召开劳模迎新春座谈会,慰问全县 33 名劳模,发放慰问金 4.52 万元。

【自身建设】 2019 年,温宿县总工会投入资金 50 余万元建设基层职工活动室 8 个;投入资金 100 余万元,加强总工会阵地建设,增加职工活动室、心理疏导室、女职工母乳喂养室;为传播先进文化,普及科技知识,引导职工养成"爱读书、读好书"习惯,丰富职工精神文化生活,保障职工基本文化权益,营造职工共建共享和谐社会良好风气,在人员集中区域建成 5 个"爱心书屋";投入资金 6 万元建立挂牌"户外劳动者爱心驿站"6 个。

【促进再就业】 2019 年,温宿县总工会帮助有劳动能力困难家庭实现再就业,组织困难职工参加招聘会,对零就业家庭、单亲困难职工家庭,通过摸底调查,发现一户、帮扶一户。与企业建立联动机制,通过网格化管理及时更新企业用工信息,在职工服务中心设立职业介绍岗,为 25 名困难职工找到适合工作岗位。

【八大群体入会】 2019 年,温宿县总工会提升工会组建和会员发展工作的质量和水平。组织货车司机、快递员、护工护理员、家政服务员、商场信息员、网约送餐员、房产中介员、保安员"八大群体"加入工会,召开"八大群体"入会仪式。376 人加入工会组织。

(汪　琪)

共青团

【概况】 2019 年,中国共产主义青年团温宿县委员会(简称温宿县团委)核定编制 6 名,其中行政编制 2 名,事业编制 3 名,工勤 1 名,实有 6 人。内设少先队温宿县工作委员会。辖教育团工委 1 个,基层团委 31 个,其中乡(镇)团委 13 个、乡(镇)中学团委 13 个、县直中学团委 4 个、县直属团委 1 个。有团员 10831 人,新发展团员 1006 名。

【青少年思想道德教育】 2019 年,温宿县团委围绕习近平总书记系列讲话和党团基础知识,组织各级团组织、团员青年参与每周一期"青年大学习"网上主题团课和团支部政治学习活动,举办培训班 3 期,组织集中学习 16 次。组织线上学习 41 期,线下集中学习 800 余次,累计覆盖团员 12.3 万余人次。

【团基层组织建设】 2019 年,温宿县团委规范团组织建设、抓重点整顿。通过实地查看、查阅资料、现场提问、座谈交流形式,督查指导党建带团建、"3214"(三会:支部大会、支部委员会、团小组会;两制:团员教育评议制度、团员年度团籍注册制度;一课:团课;四项基础团务:团员发展、团费收缴、档案管理〈组织关系转接〉、推优入党)基础团务、主题团日活动、共青团爱心生日会、牵手行动、少先队

"1211"("1"指一个入队仪式;"2"指红领巾和队委两个标志;"1"指一次学校少代会会议;"1"指一个少先队活动课程)等工作落实情况。开展2轮检查指导工作,指导范围覆盖县直、村(社区)、学校50余个团组织,调整乡(镇)、中学团委书记3名,在全县行政村、学校、企事业单位评定112个重点整顿团支部、4个重点整顿团委。每月上报整改情况,整顿完成12个团支部、1个团委,提升基层团组织服务群众能力。强化团干部业务培训,组织开展业务培训班1期,共青团"3214"基础团务专题培训2次,冬季大培训2期,"智慧团建"专题培训2次,团干部座谈会2次,坚持以考促学,组织参训学员测试党的十九大精神、党中央治疆方略和团务基础知识,公示考试成绩,试卷留存建档,作为每月对乡(镇)评分重要依据。通过温宿县团委业务骨干示范讲、乡(镇)、学校、县直属团委书记带头讲的方式,使各级团组织负责人理解掌握基础团务知识。规范温宿县团员发展工作,规范发展团员档案。

【少先队工作】 2019年,温宿县团委印发《温宿县少先队改革实施方案》,推进学校少先队深化改革工作,9所中小学成立少先队工作委员会(简称少工委)。举办少先队工作者、辅导员培训班,组织少先队"1211"基础业务培训班3期,"鼓号队"培训班1期,"辅导员专业技能"大赛暨培训班1期,累计培训少先队工作者、辅导员100余人次;协助自治区团委、少工委在温宿县第二小学举办"自治区第十二届辅导员专业技能大赛暨少先队活动课培训班"。获得地区少先队辅导员专业技能大赛"优秀组织奖",获得自治区"鼓号队"南疆赛区第二名。开展爱国感恩教育和民族团结教育活动,在实践中增强党、团、队衔接组织意识,传承红色基因,培养少年儿童对党和社会主义祖国感情;以端午节、中秋节、古尔邦节等节日为契机,开展"你到我家吃馓子,我到你家吃月饼(粽子)""我在城里(农村)有个家""书信手拉手"等各类民族团结寓教于乐文体活动200余场次。推进"民族团结一家亲"融情实践活动和民族团结联谊活动,开展夏令营、周末营、一日营、红领巾小课堂等活动,加强各族青少年相互交往交流交融,开展援疆夏令营1期、周末营1期、一日营2期、红领巾小课堂2期,累计4000余人次各族青少年参加活动。开展好每周一课时少先队活动课,9月起自治区团委、少工委每月统一下发课件开展主题队日活动,每月的主题分别是"谢谢您,老师""我爱你,中国""习爷爷教导记心中""我是合格小公民",覆盖全县团(队)员2.9万余人次。

【服务新农村建设】 2019年,温宿县团委发挥基层组织优势,做好服务青年民生,促进青年成长成才。大学生寒暑假期间,在13个乡(镇)、41个村(社区)开展"红领巾小课堂"教育活动,小课堂围绕在每个村(社区)开展为期一个月的教学任务活动,受益少先队员3800余人。组织青年志愿者开展"现代文明与青年同行"系列活动(普法知识竞赛,乡村排球、乒乓球、台球联赛)、"青少年法制宣传365"法制宣传教育活动、"我的中国梦"主题教育实践活动、"共青团联系服务农村青年月"活动、"岗位践行价值观 青春建功中国梦"寻找最美青工主题活动、青少年"模拟法庭"大赛、"清明祭英烈"活动等志愿活动50余场次。弘扬"主旋律",推动社会新文明、新气象和新风气,引领带动贫困户一起"动脑动手"争脱贫;对标"四好三美一卫生"(思想好、家风好、学习好、团结好,人美、屋美、院美,厕所卫生)"美丽庭院"创建标准,在牵头单位的带领下发动青年志愿者入村入户宣传建设"美丽庭院"意义、标准,协助有困难家庭打扫地面、擦拭门窗玻璃、清洗床单被褥、分类放置农具、分开圈养家畜,示范引导美好现代生活。

【非公有制经济组织团建】 2019年,温宿县团委夯实非公有制经济组织团建基础。经过摸底,非公有制企业建立9个团支部,从加强对非公有制团员教育管理,到规范"3214"基础团务,创新非公有制经济组织团组织管理模式和服务方式。

【"助力圆梦"活动】 2019年,温宿县团委开展"助力圆梦"活动。实施"国酒茅台·国之栋梁"2019希望工程圆梦行动大型公益助学活动,为10名贫困大学新生争取助学金5万元;实施"希望工程·圆梦行动"助学项目,为4名贫困大学生争取助学金1.8万元;实施"向阳花基金"助力脱贫攻坚助医行动,为8名贫困中小学生争取资助金1.44万元;实施"中国平安道路事故教育发展基金"项目,为1名贫困中学生争取资助金0.6万元。

【主题团队日活动】 2019年,温宿县团委发挥各级团(队)组织阵地作用,结合自治区团委、少工委每月统一下发课件开展好主题团日、主题队日活动,组织全县350个团组织、36个少先队大队同步开展"青春不贫困 勤劳创未来""建设美丽庭院 助力脱贫攻坚""青春心向党 建功新时代""五四百年继薪火 青春奋进新时代""铭记党的历史坚定跟党初心""我和我的祖国共成长""用实际行动谱写乡村振兴的青春篇章""争做新时代好队员""习爷爷教导记心中""红领巾心向党"等主题团(队)日活动,覆盖全县团(队)员3.9万余人次。

【大学生西部志愿者工作】 2019年,温宿县有在岗大学生西部计划志愿者4人,其中2018届志愿者2人,2019届志愿者2人。服务岗位涉及基层社会管理1个专项。"西部计划"志愿者做好服务单位所派工作任务,参与各类社会公益活动,走进敬老院开展以"敬老爱老,你好我好"为主题的志愿服务活动;开展"汇才聚爱·青春同行"青年联谊交友志愿服务活动;在"第三届海立方水上电音节" 暨2019世界旅游小姐阿克苏赛区温宿县分赛区参与决赛志愿服务活动;参加温宿县"网络安全为人民,网络安全靠人民"国家网络安全志愿宣传活动;在自治区第十二届少先队辅导员专业技能大赛中参与志愿服务活动;赴吐木秀克镇7大队秋季植树造林绿化基地开展植树造林活动;赴迎宾社区开展法治宣传志愿服务活动。

(狄欢欢)

妇　联

【概况】 温宿县妇女联合会(简称温宿县妇联)属群团组织,正科级建制,下设妇女儿童工作委员会。2019年,核定编制7名,实有7人。有乡(镇)妇联主席13人、副主席13人,村(社区)妇联主席155人。机关、事业单位妇委会8个,新兴组织妇委会22个。

【基层组织建设】 2019年,温宿县妇联开展504个登记在册企业摸底,有女职工新兴组织261个,符合成立妇联组织(妇女人数3人以上)新兴组织116个,87个新兴组织成立妇联组织,其中社会组织21个,覆盖率84%,非公企业66个,覆盖率72.5%。未成立妇联组织的新兴组织29个,其中2个企业停工,27个企业因季节性用工等原因人员流出,妇女人数不足3人,全部纳入就近妇联开展妇女工作。打造以"温宿女声"微信公众平台为引领的妇联新媒体矩阵。将妇联工作动态、妇女创业就业、妇女权益维护、巾帼志愿服务、家庭文明建设等具有妇联特色信息,通过妇联系统微信公众平台进行全方位宣传。发挥党建引领作用。印发《温宿县妇联改革工作方案》,打造专职、挂职、兼职相结合机关干部队伍。在县妇联机关设挂职副主席1名,兼职副主席2名。乡(镇)、村(社区)妇联设兼职副主席2~4名,不限年龄、资历、身份,从各行业各领域吸收政治素质好、工作能力强、热爱妇女工作、群众威信高的优秀女性进入妇联队伍,增强妇联干部群众性和代表性。加大机关干部实践锻炼力度,在各级妇联干部中推行"五个一"(当一天基层妇联干部、参加一次基层妇女活动、发现一个困扰妇女群众的问题、为妇女群众开展一次服务、交一个基层妇女群众朋友),落实妇女工作,转变妇联干部工作作风,扩大妇联组织覆盖率。

【维护妇女儿童权益】 2019年,温宿县妇联发挥

169个妇女维权站作用,畅通妇女利益诉求渠道,建立婚姻家庭纠纷调解室157个,挂牌131个。建立婚姻家庭纠纷人民调解委员会1个,有专兼职婚姻家庭纠纷调解员169名。接待妇女群众来信来访430件,其中,县妇联9件,乡(镇)妇联45件,村(社区)妇联376件。办结424件,办结率98.6%,调解3件,走司法程序解决3件。组建儿童之家。全县投入使用儿童之家70个,通过儿童之家开展宣传教育,激发儿童想象力、创造力,发扬道德传习,提升儿童综合素质。开办21:00学堂,弥补妇女因参加夜校学习无暇照顾教育孩子的空缺。关爱特殊困难妇女群体。"六一"期间,为柯柯牙镇英沿村小学特殊困难儿童送去价值4000元的文具。救助特殊困难家庭女大学新生11人,每人发放救助金1000元。配合县妇幼保健院做好农村妇女"两癌"筛查宣传及组织,对符合救助条件的"两癌"妇女及时申报,为8名"两癌"患者争取贫困母亲"两癌"救助金8万元,及时将善款发放至患者手中。开展唇腭裂患儿、先心病患儿家庭公益救助宣传,3名患儿获得免费手术机会;争取全国妇联"恒爱行动"公益救助,为困难儿童、困难妇女和家庭送去毛衣等慰问品。

【思想宣传引领】 2019年,温宿县妇联开展"巾帼心向党、礼赞新中国"群众性宣传教育活动。以妇女之家、农民夜校及远程教育等阵地为依托,通过"弘扬家国情、礼赞新时代"家风家教主题宣传月,"三八"妇女维权周、"5·15国际家庭日"等主题活动,宣传家国情怀、崇德向善、孝老爱亲、清正廉洁、移风易俗、绿色环保等家庭典型,引领群众树立文明健康生活方式。各级妇联开展宣传宣讲活动4241场次,受益妇女72.96万人次。开展母亲素质教育721场次,受益妇女16万余人次。开展寻找最美家庭、五好文明家庭等创建活动。按照一月一计划,一月一主题,季度有推荐、有展示,年度有揭晓,吸引群众参与寻找"最美家庭"活动,激发群众自主意识和参与热情。评选五好文明家庭39户,最美家庭70户。

【妇女发展】 2019年,温宿县妇联依托"访惠聚"驻村(社区)工作队力量,确保每个村夜校每周至少1天时间用于国家通用语言文字培训,增强妇女群众基本就业技能。开展妇女创业就业技能培训。通过妇女创业就业基地开展就业技能培训1期,培训妇女9人,其中贫困妇女7人。依托家庭学校培训,把妇女企业带头人请到村委会,把缝纫技术、烹饪技术、美容美发技术、穿衣打扮技巧传授给妇女群众,以点带面示范带动更多妇女掌握现代文明生活基本常识、技能和礼仪。各级妇联开展"家庭学校"培训46场次,培训妇女995人。通过广泛摸底、重点培养,利用地区妇联"靓发屋"项目资金和"爱心一元捐"妇女创业循环资金,扶持适合妇女从事的"糕点屋""便民餐厅"和"靓发屋"项目23个。

【"美丽庭院"创建】 2019年,温宿县各级妇联组织按照"美丽庭院"建设目标任务,指导基层妇女群众砸土炕、换板床、撤地毯、置沙发茶几,做到做饭上灶台、吃饭有餐桌、睡觉上床铺、孩子学习有书桌。完成"美丽庭院"创建1532户,完成全年任务的131%。非贫困户参与创建3369户。以"百村万户"为目标,建设地区级"美丽庭院"试点村1个、试点户95户,建设县级"美丽庭院"试点村12个、试点户250户。各级妇联组织依托"美丽庭院"建设,开展宣传教育活动,提升"美丽庭院"建设标准知晓率和群众参与率,推进家庭成员思想与生活同步发展。争取地区"美丽庭院"示范村工作经费2万元,打造吐木秀克镇深度贫困村尤喀克托喀依村示范村,为贫困户统一打造橱柜31套。发动巾帼志愿者、爱心妈妈协会入村入户宣传建设"美丽庭院"意义。帮助困难群众家庭打扫卫生、清洁院落,组织群众在房前屋后种树、种菜、种花;在春种秋收时节,与群众一起铺地膜、施肥、捡棉花、收玉米,发挥生力军和突击队作用。各级妇联组织巾帼志愿者开展志愿活动1640场次,参与志愿者3.35万余人次。

【妇联干部培训】 2019年,温宿县妇联加强妇联干部队伍建设，提升基层妇联干部素质和能力，引领各族妇女参与经济社会建设，12 月 19—25 日，在县委党校举办以学习贯彻习近平新时代中国特色社会主义思想，党的十九大、十九届四中全会精神，农业实用技术、国家通用语言学习、家庭教育、健康知识、《中华人民共和国妇女儿童权益保护法》、“美丽庭院”建设，《中华人民共和国反家庭暴力法》、感恩教育、社会主义核心价值观、妇联业务工作等为内容的“冬季攻势”妇女干部示范培训班，全县各乡（镇）、村（社区）妇联主席、副主席 66 人参加培训。

（谢　存）

科　协

【科技之冬】　2019 年，温宿县科学技术协会（简称温宿县科协）开展“冬季攻势”“健康进万家”“万人大宣讲”等活动，对照“六个精准”要求，开展扶贫领域专题培训。紧扣“一超过”“两不愁三保障”，围绕脱贫攻坚“要摘帽”中心任务，提升各族群众特别是贫困村农牧民群众和在册贫困户劳动力为重点对象的社会公众科学素质，科技培训农牧民 1700 余场次，受益群众 9.32 万人次。

【科普信息化建设】　2019 年，温宿县科协搭建信息化科普平台，探索城乡社区科普信息化建设新路子，根据中国科协和自治区科协部署开展乡村 e 站、社区 e 站建设工作，完成 13 个乡（镇）村 e 站建设、15 个社区 e 站建设、18 个健康 e 站建设，78 所中小学、幼儿园的校园 e 站建设，大欣汽车城 5 所 4S 店大型企业科普 e 站建设。

【科普宣传工作】　2019 年，温宿县科协加强科普阵地建设，推进农村社区服务中心、社区科普大学、科普教育基地等科普基础设施建设，健全完善社区科普画廊或科普宣传栏。利用“乡村百日文体活动”宣传进社区，对社区居民进行科普知识宣传。5 月 17 日开展“大手拉小手科普报告希望行——科学家进校园”巡讲活动。邀请空军航空杂志社副编审、航空知识杂志社编委会委员、中国航空史研究会理事傅前哨，首都医科大学附属同仁医院教授、研究员、博导徐亮，首都师大附属中学物理高级教师，曾任北京市海淀区兼职物理教研员、物理学科带头人和首都师大物理系中学物理教学法客座教授、教育硕士生导师王邦平三位教授分别到温宿县第二小学、县五中、县二中进行巡讲。温宿县科协在县第二小学举办阿克苏地区“科技活动周”启动仪式和科技馆观摩活动。利用举办“科技活动周”“科技工作者日”活动、食品安全宣传周等大型科普宣传活动促进科技创新和科学普及协调发展，组织实施参加第 33 届自治区机器人大赛，实施温宿县县域“科普报告校园行”“科普大篷车”进校园、校园健康科普行动等活动，增强青少年学生的科学素质和创新实践能力。邀请新疆科学大讲堂宣讲组到温宿县依希来木其乡和温宿镇开展科普宣讲活动，提高群众对健康防病的认知，在居民群众中营造“爱科学、学科学、讲科学、用科学”氛围。

【科技馆建设】　2019 年，温宿县科协争取自治区科协为温宿县配备科技馆设备设施落实到位，优化完善布展方案，推动温宿县第二小学建立青少年科技馆，已挂牌运行。

【乡级科协改革】　2019 年，温宿县科协实施基层科协组织建设工程，推动科协组织向基层延伸，指导乡（镇）科协吸纳农技推广站、农技协、专业合作社、家庭农场、社区（村居）科协等基层组织为团体会员，面向基层科技科普工作者和农村实用技术人才发展个人会员。支持乡（镇）依托农技站等建立乡（镇）科普协会，在社区、村设立科协主任或科普宣传员。13 个乡（镇）成立科学技术协会。

（徐　莉）

工商联

【概况】 2019年9月,温宿县工商业联合会(温宿县商会)(简称温宿县工商联)设立中共温宿县委员会非公有制经济组织工作委员会,属县委派出机构,正科级全额拨款事业单位,核定编制4名,实有3人。

【服务民营企业】 2019年,温宿县工商联组织28家民营企业参加非公有制经济人士法律法规、税收政策及融资信贷知识讲座和地区首届民营企业项目及产品对接交流会,为各界企业家提供互相沟通、寻求合作、项目对接、产品交流、企业宣传、资源共享、合作共赢的平台。

【助力脱贫攻坚】 2019年,温宿县工商联组织温宿县曦隆燃气开发有限公司、新疆大欣汽车城投资管理有限公司等23家企业向博孜墩柯尔克孜民族乡博孜墩村、克孜布拉克村和提坎库如克村124户贫困户送去大米、面粉、清油及暖心煤等物资和扶贫资金4万余元。温宿县电子商务产业园培训吐木秀克镇包括贫困户在内的农户核桃种植技术普及1.5万人次,无人机植保培训30人次,农村电子商务经济培训12人,并将吐木秀克镇托万克斯日木村建成旅游民俗村,带动就业200余人,创业30余户。

【非公企业党建工作】 2019年,温宿县工商联组织成立中共阿克苏天雁实业有限公司支部委员会。组织企业出资人、党支部书记、党务工作者、党员参加地县党建工作培训班和现场推进会3次,通过现场交流、相互借鉴学习,帮助开阔眼界,转变党建工作理念,提升党务工作能力。指导企业党支部开展"不忘初心、牢记使命"主题教育,抓好学习教育和检视问题整改。

(周　渝)

残　联

【残疾人康复】 2019年,温宿县残疾人联合会开展贫困残疾人康复工程项目,贫困精神残疾人药费补助60人,贫困儿童抢救性康复25人。开展辅具适配发放工作,发放轮椅、拐杖、盲杖、盲表等各类残疾人辅助器具1090件,为25名四类儿童开展康复训练、17名残疾人进行假肢适配,25名听力残疾适配基本助听器,20名精神病患者开展住院补贴,建立一人一档。

【残疾人就业】 2019年,温宿县残疾人联合会解决残疾人就业60名,其中,残疾人集中就业10名,按比例就业20名,个体就业和其他形式就业30名。

【二代残疾证办理】 2019年,温宿县残疾人联合会与县医院协调,减少贫困残疾人检查费,简化办证流程,减轻残疾人负担,提高办证效率,开展第二代残疾人证的发放工作,持第二代残疾人证533本。其中,新办残疾人证250人,根据残疾类别划分为:肢体残疾119人,智力残疾48人,视力残疾45人,听力残疾7人,精神残疾19人,多重残疾12人。根据等级类别划分为:一级残疾29人,二级残疾69人,三级残疾51人,四级残疾101人。

【活动日宣传】 2019年,温宿县残疾人联合会开展"爱耳日"宣传活动,预防听力残疾讲座。县人民医院五官科医生在现场悬挂宣传横幅、设立宣传桌、宣传咨询,听力检测点,组织专业技术人员对群众进行听力健康知识讲座,免费检测听力,测量血压,发放预防药品200件、宣传资料500余份。

【残疾人就业保障金征收】 2019年,温宿县残疾人联合会收缴293个县直各单位、各乡(镇)、行政事业、企业单位残疾人就业保障金170万元,完成地区下达任务的 120%。

【残疾人帮扶慰问】 2019 年,温宿县残疾人联合会慰问 4 名贫困残疾人家庭,发放慰问金 3000 元。发放机动车燃油补贴 128 人 33280 元,发放困难残疾人残疾评定补助 60 人 9000 元,发放免费停车牌 43 人,另有爱心企业捐赠物资和慰问金 4000 元,价值 8.9 万元。 (库尔班尼沙·阿不来提)

红十字会

【社会救助】 2019 年,温宿县红十字会接待救助困难群众 19 人(小天使基金 18 人,嫣然天使基金 1 人)。6—7 月,带领符合条件的 12 名先心病患者及陪护亲属赴无锡市明达医院进行手术,为先心病患者家庭带去免费医治的服务,获得救助资金 54 万余元,减轻基层困难农牧民群众经济负担。

【应急救护培训】 2019 年,温宿县红十字会开展乡(镇)、村(社区)、学校救护新概念及初级救护知识的宣传和培训,推进群众应急救护培训进社区、进乡村、进学校、进机关等活动,培训内容有心肺复苏、创伤急救、突发事件与意外伤害、逃生避险等一系列应急救护知识技能培训,培训 3100 余人。

【博爱送温暖】 2019 年,温宿县红十字会开展"博爱送万家"活动,发放价值 4380 元的送温暖物资(棉衣、毛毯、大米、糖果),发放到 3 个乡(镇)、3 个社区,40 户困难家庭得到帮助。接受浙江省金华市红十字会捐赠的价值 37 万元援疆物资,发放到 13 个乡(镇)和学校,受益村民 1 万余人。

【造血干细胞捐献】 2019 年,温宿县红十字会组织引导广大干部群众开展捐献造血干细胞志愿服务,招募 200 多名造血干细胞捐献志愿者,经县人民医院采血后,将符合条件的 182 份血样送达中华骨髓库。1 月,温宿县造血干细胞捐献志愿者王晓龙前往自治区人民医院,成功完成造血干细胞捐献,挽救 1 名儿童生命,成为温宿县有史以来第一位造血干细胞捐献者。 (曹宏刚)

军 事

温宿边境管理大队

【强边固防】 2019年1月1日，温宿边防大队更名为温宿边境管理大队。2019年，温宿边境管理大队联合协调县政法委、边防办、公安局、武装部等部门，定期开展清山踏查、联合演练活动20余次；完成重大安保任务70余次，检查进出边境管理区车辆35万余辆次，检查人员116万余人次，走访辖区流动人口2668名、常住人口2.3万名，开展法律宣传50余次，发放法律宣传单6000余张。

【政治工作】 2019年，温宿边境管理大队吐木秀克边境派出所民警肖合来提·阿尔吐克被表彰为“全国民族团结进步模范个人”，受邀参加中华人民共和国成立70周年阅兵观礼。温宿边境管理大队党委号召广大民警向受到表彰的肖合来提·阿尔吐克学习，向典型看齐，深化“不忘初心、牢记使命”主题教育，增强干事创业、忠诚履职，为维护边境地区安全稳定，促进地方经济繁荣发展贡献力量。

【暖心惠警】 2019年，温宿边境管理大队协调解决2名民警家属工作、2名民警子女入学实际困难，消除民警后顾之忧；建设改造民警营区营房，打造温馨舒适办公居住环境。

【队伍管理】 2019年，温宿边境管理大队开展安全形势大分析、安全隐患大排查、安全工作大讨论“三大活动”，做到工作领域、岗位部位、管控要素“三个全覆盖”，排查整治问题102个，列表清零隐患30处，确保营区内部、前出点位、执勤现场100%全覆盖。

（付　丽）

武警温宿中队

【组织建设】 2019年，中国人民武装警察部队新疆总队阿克苏支队执勤三大队温宿中队（简称武警温宿中队）加强思想政治建设，发挥党支部战斗堡垒作用和党员先锋模范作用，召开民主生活会，形成分析检查报告，制定整改措施，落实目标责任。全队官兵紧紧扭住“听党指挥、能打胜仗、作风优良”的强军目标，把党的先进理论投身于多样化军事任务实践，确保部队战斗力稳步提升。中队支部坚持依法从严治军、按纲建队，确保部队高度集中统一和安全稳定；全队官兵牢记使命、苦练本领、忠于职守、勤奋工作，完成各项任务。

【思想政治建设】 2019年，武警温宿中队制定《政治教育计划》，组织官兵开展主题演讲和知识竞赛，观看红色电影等活动，深化教育效果。抓好两个群众组织（团支部、军人委员会）建设，搞好两个组织骨干培训；抓好两支队伍（干部队伍、党员队伍）；以思想作风建设为重点，增强官兵爱岗敬业意识。通过签订“目标责任承诺书”“党员承诺书”及每月评比优秀共产党员和优秀共青团员等活动，激发官兵创先争优的积极性。

【任务能力建设】 2019年，武警温宿中队强化军事训练。开展“两官”编组作业，提高军官、士官组织指挥和教学能力；坚持每天体能训练，完成队列、擒敌术、400米障碍、专勤专训、射击、器械体操等科目的训练，开展“战斗精神”和军事训练价值观大讨论，推进群众性练兵活动，提倡科学练兵，每月开展执勤标兵、优秀领班员、优秀网络查勤员和优秀哨兵评选活动，激发官兵内在动力。

【正规化建设】　2019 年，武警温宿中队开展“远学成武事迹、近学身边典型”活动和《中国人民解放军纪律条令》等法规制度学习，加强人员管控，落实各项规章制度，筑牢安全发展基础。每月开展“四无安全月”推进活动、通过“十查十看”活动、设置安全工作倒计时牌、集体诵读安全警示语、落实请销假规定、值班规定等制度和载体，提高安全规范意识。提高后勤规范化管理水平，严把实物验收关和留验制度。（徐　铎）

温宿县人民武装部

【组织建设】　2019 年，温宿县人武部党委学习习近平强军思想，贯彻分区党委决策指示，铸魂育人守初心，备战维稳谋打赢，强基固本打基础，政治整训强党建。坚持以老带新、新老结合，建强组织、发挥作用，11 月进行换届选举，组建党委新一届班子。

【思想政治建设】　2019 年，温宿县人武部党委以习近平强军思想和军区、分区党委扩大会议精神为指导，坚持习近平主席讲话随到随学机制，突出党委中心组和基层官兵理论学习两个重点，扎实开展“不忘初心、牢记使命”和“传承红色基因，担当强军重任”主题教育，着眼官兵思想实际，回应官兵关切，在日常工作学习中进行红色熏陶，砥砺官兵初心。

【国防动员工作】　2019 年，温宿县人武部组织民兵进行队列训练、军体拳、警棍盾牌术和拳术等为主要内容的课目训练。完成“基层武装部正规化建设”示范观摩，开展兵役登记宣传和预征人员摸底工作，组织宣传，营造参军入伍氛围。

【队伍管理】　2019 年，温宿县人武部领导参加双重组织生活，填写“个人事项报告表”，落实干部经常性教育管理机制。落实党委集体理财，经费预算审计、联审会签等制度，加强党风廉政建设，开展警示教育，强化纪律意识。（徐天磊）

经济监督与管理

发展和改革管理

【机构改革】 温宿县发展和改革委员会(简称温宿县发改委),正科级建制。2019年3月机构改革,将县民政局的救灾物资储备管理职责,县煤炭工业管理局的煤炭规划发展和项目管理职责,县商务和经济信息化委员会的食糖、食盐等重要消费品储备管理职责,县对口援县工作领导小组办公室职责,县全社会节能监察办公室职责划入温宿县发改委,加挂温宿县粮食和物资储备局牌子。设立综合办公室(援温工作办公室)、国民经济发展和经济体制综合改革办公室(固定资产投资办公室)、农业和农村经济办公室、能源工作办公室(全社会节能监察办公室)、成本监审办公室(价格收费管理和认定办公室)、粮食和物资储备办公室6个内设机构。有行政编制13名,事业编制4名,机关工勤事业编制2名,其中科级领导职数3名。

【计划规划编纂】 2019年,温宿县发改委根据温宿县人大要求,受县人民政府委托,编制完成《2019年温宿县国民经济和社会发展计划执行情况与2020年温宿县国民经济和社会发展计划(草案)的报告》。

【深化改革】 2019年,温宿县完成96项改革任务。房地产去库存18.6万平方米,减免税费7482万元,争取自治区直购电7560万千瓦时、降低企业成本529万元。“放管服”改革深化,“互联网+政务服务”平台规范运行,梳理“马上办”事项207项、“网上办”事项602项、“一次办”事项166项。农业农村综合改革推进,完成12个乡(镇)140个行政村清产核资。完成党政机构改革,撤并整合机构43个。对外开放水平提升,外贸出口5244万美元。

【项目完成情况】 2019年,温宿县纳入全社会固定资产投资计划的124个项目开(复)工建设,开(复)工率100%,全社会固定资产投资64.86亿元,比上年增长17.56%。本年度列入地区级项目14个,总投资44.03亿元,年度计划完成投资16.01亿元,开工建设13个,开工率92.86%,已完工8个,完工率57.14%,完成投资16.45亿元,完成年度计划投资16.01亿元的102.7%。

【新型工业化软环境建设】 2019年,温宿县规模以上企业实现工业增加值9.08亿元,增长13.4%。新增规模工业企业6家,达到27家。园区承载力提升,温宿国家农业科技园区投入2.1亿元,完成4.69千米园区道路建设项目、园区供水工程和供热工程等基础设施建设,并通过国家验收。温宿产业园区完成18千米道路亮化工程建设及安装调试并投入使用。

【粮食管理】 2019年,温宿县发改委规范2680吨省级储备及5000吨县级地方储备粮管理,确保储备粮数量真实、质量良好、储存安全。开展粮油供需平衡调查,调查农户、居民、企业等76家。推进小麦收储制度改革,做好粮食安全县长责任制牵头抓总工作。开展粮食收购资格核查、建立粮食经营台账和执行粮食流通统计制度情况检查,下达警告处分4份,责令整改通知书9份。2019年累计收购小麦45539.2吨,收购水稻52046.8吨。

【援疆工作】 2019年,温宿县实施援疆项目24个,投入援疆资金12674万元,85.2%资金投入基层,92.3%涉及民生。温宿县图书馆已交付使用,完成县四中升级改造,新建改扩建社区活动场所、村民服务中心等基层组织阵地2个。2019年,引进企业15家,落地投资额4.5亿元,带动就近就地就业600人,赴其他省市转移就业71人,运送游客1万余人。帮助销售农产品1万余吨,金额1.5亿元。教育医疗组团式援疆创新成果进一步巩固,选派支教教师46人,引进教师15人,培训教师1300人次,开展医疗卫生人才培训42场次,培训2300人次,实现科研突破2项;组织5次巡回义诊,巡诊1400人次。选送390名党政干部赴金华考察学习。

【物价管理】 2019年,温宿县发改委落实收费清单动态管理,完成统计87个收费单位83项收费项目,统计率达95.6%。全县25个收费部门收费总额35985.86万元,其中行政性收费10673.74万元,事业性收费25312.12万元。

【价格认定】 2019年,温宿县发改委根据《新疆维吾尔自治区涉案物品估价管理条例》规定,开展涉案物品价格认证工作。完成涉案财产价格鉴定46起,鉴定标的额53万元;涉税财物价格认定562起,评估金额6180万元。

【粮食产量】 2019年,温宿县粮食产量26.31万吨(含大豆),比上年减少2.31万吨。其中,小麦10.12万吨,比上年减少1.67万吨;稻谷8.47万吨,比上年减少2.14万吨;玉米7.05万吨,比上年增加0.67万吨;大豆0.89万吨。

【粮食购销】 2019年,温宿县有粮食收储、加工企业35家,其中国有粮食收储企业2家,转化用粮企业1家,大米加工企业19家,面粉加工企业13家。国有企业共收购粮食4.92万吨,其中小麦3.62万吨,水稻1.3万吨。销售粮食6.53万吨,其中小麦5.49万吨,水稻1.04万吨。截至2019年12月底,粮食总库存2.65万吨(不含省级和县级储备粮),其中小麦1.35万吨,水稻1.3万吨。

【粮食消费】 2019年,温宿县粮食总消费量10.43万吨(含饲料、种子和工业用粮),按照消费品种统计,其中年消费小麦3.47万吨,水稻1.59万吨,玉米5.37万吨,分别占总消费量的33.27%、15.24%、51.48%。按照消费群体统计,其中城镇人口口粮消费0.94万吨(原粮)(包含外购熟食品和在外就餐),占总消费量的9.01%,人均年消费小麦116.29千克,消费稻谷41.86千克,消费玉米5.5千克;农村人口口粮消费3.32万吨,占总消费量的31.83%,人均年消费小麦131.43千克,消费稻谷51千克,消费玉米4.6千克;饲料用粮5.2万吨;工业用粮0.32万吨;种子用粮0.64万吨。从总量上看,粮食盈余15.2万吨,比上年减少0.16万吨,其中小麦6.65万吨,稻谷6.87万吨,玉米1.68万吨。 (董宇良)

商务和工业信息化

【机构改革】 2019年3月机构改革,温宿县商务和经济信息化委员会更名为温宿县商务和工业信息化局(简称温宿县商工局),将温宿县煤炭工业管理局的煤炭行业安全和生产监督管理职责,县油区工作委员会办公室承担的油区发展规划、管理、执法检查等行政职能划入县商工局。下辖温宿县油区协调服务中心一个二级局,内设行政办、工信科、商务科、行管科4个科室。核定编制23名,其中行政编制9名、事业编制12名、机关工勤事业编制2名;科级领导职数3名(正科级2名,副科级1名)。

【隐患排查整治】 2019年,温宿县商工局开展隐患排查整治工作。检查加油站29座、寄递物流业企业25家及园区外13家工业企业,检查企业安保人防、物防、技防设施配备等,切实落实各项维稳工作制度,防范麻痹思想,及时消除隐患。全年开展检查182次,检查单位766家,排查各类隐患1649项。

【招商引资】 2019年,温宿县商工局研究制定《温宿县招商引资工作考评奖惩办法》《关于构建温宿县一体化大招商工作机制的实施方案》等方案,成立四大口招商引资领导小组,将招商引资任务分解到26个单位,挖掘各单位潜力,主要领导带领招商分队赴其他省市参加浙洽会、丝博会开展招商引资活动,上门邀请其他省市企业到温宿县考察投资、洽谈合作。签约项目84个,签约金额99.2亿元,完成签约合同金额96.5亿元目标任务的103%。落实到位资金52.33亿元,比上年增长22.7%,完成目标任务101.34%。

【外贸工作】 2019年,温宿县商工局做好生产性出口企业的培育、帮扶、指导工作,组织外贸企业参加自治区外经贸政策培训班,学习外贸出口相关政策及业务知识。组织企业参加国内外各类展会,鼓励企业"走出去",扩大对外宣传推介工作力度。实现外贸出口4500万美元,比上年增长15%,完成目标任务3900万美元的106%。

【商贸物流】 2019年,温宿县商工局完善阿温商贸物流核心区建设,依托"阿温同城"发展机遇,充分利用地域优势,推进天泽车业汽车生活广场、阿克苏华丰果业1亿特色果品冷链仓储项目等6个商贸物流重点建设项目。鼓励商贸流通企业抓住节假日有利时机,开展商品促销让利活动。联合大欣汽车城举办车展,车展现场出售车辆200余辆,实现销售收入3000万元以上。规范二手车市场经营,二手车交易量1.6万余辆,交易额5亿余元。实现社会消费品零售总额46.26亿元,比上年增长12.5%。

【电子商务】 2019年,温宿县商工局加强与各乡(镇)农民专业合作社的共同发展,依托农民专业合作社农副产品资源优势,发展电商产业。建立电商服务站点3个。依托电商平台助力农产品销售。组织企业参加电商联盟开幕式暨精准脱贫产销对接会和丰收节公益盛典·新疆专场活动,温宿县金太阳果业专业合作社、一亩田专业合作社等企业在天猫、淘宝、京东、拼多多等各大电商平台建立网上店铺,销售本地农特产品,线上销售500万元以上。

【小升规培育】 2019年,温宿县商工局新增小升规入统企业3家,分别为阿克苏金物联电子商务有限公司、阿克苏佳棉纺织纤维有限公司和温宿县精良米业有限公司,完成限上入统企业8家。

【落实扶持政策】 2019年,温宿县商工局推荐阿克苏向辉陶瓷有限公司、阿克苏地区康兴陶瓷有限公司等5家企业参与自治区电力用户用电交易试点工作,申请电量7560万千瓦时,为企业节约电费529万余元;协助企业申报边境转移专项资金和外经贸发展专项资金项目,争取获得政策资金支持,争取到地区边境转移专项资金63万元;为帕热娜孜、乌什燕山等17家纺织企业落实纺织服装岗前就业培训补贴专项资金140余万元;为天企源肥料、西康达医疗用品、姐妹服装等5家企业申报纳入《2019年地区地产工业品政府采购推荐使用录库》,拓宽地产品销售渠道,采购金额达500万元。

【强化企业服务】 2019年,温宿县商工局建立县域内45家企业县领导联系服务工作机制,梳理企业困难诉求50余条,制定帮扶措施50余条,解决新疆乌苏啤酒(阿克苏)有限公司拆迁款争议、新疆龙人石材缺办公场所等20余个问题。对地区、县双包联的温宿县新宏宇建材有限公司、新疆乌苏啤酒(阿克苏)有限公司、温宿县曦隆燃气开发有限公司等6家企业悬挂"联系牌",全力保障企业合法权益,增强企业在温宿县投资发展信心。对纳入自治区"50+200"项目库的浩源天尊葡萄酒庄二期建设项目和纳入地区拉动经济发展60家重点企业库的温宿县4

家企业，实行每月跟踪服务，解决企业运行中的实际困难，保障重点企业、重点项目健康运行。健全、完善重点企业联络制度和企业家座谈会议制度，坚持每月定期由县领导召集相关部门、金融机构及企业家召开有针对性的座谈会，全年召开企业家座谈会7次，协调减免温宿县银峰盐业有限责任公司矿盐城乡道路养护费、温宿县新宏宇建材有限公司陶土供应紧张等30余条困难诉求。坚持每周深入企业了解生产经营情况，及时发现和解决企业存在的突出问题和实际困难，对全县工业经济运行情况进行分析总结，合理预测运行走势和提出建议。全年完成经济运行分析报告9篇。

【清理拖欠民营企业账款】 2019年，温宿县商工局建立清欠明细台账，梳理拖欠民营企业中小企业账款的规模、结构，下发《温宿县清理拖欠民营企业中小企业账款工作方案》，督促有关部门和国有企业制定化解计划，严格落实清欠责任。清理拖欠民营企业中小企业账款合计14034.28万元，已偿还账款合计7153.73万元，占总偿还账款的50.97%。

【脱贫攻坚】 2019年，温宿县商工局帮助4个乡（镇）7个村建立卫星工厂、扶贫车间，带动当地富余劳动力和贫困户增收致富。开展电商业务培训，培训37人，其中贫困户16人，其他意向从事电商行业的骨干10人。慰问帮扶贫困户60余次，累计送去价值8000元慰问金、慰问品。（梁海洋）

园　区

温宿国家农业科技园区

【概况】 温宿国家农业科技园区规划面积468.9平方千米，包括阿克苏地区红旗坡农场、阿克苏地区实验林场、温宿县柯柯牙镇、依希来木其乡、托甫汗镇、托乎拉乡和吐木秀克镇的连片区域。园区布局为“一核五区”，一核即核心区，规划面积19.96平方千米，2019年规划面积9.82平方千米；五个示范区即：核桃种植示范区94.45平方千米，苹果种植示范区177.56平方千米，红枣种植示范区84.36平方千米，水稻种植示范区40.97平方千米，农业科技创新示范区55.56平方千米。发展目标是将园区打造成南疆特色林果质量发展示范区、现代农业科技与装备集成区、一二三产业融合发展样板，新型经营和创新孵化、南疆乡村振兴的先行区。

【经济指标】 2019年，温宿国家农业科技园区完成工业产值4.66亿元，完成目标任务（4亿元）的116.5%；实现工业增加值1.78亿元，完成目标任务（5000万元）的256.74%。完成固定资产投资16.19亿元，完成目标任务（5亿元）的324%。

【国家园区创建】 2019年，温宿国家农业科技园区按照《国家农业科技园区管理办法》要求开展工作，8月科技部国家园区创建验收专家组到园区，组织专家材料审查、现场考察、视频答辩等验收评估环节，评审后认为园区具备争创国家农业高新技术产业示范区的基础和条件，通过国家验收，12月30日，被农业农村部命名为国家创新创业园区。

【企业入驻】 2019年，温宿国家农业科技园区围绕县域资源优势和园区的区位优势推动招商。招商引资项目31个，总投资96.6亿元，涉及农产品精深加工、冷链物流等产业，其中已签约项目14个，总投资24亿元，全年计划投资9.17亿元；洽谈招商项目17个，总投资72.6亿元。招商引资落地建设项目有金物联二期、温宿县拓美特果蔬制品有限公司、温宿县启德油脂有限公司等。

【基础设施建设】 2019年，温宿国家农业科技园区续建项目3个，投资8340万元，建设道路及专家公寓楼、干部周转房、警务室和卫生室项目已完工;浙江金华市援建科创中心于5月竣工使用。新建项目8个,总投资21.9亿元,2019年投资16.54亿元,建设内容涉及产业融合科技孵化中心,道路建设,供水、供热工程,标准化厂房和招商引资落地企业配套设施等。 (徐圣富)

温宿产业园区

【经济指标】 2019年,温宿产业园区实现工业总产值9.35亿元,增速7%,完成地区下达年度目标任务9亿元的103%;实现工业增加值3.95亿元,增速20%,完成地区下达年度目标任务3.1亿元的127%;累计完成固定资产投资10.53亿元,完成地区下达年度目标任务8.08亿元的130%,比上年增长245%。累计实现销售收入8.85亿元。完成招商引资到位资金10.11亿元,完成年度任务的101.1%,比上年增长101.1%。新招商引资企业17个,完成招商引资任务的340%,比上年增长300%。新开工企业(项目)17家,新投产企业6家。园区投产企业上缴利税1800万元。

【基础设施建设】 2019年,温宿产业园区在基础设施建设方面争取资金,加大投入,完成路灯安装工程建设,18千米道路建设项目全部完工;污水处理厂环保验收,运行正常,完成中央环保督导整改销号。投入资金1550万元,完成污水处理厂提标改造整改任务;筹措资金750万元,实施大峡谷路改扩建工程;输水管线、水质净化厂、供水管网、排水管网等4个项目列入2020年投资建设计划;50万立方米工业固废填埋厂完成招投标,一期10万立方米工业固废填埋厂工程开工建设,基础设施不断完善。

【产业项目发展】 2019年,温宿产业园区已初步形成以“盐、煤、油、气”化工产业、建材产业、新兴产业为主导发展产业的构架,58家入园区企业中涉及煤炭行业4家,涉及化工行业14家,涉及建材产业12家,新兴产业8家,其他配套发展企业20家;2019年投产企业24家,其中新增投产企业5家。

【招商引资】 2019年,温宿产业园区加快引进主导产业及其上下游项目,完善产业生态链建设,推动主导产业集群集聚发展。采取自主登门推介、落户客商引荐、协会商会洽谈、亲朋好友介绍等方式,奔赴河南、江苏、浙江等10多个省、市,广泛开展招商引资洽谈、企业访问座谈,新签约招商引资项目19个,签约金额24亿元,落地开工项目17个,到位资金10.1亿元,注册公司19家,招商引资工作比上年增长145%。 (种　强)

统　　计

【城镇住户抽样调查】 2019年,温宿县统计局开展城镇住户抽样调查工作,采取随机等距抽样方法,科学合理抽取样本。本次抽查的样本量为70户,涉及5个乡(镇)2个社区居委会、村委会7个调查小区,包括抽样框编制(城、乡),抽选社区居委会、村委会,调查小区,抽选调查户,为国民经济核算、全面建设小康社会提供翔实统计监测资料。

【普法与执法】 2019年,温宿县统计局利用普法宣传日走上街头宣传《中华人民共和国统计法》,发放《中华人民共和国统计法》宣传单1万份,举办县、乡(镇)、企业单位《中华人民共和国统计法》培训班。执法检查64家,履行统计义务告知书15家,统计执法案件4家。

【规范管理督查】 2019年,温宿县统计局推进四大工程建设,以基本名录库建设为基础,实施统计信息化网络建设,搭建统一数据处理平台环境,推行企业一套表,提高企业行政效率,做到先有库后有数。"四上"企业及时入库,局内各专业间对接机制,确保企业名称、专业代码、单位地址码准确无误;实地核查"四上"企业,确保所有"四上"企业全部进入基本单位名录库,名录库中"四上"企业基本信息准确完整,名录库不重不漏、真实准确、及时更新。2019 年,申报"四上"企业 88 家,掌握"四上"企业计算机、网络及统计人员配置和上网直报率情况。 (赵　智)

审　计

【机构改革】 2019 年 2 月,温宿县审计局根据县委机构改革要求,将县发展和改革委员会的重大项目稽查职责、县财政局的预算执行情况和其他财政收支情况的监督检查行政职责划转至审计局职能,并转隶 4 名工作人员。

2019 年,温宿县审计局核定编制数 20 名,其中,行政编制 15 名,参照《中华人民共和国公务员法》管理编制 4 名,机关工勤编制 1 名;领导职数 4 名(正科 2 名,副科 2 名),实有 16 人。内设办公室,法制审理室,财政金融、社保、企业审计室,农业农村审计室,经济责任(自然资源和生态环境)审计室,固定资产投资审计室 6 个科室。辖二级事业单位温宿县经济责任审计中心。

【审计成果】 2019 年,温宿县审计局审计项目 35 个,其中,财政本级预算执行审计及部门单位预算执行审计 9 个、专项资金审计 4 个、审计调查 1 个、财务收支审计 2 个、经济责任审计 10 个、政府投资 4 个、企业审计 4 个,其他 1 个,查处主要问题金额 2974.29 万元,违规金额 0.67 万元,审计查处管理不规范金额 2973.62 万元,已督促整改 2974.29 万元。

【财政预算执行审计】 2019 年,温宿县审计局组织实施 2018 年度本级财政预算执行及其他财政收支情况审计,向温宿县人民政府提交《温宿县 2018 年度财政预算执行和其他财务收支情况的审计结果报告》,受县人民政府委托向县人大常委会作《温宿县 2018 年度财政预算执行和其他财务收支情况的审计工作报告》;审计温宿县第五中学、温宿县维吾尔医医院、温宿县财政局、温宿县委办公室、吐木秀克镇人民政府、佳木镇人民政府、温宿县供销社、温宿县机关事务管理办公室 8 个部门的近年度预算执行。审计重点把握财政资金分配、管理总体情况的基础上,突出对政府专项资金安排和使用、行政运行成本支出,贯彻落实中央八项规定精神和财务管理等情况的审计监督。

【专项资金审计】 2019 年,温宿县审计局按照上级审计机关统一安排部署,派出审计组,组织实施阿克苏市 2018 年扶贫专项资金、温宿县 2016 年至 2018 年扶贫专项资金、拜城县 2019 年上半年扶贫专项资金和温宿县 2018 年 10 月至 2019 年 10 月支持新疆发展专项资金 4 个专项资金项目进行审计。

【经济责任审计】 2019 年,温宿县审计局受县委组织部的委托,完成原地震局、原煤炭局、人力资源和社会保障局、原农业综合开发办、农村工作领导小组办公室、畜牧局等 10 个部门 14 名领导干部的经济责任离任审计。

【政府投资审计】 2019 年,温宿县审计局开展改善人居环境建设项目、易地搬迁建设项目、民生社区服务中心建设项目和基层组织阵地建设 4 个政府投资重点项目竣工财务决算审计。开展扶贫、教育设施建设、基层基础设施建设、水利设施建设、城市基础设施建设、农业产业投资等 600 个建设项目结算审计,送审金额 24.43 亿元,总审定金额 21.95 亿元,总核减金额 2.48 亿元,平均核减率 10.15%。

【审计调查】 2019 年 8 月,温宿县审计局开展

2016年1月至2019年7月易地扶贫搬迁工作专项审计调查。审计调查重点关注易地扶贫搬迁政策落实、工程项目搬迁、土地复垦生态恢复、后期产业扶持等情况,对温宿县发展和改革委员会、财政局、温宿县惠民扶贫开发有限责任公司等5家部门单位进行审计调查,对9个乡(镇)41个行政村其他年度涉及有关重要事项进行必要的延伸和追溯。

【其他审计】 2019年,温宿县审计局开展重大政策措施贯彻落实跟踪审计,重点关注清理拖欠民营企业中小企业账款,惠农补贴"一卡通"管理,"减税降费",脱贫攻坚,防范化解重大风险,污染防治,政府过"紧日子",稳投资、稳就业8个重大措施落实情况。

开展县委组织部2015年至2018年党费收支情况和县城市建设征收工作领导小组办公室2018年度拆迁费管理使用等情况审计。开展温宿县供销社下属新疆惠森果业有限责任公司、温宿县红太阳果业农民专业合作社、温宿县太阳红果业农民专业合作社及温宿县浩博农业科技开发有限责任公司4家企业资产、负债、损益情况审计。(吕 勃)

应急管理

【概况】 2019年3月,温宿县应急管理局成立,隶属于县人民政府管理的正科级行政单位。县人民政府办公室的应急管理职责,县公安局的消防管理职责,县民政局的救灾职责,县国土资源局的地质灾害防治,县水利局的水旱灾害防治,县畜牧兽医局及管理的县草原工作站的草原防火,县林业局的森林防火相关职责,县防汛抗旱指挥部办公室,县森林防火指挥部办公室,县防震减灾工作领导小组办公室(抗震救灾指挥机构的办事机构)的职责,县水利局管理的防汛抗旱办公室除洪干旱灾害防治规划等除外的职责,县林业局管理的森林防控办公室的森林火灾防治职责,县地震局、县政府专职消防队的职责,县煤炭工业管理局的指导煤矿救护和组织协调煤矿事故应急救援职责划入应急管理局。核定编制22名,实有19人。内设办公室、教育培训与应急体系建设办公室、消防火灾管理和防汛抗旱办公室、应急救援与物资保障办公室、安全监管办公室、安全生产综合协调办公室6个科室。

【安全生产责任制】 2019年,温宿县落实"党政同责、一岗双责"责任制,将安全生产工作与社会稳定、经济建设工作同安排、同部署、同落实,推进安全生产责任制落实;政府主要领导与班子成员、各乡(镇)和政府分管领导与分管单位分别签订"安全生产目标责任书",明确目标、分解任务、压实责任。制定印发《温宿县安全生产"党政同责、一岗双责、齐抓共管、失职追责"暂行规定》,明确部门、专委会、安委会办公室监督责任和各乡(镇)属地管理责任,规范安全生产工作和应急管理报告制度。

【安全生产大检查】 2019年,温宿县应急管理局开展安全生产大检查、大排查,定期不定期突击检查道路交通、危险化学品、消防安全、建筑施工等重点行业领域,排查各类生产经营单位2373家次,排查整改各类风险隐患4424条,下达执法文书916份,责令停产整顿1家。

【安全生产标准化建设】 2019年,温宿县规模以上工贸企业全部完成安全标准化达标创建工作;7家棉花加工企业完成自评,等待地区评估验收。

【安全生产专项整治】 2019年,温宿县应急管理局印制下发《温宿县"抓深化、强重点、促全局"安全生产专项治理实施方案》,专项治理牵头单位结合自身实际制定本领域专项治理实施方案,定期开展大风险隐患排查治理,召开专题分析研判会议33次,检查行业(企业)生产经营单位1014家,发现问题隐患

1374 处,整改 1221 处,下达执法文书 441 份。

【重点行业和部门监管】 2019 年,温宿县应急管理局完善双重预防机制,聘请第三方监管机构,实行分行业集中托管,加大对企业生产安全、第三方机构的监管力度,确保双重预防机制取得实效;推进安全生产智能化管理,在全县范围内各类人员密集场所、社会福利机构、医疗卫生机构以及劳动密集型企业全面推广"智慧用电监管服务系统"。召开双重预防机制建设推进会 3 次,建立双重预防机制危化企业 43 家、非煤矿山企业 31 家、规模以上工贸企业 16 家,重点监管企业双重预防机制建设全覆盖;完成危化企业托管 12 家、非煤矿山企业托管 31 家、工贸企业托管 10 家;安装智慧用电 90 家 112 套。

【应急管理】 2019 年,温宿县应急管理局加强对应急管理组织体系建设、应急预案编制、应急预案演练、应急队伍建设、监测预警预报、应急防范处置以及恢复重建、调查处理和科普宣传教育等防灾减灾救灾工作规范化管理,建立突发事件应急处置体系,增加 19 个县级应急避难场所,县级应急避难场所达 21 个,总面积 78.96 万平方米,可容纳城区 12 万余名群众避难,城区群众应急避难全覆盖;建立各类应急救援队伍 238 支 3762 人。督促 7 个专项指挥部定期分析评估应急预案,组织开展地震、火灾、防汛等各级各类应急演练 247 场次,参演人数 10 万余人次,受教育群众 19 万余人次。

【宣传教育】 2019 年,温宿县安全生产管理委员会各成员单位依托广播电视、政府网站等媒体,宣传报道安全生产工作、应急管理动态、安全生产政策措施、法律法规,播放安全生产公益广告、事故案例,曝光安全生产违法违规行为,引导群众增强防范意识,提高防范事故能力。开展各类宣传教育活动 648 场次,受教育群众 20.87 万人次,设立宣传电子屏 413 处,发放宣传单 11.8 万份。 (徐阿慧)

自然资源管理

【机构改革】 2019 年 3 月机构改革,温宿县国土资源局更名温宿县自然资源局,核定编制 12 名,其中行政编制 10 名,机关工勤事业编制 2 名。内设办公室,自然资源调查监测、确权登记、保护与开发利用室,国土空间规划与地理信息测绘室,矿产资源与生态修复室 4 个科室。下属事业单位 3 个,其中不动产登记中心核定事业编制 8 名,土地收购储备整理中心参照《中华人民共和国公务员法》管理编制 2 名,土地规划队事业编制 2 名。

【基本农田保护】 2019 年,温宿县自然资源局完成全域永久性基本农田划定方案,数据库成果已完成并上报自治区国土资源厅待审核,落实耕地保护责任,县人民政府与各乡(镇)签订"耕地保护责任书" 14 份。乡(镇)与村签订"耕地和基本农田保护责任书"134 份;村与小组签订"耕地保护责任书"472 份、组与农户签订"耕地和基本农田保护责任书"10427 份,温宿县耕地总面积 82470.68 公顷,实际划定基本农田 1695 块,面积 53342.75 公顷,永久基本农田保护率 63.89%。

【执法监察】 2019 年,温宿县自然资源局土地违法立案 19 宗地,面积 6.19 公顷,耕地面积 2.56 公顷(基本农田 0.02 公顷)。结案 19 宗,面积 6.19 公顷,耕地面积 2.56 公顷(基本农田 0.02 公顷),立案率 100%,结案率 100%。矿产违法立案处罚 6 宗,均已结案,立案率 100%,结案率 100%。

【土地出让】 2019 年,温宿县自然资源局审批建设用地 24 宗,土地总面积 830 公顷。办理土地招拍挂出让 32 宗,面积 307.93 公顷,收取土地出让金 21440.66 万元,追缴 2018 年土地出让金 2238.5 万元,往年欠缴土地出让金已全部缴清,收取土地出让金 23679.16 万元。

【矿产管理】 2019 年,温宿县自然资源局上报地区 16 家建筑用砂矿进行招拍挂,取得采矿许可证。依法办理 25 家矿山企业延续初审手续。加强宣传教育,指导未按要求完成地质环境恢复治理的 5 家砖厂一一按地区的要求完成恢复治理工作,恢复矿区场地平整。

【地质灾害防治】 2019 年,温宿县自然资源局提高广大群众自身防灾、避险、减灾意识,广泛动员和依靠群众群测群防,提高全社会的防灾减灾能力,开展 5 月防震减灾活动。6 月开始对县各滑坡隐患监测点吐木秀克镇、柯柯牙镇、温宿镇等居民集聚地进行逐一巡查、排查。

【不动产登记】 2019 年,温宿县自然资源局受理不动产登记业务 7634 宗,办理不动产权证 4270 本,不动产证明 3364 本;办理一般抵押权 198 宗,抵押面积 40.89 公顷,抵押金额 45647.1 万元;办理最高额抵押权 82 宗,抵押面积 26.3 公顷,抵押金额 23251.28 万元,在建建筑物抵押权 2 宗,抵押面积 1.89 万平方米,抵押金 10195 万元。

【第三次国土调查】 2019 年,温宿县自然资源局开展第三次国土调查,技术承担单位中冶集团武汉勘察研究院有限公司,投入人员 39 人,其中内业人员 10 人,外业人员 28 人。该项工作已完成外业实地调查以及乡(镇)确认,建立数据库。积极与县民政、林草等部门进行对接,在确认行政界线的基础上,技术单位以最新下发的调查底图为基础,充分利用现有土地调查、地籍调查、集体土地所有权登记、农村地籍调查及集体建设用地使用权确权登记、地理国情普查、农村土地承包经营权确权登记颁证等工作的基础资料及调查成果,结合最新卫星影像进行判读,5 月 24—28 日,在初步成果的基础上,与作业单位、各乡(镇)人民政府进行对接确认地类认定,有问题现场修改,确保成果准确性。6 月 8 日提交自治区第一次核查,7 月 8 日整改完成第一次核查问题提交自治区第二次核查,7 月 12 日整改完成第二次核查问题提交自治区第三次核查,7 月 21 日整改完成第三次核查问题提交自治区第四次核查,自治区第三次全国国土调查第一轮核查已结束,准备第二轮核查工作。第三次全国国土调查成果已提交国家核查。

【扶持易地搬迁】 2019 年,温宿县自然资源局加大易地扶贫搬迁后续扶持工作。易地扶贫搬迁户 1232 户,已办理不动产权证 1229 户。按照《中华人民共和国土地管理法》相关规定,对易地扶贫搬迁农户安置后腾出的原旧房屋进行拆除,复垦验收 581 户。

(李　静)

市场监督管理

【食品安全监管】 2019 年,温宿县市场监督管理局抓好生产加工、食品流通和餐桌消费环节食品安全监管。完成高考餐饮保障、天山托木尔文化旅游节美食展、核桃节美食展、螃蟹美食展等重大活动的组织和安全保障。加强元旦、春节、五一、古尔邦节、国庆节期间食品药品监督检查,确保重大会议、庆典活动期间食品安全保障。分批组织食品从业人员参加法律法规再培训、再学习,规范生产经营行为,强化主体责任意识。检查企业 40 余家,立案查处 10 件,罚没款 9.2 万元;检查学校食堂 165 家次,校园周边商店 271 户次,餐饮服务单位 101 户次,出动执法人员 266 人次,下达责令整改 63 份,停业整改 37 家,立案 8 起,罚没款 4.7 万元;对商店、超市、餐饮店负责人进行集中培训,提升防控意识,并发放宣传单 500 余份,集中培训 200 余人,检查商超、猪肉摊贩 78 家,餐饮服务单位 46 家;开展生产经营的餐饮食品、食用农产品等2大类15个细类、402批次抽样检验工作。选取满足证照要求的73家批发市场、农贸市场、超市、商店、蔬菜水果店进行现场抽样，抽检样品涉及检测项目33项，检测1372个数据，合格样品401个，不合格样品1个，总体检测合格率99.75%，不合格率0.25%；食品生产餐饮流通领域查办案件46件，其中食品生产10件，收缴罚没款92040元，食品流通13件，收缴罚没款46558.5元，餐饮单位23件，收缴罚没款10.8万元。

【药品安全监管】 2019年，温宿县市场监督管理局强化药械化监管，对辖区内涉药单位及化妆品经营企业进行拉网式检查，检查药品零售企业130余家，医疗机构80余家，化妆品经营企业23家、染发剂使用单位19家、养生馆31家、美容美体行业43家；加强药械不良反应事件监测。上报药品不良反应153例，包括严重不良反应11例，完成率102 %；医疗器械不良反应53例，完成率106%；化妆品不良反应23例，完成率109 %；强化基本药物质量安全监管。完成地区下达药品抽检任务14批次，其中，监督抽样10批次，基本药物2批次，增补2批次；开展疫苗专项整治。对疫苗的购进渠道、流向进行逐品种核查，对吉林长春狂犬疫苗进行监督检查，责令召回问题疫苗49支；在化妆品经营企业日常和专项监督检查过程中，完成药械案件17起，其中药品案件14起，医疗器械案件3起，收缴罚没款2.5万元。

【市场监管】 2019年，温宿县市场监督管理局设立各类市场主体2735户，新增注册资本200152.3万元，其中个体2361户，农专社38户，企业336户；变更市场主体2674户，其中个体1821户，农专社35户，企业818户；注销各类市场主体2054户，其中个体1768户，农专社69户，企业217户；吊销各类市场主体120户，其中企业68户，农专社52户；2019年核发“食品经营许可证”474户。企业年报应报户数1768户，已报1633户，年报率92.4%；农专社应报户数487户，已报412户，完成年报率84.6%；个体年报应报户数7137户，已报6829户，完成年报率95.7%。

【有机产品认证】 2019年，温宿县市场监督管理局完成国家有机产品认证示范县验收工作。有机产品认证获证组织、证书数量从创建初期的8家、8张上升到14家、21张，分别较创建初期增长75%和162.5%；有机生产基地总数16个，较创建初期的8个增长100%；辖区内连续三年以上获得有机产品认证组织6家，经中国质量认证中心评价“阿克苏核桃”区域品牌价值评估18.11亿元人民币。

【非公经济发展】 2019年，温宿县市场监督管理局推动非公企业党工委党组织建设工作，提升党在中小微企业、个体工商户和专业市场中的覆盖面和影响力。2019年温宿县中小微企业总数713户，个体工商户7696户，非公企业党工委组织中实有党员27名。小微企业建立党组织13个，指派中小微企业党建指导员15人，党建覆盖率83%。

【消费者维权活动】 2019年，温宿县市场监督管理局针对大型超市、商店、商行、集贸市场、批发市场等流通领域43家经营场所，对所销售的茶叶地理标志类别的产品、商标进行检查，未发现误导消费者的文字或是图案标志以及侵犯地理商标专用权的违法行为。

【知识产权】 2019年，温宿县市场监督管理局保护知识产权，为创业创新营造良好环境。针对大型超市、商店、商行、集贸市场、批发市场等流通领域43家经营场所销售的茶叶地理标志类别的产品、商标进行检查。开展“4·26”知识产权周活动，展示部分侵权及假冒产品，对知识产权热点及法律法规政策进行解答，向群众发放宣传资料200余份。联合县教科局等执法部门对温宿县商场、超市、批发场所等流通领域40余家开展专利商品执法大检查，打击假冒专利侵权行为，维护广大消费者合法权益。全年温宿县申请专利32件,其中发明专利7件,实用新型专利14件,外观设计专利11件。

【广告监管】 2019年,温宿县市场监督管理局加大虚假违法广告整治力度。加大执法力度,分类别、分阶段进行整治,巩固和扩大整治成果,坚决遏制违法广告屡禁不止、屡罚屡犯的现象;以医疗、药品、保健食品、美容服务、化妆品等广告为重点,加大对广播电台、电视台、固定形式印刷品等媒体广告监测检查力度。监测各类广告135条,排查广告业307户,在国家广告监管网上录入广告业市场主体165户。

【标准化工作】 2019年,温宿县市场监督管理局完成阿克苏地区农产品质量物理检测工作,完成检测任务红枣442个批次,大米120个批次,苹果952个批次,核桃405个批次,面粉20个批次。开展计量器具监管,检查企业4家,加气站13家,加油站32家,化工企业1家,检查压力表914块,报警器229个,受理计量投诉5起,已处理完毕,立案1起,罚没款2000元。

【计量器具检定】 2019年,温宿县市场监督管理局开展衡器检定、加油机检定、膜式燃气表、压力表、食品化工生产企业化验室设备检定(校准)等工作,完成检定各企业送检压力表1403块;电子汽车衡器120余台,小型衡器2300余台(件);加油机332把计量器;膜式燃气表3000块;电热恒温水浴锅18台,电热鼓风干燥箱29台,恒温培养箱8台,箱式电阻炉18台,电子天平53台,架盘天平26台;完成12家轧花企业基础信息核查。

【"双随机"抽检】 2019年,温宿县市场监督管理局实施品牌发展战略工作。按照"双随机"抽查机制,积极组织执法人员对重点产品、食品相关产品、农资、建材、成品油、汽配等开展专项执法检查,开展"双随机"抽查任务16项275户,开展检查录入275户。

【特种设备安全监管】 2019年,温宿县市场监督管理局检查各类特种设备生产、使用单位108家,特种设备756台(套),发现隐患359处,整改350处,下达"特种设备安全监察指令书"23份,立案5起,经济处罚6万元。开展燃煤锅炉"回头看"专项检查,督促使用单位对10吨以下燃煤锅炉进行清洁能源替代、淘汰、改造等;对4家液氨使用单位进行专项检查,要求果品生产加工企业在生产前需将特种设备进行安全检查、更换安全附件,确保设备正常再投入运行;对县域13家加气站进行安全巡查。规范气瓶充装前后检查工作,督促企业坚持封闭式运行,保证操作人员持证上岗,操作正确规范;开展大型游乐设施专项检查。检查游乐设施5台,发现并整改安全隐患3处。

(宋鹏君)

油区管理

【机构改革】 1999年11月,温宿县油区工作管理委员会办公室成立(简称温宿县油管办)。2019年3月机构改革,更名为温宿县油区服务协调中心,正科级建制,隶属于县商务和工业信息化局管理的公益一类全额预算管理事业单位,核定事业编制5名,其中领导职数3名,实有5人。

【探明油气储量】 2019年,中国石油天然气股份公司塔里木油田分公司探矿权面积8259平方千米,占温宿县总面积56.6%,占矿权勘探总面积的77%,预测油气资源量9.79亿吨,占油气资源总量的61.5%;中曼石油天然气集团股份有限公司探矿权面积1086.26平方千米,占温宿县总面积7.5%,占矿权勘探总面积的10.1%,预测油气资源量4.6亿吨,占油气资源总量的28.8%;新疆能源集团石油天然气有限责任公司探矿权面积约1383.79平方千米,占温宿县总面积9.5%,占矿权勘探总面积的

12.9%，预测油气资源量1.54亿吨，占油气资源总量的9.7%。

【布井与油气产量】 2019年，中国石油天然气股份有限公司塔里木油田分公司布井10口、中曼石油天然气集团股份有限公司阿克苏中曼油气勘探开发有限公司布井24口、新疆能源集团石油天然气有限责任公司阿克苏地区塔北石油天然气有限责任公司布井3口。温宿县境内钻探井38口(含续钻井)，其中已完钻20口、正在钻井13口、待钻井5口。温宿县原油产量5.3万吨，比上年增长162%，天然气产量3.5亿立方米，比上年增长180%，实现石油税收收入5118万元。

【物探作业】 2019年，中国石油天然气股份有限公司塔里木油田分公司在温宿县境内部署塔里木盆地“古木1”三维地震数据采集和塔里木盆地博孜北三维地震数据采集项目。其中，塔里木盆地“古木1”三维地震数据采集项目投资5400万元，数据采集范围490平方千米，3月份开始施工，11月份完工，完成200余条线、38025炮；塔里木盆地博孜北三维地震数据采集项目投资9000万元，数据采集范围330平方千米，5月份开始施工，11月份完工，完成100束线、59588炮。两项三维地震数据采集项目的顺利完工为中国石油天然气股份有限公司塔里木油田分公司开发古木区块和博孜区块提供了科学数据。

【协调服务】 2019年，温宿县油区服务协调中心组织县自然资源局、县生态环境局、县林业和草原局、县水利局等相关部门完成塔里木油田分公司在温宿县境内部署油气勘探开发项目联合现场踏勘，完成27项油建项目联合现场踏勘，踏勘面积35.33公顷。协助涉油企业办理前期相关手续，协调解决勘探开发中存在的困难和问题。

【油地共建】 2019年，温宿县油区服务协调中心秉承“油田发展我发展”的理念，加强与中国石油天然气股份有限公司塔里木油田分公司的交流与合作，温宿县委、县政府党政领导组织县油区服务协调中心、县财政局、县自然资源局等相关单位的主要负责人多次到塔里木油田公司走访、沟通，与油田公司建立合作共建关系。定期深入油区勘探项目作业现场，解决油建项目施工过程中与乡(镇)和村民之间产生的矛盾纠纷，协调涉油企业做好农赔草赔，赔偿博孜墩柯尔克孜民族乡、柯柯牙镇道路损坏修复款140余万元、农赔草赔40余万元，为涉油乡(镇)阵地建设购置文化活动中心设施补助资金20万元。

【城市气化建设】 2019年，温宿县曦隆燃气开发有限公司投资1750万元，完成9.5千米温宿县城区天然气管道铺设及阀室气化工程项目建设。至11月从阿克苏红旗坡门站沿温宿县迎宾路、环城北路、发展路到大学城全长18千米、管径DN325全线贯通，中间建设4座调压站全部完工。实现入户43000户，其中新增入户2000户；天然气销售11926.51万立方米。

(陈　丽)

农　业

社会主义新农村建设

【新农村建设】　2019年，温宿县农村经济总收入77.12亿元，比上年增加3.75亿元，农牧民人均纯收入19025.8元，比上年增加1296.99元。温宿县深度贫困乡博孜墩柯尔克孜民族乡2315户7659人和8个深度贫困村，经过申请、核查，均达到贫困人口退出、村出列的条件，贫困户转移就业10948人。建强优质特色农产品生产基地，建设特色林果“百十一”基地1.87万公顷，水稻“百十一”基地0.35万公顷，14个养殖合作社纳入优质牛羊肉“百十一”基地。将招商引资作为加快农产品加工业发展的重要途径，扩大农产品有效供给，与9家农产品精深加工企业签订投资项目合同，签约投资总额14.2亿元。根据卡坡下乡(镇)以种植小麦、水稻粮食为主，卡坡上以种植棉花为主，城郊乡(镇)发展设施农业为主的思路，优化种植布局。全年粮食种植面积2.96万公顷，总产1.71万吨，棉花种植面积3.53万公顷，总产7.25万吨。优质特色林果基地8.33万公顷，挂果8.01万公顷，果品总产53.03万吨。抓好苹果枝枯病、非洲猪瘟等重大疫情的防控工作，保障粮食、棉花、林果、畜产品等的有效供给。全县设施农业235.03公顷，其中温室729座85.25公顷，拱棚28133座149.78公顷。加大农业固定资产投资，抓好防灾减灾工作，落实农业政策性保险，棉花承保2.74万公顷，小麦承保1.39万公顷，水稻承保0.21万公顷，玉米承保0.25万公顷，油菜承保0.025万公顷，养殖业奶牛承保3.48万头，扶贫羊承保0.6万只，林果业承保110.95公顷。建立多部门协调联动的应急机制，开展防洪减灾工作，维修加固防洪堤43.2千米，洪沟清淤22.5千米。全面精准摸排合作社524个，拟清理退出类115个，拟规范提升类419个，拟扶持壮大类33个。推进农业、精神文明、政法、农村基础设施建设各项工作，形成齐头并进、共创乡村振兴战略的良好局面。

【整村推进规划】　2019年，温宿县借鉴浙江“千万工程”经验，打造样板工程，选择经济实力较强，基础设施建设较好的乡(镇)以点带面，确保人居环境整治工作看有样板、学有标准。围绕“院内院外三件事”，打造佳木镇为示范镇，开展“美丽庭院”建设“四好三美一卫生”创建，引导农牧民群众养成良好的生活习惯和生活方式，创建地区级“美丽庭院”试点村1个、试点户95户，县级“美丽庭院”试点村12个、试点户250户。推进“厕所革命”，完成户厕新建、改建2.23万户，其中旱厕新建、改建1.57万户，水冲式厕所新建、改建0.67万户。围绕农村环境“无暴露性垃圾、无水面垃圾漂浮物、无乱贴乱画、无乱堆乱放、无污水横流、无公共场所垃圾”的六无目标。成立保洁队伍155个624人，建设垃圾收集点143个，垃圾填埋场77个，购置垃圾船439个，购置垃圾桶2.8万个，清理多年积存垃圾。

农业生产

【机构改革】　2019年3月，温宿县整合农业局、畜牧兽医局、农业综合开发办、农牧业机械管理局、县委农村工作领导小组办公室(县扶贫开发办公室)等机构，成立温宿县农业农村局，对外加挂县扶贫开发办公室、县畜牧兽医局牌子，县委农村工作领导小组办公室设在县农业农村局。正科级建制，核定编制51名，其中行政编制22名，事业编制26名，机关工勤事业编制3名；科级领导职数3名（正科级2名、副科级1名）。内设办公室、发展改革办公室、科教种植办公室、农机管理办公室、畜牧兽医办公室、项目办公室、扶贫办公室7个科室。局所属事业单位11个，分别是农经局、农业技术推广站、农业执法监察大队（种子管理站）、农业检验检测中心、农业产业化服务办公室、新疆农业广播电视学校温宿县分校、畜牧兽医站、动物卫生监督所、畜禽品种改良站、农机安全监理站、农机服务中心。

【农业生产】 2019年，温宿县农业经济结构不断调整，农村经济收入主要动力和增长点向林果业、设施农业等新兴产业转移，着力培育农民收入新增长点。温宿县农作物种植总面积8.76万公顷，其中小麦1.49万公顷，玉米0.69万公顷，水稻0.78万公顷，棉花3.53万公顷，蔬菜0.13万公顷，瓜类0.11万公顷，绿肥（油菜）0.9万公顷，苜蓿0.23万公顷，甜菜0.12万公顷，加工辣椒0.12万公顷，其他特色小棕农作物0.66万公顷。

【农业产业化】 2019年，温宿县有农业产业化重点龙头企业30家。其中自治区级11家，地区级19家。新增特色林果“百十一”基地0.62万公顷（红枣0.15万公顷，核桃0.4万公顷，苹果0.07万公顷），建设水稻“百十一”基地0.07万公顷，共选取14个养殖企业（合作社），纳入优质牛羊肉“百十一”基地。温宿县“百十一”基地面积2.22万公顷，其中建设特色林果“百十一”基地1.87万公顷；建设水稻“百十一”基地总面积0.35万公顷，建设14个畜牧“百十一”养殖基地，年内产优质牛羊肉1700吨（羊肉770吨，牛肉930吨）。县惠农联运公司加盟企业24家，全年与“百十一”基地农户签订合同1015份，建立农产品外销平台90家。温宿县惠农联合营运公司在温宿县金桥超市开设“十城百店”专卖店一家，阿克苏旅游集散中心开设“十城百店”农特产品展销店1家，参与地区金物流旗舰店搭建布展工作，已投入运营。与9家农产品精深加工企业签订投资项目合同，签约投资总额14.2亿元，其中投资额3000万元以上的项目7个，到位资金7.34亿元。温宿县共有10条精品乡村旅游线路、100个乡村旅游点、12个休闲观光农业示范点，其中自治区休闲观光农业示范点4家，阿克苏地区休闲观光农业示范点8家，国家3星级农家乐1家、4星级农家乐1家，全国最美乡村1个。

【农业基础设施建设】 2019年，温宿县农业农村局在温宿县托甫汗镇和克孜勒镇修建防渗渠3885米，配套渠系建筑物73座。

【落实惠农政策】 2019年，温宿县农业农村局落实青贮饲料补贴0.55万公顷83万元，小麦补贴1.4万公顷37万元，玉米补贴0.53万公顷14万元，苜蓿补贴0.16万公顷24万元。

【无公害农产品】 2019年，温宿县农业农村局开展农产品生产主体追溯平台录入工作，录入农产品优质企业27家，认证3.6万公顷绿色原料基地，其中核桃2.2万公顷，苹果0.2万公顷，红枣1.2万公顷。认证绿色产品12个，有机认证2个，通过地理标志认证1个。

【设施农业建设】 2019年，温宿县农业农村局新建温室13.6公顷，改建温室13.6公顷。温宿县蔬菜播种总面积1164.24公顷，其中温室生产面积93.47公顷，拱棚生产面积141.96公顷，露地蔬菜面积935.47公顷，露地蔬菜主要种植在林下和庭院中。设施农业每公顷效益8.49万元。温室种植品种主要为茄果类蔬菜，拱棚以西红柿、辣椒、茄子、萝卜、小白菜为主，露地以胡萝卜、白菜、土豆、洋葱、辣椒、西红柿、豇豆为主。

【农产品质量安全及农贸市场监管】 2019年，温宿县农业农村局对温宿县各农贸市场、托乎拉乡托乎拉村八小队蔬菜生产基地、吐木秀克镇订单蔬菜基地、托甫汗镇蔬菜种植基地采取随机抽样，抽取检测蔬菜样品10类28种324个样，农药残毒检测324份样品中322份合格，合格率99.4%。

农村经营管理

【机构概况】 温宿县农村合作经济经营管理服务站成立于1987年11月，与县农业局合署办公，为自收自支独立核算事业编制，副科级建制。2003年10月，更名为温宿县农村经济管理局。2009年1月，更名为温宿县农村经营管理局。2019年，核定全额事业编制12名，实有11人，其中领导职数3人。

【农村经济】 2019年，温宿县农村经济总收入798978万元，比上年增加65300万元，增长8.9%。其中，种植业收入290900万元，比上年增加13300万元，增长4.8%；林果业收入348800万元，比上年增加28800万元，增长9%；畜牧业收入129500万元，比上年增加19100万元，增长17.36%；渔业收入3000万元，比上年增加400万元，增长15.75%；第二产业7400万元，比上年增加1000万元，增长17.31%；第三产业19300万元，比上年增长2500万元，增长14.87%。各业收入占总收入比重分别为：种植业36.41%，林果业43.66%，畜牧业16.21%，渔业0.38%，第二产业0.92%，第三产业2.42%。

【农村负担监督管理】 2019年，温宿县全面贯彻落实“两取消”工作，切实减轻农牧民负担，保护农牧民合法权益，调动农牧民生产积极性，促进农业和农村经济的发展。

【农村土地承包经营权确权登记试点】 2019年，温宿县按照《自治区开展农村承包地确权登记颁证“回头看”的工作方案》要求，对温宿县105个村开展承包地确权登记颁证摸排和整改在确权登记过程中发生的各类突出问题，并针对漏人漏地、面积和四至不准等信息，调处权属争议和矛盾纠纷，经核查，涉及暂缓确权面积104公顷，涉及农户78户。并在温宿县12个乡(镇)105个村开展土地确权工作，全年完成4个乡(镇)27个村4000本经营权证打证工作。

【农村土地承包经营纠纷仲裁基础设施】 2019年，温宿县按照自治区农业厅下发的《关于自治区2013年农村土地承包经营纠纷仲裁基础设施建设项目实施方案的批复》文件要求，“一庭三室”建筑面积应为351平方米，使用面积280.8平方米，现建筑面积为498.98平方米，使用面积299.64平方米。购置并安装档案密集架24个。该项目为合建项目，为防止产权不清，温宿县农村经营管理局与温宿县农业检测中心签订建设项目用地划分协议书。

【农村集体资产清产核资】 2019年，温宿县推进农村产权制度改革，开展清产核资工作。制定《温宿县2018年稳步推进农村集体产权制度改革的试点方案》《温宿县农村集体资产清产核资实施方案》，确定托乎拉乡为农村集体产权制度改革试点乡，全县140个行政村启动清产核资工作，并按要求完成录入“全国农村集体资产清产核资管理平台”，完成率100%，并通过自治区验收工作。

【农村富余劳动力转移创收】 2019年，温宿县农民外出劳务收入1667.55万元，比上年增加74.1万元，增长4.65%。

【农民专业合作社建设】 2019年，温宿县共成立农民专业合作社505家，其中林果244家、畜牧养殖138家、种植46家、水产养殖3家、农机服务17家、手工裁剪37家、农产品加工9家，其他11家；有农民专业合作社联合社4家;注册资金总额137801.58万元,社员总数11014人。获得各级扶持资金3196.04万元,其中国家级348万元、自治区级1419.04万元、地区级194万元、县级1235万元。规范化运作农民专业合作社419家;获得农业厅、农业部授牌的自治区级示范社15家;获得国家级示范社称号的合作社3家。新建农民专业合作社32家。

农业技术

【**机构概况**】 温宿县农业技术推广站原名温宿县农科所,成立于1963年。1974年更名为温宿县农业技术推广站,全额拨款事业单位,副科级建制。2019年核定编制22名,实有21人,其中高级农艺师7人,农艺师3人,助理农艺师2人,技术员4人。温宿县农业技术推广站内设植物保护组、土壤肥料组和作物栽培组。

【**农作物病虫害防治**】 2019年,温宿县主要农作物病虫草害整体为中等(3级)发生趋势,虫害整体重于病害,各类病虫害发生面积9.97万公顷,防治面积8.48万公顷,其中小麦病虫害累计发生面积0.14万公顷次,防治面积0.12万公顷次;玉米病虫害累计发生面积0.13万公顷次,防治面积0.11万公顷次;棉花病虫害累计发生面积6.59万公顷次,防治面积5.6万公顷次;水稻病虫害累计发生面积0.22万公顷次,防治面积0.19万公顷次;温宿县主要农作物农田草害发生面积2.75万公顷次,防治面积2.34万公顷次。完成病虫预测预报11期。

【**植物检疫**】 2019年,新疆金丰源种业股份有限公司共申报各类作物原、良种田5371.24公顷,其中小麦1002公顷,棉花4066.67公顷,水稻302.67公顷。经田间检疫合格面积5338公顷。

【**农业技术推广**】 2019年,温宿县主要农作物采取农业良种良法配套技术,原良种覆盖率达到98%以上。全年温宿县棉花种植3.53万公顷,平均亩(0.07公顷)产136.93千克,总产7.25万吨。小麦种植面积1.49万公顷,平均亩(0.07公顷)产452.35千克,总产10.13万吨,水稻种植面积0.78万公顷,平均亩(0.07公顷)产714.53千克,总产8.39万吨,正播玉米种植面积0.56万公顷,平均亩(0.07公顷)产759.39千克,总产7.18万吨。推广机采棉技术,机采棉种植1.42万公顷,主要分布在共青团镇、古勒阿瓦提乡、佳木镇、克孜勒镇等乡(镇)。

【**测土配方施肥**】 2019年,温宿县农作物推广测土配方施肥技术面积8.33万公顷,分别是:棉花3.17万公顷,小麦1.49万公顷,水稻0.33万公顷,玉米0.56万公顷,果树2.77万公顷。配方肥施用面积4.47万公顷,配方肥施用量1.24万吨(折纯),其中小麦1.35万公顷、棉花2.06万公顷、玉米0.28万公顷、果树0.78万公顷。温宿县完成取土样142个,开展4个玉米、棉花化肥利用率试验,购置4台测土配方施肥专家咨询系统数字化触摸屏发放至乡(镇),印制化肥减量增效宣传册1万份。

【**农业科技培训与宣传**】 2019年,温宿县农业技术推广站先后举办各类培训班16期,培训人数2682人次,其中县级培训3期195人,乡(镇)级培训16期2487人。主要培训内容有黑木耳、蔬菜种植技术、测土配方施肥技术;四大作物高产栽培技术、病虫草害综合防治技术措施以及高产创建生产中存在的突出问题及解决办法等。并在棉花、小麦、水稻等作物播种、生长关键时节,组织技术人员、乡(镇)及村级领导、示范农户在各乡(镇)选择有代表性的高产种植典型等现场观摩,发挥示范辐射带动作用。

【**项目实施**】 2019年,温宿县农业技术推广站实施基层农技推广体系项目、耕地保护与质量提升项目、农区鼠害防控项目,通过项目实施,开展基层农技人员技术培训,提升基层农技人员能力,聘请专家通过技术指导,提升各贫困村订单蔬菜和黑木耳种植水平;取土化验142个,棉花、玉米肥料利用率试验2个,为温宿县作物科学施肥做出科学指导依据。开展灭鼠培训,培训5个村1141人并发放鼠药等灭鼠器械。

种子管理

【概况】 2019年,温宿县种子管理站对种子生产环节实施监管,选择优质高产适合温宿县土壤、气候的适宜品种并进行示范、推广。有种子生产企业1家,种子经销商种子来源主要以金丰源种业公司为主,部分经销商也从外地调入种子销售。

【种子供应】 2019年,温宿县金丰源种子公司供应各类农作物种子6741.2吨,其中棉花种子3100吨,水稻种子2600吨,春小麦种子435吨,玉米种子600吨,其他(甜菜、苜蓿、瓜菜类)种子6.2吨。

【种子生产与良繁】 2019年,温宿县种子管理站安排落实各类农作物种子良繁田6066.67公顷,其中棉花良繁基地4000公顷;小麦种子良繁基地1666.67公顷;水稻种子良繁基地400公顷。

【种子检验】 2019年,温宿县种子管理站抽样检验各类农作物种子15个品种,抽取检验样品190份。抽检棉花2500吨、水稻2300吨、小麦320吨;完成小麦、种子田间检验0.17万公顷。

【新品种推广】 2019年,温宿县种子管理站自主选育推广国家审定棉花新品种"J206-5"1.33万公顷,推广自治区审定棉花新品种"新陆中68号"1.6万公顷,"新陆中75号"1万公顷。

【新品种试验示范】 2019年,温宿县种子管理站开展棉花17-68、水稻金稻95、小麦JFM-1等60余个新品种(系)的试验示范,为品种更新做好储备。

【种子经营备案】 2019年,温宿种子管理站通过开展温宿县农药经营户底数清查,对温宿县13个乡(镇)农资经营户逐户造册统计,并对申请户开展实地核查,受理经营许可119户,核发许可证119件,核查通过种子经营备案42件。

【农业执法】 2019年,温宿县种子管理站牵头开展农资市场联合执法检查1次,常规性检查18次。出动执法检查人员120余人次,车辆35台次,全面检查县辖区范围内13个乡(镇)178个农资销售点,检查肥料9500余吨,地膜500吨,种子53.5吨。立案查处违法案件11起,结案10起,罚款25624元,挽回经济损失32万元;规范156家经营行为,清理出不适宜使用的肥料产品12个560吨及过期生物菌肥产品12个210吨;清理应定点实名制销售农药品种12个1.32吨。

【调解纠纷】 2019年,温宿县种子管理站开展农业生产事故纠纷调处,维护好农民的合法权益。全年接待群众信访、处理涉农案件14起,调处结案11起,挽回经济损失300余万元。

【法规宣传】 2019年,温宿县种子管理站利用"科技之冬""冬季攻势"等开展宣传活动,深入主要乡(镇)集贸市场、村委会,开展农资知识、农资辨假识假知识等宣传咨询活动。举办农资经营户培训1期150人次,进行高剧毒农药替代品培训指导100人次,利用"3·15""12·4"的氛围开展宣传活动。出动宣传车辆10余次,出动20人次,发放宣传资料1000余份,咨询讲解2000人次。

农牧业机械化

【农业机械化】 2019 年，温宿县农机总动力 51.25 万千瓦，比上年增加 1.26 万千瓦，增长 2.5%；拖拉机拥有量 21067 台，比上年增长 11.77%。其中，大中型拖拉机 16661 台、联合收割机 537 台，小型拖拉机 3869 台。

【农机化作业】 2019 年，温宿县完成机耕 7.02 万公顷，机播 7.08 万公顷，机收 4.59 万公顷，分别占年度计划的 102.86%、101.14% 和 114.75%，机械化作业比分别达到 100%、94.23%、61%，农作物耕种收综合机械化率为 84.2%。温宿县农机经营服务总收入 6905 万元，比上年增长 11.98%，农作物精量播种 3.59 万公顷，完成目标任务的 119.64%；机械化残膜回收 4.08 万公顷，完成目标任务的 101.98%；无人机植保 0.98 万公顷，完成目标任务的 122.5%；农机跨区作业 0.63 万公顷，完成任务的 126.42%。

【农机审检】 2019 年，温宿县在册拖拉机 20732 台，其中大中型拖拉机 16661 台、联合收割机 537 台，小型拉机 3869 台，拖拉机应检 19714 台，实检 18925 台，检验率 96%，农机挂牌率 95%，农机持证率 93.2%，农机完好率 87%。

【农机安全监理】 2019 年，温宿县开展田检路查 3026 台次，受教育人数 3000 人次，纠正违章 75 台次，新车落户 832 台。温宿县未发生一起农机事故。

【农机购置补贴专项资金项目】 2019 年，温宿县发放中央农机购置补贴资金 2000 万元，占全地区补贴资金的 9.09%。补贴各类农机具 1492 台(套)，其中动力机械 799 台，耕整地机械 464 台，种植施肥机械 114 台，田间管理机械 10 台，收获机械 63 台，收获后处理机械 1 套，农产品加工机械 26 台，其他机械 10 台，受益农户 989 户。

【农机培训】 2019 年，温宿县举办各类农机培训班 9 期，农机实用技术培训 6500 余人次；举办新训机手培训班 4 期，培训拖拉机驾驶员 974 人；组织召开棉花精量播种、水稻机械化插秧、无人机植保、残膜回收和机采棉花推广演示会 10 场次，参会人员 4000 余人次。

【农机化推广】 2019 年，温宿县重点推广棉花全程机械化技术基础上推广无人机植保技术、水稻工厂化育秧和残膜回收等 4 项先进适用农机化技术，建立各类农业机械化作业示范点 4 个，引进 10 台导航仪用于棉花全程机械化作业，购置 6 台采棉机开展机采棉作业。

畜牧业生产

【概况】 2019 年，温宿县牲畜存栏 77.44 万头(只)，家禽存栏 127.99 万羽，牲畜出栏 101.6 万头(只)，家禽出栏 608.9 万羽(不含鸽)。产肉 3.96 万吨，产奶 3.55 万吨，产蛋 0.58 万吨。全年无重大动物疫病和畜产品质量安全事件发生。

【基地建设】 2019 年，温宿县以“十城百店”工程为抓手，筛选和培育规范提升“百十一”标准化养殖基地 14 个，制定《2019 年“百十一”优质牛羊肉生产基地建设行动方案》，细化目标任务，签订责任书，规范基地管理，严格执行地区印发的《阿克苏牛肉标准》《阿克苏羊肉标准》，做好服务指导、监督检查和动态管理。开展有机产品认证，温宿县天科牧业发展有限责任公司获得有机畜产品认证；温宿县山之子牲畜养殖专业合作社、温宿县木扎提河养殖农民合作社申报绿色畜产品认证。温宿县向其他省市销售优质牛肉805吨、羊肉506吨。

【种畜引进】 2019年,温宿县在阿热勒镇、依希来木其乡、佳木镇等乡(镇)建立县级肉羊改良示范村1个,共计9个示范村,并在辖区内创建肉羊改良繁育示范户20户,强化养殖技能培训,开展养殖技能培训班,接羔育幼、青贮制作、饲养管理、短期育肥方面指导农民。在依希来木其乡海楼村、苏鲁瓦村选择120只能繁母羊,分2个实验组开展细管冻精人工授精推广试验,为加快肉羊改良进程开辟新的繁育途径。

【疫病防治】 2019年,温宿县完成动物防疫、驱虫、治疗454.69万头只(次),完成动物免疫抗体检测11376份,四大慢性病监测69362份。生鲜乳质量安全抽样监测工作过程中总采集的鲜牛奶58份,主要监测青霉素类抗生素的残留程度、检测生鲜乳的营养成分、三聚氰胺监测、B内酰胺监测,鲜牛奶在营养成分、抗生素残留水平上总体达到标准水平。

【畜产品安全】 2019年,温宿县加强跨省、自治区和跨地区调运动物、动物产品监管,对于输入动物及动物产品严格落实"县市审核、地区备案"制度,落实引进动物落地监管,要求畜主在牲畜落地的同时必须报告当地动物卫生监督机构,兽医技术部门24小时内必须对所有动物进行布病检疫,对调入的动物全部进行小反刍、口蹄疫强化免疫,强制免疫后必须隔离15天后经临床检查合格后方可混群。鉴于国内非洲猪瘟频发的严峻局面,采取措施坚决杜绝疆外生猪及其产品进入温宿县。强化调出动物及动物产品检疫监督管理,调出动物及动物产品检疫必须做布鲁氏杆菌病和包虫病的实验室检测,合格才开具检疫合格证明准予调出。规范监督检查执法程序,规范执法行为,对拉运动物及动物产品的运载车辆,按照规定查证验物,落实牛羊布病的验证查物工作并按要求开展抽检,对手续不全,证物不符或者染疫、疑似染疫的严禁退回原产地,按国家法律法规处理,防止"外疫"传入。

【畜牧业执法】 2019年,温宿县动物卫生监督所行政执法人员利用集市天、节日前后巡回对各乡(镇)农贸市场进行监督检查,加大对动物防疫工作的监督,及时遏制私屠滥宰、逃避检疫、拒绝防疫的不法行为。全年出动检查人员60余人次,出动检查车辆50车次,查处各类违规案件15件,立案15件,结案15起,总计罚没款42620元。

【技术培训】 2019年,温宿县举办畜牧业科技实用技术培训班126期,培训人员20689人次,其中基层领导干部210人次,基层专业技术人员645人次,农牧民18812人次,贫困户824人次。针对博孜墩柯尔克孜民族乡购置剪毛机项目的实施,安排剪毛人员和乡(镇)技术人员14名到拜城县学习剪毛、分级技术。

动物防疫监督

【动物产地检疫】 2019年,温宿县动物卫生监督所实施动物产地检疫工作,辖区内乡(镇)产地检疫开展面达到100%,辖区规模养殖场产地检疫开展面达到100%。严格产地检疫报检制度,加强"五点合一"报检点的管理、规范和运行,全面实施动物检疫电子出证工作,确保动物产地检疫工作正常开展。严格产地检疫规程,按照国家规定标准和地区统一规程实施临栏临畜检疫,切实落实"三查"(查畜禽、查档案、查标识)程序。开展牲畜产地检疫36.15万头只,家禽产地检疫45.2万羽。强化流通领域执法监管工作,上市和流通的动物及动物产品检疫证持证率达100%(按日常检查、飞行检查中抽查屠宰场、活畜市场实际持证比例为准);严格执行动物调运前备案、落地报告、隔离观察等监管制度，形成调入地“准入”、调出地“准出”、调运中“严查”、调运后“严管”的有效联动机制。严格执行动物及动物产品运输车辆备案监管措施，温宿县动物及动物产品运输车辆备案53辆，备案率100%。落实动物可追溯监管工作，流通领域牲畜二维码耳标佩戴率100%；开展动物及动物产品检疫合格证明电子出证工作，杜绝手工出证，手工出证视为无效证明。

【动物屠宰检疫】　2019年，温宿县动物卫生监督所严格动物宰前检疫，落实屠宰企业主体责任，对进场动物查证验物仔细、车辆消毒彻底、备案登记认真，进场动物持证回收率100%，畜禽标识回收率100%，并建立完整记录和档案，严禁无证、无标、非健康动物进入屠宰场屠宰。严格动物屠宰检疫规程，落实屠宰检疫“五不得”，执行《畜禽屠宰卫生检疫规范（NY 467－2001）》，做到检疫操作熟练、应检部位必检、病害和“三腺”必摘、盖章出证规范、备案登记认真，出场酮体，动物脏器检疫持证率100%（按日常检查、飞行检查中抽查实际比例为准）。开展牲畜屠宰检疫9.03万头只，家禽屠宰检疫25.02万羽。

【动物卫生监督】　2019年，温宿县动物卫生监督所坚持每周开展一次集中整治式检查，规范检疫程序和出证行为，严禁违规出证、滥出证、出假证、不检疫就出证行为。开展对辖区规模动物饲养场、养殖小区（户）的动物防疫条件的初审，监管辖区动物养殖、防疫档案和备案制度。审核办理动物防疫条件合格证21份，强化流通领域监管工作，上市和流通的动物及动物产品检疫证持证率达100%，落实屠宰场、畜禽交易市场准入制度，定期休市、消毒制度，加强肉类（牛、羊、猪、禽肉品）质量安全监管工作，严厉打击收购、加工、销售病死牲畜等违法行为。

【兽药药政管理】　2019年，温宿县动物卫生监督所强化兽药监督执法，加强兽药和兽用生物制品质量监管和规范经营。贯彻《兽用处方药和非处方药管理办法》，加强执业兽医师的管理，开展兽用抗菌药专项整治，规范兽药经营使用行为。兽药经营企业月监管覆盖面达到100%。强化兽药GSP后续监管，指导兽药经营企业如实填写兽药进货、销售、使用等记录，严禁经营禁用、假劣兽药；实施兽药经营环节二维码追溯工作，推进兽药移动信息查询工作。加强养殖环节兽药等投入品的监督，对规模饲养场开展专项检查62次，建立和规范免疫记录、兽药使用记录、消毒记录、休药记录等档案。

【畜产品质量安全监管】　2019年，温宿县动物卫生监督所加强对畜产品生产和投入品经营环节的监督，对规模饲养场、养殖小区开展专项检查，对畜禽养殖、农贸市场、禽类生产加工交易市场、畜禽屠宰点、肉类经营场所进行联合拉网式大检查。出动检查车辆48台次，检查人员428人次，检查兽药经营户18户次、屠宰场（点）386场次，规模养殖场467场次、养殖大户501户次，肉店247户次，饭馆441个次。严查销售、使用过期、失效、伪劣兽药产品的兽药经营行为，整顿温宿县畜产品、兽药等经营市场。配合地区饲料办开展饲料抽检，督促辖区内饲料加工点到地区办理证件，杜绝销售自配料现象发生。狠抓落实布病、结核病的检疫、监测工作，扑杀牛羊107头只，控制人畜共患病的蔓延。加大对辖区内畜禽养殖业的监管力度，规范温宿县畜禽养殖业的污染排放，采取有效措施，引导养殖业主对畜禽污染进行综合整治，与2家定点屠宰场和28户规模养殖场签订“畜禽养殖污染源治理责任书”。

【标识管理工作】　2019年，温宿县动物卫生监督所贯彻实施《动物免疫档案标识管理办法》，展开二维码标识的佩戴工作，羊耳标佩戴61万枚，牛耳标佩戴3.3万枚，猪耳标佩戴5.1万枚。

【规范畜牧业生产经营】　2019年，温宿县动物卫生监督所结合全疆动物防疫法宣传月活动的开展，宣传《中华人民共和国动物防疫法》，认真贯彻执行，展开以动物监督检查为核心的动物疠疫监督工作。抓好专项整治和日常监管工作。集市天、节日前后开展集中整治式动物卫生监督检查工作,办理一般程序案件15件。

【宣传培训工作】 2019年,温宿县动物卫生监督所宣传《中华人民共和国动物防疫法》《动物防疫条例》《动物检疫管理办法》等有关法律法规,针对不同的工作对象宣传相应的法规、规章。在对辖区内养殖场(户)、定点屠宰场全面普查的基础上,落实告知程序,建立监管档案。在开展专项整治行动的同时,通过在农贸市场等畜产品交易场所,张贴告示、发放宣传单、出动宣传车等手段,告知消费者,增强消费者的鉴别能力和自我保护意识。开展温宿县检疫员培训,内容为实用技术《中华人民共和国动物防疫法》《动物防疫条例》《动物检疫管理办法》。县动物卫生监督所举办培训班2期,培训农牧民养殖户和乡(镇)检疫技术人员250人次,基层乡站培训农牧民4266人次。

畜禽疫病防治

【疫病防治】 2019年,温宿县畜牧兽医站完成动物防、检、驱、治458.96万头只(次),其中口蹄疫免疫143.4万头只(次);小反刍兽疫完成68.4万只;羊痘免疫完成43.5万只;羊"三联四防"免疫完成45万只;炭疽免疫完成42.6万只;布病免疫完成25.2万只;猪高致病性猪蓝耳病免疫完成3.66万头只(次);猪瘟免疫完成3.6万只;驱虫、药浴完成79.5万头只(次);治疗完成4.1万头只(次);禽流感免疫完成191万羽次;新城疫免疫完成167万羽次,确保温宿县畜牧业健康发展。

【"五号病"防治工作】 2019年,温宿县畜牧兽医站重视牲畜"五号病"防治工作,签订责任书13份,以合同防疫形式采用灭活苗对易感牲畜进行强制免疫,加大市场检疫力度,做好幼畜的补免工作,"五号病"防疫免疫143.4万头只(次)。

【禽流感防治工作】 2019年,温宿县制定下发《关于做好当前禽流感防治工作的紧急通知》,建立禽流感应急物资库,完成专家组与应急分队的组建工作。禽流感全年防疫191万羽,根据指挥长负责制的原则,实行政府保证免疫密度。同时,要求各乡(镇)对辖区内集贸市场、养殖场、禽舍及各村队主要路口进行消毒,禁止畜禽散养和混养。

【动物疫病监测】 2019年,温宿县畜牧兽医站加强动物疫病的病原监测,通过随机抽查采血,进行采血监测,抗体监测不合格的乡(镇)对辖区的所有畜禽进行重免。禽流感血清检测3739份,新城疫2485份,口蹄疫抗体检测5252份。四大慢病已监测牛结核33846份、牛布病33801份、羊布病2102份、马鼻疽检疫100份、马传贫采集血样43份送地区检验。实验室送检地区血清学样品424份,病原学样品153份。其中禽流感、新城疫抗体检测血清样品120份,病原学样品80份。口蹄疫抗体检测血清304份,病原学样品73份,马属动物血清43份。猪抗凝血200份,非抗凝血199份。包虫病检测羊血清45份、犬粪便45份、生鲜乳送样20份、牛肉8份、羊肉8份、鸡蛋86份。

【生鲜乳安全监测】 2019年,温宿县畜牧兽医站根据生鲜乳安全监测工作计划,鲜牛奶采集数量及检测结果如下:温宿县实际采样数为88份、其中三聚氰胺检测30份、β-内酰胺酶检测37份、理化指标检测88份,通过化验室检测的鲜牛奶在营养成分上总体达到标准水平,在营养成分及抗生素残留上总体达到合格水平。

【业务培训】 2019年,温宿县畜牧兽医站举办培训班239期36107人次，其中培训行业干部138人次，村干部234人次，培训农牧民22862人次，畜牧兽医技术人员548人次，新型畜牧业经营主体负责人427人次，其他人员11898人次。发放各类技术资料0.4万份。培训内容为实用养殖技术、禽病防疫、传染病防治、结核、布病检疫、禽流感及《中华人民共和国动物防疫法》《动物防疫条例》。

畜禽品种改良

【概况】 1987年3月，温宿县畜禽品种改良站成立，时称温宿县家畜育种站，股级建制，归属县畜牧局管理。1989年3月，温宿县家畜育种站撤并入温宿县畜牧兽医工作站，改称畜禽改良站，建制、编制均未变。2003年3月，畜禽改良站又从温宿县畜牧兽医工作站分出，为全额拨款独立核算事业单位，建制为副科级，编制8名。2004年3月，畜禽改良站机构名称变更为温宿县畜禽品种改良站，副科级建制，编制增加为10名，其中管理岗位2人、专业技术岗位7名、工勤技能岗位1名。

【黄牛改良】 2019年，温宿县固定黄牛冷配站58座。温宿县畜禽品种改良站为基层各配种站供应各类牛细管冻精2.1万支。黄牛改良配种1.55万头，完成全年任务103.47%，受胎率87%。

【绵、山羊改良】 温宿县是阿克苏地区重要的细羊毛和绒山羊生产基地之一。2019年，温宿县改良小畜41.66万只，其中改良肉羊12.53万只，其中人工授精0.68万只，自然交配11.85万只。

【种子工程】 2019年，温宿县去势劣质公畜8.32万头(只)，其中牛896头、绵羊6.72万只、山羊1.46万只、其他畜476头。培育各类种公羊1999只，其中培育肉羊1100只、南疆绒山羊899只；鉴定各类种公羊1849只。全年引进各类种畜337只，其中德国美利奴羊17只、萨福克羊30只、卡拉库尔羊99只、中国美利奴羊60只、南疆绒山羊131只。

【技术培训】 2019年，温宿县举办黄牛改良、牛性控冻精应用技术、科学饲养及畜禽疫病防治等内容的科技培训班5期420人次，提高基层技术人员的专业技能及农牧民的科学饲养水平。　(王奕辉)

林　业

【机构改革】 1984年7月，温宿县林业局成立。2019年2月机构改革更名为温宿县林业和草原局，属财政全额拨款的行政单位。正科级建制，核定行政编制5名，实有5人，事业编制8名，实有6人，其中科级领导职数3名(正科级2名，副科级1名)，机关工勤事业编制1名。内设办公室、生态项目业务办、森林草原资源办3个科室。下辖温宿县林业工作管理站、温宿县草原工作站、温宿县胡杨林管理站、温宿县早让自然保护区管理站4个下属单位。将县畜牧兽医局的草原监督管理职责，县国土资源局、县住房和城乡建设局、县环境保护局等部门的自然保护区、风景名胜区、自然遗产、地质公园管理职责，县资源林政管理办公室，县草原监理所的职责，县森林防护办公室除森林火灾防护外的职责划入县林业和草原局。

【林业生产管理】 2019年，温宿县林业和草原局深化"林果业提质增效"工程，巩固8.12万公顷优质特色林果基地建设，各类林果挂果面积8.02万公顷，果品总产量53.03万吨，其中核桃挂果面积4.67万公顷，产量17.64万吨；红枣挂果面积2.73万公顷，产量19.4万吨；苹果挂果0.57万公顷，产量14.7万吨；其他果树挂果面积0.05万公顷,产量1.27万吨,总产值达37.69亿元,农民林果业纯收入11375元。

【林政执法】 2019年,温宿县林业和草原局依规申报征占用林地审核审批项目29项。办理采伐许可证256份,采伐蓄积10334立方米,控制在地县2.5万立方米限额指标内。办理林业行政案件32起,其中,滥伐林木16起、毁坏林木12起、违占林地1起、破坏野生动物3起,处罚35人,罚款6.74万元,案件查处率100%;加强野生动物保护,救护受伤或病危黄羊、黑鹳、金雕等野生动物16头只,重点排查博孜墩柯尔克孜民族乡、吐木秀克镇野猪出没区域的非洲猪瘟防控工作。开展卫片执法,对自治区林业和草原局交办的36个疑似图斑、504个林区内违章建筑图斑逐一核实,维护森林资源安全和林区社会稳定。

【林木嫁接】 2019年,温宿县林业和草原局育苗81.37公顷,其中新育苗63.76公顷、留床苗17.61公顷,苗木产量694万株。主要育苗树种杨树苗10.87公顷、苹果苗7公顷、桃树苗11.27公顷、杏树苗12.61公顷、核桃苗2.47公顷,其余为绿化苗木。完成嫁接3421.71公顷54.95万株,其中新嫁接760.38公顷30.12万株,补接1687.5公顷16.9万株。核桃低产园改造973.82公顷7.92万株。

【林草惠民项目】 2019年,温宿县林业和草原局争取退耕还林还草、重点防护林、经果林质量精准提升、林果业提质增效、草原生态修复治理、林下经济等20余项林草惠民项目,到位资金8231.67万元。

【服务体系建设】 2019年,温宿县林业和草原局以林果质量精准提升、标准化示范基地建设为纽带,组织和引导企业、合作社,推动林业转型升级。鼓励农口技术人员领办创办农民专业合作社,带动贫困户融入产业发展链,吸纳具有一定技术服务能力的贫困户入社,就地培训掌握林果业技术,提升技术管理水平。

【植物检疫】 2019年,温宿县林业和草原局签发“植物调运检疫证书”1339份,办理“植物检疫登记证书”“种苗许可检验证”4份;开展苗木产地检疫26.8公顷105.3万株;开展调运检疫核桃接穗24万根、果品2.95万吨、原木440立方米、苗木124.5万株;复检江苏、山东、甘肃等其他省调入苗木206.4万株,复检疆内调入苗木16.2万株,杜绝有害生物在温宿县蔓延。

【病虫害防控】 2019年,温宿县林业和草原局落实“喷洒石硫合剂+悬挂黄板+频振式杀虫灯+涂白”病虫害综合防控技术,购买石硫合剂3665吨,悬挂黄板2340.50万张、杀虫灯9400盏,飞机防治2.67万公顷,完成率100%,发布预测预报13期,林业有害生物成灾控制在3‰以内。

【重点防护林建设】 2019年,温宿县林业和草原局依托“三北”防护林、退耕还林工程,建设生态林4335.5公顷,其中建设重点防护林2334.5公顷(人工造乔木1667.5公顷,人工造灌木林667公顷),退耕还林2001公顷,义务植树70万株,公民义务植树尽责率92.3%。

【造林管理】 2019年,温宿县造林4388.7公顷,其中防护林395.2公顷,经济林3993.5公顷,苹果399.9公顷,核桃1925.5公顷,沙棘866.6公顷,其他801.5公顷。

【生态扶贫】 2019年,温宿县林业和草原局依托林果业种植技术服务示范及提质增效项目,投入405万余元,促进11个深度贫困村、643户建档立卡贫困户368.10公顷果园提质增效,核桃园每公顷单产比上年增加0.57吨,红枣园每公顷单产比上年增加1.58吨,户均增收4800元左右。开展生态补偿促脱贫,从全县建档立卡贫困户甄选出17名村民,纳入生态护林护草员队伍。

【丰产栽培管理】 2019年,温宿县林业工作管理站实施疏伐改造工程,采用“疏密间伐、控高降冠、标准修剪”技术措施,密植园改造4088.71公顷(核桃1740.87公顷、红枣2347.84公顷),完成率136.2%。推进高接换优技术,核桃以“温185”和“新新2”品种为主,采取大树多头芽接方法,大树改接7.9万株,攻克密植低效园系列突出问题,改造后良种使用率98%以上。在县乡两级林业部门合作下,果农参与度同比提高,果树整形修剪6.53万公顷。枣园打顶摘心2.67万公顷,落实4次保花保果措施,及时补充膨果期螯合钙。

【示范园建设】 2019年,温宿县林业工作管理站依托自治区林业发展补助资金林果业提质增效项目资金,推进林果基地示范园建设,建成示范园110个1340公顷,包括地区级示范园1个33.3公顷、县级示范园6个106.6公顷、乡级示范园103个1200公顷。落实“乡村振兴战略”,采取行政干预、技术指导相结合办法,明确示范园建设标准,建成“百十一”林果基地1.87万公顷,其中红枣6666.67公顷、核桃9133.3公顷、苹果2666.67公顷,涉及农户16178户,其中贫困户1083户,涉及贫困户种植面积443.7公顷。

【科研科技】 2019年,温宿县林业工作管理站实施“农业实用知识进村入户工程”,强化科技支撑能力建设。依托自治区“百千万”培训行动计划,创建“一十百千万”科技培训模式。举办培训班199班次,培训各类人员46401人次。完成中央财政林业改革发展资金项目“骏枣1号标准化栽培技术推广示范”验收。协助自治区农业科学技术学院完成“干旱区红枣省力化优质丰产栽培关键技术研发与集成应用”项目(部分)获得自治区科学技术进步奖三等奖。依托节水灌溉技术创建资源型林业生产模式,建成节水灌溉果园7353.33公顷,同漫灌相比可节水300~350立方米/0.07公顷,提高肥料利用率。

【林果业管理】 2019年,温宿县林业工作管理站组织召开果树管理现场会132次,其中地区、县级12次,乡级120次。指导果农做好红枣、核桃整形修剪、疏密、拉枝撑枝、土肥水管理、防护林种植、有害生物防控等工作,强化关键技术重点监督和生产管理技术指导。

【生物绿肥种植】 2019年,温宿县林业工作管理站沤制绿肥370.18万立方米,推广林下套种油菜1.46万公顷,每年种两茬,每公顷增施45立方米有机肥,实现节本增收、增辟肥源、增量提质、绿色有机。

草原管理

【机构改革】 1980年2月,温宿县草原工作站成立,2009年机构名称为温宿县草原工作站(温宿县草原监理所),参照《中华人民共和国公务员法》管理的事业单位。2019年2月机构改革,上级行政领导机构由县畜牧兽医局变更为县林业和草原局,温宿县草原监理所撤销。

【科技培训】 2019年,温宿县草原工作站组织各乡(镇)领导干部和农牧民,举办草原法律法规、草原防火及草原生态保护宣传培训班6期4850人次。

【法律法规宣传】 2019年,温宿县草原工作站开展《中华人民共和国草原法》《草原防火条例》《草畜平衡管理办法》等法律、法规宣传活动。在集市天用群众通俗易懂形式进行宣传,设立咨询台4个、电视宣传1次,张贴横幅标语18条、出动人数36名、宣传车18次、宣传图片16幅、印发宣传材料5600份。受教育人数12.8万人次,宣传覆盖率92%以上。组织

2 名工作人员参加应急管理宣传活动,发放草原防火宣传资料 4200 余份、草原防火手册 2350 余册,制作展板 1 个,悬挂宣传横幅 1 条。

【森林草原防火】 2019 年,温宿县草原工作站加强护林防火管理,与林区、草场牧民、护林员签订防火安全责任书,举办森林草原防扑火队伍实战演练 2 次。按照《温宿县重点区域大清查方案》,联合县政法委、林政办、胡杨林管理站等相关部门(科室)进行安全隐患大排查专项行动,开展安全生产、森林草原防火宣传 16 场次、发放宣传单 1.2 万份,设置森林防火宣传牌 103 块,确保森林草原防火工作纵向到底、横向到边。

【草原虫鼠害防治】 2019 年,温宿县草原工作站保护温宿县草原健康可持续发展,防止草原虫鼠灾害,组织工作人员联合乡(镇)对温宿县天然草原进行全面普查,监测预警草原生物灾害,完成 2 个样地、8 个样方的鼠害野外路线调查;10 个样地、40 个样方的蝗虫野外路线调查;10 个样地、40 个样方的天幕毛虫野外路线调查,开展 1000 公顷天然草场虫害防治工作;完成 6 个毒害草、4 个人工牧草病害预警点监测工作,均未发现病害情况。制定周密防治计划,虫鼠害工作得到防治。 (张继方)

水　　利

【机构改革】 温宿县水利局是温宿县人民政府的水利行政主管职能部门,正科级建制,核定编制 20 名,其中行政编制 8 名,事业编制 10 名,机关工勤事业编制 2 名;领导职数 3 名(正科级 2 名,副科级 1 名)。内设办公室、水利工程建设管理办公室、水资源与水利工程运行管理办公室[县节约用水办公室、河(湖)管理办公室]、水旱灾害防御办公室 4 个科室。

2019 年 3 月机构改革,将温宿县改水防病领导小组办公室、县塔河综合治理项目建设管理领导小组执行办公室、县河湖长制领导小组办公室、县水利工程质量监督检查组的职责,县水利技术规划中心承担的水利水电行业技术监督执行行政职能交由县水利局承担,同时划入工作人员 9 名。

【水资源管理】 2019 年,温宿县水利局与各乡(镇)签订“2019 年度限额用水责任书”,根据用水指标制定冬、春灌溉计划。编制完成《温宿县农业水价综合改革实施方案》,开展水价改革相关工作。实行水资源管理制度,按照“三条红线”控制指标,通过自治区年度水资源管理制度的考核,各项用水指标均严格控制在限额内。完成灌溉任务,保障全县 13.59 万公顷农田灌溉供水。

【防汛工程建设】 2019 年,温宿县水利局新建、维修加固防洪堤 28.25 千米,其中新建 16.45 千米,维修 11.8 千米,年内未发生因防范不到位而引发的度汛安全事故。

【农村饮水安全】 2019 年,温宿县水利局完成安全饮水入户 1246 户;安装 IC 卡智能水表 2432 块;开展安全饮水、节约用水宣传工作;完成温宿县博孜墩柯尔克孜民族乡、吐木秀克镇、柯柯牙镇、克孜勒镇、依希来木其乡、佳木镇、恰格拉克乡等 8 个乡(镇)共计 206.6 千米供水管网改造工程,其中供水受益贫困户 1504 户。

【河长制工作】 2019 年,温宿县水利局制定出台《关于调整充实温宿县全面推行河(湖)长制领导小组成员的通知》《温宿县河(湖)长制工作实施方案》,明确河(湖)长制工作职责和工作目标。编制完成《温宿县一河一策方案报告》,设置河长公示牌 29 个:主要干支流跨县、兵团的县级公示牌 9 个;制作安装完成主要干支流跨乡、兵团的乡级公示牌 20 个。利用标语、海报、网络、宣传栏等宣传河(湖)长制工作重要性和必要性，印发河（湖）长制工作手册200份，发放宣传海报260份，宣传单5000份，村村通广播宣传覆盖达10万人次；建立区域与流域相结合的以县、乡、村三级河长为主要内容的河长制组织体系。设立县级河长6名（2名总河长，4名副总河长），乡级河长22名（11名乡级河长，11名乡级副河长），村级河长45名，5乡6镇和45个行政村（社区）构成县乡村三级责任体系。开展巡河工作，县级河长巡河48次240人次，乡级河长累计巡河383次1532人次。

【水利基本建设】　2019年，温宿县水利局完成南疆田间高效节水项目，新建高效节水面积2006.67公顷，投资4216.6万元（其中中央预算内专项投资3000万元，其余1216.6万元由县自筹）11月底完工；完成温宿县台兰河新龙口至老龙口防洪工程，新建防洪堤总长7.18千米，投资2489.6万元（其中中央投资1736万元，县配套753.6万元），7月中旬完工；完成温宿县2019年度吐木秀克镇黄羊滩小流域水土保持重点工程一期项目，投资500万元（中央2019年水利发展资金），11月底完工；完成温宿县博孜墩牧场饲草料基地及配套工程，修建防洪堤0.92千米，防渗改建支渠12.48千米及配套渠系建筑物20座，投资1444.45万元（中央投资1300万元，县配套144.45万元），10月底完工。（梁瑞敏）

库木艾日克托什干河流域管理

【概况】　温宿县库木艾日克托什干河水管总站（简称温宿县库托河水管总站）隶属温宿县水利局，自收自支事业单位，副科级建制，核定编制128名，实有114人，内设行政股、财务股、水政股、水管股、工程股5个科室。2019年，温宿县库托河水管总站下辖吐木秀克镇、阿热勒镇、托乎拉乡、恰格拉克乡、托甫汗镇及革命大渠和红沙漠7个水管分站。主要担负库玛里克河和托什干河灌区农业灌溉、防洪抗旱、水费征收、运行管理等。

【灌溉管理】　2019年，温宿县根据塔里木河流域阿克苏管理局下达的用水指标，制定灌区内各乡（镇）用水计划，提高用水效率，杜绝跑冒滴漏现象发生，同时预防白地、苜蓿、草场和果园重复灌溉现象。加强水资源管理，按照限额用水指标，制定用水指标分配。库托河灌区度灌溉面积4.97万公顷，其中小麦8.45万公顷、水稻456.07公顷、玉米3822.7公顷、果园2.1万公顷、林带2884.6公顷、鱼塘302.2公顷、瓜菜946.8公顷、苜蓿316.2公顷、其他面积4276.2公顷。总用水量4254.89万立方米。冬灌面积3.96万公顷，用水量2833.31万立方米。

【防汛抗旱】　2019年，温宿县库托河水管总站灌区内各乡（镇）开展防洪工作，在吐木秀克镇及柯柯牙镇山洪多发地长期雇佣2台挖掘机、1台铲车进行洪沟清理和河道整治。灌区内新建、维修三脚架树梢防洪堤196处14.3千米，新建85处7.2千米，维修111处7.1千米。洪沟清淤49处34.4千米，其中吐木秀克镇清淤洪沟26.4千米，托乎拉乡6千米，恰格拉克乡2千米，灌区防洪工程使用卵石15492立方米，块石12156立方米，铁丝9.8吨，铁丝笼8381张，钢筋笼163个，各类编织袋710个。木头9083根，树梢8361吨，搭建三脚架2552个，各类浆砌石块730立方米，零星预制砼块33个，灌区防洪工程使用拖拉机5001台次。参与防洪人工2.6万人次。各乡（镇）使用铲车1232小时，挖掘机1532小时，自卸货车3天。

【水利工程管理】　2019年，温宿县库托河水管总站灌区内建防渗渠57.96千米，维修防渗渠127.8千米；建灌溉渠道15.4千米，维修渠道156.08千米；建排水工程5.15千米，维修排水工程17.8千米；新建建筑物（闸口、盖板桥、涵洞、渡槽）592个；高标准平整土地49.7公顷。协调资金清理整治吐木秀克镇至革命大渠上段洪沟;投入资金80余万元维修十万亩生态园自压滴管水库和拱拜孜移民安置点水库。

【水费征收】 2019年,温宿县库托河水管总站落实岗位责任制及奖惩办法,应征收水费5786.88万元,实际征收5672.86万元,完成率98%。

(古丽坚乃提·艾海提)

台兰河流域管理

【概况】 温宿县台兰河水管总站隶属于温宿县水利局管理,自收自支事业单位,副科级建制,核定编制163名,实有141人。内设党政办、工会办、财务股、水管股、工程股、控制室6个科室。2019年,温宿县台兰河水管总站,辖佳木镇、依希来木其乡、克孜勒镇、古勒阿瓦提乡、博孜墩柯尔克孜民族乡、团结、东风、阿库木8个分站及温宿县冰泉水库(工业园区供水水库)。主要担负台兰河灌区农业灌溉、防洪抗旱、水费征收、工程管理等工作。

【灌溉管理】 2019年,温宿县台兰河灌区灌溉面积7.28万公顷,其中小麦0.91万公顷,棉花3.35万公顷,水稻0.05万公顷,玉米0.26万公顷,果园1.92万公顷,林带0.14万公顷,鱼塘0.03万公顷,瓜菜0.17万公顷,苜蓿72.33公顷,其他面积0.45万公顷。年度总引水量4.71亿立方米,其中地表水4.71亿立方米(革命大渠0.02亿立方米),地下水0.32亿立方米(水源地机井抽水量)。

【防汛抗旱】 2019年,温宿县台兰河灌区防洪地段新建维修加固防洪坝78处13.73千米。其中新建防洪坝9.03千米,维修防洪坝4.71千米,卵石及块石4601立方米,铁丝5340千克,铁丝笼3602张,木头5942根,树梢3510吨,三角架653个,车辆2578工/日,挖掘机540小时,铲车697小时,人工13219工/日,防洪巡逻694工日,投入资金237.73万元。全年防洪物资卵石及块石1.35万立方米,完成率25%;钢筋笼78个,铁丝笼2180张,铁丝1.2吨。

【水利工程管理】 2019年,温宿县台兰河水管总站投资2480.6万元完成台兰河新老龙口之间河道右岸防洪堤工程,投资41.82万元完成温宿县台兰河阿库木闸后水毁维修工程;投资43.21万元完成温宿县老龙口1115米浆砌石坝维修修复工程;投资8.54万元更换维修台兰河灌区范围启闭机,温宿县台兰河灌区骨干工程信息化项目完成90%,投资2540.65万元;克孜勒总干渠修复已完工。

【农田水利建设】 2019年,温宿县台兰河水管总站投资331.8万元平整改造农田428.33公顷,投资61.5万元维修道路15.9千米,投资41.72万元维修灌溉渠道115条124.52千米,投资4.75万元建闸口7座。

【水费征收】 2019年,温宿县台兰河水管总站征收水费应收水资源费4354.74万元,残疾人减免水费48.52万元,实收4222.67万元,完成计划98.05%。

【安全生产】 2019年,温宿县台兰河水管总站对灌区内佳木—阿库木水源地机井设备、各处电源、水闸启闭设施、防洪堤坝开展8次大检查,每月平均4次安全检查;排查整改风险隐患问题7项。

(阿依先木古丽·吐尔逊)

农村自来水管理

【概况】 1999年6月9日,温宿县农村自来水管理总站成立。2009 年 8 月，隶属温宿县水利局管理自收自支事业单位，副科级建制，核定事业编制 10 名，领导职数 2 名，实有 6 人。

【农村安全饮水工作】 2019 年，温宿县农村自来水管理总站完成安全饮水入户 1246 户；安装 IC 卡智能水表 2432 块，截至年底共计安装 1.3 万块；改造温宿县博孜墩柯尔克孜民族乡、吐木秀克镇、柯柯牙镇、克孜勒镇、依希来木其乡、佳木镇、恰格拉克乡等 8 个乡（镇）供水管网工程 206.6 千米，其中供水受益贫困户 1504 户，年度管道维修 3884 次。

【脱贫攻坚】 2019 年，温宿县农村自来水管理总站实施水利扶贫，温宿县建档立卡贫困人口 6282 户 22126 人，解决贫困户饮水安全问题，全县 14 个贫困村均通自来水，贫困户安全饮水率 100%。2019 年新建安居富民房 2889 户，其中 2559 户在 2019 年前已喝到放心自来水，针对 346 户居民安全饮水问题，铺设供水管道 9600 米，2889 户安居富民房居民饮水率达到 100%。

【节水宣传】 2019 年，温宿县农村自来水管理总站开展安全饮水，夏季农药污染防治，安全使用自来水，节约用水宣传 46 次 3.45 万人，发放宣传单 8000 张。

（艾克拜尔·达依木）

防雹 增雨

【概况】 2019 年，温宿县人工影响天气办公室（简称温宿县人影办）是县农业防雹减灾的工作机构，下设 12 个基层固定作业点，有高炮 16 门，固定火箭发射架 27 部，流动火箭作业车 13 辆，固定点和流动作业点防雹覆射面积 8.53 万公顷。

【标准化作业点建设】 2019 年，温宿县人影办根据防雹作业需要和自治区地面固定作业点标准化建设要求，修建一个标准化作业点，配备双火器及流动作业车辆，可以实现提前防御、拦截冰雹云作用，满足冰雹云路径设防及前沿防御布局的整体规划，对防区下游保护区起到事半功倍效果，在防雹过程中发挥作用。

【绿洲项目】 2019 年，温宿县人影办向自治区争取“绿洲”项目，添置车载流动火箭作业车 3 辆，添置的车载流动火箭将发挥流动火箭的性能，可机动灵活地进行流动作业和跟踪作业，提前防御和连续打击冰雹云，提高防雹增雨机动能力，加强区域联防增强火力，提高人影作业的科技水平和防灾减灾能力。

【业务技能培训】 2019 年，温宿县人影办邀请地区人影办专家采取理论和实际操作演练相结合方式，对 66 名基层作业点工作人员进行为期 4 天的三七高炮理论、高炮安全操作、火箭理论、火箭实际操作及故障排除等方面的培训。

【技防建设】 2019 年，温宿县人影办对新招录聘用人员进行政审，建立健全人员人事信息档案，确保人影队伍安全。定期对基层作业点视频监控、报警装置、电子围栏、照明设备检查维修，对基层作业点灭火器审验与更换，加强基层炮点和流动火箭作业车安全防范工作。按照自治区人影办的安全生产要求，对多年积压的 105 枚废旧、故障、过期高炮炮弹、火箭弹进行销毁，把人影工作安全作业隐患消除在萌芽状态。

（陈 俊）

财政　税务

财　政

【机构改革】　2019年，温宿县国有资产管理办公室整建制划转至温宿县财政局，加挂温宿县金融工作办公室、温宿县国有资产管理办公室牌子。核定编制数71名，其中行政编制18名，机关工勤编制2名，参照《中华人民共和国公务员法》管理编制41名，全额事业编制10名，实有65人。内设办公室、综合室、预算股、国库股、文行股、经建股(企财股)、社保股、采购办(资产股)、政府债务管理室、金融办、扶贫资金管理室、国有资产管理业务室、国有资产管理党建室、农财股、乡财股(涉农补贴股)、审计监察股、评审中心、综改办、支付中心19个股室。有乡(镇)财政管理局、县国有资产服务中心、县会计核算中心3个二级单位。

【财政收入】　2019年，温宿县公共财政预算收入51603万元，比上年增加3042万元，增长6.3%，完成预算调整的100%。上级补助收入266601万元，其中返还性收入3113万元，一般性转移支付收入157419万元〔其中体制补助收入4120万元，均衡性转移支付收入21747万元，县级基本财力保障机制奖补资金收入18545万元，结算补助收入1176万元，基层公检法司转移支付收入295万元，城乡义务教育转移支付收入9873万元，基本养老金转移支付收入4097万元，城乡居民基本医疗保险转移支付收入9978万元，农村综合改革转移支付收入2587万元，产粮(油)大县奖励资金收入901万元，重点生态功能区转移支付收入3896万元，固定数额补助收入30412万元，民族地区转移支付收入584万元，边境地区转移支付收入11875万元，贫困地区转移支付收入9608万元，公共安全共同财政事权转移支付收入3767万元，教育共同财政事权转移支付收入1702万元，社会保障和就业共同财政事权转移支付收入2634万元，卫生健康共同财政事权转移支付收入7453万元，农林水共同财政事权转移支付收入15万元，住房保障共同财政事权转移支付收入12154万元；专项转移支付收入106069万元〕，一般公共服务1411万元，国防457万元，公共安全1115万元，教育14818万元，科学技术70万元，文化旅游体育与传媒2162万元，社会保障和就业4327万元，卫生健康1298万元，节能环保10780万元，城乡社区10万元，农林水44923万元，交通运输9504万元，资源勘探信息等647万元，商业服务业等794万元，自然资源海洋气象等23万元，住房保障9188万元，粮油物资储备248万元，其他收入4294万元。调入资金32406万元。

【财政支出】　2019年，温宿县公共财政预算支出367882万元，比上年增支13328万元，增长3.8%，完成预算调整的100%，其中一般公共服务39602万元，增长1.6%；国防596万元，增长107.7%；公共安全35247万元，增长6.6%；教育80863万元，减少4.5%；科学技术3297万元，增长2.3%；文化体育与传媒3926万元，增长88.1%；社会保障和就业24377万元，增长18.2%；医疗卫生25894万元，增长2.6%；节能环保11954万元，减少10.3%；城乡社区事务11680万元，增长112.6%；农林水事务82868万元，增长7.8%；交通运输9721万元，减少52.6%；资源勘探电力信息等事务696万元，增长52.3%；商业服务业等事务1444万元，减少30.5%；国土海洋气象等1175万元，减少29.4%；住房保障22099万元，增长

19.6%；粮油物资储备426万元，增长127.8%；灾害防治及应急管理支出1172万元，增长100%；债务付息8098万元，增长37%；债务发行费用34万元，增长3%；其他2713万元，增长98.5%。

【社会保障体系】　2019年，温宿县财政局解决91个行政事业单位406名公益性岗位人员社保及岗位补贴1310万元；支付职业技术培训学校各类技能培训资金44万元，惠及728名失业待业农民，拨付企业和灵活就业人员社会保险等各类补贴支出295万元，加快社会保险制度改革，建立多层次商业医疗保险体系，为温宿县10676名职工（在职8181人，退休2495人）续保商业补充医疗保险业务补贴资金110万元。提高城市、农村居民最低生活保障对象6240人生活待遇，全年发放城乡低保资金2012万元。拨付资金570万元，帮助受灾群众改善生活条件；拨付残疾儿童、白内障患者康复救治资金114万元。

【"收支两条线"管理】　2019年，温宿县财政局建立健全非税收入征管机制，对收取或取得的行政事业性收费、政府基金、罚款和罚没收入、彩票公益金和发行费、国有资产经营收益、以政府名义接受的捐赠收入、主管部门集中收入等属于政府非税收入，按照上级部门规定全额上缴国库，不得隐瞒、截留、挤占、坐收和挪用。建立综合财政预算管理模式，加强非税收入支出管理。非税收入属于政府性资金，按照综合财政要求，把非税收入形成的可用财力纳入统一财政预算体系，规范非税收入使用管理，深入部门预算改革，推行综合财政预算。

【政府采购】　2019年，温宿县财政局通过大平台审批采购计划3856笔，审批采购资金20058.4万元，其中集中采购备案352笔4650.9万元，分散采购256笔1272.6万元，政府集中采购1笔342.4万元。

【农村税费改革】　2019年，温宿县财政局改革和完善现行农业和农村领域税费制度，规范农村分配制度，减轻农民负担，理顺国家、集体和农民之间分配关系。按照《财政部关于印发〈国有农牧场税费改革减收补助办发〉的通知》（财预〔2006〕446号）、《财政部关于下达国有农牧场税费改革中央对地方转移支付资金的通知》（财预〔2006〕466号）文件精神，上级财政每年下达温宿县税费改革转移支付资金774万元。农村税费改革试点工作实施以来，温宿县执行自治区和上级部门有关政策，防止农村出现乱集资、乱摊派、乱收费现象。

【依法理财】　2019年，温宿县财政局投资评审中心审核政府投资工程类项目393个，送审金额116179.11万元，审定金额114681.29万元，审减金额1497.82万元，审减率1.29%。

【会计管理】　2019年，温宿县财政局审定会计从业证及会计专业技术资格人员1337人，其中女性883人，举办财务人员培训班4期，培训742人次。

【国库集中支付改革】　2019年，温宿县财政局全面落实国库集中支付制度，全年实施支付54859笔349715万元，其中直接支付45259笔320613万元，授权支付9600笔29102万元。

【国有资产监管】　2019年，温宿县财政局健全国有资产运营管理机制，加强对国有企业监管和指导，建立健全法人治理结构和监管制度，指导规范企业市场化运营，提高企业效益，确保国有资产保值增值。加强国资收益上缴工作，全年收缴国资收益3666.34万元。

【国有企业改革】　2019年，温宿县宝圆果业有限责任公司与温宿县启德油脂有限公司合作新建年产5000吨冷榨核桃油核桃深加工项目，促进温宿县核桃产业发展，延伸核桃产业链，提高产品附加值。完成天山神木园清产核资工作，推进天山神木园移交事宜。

【国有企业监管】　2019年，温宿县财政局按照加强国有资产监管、改革国有资本授权经营体制要求,实现政企分开、政资分开、所有权与经营权分离,提高国有资本运行效率,发挥国有资本引领带动作用,推动国有企业完善公司治理体系,成立温宿晟泉投资有限责任公司,构建“县政府—国有资本管理公司—国有企业”三层级国资运营体系。制定《温宿县国有企业负责人履职待遇、业务支出管理办法》《温宿县国有企业资产负债约束管理办法》,及时准确掌握企业经营管理动态和资产变更、盈利、税收等情况。

【国企党风廉政建设】 2019 年,温宿县财政局健全完善党组织各项监管制度,与国有企业党组织签订“党建工作目标责任书”,制定《温宿县国有企业党支部操作规范》和《温宿县国有企业党建工作手册》,重点抓好国有企业党组织“三会一课”、发展党员、党费收缴、换届选举等工作。每月召开国资监管例会,以党的作风建设为重点,落实党风廉政建设责任制、“三重一大”执行情况、反腐倡廉教育,推进国有企业党的思想、组织、作风、制度和反腐倡廉建设落到实处。 (李东华)

税　　务

【税收收入】 2019 年,国家税务总局温宿县税务局(简称温宿县税务局)组织各项税收收入 60423 万元,比上年下降 8.73%,减收 5783 万元,其中本地税收入库 56267 万元,比上年增长 3.11%,增收 1698 万元;石油税收 4156 万元,比上年下降 64.28%,减收 7480 万元。落实非税收入 1906 万元,比上年增长 22.26%,增收 347 万元。

【落实优惠政策】 2019 年,温宿县税务局落实各项减税降费政策减免 7482 万元,涉及纳税人 46730 户;1 月 9 日国务院出台的小微企业普惠性税收减免规模减免税额 1739 万元,涉及户数 6107 户;3 月 5 日国务院出台的增值税实质性减免规模减免税额 2899 万元,涉及户数 672 户;个人所得税改革减免规模减免税额 2416 万元,涉及人数 15.43 万人次。

【纳税评估】 2019 年,温宿县税务局管户 6893 户,一般纳税人 873 户,小规模纳税人 6020 户。纳税评估任务 5 户,入库税款 642.86 万元,入库滞纳金 26.02 万元,税款滞纳金合计 668.88 万元。

【税收检查】 2019 年,温宿县税务局通过征管基础平台推送任务,进行查询,按时间要求下户核查、日常检查、发票疑点数据核查等实地核查。接收 129 条任务:纳税人未办理实名认证基础事项监控 55 条,逾期仍未申报基础事项监控(实地调查核实)28 条,欠税核查(本月新增)基础事项监控 20 条,自然人代开普通发票监控 20 条,应享未享类 6 条。逾期未申报和发票处罚 2876 条。

【社保费征收】 2019 年,温宿县税务局征收机关事业单位保险费 25299.68 万元,征收城乡居民养老保险 2196.94 万元,征收城乡居民医疗保险 5058.26 万元。

【纳税服务】 2019 年,温宿县税务局引导纳税人使用电子税务局、手机 APP、自助终端等多元化办税渠道,强化自助办税终端的使用。配备 4 台自助终端,建立“实体为主、自助为辅”工作方针,让“最多跑一次”再升级,实现“一次都不跑”,将办税人员信用与企业信用关联,加强纳税人信用管理,丰富守信激励措施,为 A 级纳税人开辟“绿色通道”,快速办理涉税事项。改善“线上”“线下”服务渠道,在办税流程、发票办理方面提升服务质量,在报送资料方面给予企业更大方便,提高办税效能,精简办税资料,给纳税人提供透明和稳定的税收环境。 (巴吐那生)

银行 保险

银 行

中国农业发展银行温宿县支行

【概况】 1997年12月,中国农业发展银行温宿县支行(简称农发行温宿县支行)成立,承担国家规定的农业政策性金融服务,主要业务是支持温宿县小麦、水稻、棉花收购及温宿县新农村建设。支行设有两部一室,分别为会计结算部、信贷业务部和办公室。

【存贷款及利润】 2019年,农发行温宿县支行贷款余额23.23亿元,发放扶贫贷款18.4亿元,其中粮食收购扶贫贷款15.72亿元;中长期扶贫贷款0.83亿元,短期流动资金贷款0.4亿元,年末存款余额5.08亿元,日均存款4.34亿元,中间业务收入23.91万元。经营利润1448.29万元,人均利润76.23万元。

【财务管理】 2019年,农发行温宿县支行强化内部监督控制,规范会计核算行为,确保账款相符,库款安全,执行查库制度,落实坐班主任按旬查库,行长、主管行长按月查库制度,并详细登记记载,保障资金安全。会计人员落实岗位职责。按季定期开展自查自纠工作,防范经济案件发生,提高会计人员实际操作能力。在财务费用管理中,坚持大额费用由支行财务费用委员会研究,报分行审批后列支。强化固定资产管理,按时、准确计提折旧,按照规程操作固定资产报废业务并做好固定资产日常管理工作。

【信贷管理】 2019年,农发行温宿县支行与当地政府相关职能部门对接,在政策范围内营销地区高度重视项目,助推县级营销项目。根据县域经济特点,制定业务发展侧重点。参加总行、分行视频学习,抓好信贷制度和操作流程学习,加强政策指导性贷款管理,坚持以库存监管为核心贷后管理,最大限度控制和降低风险。做好政府融资平台贷款甄别清理工作。执行贷款专户管理、贷款支付、库存监管、货款回笼、收贷收息等有关规定,做好金融服务工作,加强贷款风险管控,做好cm2006信贷管理系统升级,利用cm2006信贷管理系统、风险预警系统、人行征信系统和综合报表平台等,随时监测贷款运行情况。改进和加强风险管理及法律事务工作。开展收购贷款自查、信贷基础工作自查、粮食清仓查库各2次。规范各类经营和收费。将各种非格式合同、业务协议等交送上级行风险部门进行法律审查,防范各项业务法律风险。

【企业文化】 2019年,农发行温宿县支行开展客户服务文化、信贷文化、内控文化等专业服务规范工作。开展"文明行业示范窗口""女职工文明示范岗""职工之家""青年文明号"创建活动,开展迎新春团拜会、徒步活动。开展"送温暖"活动,慰问退休职工及职工遗孀,建立困难职工档案,送去生活物品和慰问款。通过板报、悬挂横幅、宣传栏等形式,开展宣传活动(如反假币、反洗钱、非法集资、征信、计划生育、民族团结、企业文化等)。做好对员工生日、住院、体检和婚丧大事的慰问以及离退休老干部慰问活动。

【党风廉政】 2019年,农发行温宿县支行加强党风廉政责任制建设和党风量化考核。支行党支部书记讲廉政党课2次,党支部委员讲党课2次,党支部书记对副行长集体廉政谈话4人次,个别谈话2人次,纪检小组长谈话5人次、主管行长廉政谈话2人次,开展述职述廉工作3人次。签订“廉洁从业承诺书”19份,“银企廉政共建协议书”7份,回访企业7个,回访率100%。 (陈 燕)

中国工商银行股份有限公司温宿县支行

【概况】 2019年,中国工商银行股份有限公司温宿县支行(简称工行温宿县支行)有营业网点1个,对外服务窗口7个,24小时自助服务设备9台,智能终端机、产品领取机、票据回单机等智能设备4台。主要经营负债业务、资产业务、中间业务、个人理财服务等。

【存贷款中收及利润】 2019年,工行温宿县支行各项存款余额97931万元,比上年增加2842万元。其中对公存款51155万元,比上年增加1711万元;储蓄存款46776万元,比上年增加1131万元。各项贷款余额70900万元,比上年增加8400万元。个人贷款余额24300万元。全年实现中间业务收入321万元,实现经营利润1792万元。

【金融服务】 2019年,工行温宿县支行聚焦内涵式发展要求,拓展县域客户市场,遵循合规经营、加快结构调整、提升服务水平、强化风险管控的工作要求,不断提升市场竞争力和贡献度,践行为客户提供优质金融服务初心使命。 (王 涛)

中国农业银行股份有限公司温宿县支行

【概况】 1955年10月20日,中国农业银行温宿县支行成立。2009年1月,中国农业银行温宿县支行改制为中国农业银行股份有限公司温宿县支行(简称农行温宿县支行),国有独资股份商业银行。2019年,内设机构有支行“三农”金融部、支行综合业务管理部、支行营业部和红旗坡支行4个部门,营业网点设有对外服务窗口9个,24小时自助服务终端6台。

【存款情况】 2019年,农行温宿县支行各项存款余额75701万元,比上年减少9486万元,存量市场份额占比7.40%,比上年下降1.50%,增量市场份额占比-14.30%。其中,储蓄存款余额62914万元,比上年减少3647万元,存量市场份额占比9.31%,存量市场份额比上年下降1.11%,增量市场份额占比-9.85%;对公存款余额12787万元,比上年减少5839万元,存量市场份额3.68%,比上年下降2.17%。其中,机构类存款余额4298万元,比上年减少7899万元;公司类存款余额8488万元,比上年增加2060万元。

【贷款情况】 2019年,农行温宿县支行各项贷款余额46473万元,比上年增加10761万元,存量市场份额占比5.54%,增量市场份额占比8.09%。其中,个人贷款余额20869万元,比上年减少4893万元;公司类贷款余额25604万元,比上年增加15654万元。

【中间业务收入】 2019年,农行温宿县支行实现中间业务收入439万元,比上年增加11万元。

【信贷管理】 2019年,农行温宿县支行着力为“三农”和县域发展战略的全面实施奠定良好基础的着眼点,抓好温宿县特色林果业资源,加大对温宿县优质林果收购企业的信贷支持并辅以便于结算的电子银行产品如:企业网银、POS机、惠农通服务点等。推广惠农知识宣传,以惠农卡为基础,加大对特色林果业、棉花种植户的投入支持。落实党中央、国务院、总分行关于加大对民营企业、小微企业支持力度的决策部署,通过线上线下产品并行,优化整合业务流程,优惠定价等措施,解决改善民营企业,特别是小微企业“融资难”“融资贵”问题，支持县域实体经济发展工作。支持县域优质房地产开发企业，做好个体户及农户的购房按揭贷款。加大对县域涉农贷款投放，实现银行、企业、个人三方面效益统一与共赢。

（阿依努尔·托合提）

中国建设银行股份有限公司温宿支行

【概况】 1979 年 10 月，中国人民建设银行阿克苏分行温宿支行成立。1996 年 3 月，中国人民建设银行温宿支行更名为中国建设银行温宿支行。2004 年，中国建设银行温宿支行更名为中国建设银行股份有限公司温宿支行（简称建行温宿支行）。2019 年，建行温宿支行有正式职工 19 人，其中党员 7 人，女性 6 人。

【存款业务】 2019 年，建行温宿支行各项存款余额 11.82 亿元，比上年增加 18077 万元，占各项存款 63.99%，其中对公存款余额 6.65 亿元，比上年增加 8354 万元；个人存款余额 5.17 亿元，比上年增加 9723 万元。

【贷款业务】 2019 年，建行温宿支行各项贷款余额 4.67 亿元，比上年增加 7922 万元，其中个人贷款余额 3.37 亿元，公司贷款余额 1.3 亿元。（王 琼）

新疆温宿农村商业银行股份有限公司

【概况】 1988 年 4 月 9 日，温宿县农村信用合作联合社成立，2006 年 12 月 26 日，统一法人社改革完成，正式营业。2018 年 11 月 18 日，温宿县农村信用合作联社改制更名新疆温宿农村商业银行股份有限公司（简称温宿农商银行）。2019 年，温宿农商银行有营业网点 17 个（其中总行营业部 1 个，支行 16 个），设有综合办公室（人力资源部）、会计结算部、信贷管理部、计划财务部、风险合规部、审计部、个贷部、企贷部、纪检监察部、机构业务部、电子银行部、安全保卫部 12 个职能部门。

【存款业务】 2019 年，温宿农商银行各项存款余额 68.42 亿元，比上年增加了 5.77 亿元，增长 9.21%，完成全年计划任务的 176.95%。各项存款占全县存款 63.07%，位居全县 6 家金融机构首位。储蓄存款 46.96 亿元，占比 68.63%，比上年增加 3.22 亿元，增长 7.35%。对公存款 21.46 亿元，占比 31.37%，比上年增加 2.55 亿元，增长 13.5%。个人定期存款余额 33.39 亿元，占各项存款 48.81%，比上年增加 3.95 亿元，增长 13.43%。财政存款余额（包含国有公司）7.55 亿元，占各项存款余额 11.03%，比上年增加 3.03 亿元，增长 67.2%。

【贷款业务】 2019 年，温宿农商银行各项贷款余额 66.5 亿元，比上年增加 11.43 亿元，增长 20.76%，完成全年计划任务 104.23%。各项贷款占全县贷款 62.09%，位居全县 6 家金融机构首位。法人类贷款余额 19.85 亿元，占各项贷款 39.77%，比上年增加 1.49 亿元，增长 8.12%。个人类贷款 30.06 亿元，占各项贷款的 60.23%，比上年增加 2.89 亿元，增长 10.64%。涉农贷款余额为 44.08 亿元，占各项贷款 88.31%，比上年增加 2.73 亿元，增长 6.6%；农户贷款余额 24.9 亿元，比上年增加 1.92 亿元，增长 8.36%，其中农户小额信用贷款余额 9.1 亿元，农户联保贷款余额 2.44 亿元，农户其他贷款 13.36 亿元。支持民生类贷款 3452.65 万元，其中扶贫小额信贷 2904.27 万元，“两居”贷款余额 518.2 万元，生源地助学贷款 30.18 万元。

【普惠金融情况】 2019 年，温宿农商银行发行各类银行卡 34.72 万张。其中，玉卡发卡总量 21.65 万张，社保卡发卡 13.01 万张，公务卡发卡 612 张，银信通累计户数 13.72 万户。发展特约商户 821 户，布放 POS 终端 1016 台，其中助农取款 POS 机 168 台，覆盖率达 100%。在线运行自助设备 57 台。办理企业网银 817 户,比上年增加 328 户,交易 11.18 万笔 52.24 亿元;办理个人网银 2.16 万余户,比上年增加 7536 户,交易 2.48 万笔 12.18 亿元。累计办理手机银行 1.71 万余户,比上年增加 5554 户,交易 3.49 万笔 7.33 亿元。拓展条码支付商户 3317 户,比上年增加 2482 户,发生业务 208.24 万笔,居全疆农信系统条码支付第九名。设立 ETC 指定办理点 6 个,安装 ETC 车辆 6450 辆。

【脱贫攻坚】 2019 年,温宿农商银行完成中央第六巡视组、自治区党委第十巡视组等各类巡视整改反馈 49 个问题整改销号工作;召开 19 次党委会专题研究部署脱贫攻坚工作;组织召开金融精准脱贫领导小组会议 20 次;传达学习中央、自治区、自治区联社脱贫攻坚文件 130 余份;组织内部培训 4 次。累计发放建档立卡贫困户扶贫小额贷款 2164 户 0.8 亿元,开展贷后检查 5 次、专项排查 3 次。累计收回扶贫小额贷款 2900 万元,存量扶贫小额贷款余额 2900 万元,1346 户到期贷款全部收回,未启动风险补偿机制。

【安全保卫】 2019 年,温宿农商银行年检灭火器 519 个;更换机关大楼自动消防控制系统一套、更换消防卷帘门 2 个;设置微型消防站 1 个、增加防火门 5 个、安装防火窗户 1 个;维修消防故障 12 次;派出 5 名员工考取消防员证、1 名员工考取电梯安全管理员证;联系安防设备供应商维修监控报警设备故障 77 次、安检机故障 3 次、身份证仪故障 7 次。召开安全维稳会议 5 次,按季召开安全保卫工作分析会议 4 次,安全保卫教育培训 4 次(含消防培训演练),参会人数达 860 人次。落实各项安全防范措施和加强旺季工作期间维稳、安保工作。坚持领导 24 小时带班、中层干部和员工值班制度,做到重点部位巡查、苗头问题整改;健全机制完善应急预案,组织开展了应急演练,提高维稳处突能力。开展值班夜间突袭检查 12 次(含现场检查、远程集中监控检查),安全保卫专项检查 1 次。集中监控中心对辖区 17 个营业网点营业场所环境安全、ATM 机环境安全、维稳值班、外来人员安检、柜台业务合规性操作、押运交接等方面进行远程监控巡查。 (苗　婷)

保　险

中国人民财产保险温宿支公司

【概况】 1982 年,中国人民财产保险股份有限公司温宿支公司成立,是隶属于中国人民财产保险股份有限公司分支机构。2019 年,有员工 89 人,其中管理人员 6 人,一般员工 33 人,营销员 50 人,少数民族员工 57 人。内设综合部、直销业务一部、直销业务二部、中介业务部、营销业务一部、营销业务二部、农村保险事业部、保险扶贫事业部,下设阿热勒营销服务部、吐木秀克营销服务部、恰克拉克营销服务部、佳木营销服务部、克孜勒营销服务部、古勒阿瓦提营销服务部、依希来木其营销服务部、五团营销服务部。主要经营范围是车辆保险、财产险、工程险、人身意外健康险、责任险、货物运输险、保证保险、政策性农业保险等。

【业务工作】 2019 年,中国人民财产保险股份有限公司温宿支公司优化资源配置,向一线倾斜,加强数据监控,数据质量改观,在各乡(镇)以 8 个营销服务部为基点,实现乡(镇)农村保险服务全覆盖,方便农牧民就近参保、理赔。全年,中国人民财产保险温宿支公司直接赔款 1.20 亿元,提供各类风险保障 290 亿元,偿付能力得到提升。 (陈　涛)

中国人寿保险温宿县支公司

【概况】 2019 年,中国人寿保险股份有限公司温宿县支公司有正式员工9人。公司承担人寿保险服务业务，经营范围涵盖寿险、人身意外险、健康险、年金等人身保险的全部领域。全年解决就业111人。

【业务工作】 2019年，中国人寿保险股份有限公司温宿县支公司缴纳增值税18.15万元，个人所得税6.5万元，其他税款3.4万元。公司处理理赔案件453件，赔付金额392.43万元，其中赔付身故56件190.89万元，伤残12件17.1万元，医疗津贴385件184.98万元。（陈昌凤）

温宿农商银行总行办公楼

公路运输　商贸

交通运输

【机构改革】　2019年3月，温宿县政府机构改革，将水利局及管理的渔政管理站承担的渔业船舶检验和渔业安全生产监督管理职能，县城市客运管理办公室的职责，县农村公路工程质量监督站承担的农村公路质量监督检查行政职能交由县交通运输局承担。核定编制15名(其中行政编7名、事业编7名、工勤编1名)，实有13人。内设办公室、运输管理室(交通战备室)、建设规划管理室、安全监督室4个科室。

【公路建设】　2019年，温宿县交通运输局新(改)建农村公路178千米，投资1.06亿元。其中，新改建X306线(盐山口—博孜墩柯尔克孜民族乡公路)23.73千米、X305线(实验林场—克孜勒镇公路)25.08千米、X309线(托乎拉乡—托甫汗镇公路)8.5千米、X307线(佳木镇—G3012高速公路岔口)3.3千米、4条县道(三级公路)60.6千米，投资0.53亿元；新建17个建制村修建通村油路(四级)117.4千米，建设农村公路安全生命防护工程186千米，投资5330万元。

【交通扶贫】　2019年，温宿县交通运输局监督实施县发改委、民宗委、扶贫办等专项资金7564万元，修建29个行政村154.16千米农村公路，改善贫困村出行与经济发展。

【农村公路养护】　2019年，温宿县交通运输局投入小修养护资金281.97万元，修补X307、X308、X310、Y080、Y088、Y117、C090线破损路面，沥青面积24400平方米。制定《关于开展农村公路“路畅民安”专项行动加快推进“四好农村路”建设实施方案》(温政办〔2019〕41号)，组织13个乡(镇)分管交通运输工作的党政领导及140个行政村护路员，对《中华人民共和国公路法》《新疆维吾尔自治区农村公路管理办法》进行农村公路养护质量培训、宣讲。

【城市客运管理】　2019年，温宿县有平安出租客运公司、通达客运公司及地区运输公司3家客运企业，客运车辆275辆，其中县、乡级班车101辆、出租车174辆。温宿县交通运输局、交警大队、运管局等多部门联合集中开展县出租车领域专项治理行动84次，查处行业乱象行为151起，收缴罚款21.8万元。接到投诉13起，处理13起，处理率100%。组织系统各单位开展各类安全生产工作教育培训大会14次，参加学习教育的驾驶员达4650人次，发放宣传单3165份。

【农村客运站建设】　2019年，温宿县交通运输局新建农村客运站前期选址及拆迁等相关工作已完成，新建乡级客运站1个(佳木客运站)，主体已完工。

【路政执法】　2019年，温宿县交通运输局制定《温宿县关于开展非法超限超载车辆专项治理确保道路交通安全实施方案》，组织治超各成员单位召开联席会议8次，开展联合治超13次，出动执法车辆18辆，执法人员90人次，治理超限运输车64辆，破坏路面行为5起，收缴罚没款17.8万元。交通运输局与6家货物源头单位签订责任书，对货物源头单位进行政府网上公示(第一批公示6家)，接受群众监督；将6家货运企业信息录入自治区社会信息共享交换平台。2019年，自治区社会信息共享交换平台推送信誉惩戒运输企业1家。

【交通安全】　2019年，温宿县交通运输局每月定期不定期对客运站、企业进行安全生产大检查，开展安全生产隐患排查37次，检查出安全生产隐患88项，下发“整改通知书”34份。开展平安工地创建活动，促进公路项目施工安全管理水平提高，以公路养护、治超为重点，确保公路安全畅通。开展客运车辆安全专项治理，督促落实“三不进站、六不出站”等安全生产制度；开展公路项目施工违章作业专项治理，对全县29个公路施工现场进行安全检查75次，发现并督促整改安全隐患10起。　（丁小平）

供销合作

【概况】　温宿县供销社隶属温宿县人民政府，核定全额事业编制8名，其中领导职数3名。内设职能科室3个（行政办、财务室、业务科），下设公司6个（在职人员10人），其中参股公司1个、集体所有制公司1个、控股公司2个、全资公司2个。成立专业合作社和联合社4个，乡（镇）下设基层社9个，成立协会2个。

【“新网工程”建设】　2019年，温宿县供销社以建设新农村为主线，找准在“三农”工作中的站位，紧紧围绕“新网工程”建设，整合改造传统经营网络，以乡（镇）有连锁店、村有加盟店为目标，完善和强化服务功能及经营体系，有连锁配送农家店18个覆盖5个乡（镇），覆盖率达到30%，并在依希来木其乡、佳木镇基层社新建为农社会化服务中心2个，农资销售网点购进农资3500吨，销售3979吨，销售额1043.6万元。

【农资供应】　2019年，温宿县供销社自改制以后所设的基层供销社及农资公司做好传统经营业务，在激烈的市场竞争中，占领本县农资市场，迎难而上，给广大农牧民提供优质、高效的化肥和地膜。各基层社购进各类农资6876.5吨，销售4415吨，销售额1316.05万元。

【产业化发展】　2019年，温宿县供销社围绕当地农业经济发展格局，按照农民参与、强化合作、为农服务的要求，加大温宿特色农产品外销市场建设力度，完善农产品销售通道服务功能，建立农副产品销售渠道和途径，形成产销对接有序、销售渠道通畅的特色林果产品产销售网络。温宿县供销社所属农产品销售公司、合作社累计收购各类农产品5863吨、加工各类农产品983吨、销售各类农产品3850吨，销售额1508.8万元。　（张自力）

城乡供电

【概况】　国网新疆电力有限公司温宿县供电公司（简称国网温宿县供电公司）有7个乡（镇）供电所，公司辖区内有1座220千伏变电站，7座110千伏变电站，14座35千伏变电站，35千伏输电线路29条，总长455.2千米；10千伏线路93条（其中在运公网10千伏线路83条，专用10千伏线路10条），总长2078千米，绝缘化率为62%；0.4千伏线路1723千米，0.22千伏线路1136千米，绝缘化率为31.13%；公用变压器1111台，配变总容量196兆伏安，专变5155台，辖区用户95097户。2019年完成售电量6.83亿千瓦时。

【人力资源】　2019年，国网温宿县供电公司有职工181人，其中研究生1人、大学本科32人、大学专科55人、中专及技校61人；副高级职称3人、中级职称9人、初级职称88人；高级技师17人、技师24人、高级工 85 人、中级工 39 人。人才当量密度为 0.91，高技能人才比例为 83.06%，中级及以上职称占管理技术人员比例为 18.52%，技师、高级技师占技能人员比例为 17.74%。

【电网发展】 2019 年，温宿县电网建设项目 9 项，投资 20089 万元；10 千伏及以下配网项目 4 项，投资 10211 万元，其中农网项目 4 项，投资 10211 万元；公司成本项目 2 项，投资 87.03 万元；大修项目 10 项，投资 514.29 万元；技改项目 1 项，投资 60 万元。截至 12 月底已建设完成 10 千伏及以下配网项目已完成 1 项（阿克苏温宿恰其力克 110 千伏输变电工程 10 千伏配套送出工程），3 项（新疆阿克苏温宿县配网建设工程、新疆阿克苏温宿县恰格拉克乡配网建设工程、新疆阿克苏温宿县依希来木其乡配网建设工程）已完成总工程量的 70%，2 项成本项目已完成，10 项大修项目已完成，1 项技改项目已完成，完成投资 661.32 万元。

【安全生产】 2019 年，国网温宿县供电公司安全运行 365 天，长周期安全运行（3158）天。开展“防风险保安全迎大庆”安全生产专项行动以及秋冬季安全生产大检查专项排查治理工作，排查隐患 1434 项，整改率 100%。1—12 月份投运 110 变电站 1 座，新建 10 千伏线路投运 14 条。结合季节性特点及负荷情况完成监察性 5 条，夜巡 16 次、特巡 60 条次，正常巡视 309 条次，上报缺陷 1295 条，消除缺陷 1295 个，消缺陷及时率 100%。清理树障 8920 棵。治理低电压台区 166 台，更换重过载配变 95 台，对 42 台三相负荷不平衡的台区进行调整，完成 160 台分支断路器保护定值的整定及核查工作。持续开展组织防震减灾、防汛、生产经营区域火灾处置、重要保电事件、大型施工机械事故等 14 个应急演练。

【市场营销】 2019 年，国网温宿县供电公司增加用户 14247 户，市场净增容量累计 24.89 万千伏安。加快“电化温宿”进程，完成替代电量 1400 万千瓦时。累计查处违约用电及窃电 98 起，追补电量 53 万千瓦时，追补电费 23 万元，追补违约使用电费 180 万元；累计查处计量差错 7 起，追补电量 25 万千瓦时，追补电费 8 万元。

【供电服务】 2019 年，国网温宿县供电公司建成“一窗受理”“一证办电”的用电业务办理体系，提升优质服务管控水平。精心打造大中型企业客户“三省”、小微企业客户“三零”新服务，开展业扩接电专项治理，立足客户视角，压缩业扩接电时限，推广线上办电模式，提升客户知晓率，并及时更新公开电网资源信息，对业扩新装实行全环节预警管控，响应客户诉求，提升客户满意度，确保客户办电“最多跑一次”，低压客户办电“一次都不跑”。不断拓展“互联网 + 营销服务”应用，在脱贫攻坚、“访惠聚”、解决服务群众“最后一公里”问题中发挥积极作用。党员示范岗配合完成配电线路巡视 59 条，带电监测 127 次，发现缺陷 189 条，消除缺陷 163 条。治理重过载线路 2 条，治理重过载、低电压台区 76 台次，带电作业 261 次，清理树障 2800 余棵，配网自动化线路改造 10 条，安装断路器 45 台，累计出动人员 327 人次。

（王昌燕）

重点企业简介

【国电阿克苏河流域水电开发有限公司】 国电阿克苏河流域水电开发有限公司位于温宿县吐木秀克镇，注册资金 36934.8 万元，企业性质为国有企业，所属行业为电力，主要经营范围：水力发电及相关产品的开发和生产经营。其中，小石峡水电站占地面积 334 公顷，项目总投资 107350 万元，2009 年 12 月开工建设，2012 年 12 月竣工投产，拥有主要设备为水轮发电机组 5 台（套），年设计发电量 4.19 亿千瓦时，实际年发电量 4.19 亿千瓦时。吐木秀克水电站占地面积278.2公顷，项目总投资57488万元，2008年2月开工建设，2009年12月竣工投产，拥有主要设备为水轮发电机组2台(套)，年设计发电量为2.58亿千瓦时，实际年发电量2.58亿千瓦时。台兰河一二级水电站占地面积125.33公顷，项目总投资76250万元，2010年10月开工建设，2012年12月竣工投产，拥有主要设备为水轮发电机组2台(套)，年发电量3.03亿千瓦时。

【新疆新华水电投资股份有限公司塔尕克水电厂】 新疆新华水电投资股份有限公司塔尕克水电厂位于温宿县吐木秀克镇，占地面积124.57公顷，企业性质为国有企业，所属行业为水力发电，主要经营范围为水力发电。项目总投资35821.99万元，2005年12月开工建设，2008年3月竣工投产，拥有主要设备为:发电机、主变压器2台(套)，年发电量2.74亿千瓦时。

【新疆乌苏啤酒(阿克苏)有限公司】 新疆乌苏啤酒(阿克苏)有限公司位于温宿县交通路3号，占地面积4公顷，注册资本金1000万元，企业性质为外资有限公司，所属行业:酒、饮料制造业。拥有主要设备为酿造设备、发酵设备、全自动罐装设备、检验设备等，年生产能力60000千升。

【阿克苏恒通果汁有限公司】 阿克苏恒通果汁有限公司是陕西恒通果汁集团股份有限公司于2012年4月在温宿县农副产品加工园区投资兴建的一座总投资为1.5亿元的现代化浓缩果汁加工企业，阿克苏恒通果汁有限公司作为陕西恒通果汁集团的第19个生产企业，落户新疆阿克苏地区温宿县农副产品加工园区。公司占地面积6.67公顷，注册资金5000万元，年生产浓缩果蔬汁2.5万吨。

【温宿县曦隆燃气开发有限公司】 温宿县曦隆燃气开发有限公司位于温宿县新城区泉城街东段，占地面积1.08公顷，企业性质为民营有限公司，所属行业为燃气生产和供应业，主要经营范围为石油天然气管道项目投资、开发;天然气销售;天然气安装工程、管道运输服务。项目总投资9500万元，拥有主要设备压缩机、加气机、干燥器、过滤器、恒电位仪等专业设备，年输气量5亿立方米。

【温宿县新宏宇建材有限公司】 温宿县新宏宇建材有限公司位于温宿县产业园区内，占地面积13.33公顷，注册资本金2600万元，企业性质为民营有限责任公司，主要经营范围为瓷砖生产及销售。项目总投资1.5亿元，2013年7月建设，2014年8月竣工投产，拥有主要设备窑炉、抛光线、陶土、喂料、泥浆、球磨、干燥塔、压机、烧窑、釉线、印花等生产线，年设计产能1000万平方米，实际产能220万平方米，产品主要销往阿克苏地区八县一市、喀什、库尔勒、和田等地。

【新疆弘泰农产品开发有限公司】 新疆弘泰农产品开发有限公司位于温宿县国家农业科技园区内，占地面积5.33公顷，注册资本金600万元，企业性质为民营有限公司，所属行业为纸制品制造业，主要经营范围为纸箱、塑料制品制造。项目总投资2500万元，2011年6月建设，2012年1月竣工投产，拥有主要设备纸箱生产线、彩面生产线、红枣加工设备各1套，年设计产能1500万套，实际产能1200万套，产品主要销往阿克苏地区各县市及第一师阿拉尔各团场。

【阿克苏泓盛化工有限公司】 阿克苏泓盛化工有限公司位于温宿县产业园区内，占地面积10公顷，注册资本金2000万元，企业性质为民营有限公司，所属行业为化学原料和化学制品制造业，主要经营范围向化工生产领域的投资。项目总投资1.5亿元，2013年5月建设，2014年7月竣工投产，拥有主要设备熔硫、精制、精制单元、克劳斯尾气硫磺吸收装置、尾气减吸收装置各1套，年设计产能3万吨二硫化碳，产品主要销往山东、河南、天津等地。

【阿克苏和鑫塑化有限责任公司】 阿克苏和鑫塑化有限责任公司位于温宿县交通路58号,占地面积2公顷,注册资本金600万元,企业性质为民营有限责任公司,所属行业为橡胶和塑料制品业,主要经营范围聚乙烯薄膜,聚乙烯管材、聚乙烯塑料管,聚乙烯泡沫包装材料制造、销售;复合肥生产、销售;化工原料,化工建材,化肥,农副产品销售;废旧物资回收。项目总投资1000万元,2014年1月建设,2016年7月竣工投产,拥有主要设备地膜吹塑机13台套,年生产能力8000吨农用薄膜。

【温宿县佳华建材有限公司】 温宿县佳华建材有限公司位于温宿县佳木镇台兰河6千米处,占地面积5.33公顷,注册资本金1600万元,企业性质为民营有限责任公司,所属行业为建材行业,主要经营范围为混凝土搅拌,建筑用沙的开采及销售。项目总投资6000万元,2011年7月建设,2012年3月竣工投产,拥有主要设备120混凝土生产线2条、180混凝土生产线1条、混凝土泵车及搅拌车等车辆40余辆,年生产能力100万立方米。

【温宿县银峰盐业有限责任公司】 温宿县银峰盐业有限责任公司位于温宿县迎宾路93号,占地面积5.93公顷,注册资本金1500万元,企业性质为国有企业,所属行业为轻工业,主要经营范围为盐及盐产品的生产、销售;矿盐开采;预包装食品、酒类的批发。项目总投资1930万元,2009年6月建设,2010年3月投产,拥有主要设备真空制盐设备1台套,年生产能力3万吨。

【新疆香域绿色生物科技发展有限公司】 新疆香域绿色生物科技发展有限公司位于温宿县托甫汗镇,成立于2015年1月20日,是一家以粮食收购、加工、销售为一体的企业。公司注册资本金1200万元,占地面积4.67公顷,是阿克苏地区规模较大的无尘作业的水稻生产加工企业,设备为湖北永祥生产线,该企业已取得国家食品安全QS证书,2015年获得自治区“守合同重信用”的荣誉称号,阿克苏地区“农业产业化重点龙头企业”荣誉称号。企业下辖3个车间、2个库房、3个部门,解决就业50人。

【阿克苏金物联电子商务有限公司】 阿克苏金物联电子商务有限公司占地面积33.33公顷,成立于2016年3月20日,注册资本1亿元,由新疆红旗坡农业发展集团有限公司出资设立,是阿克苏红旗坡林果开发股份有限公司的全资子公司,公司性质为国有完全控股。项目总投资为2.5亿元,其中固定资产投资2亿元,于2018年10月建成投产。包括办公楼、住宿餐饮、物流、农产品冷链及加工、电商交易中心等以及配套基础设施工程,设果品加工区、恒温库区、纸箱加工区、综合服务区、物流配送区、电子商务区6个功能区。产品销往全国各地。

【阿克苏九州通医药有限公司】 阿克苏九州通医药有限公司是由中国500强企业九州通医药股份集团出资筹建的全资子公司,注册资金1000万元,成立于2008年3月,位于阿克苏药品集散中心。公司是一家以药品和医疗器械批发、物流配送、零售连锁以及电子商务为核心业务的大型医药批发企业,经营中西药品、医疗器械、保健食品、化妆品、食品、消毒用品等6000余个产品,有员工82人,专业配送车辆15辆(含冷藏车1辆),公司营销配送网络覆盖阿克苏地区八县一市。

【新疆普天医药有限责任公司】 新疆普天医药有限责任公司成立于2011年5月26日,注册资金1000万元,位于阿克苏药品集散中心26号库,总面积4000平方米。主要经营中药饮片、中成药、中药材、化学原料药及其制剂、抗生素制剂、生化药品和一、二、三类医疗器械产品。公司拥有专业配送车辆3辆,冷藏车1辆,营销配送网络覆盖阿克苏地区八县一市。公司有员工25人,配备执业药师2名,2019年总销售额4200万元,总税额105万元。

【西域春天购物中心】　西域春天购物中心坐落在温宿县阿温大道东侧1号西域春天大饭店一楼，营业面积900平方米，于2014年4月23日正式营业，有员工20人，经营单品万余种。主要经营：卷烟、食品、乳制品（含婴幼儿配方乳粉）、百货零售、文化体育用品、五金产品、家用电器、洗涤用品、化妆品及卫生用品、水果蔬菜、糕点面包、鲜肉等上万种商品销售。

【温宿惠利佳好生活超市】　温宿惠利佳好生活超市有限公司（温宿惠利佳好生活超市）位于温宿县文化路华夏小区大门右侧，2018年10月18日注册成立，有员工30余人，经营商品3万余种。主要经营：新鲜肉类、蔬菜水果、熟食、面点、豆制品、南北干货、副食品、日用家杂、化妆品、文体、床上用品、黄金珠宝、皮具、大小家电等商品。　（梁海洋）

【温宿县金穗粮油购销有限责任公司】　温宿县金穗粮油购销有限责任公司由原温宿县粮油购销公司改制后于2003年5月挂牌成立，属国有独资企业，公司承担2680吨省级储备、5000吨县级地方储备任务。公司注册资金1327万元，下属7个粮站1个城镇仓库，有效仓容22500吨、总仓棚面积32469平方米、地坪总面积45032.9平方米。公司仓储存储量约6万吨。公司有职工165人，其中在职职工82人，退休职工83人。全部职工均签订劳动合同并参加基本养老统筹。主要领导班子成员5人，基层管理人员8人，专业技术人员45人（中级职称41人），党员18名，管理人员占18%，技术人员占52%。公司有专职保管员17名，专职检化验员17名。内设行政部、人事部、仓储部、财务部、配送中心5个部门。公司主营业务范围是负责政策性粮食的收购、储存、保管、批发、零售和加工；蔬菜、大米、面粉、食用油、肉类、禽类、蛋、奶批发（销售）。2019年，公司总资产19838万元，其中固定资产5177万元，负债总计17717万元。销售收入12096万元，实现利润79万元。2019年公司收购粮食4.92万吨，其中小麦3.62万吨，水稻1.3万吨。　（董宇良）

城乡建设　环境保护

住房和城乡建设

【概况】 温宿县住房和城乡建设局(简称温宿县住建局)正科建制。2019 年,核定编制 59 名,实有 54 人。内设办公室、综合业务室、建筑业和建筑市场管理科、建筑工程质量安全监督站、城镇住房保障办、政策法规室、招标办、城建管理监察大队、园林绿化队、环卫队、车队 11 个科室,辖县城镇供排水公司、县城乡建设(集团)有限责任公司,政府办公机构有城镇住房保障管理办公室、城市建设征收工作领导小组办公室。

【机构改革】 2019 年 3 月机构改革,温宿县住建局申遗办职能划转至县林草局;8 月,温宿县住建局规划科职能划转至县自然资源局。将县建筑业管理所承担的建筑工程执法监察及处理建筑市场违法违纪事件行政职能、县建设工程质量安全监督站承担的建筑工程质量和安全生产监督管理行政职能及县房产管理所承担的行政职能交由县住建局承担。

【城镇绿化】 2019 年,温宿县住建局按照"城在林中、水在城中、人在园中"生态城市建设理念,修建 16 个"小而精"的街角绿地,碧水游园、城北游园等 7 个游园广场建成投入使用,改造提升龙泉湖公园、湿地公园北门等 5 处景观,城区道路、棚户区改造拆迁片区绿化面积扩大,新增城市绿地 25 公顷。城市建成区绿化覆盖率 39.14%,绿地率 35.3%,人均公共绿地面积 18.04 平方米。

【房地产发展】 2019 年,温宿县住建局严控绿色发展硬指标,引导房地产市场向绿色、生态转型,天境嘉苑二期,莱茵湖畔四期、五期及香格里拉玫瑰苑等 10 余个房地产项目开工建设。温宿县外来人口 1.12 万人,比上年增长 400%,完成房地产项目投资 14 亿元,新增商品房开发面积 30.4 万平方米,比上年增长 62.4%,实现"去库存"22.5 万平方米。

【城市基础设施】 2019 年,温宿县住建局申请中央资金 3255 万元,整治环境污染,优化空间布局,完成西五纵道路及两侧绿化带、人行道、非机动车道建设;完成东西大街、托乎拉街、新城街等 4 条路段提升改造,将原有破旧人行道改建成彩色压膜混凝土路面,并增设非机动车道,实现机动车、非机动车、行人三分离,消除学校、幼儿园等人流密集区交通拥堵、人车混行安全隐患;建设碧水游园、湿地公园北门等 5 个生态停车场;聚焦"如厕难"问题,结合城市总体规划,按照旅游厕所的标准布局 9 个公共厕所;新建及改造交通路、花园路等 6 条市政排水管线,解决老旧管线淤堵等问题,实现污水集中收集处理,也为阿克苏职业技术学院(新校区)建设提供基础保障;完成复兴大道、托峰路、稻香路等城区主干道、沿线主要建筑物及街头小品夜间亮化。

【保障性住房】 2019 年,温宿县住建局推进保障性住房建设。新建安居房 2711 户,其中,四类人员 143 户,一般户 2568 户;申请棚户区改造专项资金 3.38 亿元,其中,专项债 2.2 亿元,中央资金 1.18 亿元,完成拆迁面积 255249.22 平方米,通过货币化补偿 1805 户,实物安置 714 户(主体建设已完成)。棚户区改造释放老城区空间,腾出土地用于建设小绿地、小游园、小停车场,完善居民生活配套,优化城市功能布局。

【建设市场管理】　2019 年，温宿县住建局完成房屋建筑和市政公用工程招投标 68 项，建筑面积 86.65 万平方米，投资 12.74 亿元；维护农民工合法权益，收取 61 个建设项目农民工保证金 1705.72 万元。组织安全生产专项督查 70 余次，发现隐患 78 条，立查立改 31 条，下发限期整改通知单 83 份，开展“安全生产年”“安全生产月”及“防灾减灾日”应急演练活动 14 次 100 余人。

【新城区建设】　2019 年，温宿县住建局投入 3050 万元，完成龙泉湖公园、湿地公园北门、复兴大道、托峰路、稻香路 5 个续建景观提升项目；投入 1571 万元，增设城区主干道、沿线主要建筑物及街头小品夜间亮化景观；投入 2578 万元，完成城区污水管网建设项目（一期）、阿克苏职业技术学院（新校区）灌溉排水通道改造及给排水建设项目；推动图书馆、温宿县第四中学建设项目，招商引资莱茵湖畔四期、五期，金桥·太古里，天境嘉苑二期、三期，乐美佳园三期等建设项目陆续开工建设。（陈　鹏）

环境保护

【概况】　2019 年，温宿县环境保护局正科级行政单位，隶属温宿县人民政府，代表温宿县人民政府行使生态环境保护职能的部门。核定编制 14 名，其中，行政编制 5 名，参照《中华人民共和国公务员法》管理事业编制 5 名，全额事业编制 3 名，工勤编制 1 名；实有 13 人。内设行政办、财务室 2 个科室。下属环境监察大队、环境监测站 2 个事业单位。

【污染防治攻坚战】　2019 年，温宿县环境保护局完成《温宿县打赢蓝天保卫战三年行动计划实施方案（2018—2020 年）》《温宿县关于贯彻〈新疆维吾尔自治区落实重点流域水污染防治规划（2016—2020 年）实施方案〉的任务分解方案》的编制印发工作。

【蓝天保卫战】　2019 年，温宿县环境保护局淘汰化解落后产能。对高耗能、重污染的温宿县胜春生物菌剂开发有限公司进行停产整治，依法关停佳木镇康民油脂酸化油加工点。关停温宿县建峰木业有限责任公司年产 10 万吨立方米中纤板项目、温宿县塔克拉克残疾人福利砖厂、依希来木其乡艾合买提砖厂、温宿县盛世建材有限责任公司、温宿县宏达建材有限公司、炎峰建材、大地建材 7 家企业。督促完成九阳热力供热分站煤改电建设工程并投入运行。开展辖区燃煤锅炉专项整治工作，拆改燃煤锅炉 19 座。开展持久性有机污染物治理。在全地区率先启动机动车维修行业 VOCs 行业治理工作，完成辖区 31 家机动车维修行业治理工程。交通源污染防治工作，淘汰老旧、超标排放的机动车辆机动车 612 辆。

【碧水保卫战】　2019 年，温宿县环境保护局强化水污染防治，保障水生态环境安全。强化监督，落实水源地保护。会同自治区环科院完成温宿县供水二期水源地保护区划分并启用。4 口水源井完成硬隔离建设 10.2 千米，设置安装道路指示牌 2 个、水源地界牌 1 个、防护网警示牌 4 个，安装电子影像监控等设施。制定阔依其、铁力米西、结格集、库尔巴格 4 个农村饮用水水源地专项整治方案并予以落实。定期对全县 16 个饮用水源地水环境质量和饮用水质进行监测，并向社会公布水质状况。调查评估 1 个县域城镇及 15 个农村水源地。贯彻落实《阿克苏地区〈最严格水资源管理制度“三条红线”控制指标分解方案〉及〈用水总量控制方案〉的报告》要求，对打井和取水许可证的办理和审批进行管理，控制地下水的超量开采，查封非法机电井 62 眼。

【净土保卫战】　2019 年，温宿县环境保护局做好土污染防治工作。按照全国土壤污染状况详查工作的安排，对辖区土壤污染重点企业及空间位置、土壤污染问题突出区域进行逐一核实。确定土壤污染重点行业企业12家,计划确定详查单位13个,核实农用地详查点位109个。列入辖区重点行业企业用地调查9家。打击非法排放有毒有害污染物、非法处置危险废物等环境违法行为。开展辖区机动车修理行业危险废物、油区专项检查工作,检查各类企业34家,立案查处3家。

【减排工作】 2019年,温宿县环境保护局实施水主要污染物减排项目5个,分别为:温宿县产业园区污水处理厂项目、阿克苏温宿排水管网工程、温宿县田香园农业合作社、温宿县平安养殖场、温宿县同愿农民合作社。

【生态文明建设】 2019年,温宿县环境保护局加快生态文明建设,改善生态环境和居民生产、生活条件,开展生态文明创建。争取国家重点生态功能区转移支付资金3888万元。强化自然保护区监管,配合完成自治区"绿盾2019"专项行动执法检查。申报国家级生态乡(镇)1个、生态村3个,自治区级生态乡(镇)2个、生态村9个,地区级生态村3个。实施村级环保惠民生项目8个,涉及5个乡(镇)8个村,总投资400万元。

【环评审批】 2019年,温宿县环境保护局贯彻实施《中华人民共和国环境影响评价法》,严守生态环境底线。开通环评绿色审批通道,办理建设项目环评备案236个,环境影响报告书(表)的审批初审26个。

【环境监察执法】 2019年,温宿县环境保护局健全环保监管网格化工作方案和协调联动机制,进一步明确环保部门与法院、检察院及公安部门在工作运行、执法办案等方面的职责和任务。查处环境违法案件12件,其中行政拘留案件2起;受理各类投诉信访23起,处理23起;受理率100%,查处率100%。

【环保督察反馈意见整改】 2019年,温宿县认领中央环保第八督察组反馈阿克苏地区整改事项13项。县委常委会专题研究通过《温宿县中央环境保护督察反馈意见问题整改工作实施方案》,8项整改任务向自治区交账销号,剩余5项按序推进。

【第二次全国污染源普查】 2019年,温宿县环境保护局推进质量审核阶段性工作。完成辖区污染源普查工业源"一企一档"建档立库,对已录入数据的完整性、合理性、准确性进行自查。参与自治区污染源普查数据审核,基本完成数据入库工作。273家工业源、138个行政村、48家生活源锅炉、28家移动源、13个农业源全部通过强制审核及核算工作,强审、核算率均达到100%。对辖区500个污染物普查数据进行核实,逐源逐行业进行修改,确保数据真实可靠。

(李麦平)

气象服务

【概况】 2019年,温宿县气象局有在编职工6人。有气象信息(协理)员1113人,13个乡(镇)均成立气象信息服务站,104个村实现气象信息接收全覆盖,基本解决气象防灾减灾信息"最后一公里"的问题。

【公共气象服务】 2019年,温宿县气象局做好农事关键季节、重大转折灾害性天气过程等气象监测和服务。实行领导带班值班制度,双值班制度,24小时全天候值班,业务值班人员密切关注上游天气关键区天气变化情况,及时发布各类天气预警预报,通过新疆预警短信1.0系统、企信通等短信发布平台,畅通发布渠道,准确及时向县委、县政府、各乡(镇)、县直各相关单位发布各类预警预报信息,先后发布春运气象服务40期、天气月预报12期、节假日预报8期、天气实况汇报及预报48期、天气过程预报27期、发布大风蓝色预警、雷电黄色预警、沙尘暴黄色预警、暴雨蓝色、冰雹橙色等预警 135 次、天气周报 48 期、发布暴雨红色预警信号 1 次。调查了解灾情并上报 13 次；会同水利、林草、农业、自然资源等单位开展联合会商 3 次。发布各类短信 562 次，共计短信 747460 人次，完成气象服务工作。

【气象防灾减灾体系建设】　2019 年，温宿县气象局更新录入"访惠聚"驻村工作人员名单至新疆预警短信 1.0 系统，确保"访惠聚"驻村工作队能及时收到气象信息并做好相关防御工作，增强抵御自然灾害的能力。温宿县"访惠聚"驻村工作领导小组向各村队书记队长推送气象服务信息 APP 软件，更好地为广大基层干部服务。开展气象工作宣传，在自治区网站累计刊载天气资讯及政务信息 20 余篇，温宿电视台、零距离等媒介也多次对温宿气象工作进行播发。

【农村气象灾害防御体系建设】　2019 年，温宿县气象局及时完善更新气象信息（协理）员队伍建设，并对气象信息（协理）员进行气象防灾减灾科普培训，各乡（镇）建立气象信息服务站，配备人员、办公场地装备等。推进防灾减灾体系建设，补充完善中小河流山洪灾害地质风险普查，建立气象灾害预警体系，在天气关键上游区均建立山洪监测站点，通过完善温宿业务一体化服务平台，实现大风、降水、温度等要素高效便捷的监测，为天气预警及时服务提供有力保障。

【设备维护及安全管理】　2019 年，温宿县气象局对各类仪器进行维护管理，在汛期能及时维护区域自动站雨量设备，确保其处于稳定运行状态，为县委、县政府正确决策提供后勤保障。对网络设备实行内外网物理隔离，对外网设备进行升级查杀病毒，对内网设备安装补丁和专用病毒查杀工具。

【执法检查、防雷减灾】　2019 年，温宿县气象局根据《气象探测环境保护条例》规定，对严重影响区域站气象探测环境的个别乡（镇）进行执法检查，要求其立即清除气象探测站周围堆放的树枝和杂物，彻底消除火灾安全隐患。多次对加油站、加气站、液化气瓶换气点、轧花场、易燃易爆化工企业进行执法检查，调查了解防雷重点企业在防雷服务上存在的需求和建议。结合"3·23"世界气象日、"5·12"全国防灾减灾日等主题宣传教育活动，以防雷知识讲座、现场答疑、分发资料、板画展览等形式开展防雷宣传。

【气象现代化建设】　2019 年，温宿县气象局配合旅游部门做好全域旅游安全工作，在旅游景区及沿线对各站点探测设备进行升级改造。完成阿热勒一大队站四要素升级为六要素站，补充完善观测项目，对大石峡站、吐木秀克镇帕瓦拉——洪沟站、斯日木洪沟站、博孜墩牧场站等旅游景区及沿线的两要素站点进行升级改造，改造成含温度、湿度、气压、风向、风速、降水六要素站点，并正常有效运行。

【气象灾害】　温宿县吐木秀克镇 4 月 25 日 19 时 4 个村遭受冰雹袭击，核桃受灾面积 16.7 公顷，约 2% 核桃果子被击落，经济损失总共 1.5 万元左右。

2019 年 4 月 27 日午后温宿县佳木镇戈壁新村、博孜墩柯尔克孜民族乡博孜墩村、库尔干村遭受冰雹袭击，6.7 公顷棉花受到损毁，经济损失 6 万元，设施农业小拱棚损坏 124 个，经济损失 3.72 万元，小麦受灾 4.5 公顷，经济损失 4.02 万元。

2019 年 4 月 28 日凌晨 1 时 30 分左右，温宿县共青团镇受暴雨天气影响，全镇 6 个村（托万克佳木村、千亩地村、吉日木苏盖特村、阿孜干布拉克村、萨叶科普村、铁路新村）不同程度受灾。棉花受灾面积 1012.7 公顷，经济损失 303.8 万元。

2019 年 4 月 28 日 19 时至 29 日 07 时暴雨导致温宿县局地出现灾情。其中共青团镇、博孜墩柯尔克孜民族乡、克孜勒镇造成棉花、核桃等农作物受灾，受灾面积 1915.3 公顷，经济损失 507.75 万元；死亡 1 匹马，损失 1.66 万元、防渗渠损毁 15 米，经济损失7000元。

2019年5月3日18时至22时,温宿县局地出现短时强降水天气,导致棉花、小麦、玉米、苹果等农作物受灾。其中共青团镇、克孜勒镇、古勒阿瓦提乡、恰格拉克乡、阿热勒镇等出现灾情。经统计,全县农业受灾面积4371.4公顷,经济损失1788.31万元。

2019年6月2日21:30至6月3日02:30温宿县出现大风天气,并伴有短时扬沙和沙尘暴,克孜勒镇、古勒阿瓦提乡、托甫汗镇受天气影响,棉花、小麦、林果等作物不同程度受灾,温室大棚、大拱棚不同程度受损。经统计,全县棉花受灾面积162.7公顷,小麦受灾面积55.3公顷,林果业受灾面积2198.2公顷,1座温室大棚、17座大拱棚坍塌,经济损失575.93万元。

2019年6月3日午后至夜间,温宿县大部出现雷雨大风等强对流天气,其中依希来木其乡、阿热勒镇、共青团镇、柯柯牙镇出现灾情。经统计,全县棉花受灾面积88.3公顷,小麦受灾面积32.8公顷,林果业受灾面积3858.8公顷,经济损失323.49万元。

2019年6月7日23时至8日01时,温宿县吐木秀克镇、克孜勒镇、佳木镇、托甫汗镇出现冰雹强对流天气,冰雹持续最长时间10分钟,最大直径1厘米。经统计,6月7日23时至8日01时冰雹强对流天气造成上述乡(镇)1323.8公顷核桃、棉花、小麦等农作物不同程度受灾,造成经济损失2120.67万元。

2019年6月29日15时至17时,温宿县博孜墩柯尔克孜民族乡克孜布拉克村出现短时强降水,致使博孜墩柯尔克孜民族乡克孜布拉克村与吾斯塘博依村之间的桥梁及过桥梁后约50米的柏油路被严重冲毁,造成5万元左右的经济损失。

2019年6月29日18时至18时50分,温宿县阿热勒镇、古勒阿瓦提乡相继出现冰雹天气,造成农作物受灾,其中棉花受灾面积3017公顷,小麦受灾面积7公顷,玉米受灾面积6.7公顷,水稻受灾面积20公顷,经济损失4254.17万元。

2019年8月15日19时至16日08时,温宿县普遍出现大风天气,造成11个乡(镇)受灾,经统计,受灾面积30785.5公顷,经济损失19226.21万元。其中,核桃受灾面积19089.5公顷,红枣受灾面积8022公顷,苹果受灾面积2943.2公顷,香梨受灾面积289.5公顷,其他林果受灾面积164.7公顷,玉米受灾面积218.6公顷,棉花受灾面积52.7公顷,水稻受灾面积5.3公顷,大棚损坏161座,杨树损坏500棵,羊死亡3只,鸵鸟死亡1只。

2019年8月20日18时50分至21日09时,温宿县局地出现暴雨,造成佳木镇、克孜勒镇、共青团镇出现灾情。经统计,受灾面积603.5公顷,经济损失117.31万元。具体如下:棉花受灾547.3公顷,玉米受灾10.9公顷,水稻受灾43.3公顷,林带受损2公顷,防洪坝受损20米,羊死亡4只。

2019年9月5日22时10分至22时35分,温宿县博孜墩柯尔克孜民族乡出现冰雹,造成农作物受损。经统计,受灾面积230.5公顷,受灾程度100%,经济损失192.48万元。其中,油菜受灾面积125.8公顷,大麦受灾面积104.7公顷。 (谢伦胜)

邮政　通信

中国邮政温宿县分公司

【概况】　2019年,中国邮政集团有限公司新疆维吾尔自治区温宿县分公司(简称中国邮政温宿县分公司)完成业务收入1696.31万元,完成年度计划的99.32%,金融翼业务完成收入961.18万元,完成年度计划的94.72%,金融类业务收入占全部业务收入比重的59.4%。

【代理金融】　2019年,中国邮政温宿县分公司每月对3个金融网点履职检查,规范风控管理行为,发展代理金融业务以制定的局策点策为抓手,以社区客户、商户、代发客户和种植户四大客群的维护和外拓营销走访为目标开展转型工作,以中间业务理财、保险、基金、国债为补充,年末余额7.24亿元,全年净增627.24万元。

【包裹速递业务】　2019年,中国邮政温宿县分公司开展与新疆理工大学合作,实现学生档案寄递576件,高考录取通知书2885件,实现标快收入6.8万元。对标快业务细化发展目标客户,抽调专人对加急证工作长期跟进,加急证转化率达99%以上,实现收入55万元;对包裹揽收班配备车辆和终端,揽收和录入工作更加合理,确保邮件揽得来、发得走,提高效率。

(魏　瑶)

中国电信温宿县分公司

【概况】　2019年,中国电信股份有限公司温宿分公司(简称中国电信温宿县分公司)坚持以用户需求为导向,持续深入推进企业战略转型,通过向客户提供差异化、个性化服务,不断创造新的业务增长点,企业保持健康可持续发展态势。响应国家号召,加快落实提速降费,使广大用户实现真正的高速宽带光网信息生活。全面推进"化小承包"激发企业内生动力,更好的服务广大用户。以客户为中心,践行"用户至上、用心服务"的服务理念,努力提供令客户满意的优质服务,通过学制度、学标准、学规范,加强对员工的素质培训、道德培训和服务礼仪培训,窗口员工自觉使用文明用语,文明服务,增加用户的亲和力。2019年,中国电信温宿县分公司有员工11名,设综合办和维护部2个部门。

【业务范围】　2019年,中国电信温宿县分公司以四大基础业务为核心(固定电话、移动通信、光纤宽带、宽带电视),加强用户信息安全、网络安全和信息化建设。电信宽带电视是实现数字电视、时移电视、互动电视等服务的网络电视。除具有基本的电视直播功能外,还可实现随心点播直播、时移回看和娱乐互动、欧美大片、电影、电视剧、儿童智力开发动画片等功能。已经实现IPTV 4K超高清机顶盒,支持超高清4K节目、蓝光高清视频,3D游戏等,电信电视机顶盒是由获得IPTV牌照的运营商来提供的,确保所有影视节目都是合法、正版、高清资源,提高影视内容的质量,使电视变得更加智能与便民。

【维护管理】　2019年,中国电信温宿县分公司加强客户服务工程师技能培训,提升重点区域网络质量改造,并对宽带装维全流程时间管控,优化现场流程,完善支撑体系,提升工作效率,实现每个乡(镇)

配备专业的客户服务工程师,提高装维服务质量。维护服务时间比上年缩短4个小时,提升用户感知和服务质量。

【网络管理】 2019年,中国电信温宿县分公司按照中国电信“宽带中国光网城市”的战略和建设目标进行网络改造,全面退铜,完成县城和乡(镇)光网改造,FTTH已覆盖各小区和楼盘,实现100M起步、1000兆为主流的高速宽带覆盖能力。解决农村通信网络问题,155个行政村、社区全部通达宽带、固定电话和手机等信息化需求。完善县乡村4G网络建设覆盖。 (刘一丹)

中国移动温宿县分公司

【概况】 中国移动通信集团新疆有限公司温宿县分公司(简称中国移动温宿县分公司)成立于1999年8月,隶属于中国移动通信集团新疆有限公司阿克苏地区分公司。2019年,中国移动温宿县分公司有员工43人,下设经理1人、副经理1人、综合班组3人、政企客户班组9人、市场班组6人、工程建设班组6人。市场部下设6个乡(镇)片区共6人,1个县城网格1人。

【市场发展】 2019年,中国移动温宿县分公司拓展连接广度和深度,着力做大连接规模,做优连接服务,做强连接应用,努力开拓大市场、打造大网络、夯实大能力、构建大协同,在确保发展质量的基础上持续提升连接价值,满足大部分农村用户的上网需求。

【网络建设】 2019年,中国移动温宿县分公司根据中国移动集团公司投资策略。完善网络覆盖,加大对人口增长摸查情况、农村弱覆盖等区域的2G网络建设,推进4G网络农村,结合4G产业链成熟度和本地区5G应用需求,完善传输网络建设,加大宽带和专线建设力度,形成融合优质语音通信、快速数据流量服务、便捷信息化服务为一体的精品网络。开展突出问题专项整治,优化调整网络资源等方式,挖潜增效,不断提升网络质量,增强客户感知。

【信息化建设】 2019年,中国移动温宿县分公司围绕公司“大连接”战略,落实自治区“1+3+3+改革开放”战略部署及“四轮驱动”融合发展要求,聚焦竞争热土,夯实基础集团业务发展,推广集团信息化应用。深化营销,整体转型,做好政企与市场协同,按照“想立马”原则积极开展集团信息化建设工作。 (唐　玲)

中国联通温宿县分公司

【概况】 中国联合网络通信有限公司温宿县分公司(简称中国联通温宿县分公司)2005年7月成立温宿营业部。2008年10月,联通与网通合并撤销温宿营业部,成立温宿联通分公司,主要经营移动电话、固定电话、宽带电视、信息化建设、集团单位互联网、专网接入及相关的信息化系统集成、技术开发、技术服务以及其他电信业务服务。温宿联通分公司有员工5人,聘用人员14人,自营网点1家,合作网点25家。

【市场经营】 2019年,中国联通温宿县分公司注重4G业务、集团单位发展、宽带提速降费、IPTV电视、信息安全及网络安全发展。以创建“优质、高效、和谐”优质服务窗口为目标,将“树行业新风,创优质服务”贯穿整个业务之中,从服务理念、服务措施、客户感知等方面提升整体服务水平。发展家庭宽带,积极主动向农村地区延伸,加大力度解决农民群众通信网络问题,拓展少数民族群体市场,开发具有民族特色的 IPTV 电视源等重点业务。

【网络建设】 2019 年，中国联通温宿县分公司加快 4G 建设步伐，提升网络质量和数据承载能力，改善农村、偏远地区无线网络覆盖能力，改善用户网络感知，提升用户满意度，加强对重点客户集聚类市场的全业务接入，为温宿县数字化建设打下基础。

（曾　波）

教育　科技

教育管理

【概况】　2019年,温宿县有各级各类学校181所(不含22个小学教学点)。其中,幼儿园116所(含民办幼儿园9所)、小学49所、初级中学7所、九年一贯制学校6所、高级中学2所、职业中学1所。教职工5119人(少数民族2890人),其中专任教师4186人(中级职称404人,高级职称454人)。在校生和幼儿教育儿童59096人,其中,学前在园幼儿16307人(少数民族13941人)、小学在校生27441人(少数民族24308人)、初中在校生10368人(少数民族9067人)、普通高中在校生4514人(少数民族3434人)、职业高中在校生466人(少数民族465人)。

【机构改革】　2019年2月机构改革,温宿县教育局更名为温宿县教育和科学技术局(简称温宿县教科局),原温宿县科技局主要职能划归温宿县教育和科学技术局,正科级建制,核定编制48名,其中,行政编制21名,事业编制27名;领导职数5名,实有43人,内设办公室、党建办公室、组织人事办公室、思想政治教育办公室、基础教育办公室、安全稳定办公室、学生资助管理中心、招生考试办公室、发展规划项目办公室、语言文字办公室、教学研究中心、科学技术办公室、核算中心、条件装备中心、纪检审计办公室、教育督导办公室16个办公室。

【党对教育工作的领导】　2019年,温宿县委教育工委坚持社会主义办学方向不动摇,坚持党组织领导下的校长负责制,推进习近平新时代中国特色社会主义思想进学校、进课堂、进师生头脑,提高学校党组织的政治核心和领导核心地位。将乡(镇)学校党建工作收回县委教育工委统一管理,采取独建、联建、区域统建,应建尽建党支部119个,实现公办、民办学校党的建设"七个全覆盖"(党的领导全覆盖、党的组织全覆盖、党的作用全覆盖、党的工作全覆盖、党的活动全覆盖、党的优势全覆盖、党的力量壮大全覆盖)。探索实施基层学校党建"一体化"发展模式,通过工作重心下移、触角向基层延伸,推进基层学校党建均衡发展;选优配强学校书记、校长和幼儿园园长,举办书记、校(园)长培训班3期527人次,召开党建工作现场推进会3次,强化书记、校长能力建设。

【基础教育】　2019年,温宿县教科局落实控辍保学"双线三包"(县领导包联乡镇、乡镇领导包联村、村干部包联户;局领导包联学校、学校领导包联班级、班主任包联学生)工作机制,对学生到校情况进行跟踪随访,巩固义务教育成果。全县义务教育阶段具备学习能力适龄少年儿童全部入学,在校生实现零辍学。

【教育对口援助】　2019年,浙江金华投入温宿县教育援疆资金2000万元,用于县第四中学提升改造项目,幼儿园国家通用语言文字有声童书馆和国学馆项目投资150万元。选派55名援疆教师赴温宿智力援疆,开展"送教下乡"、专题讲座、观摩交流等活动60余场次,通过师徒结对培养青年教师72名,在浙江金华培养培训温宿籍骨干教师5名。

【学前教育】　2019年,温宿县教科局投入援疆资金230万元,为10所幼儿园建成有声童书馆。建立"三人行”幼儿名师工作室，开展学前教师业务培训，分批培养100名园长和骨干教师。实施每月保教质量监测，学前保教水平提升。

【教育惠民政策落实】 2019年，温宿县教科局落实教育保障经费11378.18万元，受益学生56424名；实施农村义务教育学生营养改善计划，落实经费2036.64万元，2019年春季学期惠及学生25575名，秋季学期惠及学生26955名；落实南疆普通高中资助政策补助资金952.1万元，享受人数9521人次；落实中等职业学校“三免一补”政策（中等职业学校免学费、免住宿费、免伙食费、发放国家助学金补助）政策补助资金228.34万元，享受人数466人；落实家庭经济困难大学生资助资金43.65万元，资助贫困大学生118人，协助县扶贫办对235名贫困建档立卡学生发放“雨露计划”助学金70.5万元。

【基础教育新课程改革】 2019年，温宿县深化基础教育新课程改革，牢牢抓住课堂这一教学工作的主阵地，以全面提高教育教学质量为目标，努力开创课堂教学改革的新局面，实现教学质量提升的新突破。通过大力开展“捆绑式”片区教研活动、“送教下乡”、各类教科研竞赛、教师专业能力提升培训、业务学习、“互联网+教育”、网络教研、名师展播课堂等活动，不断促进和激励教师更新教育教学观念，转变教学方式，改进教学方法、教学手段，提高课堂教学效率，提升教育教学水平，助推教育教学质量稳步提升。

【教科研活动】 2019年，温宿县教科局开展各类教科研活动，以研促教推动教育教学工作优质高效发展。以地区学前中小学青年教师教学技能“大比武”活动、初高中“教研月”优质课展示活动为契机，采取“学校选拔+片区预决赛+县级决赛”方式，组织全县38所中小学、1400名教师分7个片区开展教学技能“大比武”及初高中“教研月”优质课展示活动，选拔104名教师参加地区中小学青年教师教学技能“大比武”活动和地区初高中“教研月”优质课展示活动，其中87名教师获奖，其中一等奖1名，二等奖26名，三等奖60名；开展命题大赛活动，推选76件作品参加地区中小学教师命题大赛活动，其中38件作品获奖，其中一等奖8名，二等奖14名，三等奖16名，温宿县教科局被评为“优秀组织单位”；推进一体化办学模式，开展“捆绑式”片区教研活动，采取城区学校捆绑乡（镇）学校、乡（镇）强弱校互相捆绑模式，加大对结对学校的帮扶力度，开展片区教研活211次；以“送教下乡”活动为载体，教研室教研员、7个教学能手培养工作室、11所牵头学校、36名骨干教师深入乡（镇）及薄弱学校开展“送教下乡”活动159场次；下发《关于评选温宿县“十百千青年教师”的通知》，选拔教学新秀20名、骨干教师20名、教学能手14名、学科带头人4名，引领带动全县中小学教师队伍能力素质和专业水平的全面提升。在自治区中小学教师信息技术能力评比活动中，温宿县222名教师获奖，其中一等奖26名，二等奖63名，三等奖133名，温宿县教科局荣获“优秀组织奖”。

【国家通用语言文字教育】 2019年，温宿县通过增加课时、强化培训、分层辅导，提升学生使用国家通用语言文字的水平。组织开展演讲比赛、书法大赛、朗诵比赛及系列主题活动，营造人人学习国家通用语言文字的良好氛围，助推国家通用语言文字教育质量稳步提升，实现从学前至高中国家通用语言文字教育全覆盖。

【项目建设】 2019年，温宿县教科局完成县一中搬迁建设项目，投入资金10867万元（其中上级资金4867万元，县自筹资金6000万元）；实施县四中搬迁建设项目，投入资金13551万元（其中上级资金651万元，县自筹资金11200万元，援疆资金1700万元）；乡（镇）寄宿制学校新建2所校舍，投入资金2290万元；农村幼儿园改造6所校舍，投入资金230万元。

【教育信息化】 2019年，温宿县教科局实施教育信息化工程,实现光纤进班全覆盖,开展“一师一优课、一课一名师”活动,全县教师晒课1728节,获得县级以上优课34节、地区级优课17节、自治区级优课9节、部级优课1节。组建优质教学资源库,推进互联网+教育,组织开展名师课堂展播活动,面向全地区推送优质课30节;组织开展教育教学信息化交流展示活动,搭建教师教学交流学习平台,为温宿县教育信息化发展和教育教学质量稳步提升奠定基础。温宿县推荐的6个作品获得国家级奖项,其中一等奖2个、二等奖4个,211个作品获得自治区级奖项,其中一等奖26个、二等奖58个、三等奖127个。

【教学设备】 2019年,温宿县教科局实施义务教育均衡发展教学仪器设备项目,县财政投入6632.39万元,为全县各中小学购置教学仪器设备和图书,各学校购置1814种222322个教学仪器设备和22大类859924册图书、11424册心理图书,投入援疆资金130万元为县第二中学购置一批信息化设备,全县各中小学教育办学条件得到改善。

【教育教学质量】 2019年,温宿县教科局落实、细化教学常规指导机制,教研员分片区召开“教学常规管理”推进会21次,观摩交流、座谈讨论36次,“送教下乡”96次,采取跟踪、指导相结合的方式,实现对学校教学常规管理指导评估全覆盖,1所学校创建为地区级国家通用语言文字教学管理示范校,11所学校创建为县级国家通用语言文字教学管理示范校,全县乡(镇)级以上学校均被评估为县级国家通用语言文字教学管理合格校,教学管理工作不断趋于规范化、制度化、科学化。细化“两交叉三统一”(交叉监考、交叉巡考、统一测试、统一阅卷、统一分析)教学质量监测体系,完善“日清、周结、月测、学期统考”机制,建立全县中小学校各学段成绩监测数据库,坚持开展县、校、班“三级”质量分析,完善质量奖惩体系,助推教学质量的全面提升。组织全县82所中小学(含村级小学及教学点),32625名学生开展期末统考,以“一体化办学 捆绑式发展”为抓手,11所牵头学校组织26所被帮扶学校开展月检测4次,期中考试2次,2019年,在初中学业水平考试中温宿县排名第四。高考录取率为73.01%,其中本科录取率为21.36%;其他省市高中班录取129人,其他省市中职班录取73人,其他省市初中班录取214人。

【考风考纪管理】 2019年,温宿县教科局开展考风考纪和招生考务工作“1233”工程(“1”是1个杜绝,坚决杜绝“高考移民”;“2”是两个反对,反对考务工作人员的腐败和考场腐败;“3”是三个保障,保障考生各类信息材料的准确无误、保障试卷的安全保密、保障考生的人身安全;“3”是三个落实,任务落实到单位、工作人员落实到岗位、责任落实到人头),组织普通高中学业水平考试、中考、区内初中班考试,全年未发生一起重大考试违纪舞弊事件。

【教辅用书征订】 2019年,温宿县坚持党管教材不动摇,认真落实自治区《关于加强和改进新形势下地区大中小学教材建设与管理的实施意见》《新疆维吾尔自治区中小学教材管理实施办法》等相关文件精神,严格教材选用管理。健全完善相关工作制度,严把教材审查政治关,统筹各学段教材及教辅建设,加强对教材征订、发行和使用工作的抽查,对未按规定开展教材征订、教材版本更换或使用目录外教材的学校,一经发现,严肃查处,确保教材育人阵地的绝对安全。

【中小学教师培训】 2019年,温宿县教科局通过外派培训、县内培训相结合的方式,选派赴其他省市骨干教师培训5人,中小学及幼儿园教师继续教育集中培训及计算机集中培训1581人次;自治区级岗位能力提升培训3人,参加“国培计划”示范性项目培训教师2名,参加“国培计划”项目培训教师651名,安排教师30名参加地区能力提升培训,参加新教师岗前培训728名教师,全年培训教师3000人。

【对口支教工作】　2019年，温宿县教科局安排支教教师93名，其中赴地区其他县(市)支教教师10名，县域内支教教师83名，通过组织开展对口支教工作，促进优质学校和薄弱学校之间的交流交融，推动校际间均衡发展。

【教师资格认定】　2019年，温宿县通过教师资格认定共324人，其中春季206人、秋季118人。

【专业技术职务评审】　2019年，温宿县教科局按照上级要求，认真开展中高级、初级职称评审工作，审核通过458人，其中高级教师23人，中级教师75人，初级教师360人。

【校园安全】　2019年，温宿县教科局落实“党政同责、一岗双责、齐抓共管、失职追责”的安全稳定责任制，构建起人人参与、人人用力、人人尽责的维护教育系统安全稳定工作格局。开展“开学安全第一课”“安全生产月”及“11·9消防安全教育日”活动，发放“致家长一封信”15万余份、组织开展防震减灾演练545次。对267名安保从业人员进行技能强化培训，实现学校专职保安持证上岗。优化学校视频监控联网系统，实现“内部保卫机构设置率、视频监控系统安装联网率、报警装置安装联网率、防冲撞设施安装率”四个100%全覆盖。不断完善并强化落实校园安全隐患“日排查、日上报、周研判”工作机制，排查整改风险隐患问题925项。配齐危险化学品专柜66个，规范危险化学品台账登记制度，学校安装智慧式电气火灾监控系统35套，落实校门口50米核心区、200米防范区硬隔离要求，开展涉黑涉恶问题线索摸排。联合县市场监督管理局、公安、文旅等部门，对校园及周边打字复印店、“三无”麻辣食品出售商铺及营业性娱乐场所检查8次。

【德育及中小学生思想道德建设】　2019年，温宿县教科局深化师德师风提升年专项改革，组织107名思想政治专任教师、900余名班主任开展培训，引导教师“以德立身、以德立学、以德施教”，举办第35届教师节文艺会演，表彰优秀教师、先进德育工作者329人。开展“新时代好少年·我为祖国点赞”主题阅读实践、“我爱祖国 同唱国歌”歌咏比赛、“红心向党 红歌传唱”合唱比赛、“我和我的祖国”征文等系列活动120余场次，征集优秀征文作品60余篇，10名师生荣获国家一级荣誉证，44名师生分别荣获自治区奖项。开展精神文明建设，创建自治区级文明校园1所，地区级4所，县级23所。强化师生法治教育，协同公安、检察院、法院、司法局，为全县69所学校配备法制副校长，承接国家最高检、自治区检察院宣讲组莅临温宿县开展法治宣讲3场次，受益师生、群众1000余人。开展歌咏比赛、演讲比赛、文艺会演，推进中华优秀传统文化、革命文化和社会主义先进文化进校园。依托五月“民族团结教育月”，开展“三进两联一交友”(领导干部进教室、进食堂、进宿舍，联系学生、联系家长，和学生交朋友)“民族团结一家亲”活动，开展民族团结结亲共建、结对帮扶和融情实践，民族团结教育成效提升。

【语言文字工作】　2019年，温宿县贯彻落实《中华人民共和国国家通用语言文字法》《新疆维吾尔自治区语言文字工作条例》，推进推普脱贫攻坚工程，全县城镇居民人口中能够运用国家通用语言实现顺畅交流沟通的人员比例达76.5%。农村人口中能够熟练运用国家通用语言实现顺畅交流沟通的人员比例占14.4%，可以听懂普通话，但交流不够顺畅占55.9%。在推广和使用国家通用语言文字工作中，严格落实各乡(镇)党委、政府主体责任，充分发挥“访惠聚”驻村工作队开展群众工作的优势，依托农牧民“夜校”开展日常国家通用语言培训。由第一书记任夜校课堂的校长，聚焦“夜校+”推行“一托七”(一个主体：树立农牧民夜校在开展国家通用语言学习培训中的主体地位，七个支撑：流动课堂、结对互学、亲子互动、干部辅导、干部带头示范学、日常测评、活动引领)。

【教育督导】 2019年,温宿县人民政府教育督导室严格按照《温宿县义务教育均衡发展实施方案》相关要求,认真履行自身职责,扎实开展教育督导工作,建立健全挂牌教育督导包联体系,落实中小学责任督学常态化挂牌督导制度,采取常规、随机、专项督导相结合的方式,对各学校开学条件保障、校园欺凌、安全管理、教育教学等重点开展工作督导,对学校督查面达100%,实现责任督学挂牌督导全覆盖,有效规范各中小学办学行为。

【义务教育学校标准化建设及均衡发展】 2019年,温宿县教科局按照《温宿县推进义务教育均衡发展规划》《温宿县中小学校布局调整规划》等文件,将全县121所学校调整为87所,优化教育资源配置、推动教育资源共享,逐步实现城乡教育公平。5月,温宿县义务教育标准化建设通过阿克苏地区教育督导委员会的验收。6月,温宿县义务教育均衡发展以975.7分、全疆第二的"优秀"等次,通过自治区人民政府教育督导委员会验收。 (张宽儒)

县直学校简介

【温宿县第一中学】 温宿县第一中学始建于1959年,学校总占地面积3.07公顷,建筑面积21782平方米,有教职工134人,共开设35个教学班,总计学生1896名,其中住校生1456名。2019年9月学校搬入新校区,总占地面积8.17公顷,建筑面积33217平方米,有在岗教职工179人,共开设42个教学班,总计学生2310名,其中住校生1821名。学校内设行政办、党建办、教务处、教研室、思政办、安全办、团委、纪检室、网信办、总务处、宿管科11个行政管理机构和11个学科教研室。学校先后获"自治区高中生男子校园足球比赛体育道德风尚奖"及"自治区青少年科技活动特色学校"等荣誉称号。 (杨喜晶)

【温宿县第二中学】 温宿县第二中学创建于1973年,是自治区示范性普通高中,自治区首批普通高中多样化发展试点学校。总占地面积8.17公顷,有在校学生2175人,住宿生1402人;有教职工151人,专任教师148人,其中专任中高级职称教师44人;教学班43个,学校内设行政办、教务处、安稳办、总务处、纪检室、团委、党建工青妇、教研室8个科室。学校先后获得"全国素质教育先进单位""全国艺术教育先进集体""全国语文教改示范校""国民语文应用能力实验校""全国百所家长学校""自治区课改先进学校""自治区文明单位""自治区平安校园""自治区普通高中多样化发展改革试点校""自治区中小学心理健康教育工作先进学校""自治区普及中小学实验教学工作先进集体""自治区卫生红旗单位""自治区爱国拥军模范单位""自治区工人先锋号""自治区模范职工之家""自治区环保绿色学校""自治区篮球传统项目学校""自治区工人先锋号""自治区示范性家长学校""自治区德育示范校""自治区示范性普通高中""自治区文明校园"等荣誉称号。 (魏海玲)

【温宿县第三中学】 温宿县第三中学属县直属公办九年一贯制学校,校址在温宿县托乎拉路91号,校园占地面积32100平方米,总建筑面积17575.12平方米。学校在编职工131人(中学部87名,小学部44名),专任教师125人,管理岗财务工勤人员6人,高级教师17人,中级职称41人。学校66个教学班3048名在校学生,其中中学23个教学班1010人,小学43个教学班2038人。2019年,温宿县第三中学在"责任教育"办学理念的指引下,齐心协力,开拓创新,谋求学校发展,从规范学校管理、完善装备设施、加强师资培训、打造学校特色、提升校园文化等方面入手,努力改善办学条件,提升办学水平。学校功能室齐全,教学设施完备,校园文化氛围浓厚,办学特色不断凸显。学校先后获得"地区级德育示范校、依法治校示范校"和"县级先进基层党组织"等荣誉称号。 (马小龙)

【温宿县第四中学】　温宿县第四中学创建于2019年。总占地面积110398平方米,有在校学生1382人,其中,少数民族学生640人,占全校学生的46.3%;有编制176人,实有教职工87人,中高级职称教师44人;教学班30个,学校内设党建办、行政办、教务处、政教处、教研室、总务处、安稳办、工会8个科室。　（陶淑华）

【温宿县第五中学】　温宿县第五中学成立于2012年,由浙江金华全额援建,学校占地面积96666.67平方米,有普通教学楼3栋、图书行政楼1栋、多功能学术交流厅1栋、科技楼1栋、学生公寓式宿舍楼2栋、教师公寓楼1栋、开水房及洗澡堂1栋、1850平方米的体艺楼和国际标准400米8道塑胶运动场及2层看台1座。学校严格按照《新疆维吾尔自治区义务教育学校办学基本标准》配置各类专用教室、办公室、食堂、公寓式学生宿舍、教师周转房等教学、生活用房。学校规划合理,功能齐全,教学区、生活区、体育活动区、绿化区布局井然有序。学校有56个教学班级,2586名学生,全校教职工170人,专任教师161人,本科140人,大专21人;高级职称5人,一级职称22人,二级职称49人,三级职称39人。学校坚持把"立德树人"作为办学的根本任务,力求建设一支"四有"好老师的强劲教师队伍,秉承"育人为先、教育为本"的德育教学理念,精诚团结、砥砺前行,开拓进取,勇于创新。被教育部授予为"国防教育特色学校""足球特色学校",被自治区评为青少年民族团结手拉手"结对子"示范校、网络研修示范校、自治区级平安校园,获第十九届新疆青少年FLL机器人挑战赛(小学组/初中组)两个"三等奖"。　（刘维维）

【温宿县第二小学】　温宿县第二小学始建于1959年,总建筑面积26802.95平方米,有教学班52个,学生1991名,教职工132人。内设行政办、党建办、纪检室、教研室、教务处、德育处、财务室、总务处、工青妇办公室、安全办10个管理科室。学校秉承"以德立校"的办学宗旨,积极探索,确立一个中心:一切为了学生的幸福健康成长;两条主线:以德树人,特色发展;致力于实现三大任务:为学生的成才奠基,为教师的成长铺路,为学校的发展改革;努力达成"让每一个孩子拥有一个幸福童年"的办学愿景,围绕"幸福童年",坚持"四童"教育理念,让教师充满"童心",让孩子充满"童真",让教育充满"童趣",让孩子拥有"童梦"。学校先后获得自治区学生阳光体育运动先进学校、自治区级"工人先锋号及德育达标示范校"称号,获"自治区南疆赛区优秀鼓号队三等奖",被地区评为地区级民族团结进步先进基层党组织、绿色学校、教学质量示范校、女职工建功立业标兵岗、家庭教育示范校、示范家长学校,在自治区第五届少先队鼓号队比赛中获二等奖、在第33届阿克苏地区青少年科技创新大赛中被评为优秀组织单位、获得全国第六届中小学生艺术展演活动艺术表演类甲组二等奖、县级优秀少先队、2019年度全国先进名师工作室、自治区节约型公共机构示范单位等荣誉称号。　（李明秀）

【温宿县幼儿教育中心】　温宿县幼儿教育中心成立于1994年,于2014年1月搬迁至温宿县城南环西路51号,新园址占地16268.9平方米,分为晨曦楼、晨晖楼2栋教学楼,设为教学区、活动区、休息区。幼儿教育中心有在职教工59人,是一所科学管理、环境幽雅、师资力量雄厚的幼儿园。开设18个班级,在园幼儿637人,坚持"一切为了孩子,为了孩子的一切"办园宗旨,以提高幼儿教育质量为中心,实行全方位科学管理,注重幼儿素质的培养及智能的开发,办有多种特色教育模式。开设语言、科学、常识、美术、音乐、舞蹈等课程,把培养健康活泼、乐学创新、善于合作,具有独立能力独立自信和表现自我的能力作为培养目标。采取以游戏为主,寓教于乐,学中玩、玩中学,以动手、动脑符合儿童身心健康发展规律和认知规律的综合性教学方式。　（赵新霞）

【温宿县第二幼儿园】　温宿县第二幼儿园2018年

9月建园，由原温宿县第二小学原址改建而成，2018年10月完工，园址占地31333.33平方米，建筑面积11000平方米，建设规模18个班，可容纳540名幼儿。温宿县第二幼儿园有教职工52人，党员7人，专任教师34人，开设14个班级，在园幼儿496人，建有有声图书馆，内置有声图书3000余册，能够满足不同年龄阶段幼儿学习普通话的需求，为幼儿学习国家通用语言提供设施保障。设立科学探究室、国学馆、绘画室、才艺展示厅、亲子活动室等功能室，为幼儿全面发展奠定基础。幼儿园针对幼儿发展教育实际，规范教学管理，按照幼儿身心发展规律，采取多方式、多途径、多举措训练幼儿的思维发展和各项生活能力，在“寓教于乐”中让幼儿学习，提高幼儿普通话水平。（吴贵平）

职业教育

新疆农业广播电视学校温宿县分校

【概况】 新疆农业广播电视学校温宿县分校（简称温宿县农广校）是一所集职业教育、职业技能培训、农业产业结构调整技术培训为一体的职能职业培训学校。2019年，核定编制11名，实有人员11人，属全额事业编制单位。

【新型职业农民培育】 2019年，温宿县农广校组织学校全体教职工有针对性地深入农村开展项目培育对象调查摸底工作，摸底登记12个村600人。组织佳木镇11人、依希来木其乡9人参加阿克苏地区新型农民培训班，组织3个乡（镇）8个贫困村24人参加昌吉举办的新型农民培训班，并获得荣誉。

【农村实用人才带头人培训工作】 2019年，温宿县农广校在托乎拉乡库如力村培训基地举办2019年农村实用人才带头人培训班，其中4期主题为创业富民专题培训班，培训学员427人。邀请自治区专家8人现场授课，内容涉及如何做好一名合格的农村实用人才带头人、农村电商、蔬菜种植技术、核桃现代生产管理技术、乡村基层组织建设、农村消防、中央一号文件解读、产业扶贫等，培训时间7天。

【实践教学】 2019年，温宿县农广校培训采取举办讲座、分组研讨、经验交流、参观考察等形式，组织培训学员参观温宿县天和养殖农民专业合作社、群惠农民专业合作社、喀拉苏农民合作社、托乎拉乡人居环境工程及核桃销售农民专业合作社、温宿县爱勒麦德特专业合作社，柯柯牙绿化工程纪念馆和阿克苏地区博物馆。参训学员结对并签订致富责任书，结业式奏唱《国际歌》，由优秀班干部或优秀学员代表发言。（买尔艳木·托乎提）

科　　技

【科技体制改革】 2019年，温宿县教科局以加快科技体制改革进程为抓手，增强科技促进经济社会发展能力。制定了《温宿县深化科技体制改革三年行动方案（2018—2020年）》，认真落实《温宿县深化科技体制改革2019年推进计划》。从制度上优化科技创新环境，进一步健全完善科技创新政策激励、评价激励机制，调动和激发全社会科技创新积极性，加快形成科技助力脱贫攻坚、乡村振兴，推动经济高质量发展的强大合力。

【科技项目】 2019年，温宿县教科局以实施科技项目为导向，以促进发展方式转变和产业转型升级为主线，深入实施创新驱动战略。加大财政科技创新投入，科技三项经费投入提高到3000万元，在“保工资、保运转、保基本民生”情况下，确保财政每年对科技投入适度增长。规范科技项目申报、实施、验收工作，不断提升项目科技含量、社会效益、经济效益和示范作用。争取并实施科技兴阿项目3个，争取地区科技项目补助经费66万元。2011—2018年度实施的18个科技兴阿项目和1个自治区科技富民强县项目顺利通过上级验收。

【科技培训】 2019年，温宿县教科局坚持创新培训方式，拓宽培训渠道，提升培训的针对性和实效性。举办实用技术培训班6期，培训乡（镇）、村分管科技副职，科技特派员和科技致富能手1200余人次。组织全县科技人员深入乡村和田间地头，以“科技夜校”、开展“送科技下村”等为载体，举办各类培训132场15.7万余人次。印发《实用技术手册》2万册。

【科技队伍】 2019年，温宿县教科局选聘科技特派员56名，贫困村实现科技特派员全覆盖，完善科技特派员管理、考核、奖励办法，激发科技特派员农村创新创业热情，充分发挥科技特派员在推动科技成果转化、农村大众创业、万众创新等方面的作用。制定印发《温宿县2019年农村“户户都有科技明白人”培育工程实施意见》，启动温宿县2019年“户户都有科技明白人”培训工程。全县培育农村“科技明白人”39405户，占农村总户数100%；农村劳动力中“科技明白人”86175人，占农村劳动力总人数100%。选树“科技明白人”典型115名，从“科技明白人”中培养技能型乡土人才600人，“科技明白人”帮带困难农户6195户，“科技明白人”建立创办农村专业合作社129个，“科技明白人”入驻电商平台25人。

【激励创新】 2019年，温宿县教科局完善科技体制机制，构建衔接配套普惠性政策扶持体系，以创新环境营造为着力点，激发各类创新创业主体活力。健全政策激励机制。县委、县政府相继印发《中共温宿县委员会 温宿县人民政府关于印发〈温宿县关于大力促进民营经济健康发展的实施方案〉的通知》（温党发〔2019〕22号文件）和《关于印发〈温宿县支持实体经济高质量发展攻坚行动方案〉的通知》（温政办〔2019〕39号文件），从实行资金奖补、政策引导和税收减免等方面积极引导民营企业创建高新技术企业（科技型中小企业）、推进企业加快技术改造、引导企业加大研发投入，健全完善科技创新政策激励机制。鼓励和支持企业建设工程（技术）研发中心、企业技术中心。位于温宿县国家农业科技园区的“南疆林果工程研究中心”和“生物技术研究中心”纳入地区科技兴阿项目实施计划，已争取上级资金50万元。推进企业创新创业。温宿县国家农业科技园区科技孵化器已挂牌，孵化科技企业15家。鼓励引导符合条件的企业申报高新技术企业和技术先进型服务企业，激发企业创新创业活力。3家企业进入高新技术企业后备库，新创建高新技术企业1家。新成立1家生产力促进中心。引导本县4家企业参加阿克苏地区第四届创新创业大赛，通过“以赛代评、以评代奖”的方式，激发大众创业、万众创新。组织3家企业参加自治区科洽会。　　（张宽儒）

文化　体育　广播电视　旅游

文　　化

【概况】　温宿县文化体育广播电视和旅游局原名为县人民政府文教科,成立于1953年。1969年4月,改为文教卫生组。1979年,恢复文教科。1984年文化和体育机构合并,改称文体局。1987年8月,文化、体育机构分设,成立县文化局。1993年5月,教育局、文化局、体委合并为教育文化体育局。1995年5月,教育文化体育局撤销,文化体育局成立。2003年4月,县文化体育局与县广电局合并为文化体育广播电视局。2011年12月,更名为文化体育广播影视局,挂新闻出版局(版权局)牌子。2012年12月,将县青少年活动中心隶属关系由原来的教育管理调整为由县文化体育广播影视局管理。同月,增设县文物保护管理所。

【机构改革】　2019年2月机构改革,温宿县文化体育广播影视局和温宿县旅游局合并为温宿县文化体育广播电视和旅游局(简称温宿县文旅局),正科级建制,核定编制28名,其中行政编制9名,参照《中华人民共和国公务员法》管理事业编制12名,事业编制7名,实有23人;辖电影放映管理中心、文化馆、图书馆、文化艺术中心4个二级单位,内设行政办、党建办、旅游科、执法科、业务科5个科室。

【文化阵地建设】　2019年,温宿县文旅局建有1个图书馆、1个文化馆、1个文化艺术中心,13个乡(镇)综合文化站、153个村级综合性文化服务中心,建成乡(镇)农牧民体育健身工程4个,打造建成文化大院100个、边疆万里数字文化长廊服务点44个。新建图书馆综合楼已正式投入使用;县级体育馆主体工程已竣工,建成县级公共体育场标准田径跑道和足球场;建成恰格拉克乡足球场。全县有文物保护点37处,其中自治区级文物保护单位4处。国家级非遗项目1个(柯尔克孜族刺绣)、自治区级2个(柯尔克孜族绣花布单、柯尔克孜族马鞍制作)、地区级6个、县级55个。以保障贫困乡村群众"看得到、看得全、看得好"广播电视为目标,实施广播电视全覆盖,巩固提高"村村通""户户通""大喇叭"建设成果,累计维修地面接收设备193套,为贫困户调试安装卫星地面接收天线421套,发放扶贫电视193台,升级改造农村大喇叭881套。

【文化市场管理】　2019年,温宿县文旅局根据机构改革方案,组建文化市场综合执法队,并按照中央、自治区要求制定温宿县文旅局权责清单,明确职责、细化工作任务。加大文化和旅游市场执法检查力度,持续开展"扫黑除恶""扫黄打非"、文化和旅游市场专项整治、地面卫星接收设施治理、不合理低价游专项整治、娱乐市场专项整治行动等行动9次。落实文旅行业安全监管职责,加大文化旅游、文物日常检查力度,共出动执法人员172人次,检查240家次,对2家场所共处罚款5000元,消除各类安全隐患。

【群众性文化活动】　2019年,温宿县文旅局依托传统节假日、重大节庆日和农闲季节,组织举办2019年温宿县"奋进新时代·共筑中国梦"迎新春文艺晚会、"温宿县文旅局的中国梦"——文化进万家系列文化惠民、农牧民文艺会演、乡村文化旅游节、"梨园唱响温宿、惠民福泽梦城"梨园春送戏到温宿等大型文化惠民活动,发扬中华传统文化的魅力。开展温宿县第十七届“乡村百日文体”文化活动1165场次，惠及群众38万余人次；开展“百日广场文化”活动52场次，惠及群众1万余人次；开展送文化下乡惠民演出100场次，惠及群众3.92万人次，丰富各族群众精神文化生活。

【“三馆一站”免费开放】 2019年，温宿县文旅局在浙江援建图书馆建成后，又援购新书8万余册，图书馆自行征订各类期刊246种，报纸48种。做好新购图书的采编、整理、上架等工作，确保报刊当天上架，图书15个工作日上架；图书馆每周开放56小时，实行阅览室全年365天无节假日服务模式；图书馆办理纸质书借阅证2500个（其中2019年办理纸质书借阅证222个），全年阅览室接待服务读者12659人次，读者到馆借还图书470人次，13133册次（其中纸质图书11269册次，电子图书1864册次）。馆内共接待服务读者13129人次。文化馆2019年免费开放服务全年不少于300天，完成各类普及性免费艺术培训任务21期（少儿美术4期、少儿舞蹈4期、电子琴4期、吉他4期、书法2期、成人舞蹈1期、成人广场舞2期），累计培训1420人次。13个乡（镇）综合文化站结合本地特色开展独具特色文体活动，免费开放图书室、文体活动室等，开放时间达300天以上，在闲暇时间，为群众提供图书借阅、打乒乓球、下棋、打篮球及其他体育健身等服务，吸引广大农牧民群众参与文化活动。

【文物保护】 2019年，温宿县文旅局经第三次文物普查确认，温宿县有文物保护单位38处，其中列为自治区级文物保护单位4处，分别是吐木秀克镇库尔什阿塔木麻扎、博孜墩柯尔克孜民族乡博孜敦古墓群、温宿镇卡德尔王陵、佳木镇扎木台古城遗址，县级文物保护单位33处，其中博孜墩柯尔克孜民族乡6处（阿克布拉克城址、破城子古城遗址、小库孜巴依2号岩画、小库孜巴依3号岩画、小库孜巴依北墓群、阿萨古城遗址），柯柯牙镇7处（拱拜孜窑址东、拱拜孜窑址西、萨依吐格曼墓群、帕万拉墓地、哈罗塔拉萨拉石墓堆、阿布塔尔麻扎、哈曼塔拉萨依古渠道遗址），吐木秀克镇6处（提力米什麻扎、吐木秀克遗址、尤喀克托喀依南墓群、喀克托喀依北墓群、托万克塔尕克墓群、库尔木什阿塔木古墓群）、温宿镇4处（马辅臣将军墓、阿古柏古城、伊扎克王墓群、油库墓地），阿热勒镇2处（结格吉墓群1、结格吉墓群2），古勒阿瓦提乡2处（青铁木尔烽火台、可沙尔古城遗址），依希来木其乡2处（苏勒塘居纳依德麻扎、喀依古遗址），佳木镇1处（喀拉墩遗址），克孜勒镇1处（巴夏克其城址）和喀拉玉尔滚2处（喀拉玉尔滚石窟、乌堂驿站遗址）。2019年配合基本建设、城市改造、经济发展等，先期对各施工区域是否存有文物古迹进行实地踏勘6次，出具实地勘察报告4份，并上报地区文物保护管理局审批。2019年聘请10名文物看护员巡查10处自治区重点文物单位504次，发现文物保护单位及其保护范围、建设控制地带受自然损坏现象或存在的自然损坏隐患12起，整改12起。组织工作人员对温宿县5处自治区重点文物保护单位集中巡查12次，对温宿县33处县级文物保护单位开展集中巡查4次，未发现人为破坏文物保护单位的现象。在广播、温宿县电视台转播中央台文物保护法律法规10期。

【农村电影“2131”工程】 2019年，温宿县巩固和推进农村电影放映“2131”工程，不断解决和满足各族群众的观影需求。2019年，温宿县电影放映管理中心组织了一批思想性、艺术性、观赏性较强的国产优秀影片到各乡（镇）放映，共放映各类公益影片1437场次，其中故事片1234场，科教片203场，观众总人数达33.5万人次，在社区、学校、小区等二级市场放映各类电影50场，填补城镇居民的观影空白。

【文化下乡】 2019年，温宿县文旅局开展“送文化下基层”农民画巡展、写对联送福字等活动11场次，惠及群众3000余人次；举办书画摄影展2期，展出作品210幅，开展培训、指导、阅读推广等各类服务活动33场次。发挥"一乡一队""一村一队"宣传作用,结合节假日开展文艺演出、联谊活动、篮球、排球、叼羊、拔河等文体活动,向群众提供普遍均等的公共文化服务。

【非物质文化遗产保护】 2019年,温宿县文旅局开展"文化和自然遗产日暨第七届温宿非物质文化遗产展示周"活动。展示围绕文化遗产日主题,组织开展发放宣传单、知识问答、展示农民画作品、图片、实物载体方式,温宿县30多名非物质遗产代表传承人带来自己非遗项目展示实物,如博孜墩乡的柯尔克孜族刺绣,佳木镇和温宿镇的传统乐器,克孜勒镇的踩高跷、扬琴、木碗木具,温宿镇的马鞍,吐木秀克镇的木碗木勺等各类展示品和表演,受到各族群众观赏和喜爱。

体　　育

【群众体育】 2019年,温宿县文旅局落实全民健身计划,先后开展三项棋类比赛、"庆五一"职工运动会、农牧民运动会、"全民健身日"广播操比赛等活动,指导各乡(镇)开展农牧民运动会、篮球、拔河、赛马等活动。深化旅游+体育融合,在举办的天山托木尔文化旅游节等旅游活动中融入赛马、叼羊、滑雪、自驾越野挑战、热气球空飘竞技表演、徒步游和赛马叼羊等特色体育竞技运动,带动体育产业的外延拓展。

【竞技体育】 2019年,温宿县文旅局强化竞技体育训练,从各学校选拔一批体育苗子,由学校体育教师组织开展体能训练和技能训练,并组队参加地区的青少年足球和摔跤体育竞赛项目,获得地区青少年U系列足球比赛团体第四名,U系列摔跤比赛自由式第二名、古典式第四名。

旅　　游

【宣传促销】 2019年,温宿县文旅局开展提升"天山梦城·山水温宿"文化旅游品牌知名度活动,先后组织实施温宿天山托木尔文化旅游节、2019《中国好声音》全国海选新疆赛区阿克苏·温宿专场启动仪式及总决赛、世界旅游小姐大赛温宿赛区决赛、乡村文化旅游节等活动30余场次。赴杭州、成都、重庆、义乌等城市开展温宿旅游专场推介活动8场次。全年接待游客169.54万人次,比上年增长99.46%;旅游总收入9.86亿元,比上年增长100.17%。

【重大旅游节活动】 2019年5月25日,温宿县文旅局在温宿县龙泉湖公园举办第七届温宿天山托木尔文化旅游节暨2019《中国好声音》全国海选新疆赛区总决赛活动。2019《中国好声音》全国海选新疆赛区比赛自3月11日启动以来,吸引来自全国各地600余位选手参与,60余家疆内外媒体进行广泛宣传报道,举办15场比赛,参赛选手经过初赛、复赛、半决赛、总决赛层层选拔,5名选手拿到全国海选总决赛通关卡,代表新疆赛区前往海南省三亚市参加全国海选总决赛。

【旅游合作】 2019年,温宿县文旅局打造旅游精品线路,重新规划设计的一批旅游精品线路已在阿克苏、温宿的部分星级酒店推介展出,出台《温宿县2019年旅游奖励实施细则(试行)》(温政办〔2019〕26号),接待旅行社报备疆外包机、专列团队游客201个,引进浙江省等地游客5000余人次,兑现旅行社组团奖励291万元。签订阿克苏天山托木尔旅游集散中心、温宿县丝路驿站乡村旅游开发项目、天山行汽车房车营地等招商引资项目8个,签约金额3.81亿元,到位资金1亿元。

【旅游基础设施建设】　2019年，温宿县文旅局加大基础设施投入力度，新建旅游厕所4座，通信基站7座，投入1000万元建设天山托木尔大峡谷景区基础设施（生态停车场）1座，汉易生态农业休闲园正式投入使用。

【旅游规划】　2019年，温宿县文旅局开展《温宿县全域旅游专项规划》中期成果汇报，按照全域旅游示范区标准开展创建工作。提升旅游服务质量等级，推进天山托木尔大峡谷创建AAAAA级景区、海立方创建AAAA级景区，以及4处景点创建AAA级景区的工作，其中托木尔平台子、龙泉湖公园通过地区AAA级景区评定。

重点景区介绍

【托木尔世界自然遗产】　新疆天山托木尔位于天山中部山系，温宿县城北部。2013年6月天山托木尔列入世界自然遗产，核心区3448.28平方千米，缓冲区2801.20平方千米，占新疆天山世界自然遗产四大片区（托木尔、喀拉峻—库尔德宁、巴音布鲁克、博格达）总面积的59.87%、54.33%，托木尔集中体现了新疆天山独特的地质地貌、植被类型、生态系统、生物多样性和自然景观，构成了新疆天山规模宏大的立体画卷。

托木尔是天山主峰区域，主峰托木尔峰海拔高达7443米，多条山脉在这里汇聚，形成了群峰簇拥、雄伟壮丽的雪峰冰川奇观，汗腾格里峰、台兰峰、雪莲峰等20座山峰海拔超过6000米，众多高峰交汇成巨大山结，雄踞于整个天山之上，是整个天山的代表和象征。托木尔—汗腾格里是天山最大的山岳冰川分布区，也是世界上三大山岳集中分布区之一，该区域共发育了670多条冰川，包括3条面积超过300千米的超大型冰川，是天山最大现代冰川发育中心，是世界著名的山岳冰川分布区之一，也是全球超大型山岳冰川的集中分布区之一，被称为山岳冰川的博物馆。

托木尔遗产地在70千米的水平距离内，海拔从1450米升至7443米，发育了天山南坡最完整、最典型的7条垂直自然带，即暖温带荒漠带、温带荒漠草原带、山地草原带、亚高山草甸带、高山草甸带、高山垫状植被带和冰雪带。托木尔区域是全球200生态区中“中亚山地草原与林地生态区”中的天山山麓干旱草原生态区的典型代表。托木尔遗产地分布着金雕、秃鹫、胡兀鹫、高山雪鸡、雪豹、盘羊和北山羊等最典型的高山裸岩和冰川积雪带动物物种。托木尔遗产地是世界上雪豹重要的天然栖息地之一和中亚分布中心。

托木尔遗产地南侧的低山岳陵地带，分布着广阔的红层沉积，经过流水的侵蚀，这些红层成为沟壑纵横蔚为壮观的峡谷地貌，峡谷内到处是红崖赤壁和千姿百态的山峰山柱，远远望去，犹如荒城古堡，展现了一种荒凉之美，更引人注目的是这些温宿大峡谷红层地貌与托木尔的雪山冰峰相映衬，形成了红与白、冰与火般的强烈反差和对比，是天山南北两侧褶皱和断裂构造带中规模最大、美学价值最高的红层峡谷地貌，是天山峡谷风光的典型代表。

【天山托木尔大峡谷】　世界自然遗产、国家地质公园、国家AAAA级景区。天山托木尔大峡谷距温宿县城东北80千米，地处温宿县博孜墩柯尔克孜民族乡境内山区中，距国道314线30千米左右。景区总面积约300平方千米（含地质独特构造—盐丘地貌区域），典型景观集中在峡谷中部区域，山体以红色砂岩、页岩为主要构成，峡谷谷口宽160米，入口处河床平坦，灌木稀少，沙细柔软，河床顺峡谷缓缓升高，直至雪山脚下，间有清泉从时宽时窄的河床缓缓涌出。峡谷群南北两侧有近200平方千米的戈壁草原，主要分布和生长着麻黄草、梭梭草等耐旱植物，黄羊、野猪、野兔、狼经常出没于峡谷、戈壁和草原之间。

大峡谷两侧群峰耸立,山体以棕红色为主体,间有淡绿色、米黄色、乳白色穿插其中,顿显五彩斑斓,雨水过后更是色彩鲜艳。进入谷中约1000米后,大峡谷相继分为8条较大支谷,长短不一的小支谷在峡谷群中约有1000余条,较大支谷风格迥异,小支谷千变万化,在漫长的地质年代中把地层切割得斑驳陆离,形态万千。步入峡谷,视野时而开阔,时而郁闭,峰回路转,时暗时明,峡谷群峰叠嶂,万仞攒空,气势磅礴,极具震撼力。

峡谷内分布有少量灌木、胡杨树和耐旱盐生植物,峡谷两侧断崖因风吹日蚀,雨水冲刷,形成了许多令人叹为观止的传神奇景,如:英雄谷、幽情谷、双塔谷、紫澜山、胡杨双雄、万僧朝圣、千年古堡、千山雄风、太空来客、驿路城池、双塔争锋、情侣、千古壁画、千屋万塔、一线云天、星河飞瀑、三心石、二意柱、巨轮飞渡、赤柱坡、雄鞭口、望心门、赤砂墩等气势壮观的100多处难于用语言文字表达清晰的山体造型。

【天山神木园】 国家AAAA级景区。天山神木园位于天山托木尔峰南侧前山区,面积45.33公顷,海拔1700米,尚存古墓数十座。园林外四周为戈壁荒丘,园内却以草绿、树坚、泉多而闻名遐迩。园林高出地面50米,满山遍野绿草如茵,山上像披上一张绿色的地毯。草地里有10余处泉水,从草地穿行而过。很多千年古树千姿百态,似神龙游动,屈折盘旋,贴地而伸,是茫茫戈壁上的一颗明珠。

【新疆天山托木尔森林公园】 位于托木尔峰南边,海拔2500米,属于山地寒温带草原带,是该片区许多珍稀动物的栖息之所,此外,丰富多样的高山植物在此生长繁衍。每年5月至9月,草原上万物复苏,牧草茂盛,郁郁葱葱。草地沿着山势一路铺就过去,如同一张天然的绿色地毯。11月过后,草原上银装素裹,可以欣赏到难得的草原冰雪景致。该草原除了具有较高的旅游观光价值外,也是周边地区牧民放牧的重要牧场之一。森林公园景区翠绿的草原景观以及生机勃勃的生态环境,为终年白雪皑皑的托木尔峰增添了一丝绿意和生机,如同"绿色的心脏",为托木尔峰提供源源不断的绿色血液。景区距离阿克苏市区90千米,邻近城市中心区,依托吐和高速建立交通联系,至亚依拉克村均有柏油公路联通,交通可达性较好,从市区出发仅需一小时即可到达,是距离阿克苏市中心最近的高山生态旅游景区,总面积53平方千米。

【西游乐园】 国家AA级景区。位于温宿县温宿镇代甫散社区亚瓦沟。从国道314线(或航班)到达阿克苏市向北12千米可达。属城郊型文化主题景区。西游乐园占地面积1.5万平方米,南北长320米,宽55米,主体为5座仿古唐代风格建筑,依古史和传说复原高老庄前后两院、大雄宝殿和南天门黑风洞、五行山、定海神针、滴水观音等景观,园内还依景布置20余座神话典故人物雕塑。鲜明的仿唐建筑风格、浓郁的西游历史文化和引人入胜的传奇故事是景区独具特色的最大亮点。景区以中国佛教文化为背景,以《西游记》传说为主线,再现西域佛教文化的博大精深和高老庄的神话故事。游客进入高老庄西游乐园在不知不觉中感受到中国历史的厚重、游园的愉快和参与活动的趣味。景区以全新的声、光、电、景、画等艺术手段再现了《西游记》中猪八戒在高老庄抢亲的情景及唐僧师徒四人西天取经的艰难历程。景区内设有健身器材、机器人黄包车、KTV等娱乐项目。

【帕克勒克草原】 国家AA级景区。位于新疆天山托木尔世界自然遗产区域科其喀尔峰(冰川)东南缘,距离温宿县城50千米。景区春季繁花似锦,夏季五彩斑斓,秋季牧歌悠然,冬季冰清雪柔。游览面积122平方千米,平均海拔2650米,景观以雪峰、冰川、森林、草原、灌木、繁花、河流、峡谷、毡房、牧人、牛羊、房车、帐篷、木屋、夯土院落、冰碛石景、深山小村等原生态元素构成,被誉为天山深处最纯美的童话天堂,静谧的休憩胜地。

【阿克布拉克草原】　国家AA级景区。维吾尔语是“清水泉”之意。位于温宿县博孜墩柯尔克孜民族乡以北，距县城100余千米。平均海拔2000米，高山海拔4835米。山上终年积雪，山下云杉叠翠，沟谷中牧草丰美、牛羊成群。这里是阿克苏居民夏季度假避暑、领略大草原风光首选的好去处。（潘晓娜）

融媒体中心

【概况】　温宿县融媒体中心成立于1952年，原名为温宿县收音站。1962年10月，改为县广播放大站。1964年，改为县人民广播站。1984年8月，改为广播电视局。2002年6月，变更为温宿县广播电视中心。

【机构改革】　2019年5月23日，温宿县融媒体中心正式揭牌。10月28日，根据自治区党委宣传部和地委编办精神，温宿县广播电视中心更名为温宿县广播电视台，并以县广播电视台为基础，整合温宿县宣传中心的“温宿县零距离”微信公众号、研究和改进网络新媒体宣传管理服务工作等职责，组建温宿县融媒体中心，为温宿县人民政府直属事业单位，归口县委宣传部领导。正科级建制，核定编制45名，其中领导职数3名，实有28人（其中在编职工22人，聘用人员6人）。按照“一平台两中心五室”设置，内设指挥调度平台、编辑中心、新闻信息采集中心、综合室、审读室、技术保障室、广告室和农村公共服务室8个科室。

【新闻宣传】　2019年，温宿县融媒体中心开设《全国两会专题报道》《向总书记报告》《在以习近平新时代中国特色社会主义思想指引下——新时代新篇章新作为》《两会反响》《习近平每日金句》《壮丽70年　奋斗新时代》《我和我的祖国》等专栏10档，播出本台记者采制的相关稿件151篇，转载新疆电视台等媒体稿件99篇，播出时长345.6小时。制作播出党的十九大精神、“壮丽70年 奋斗新时代”等公益广告、宣传标语25130条（次）315小时，展播《花开时节》《可爱的中国》《伟大的转折》《建军大业》等优秀主题影视剧950集（部）890小时。在两套电视节目中每天播出《我爱你中国》快闪视频（风光版）12次20小时。制作MV快闪《我和我的祖国》4部，庆祝中华人民共和国成立70周年各类短视频50条，开展“不忘初心、牢记使命”、党的十九大精神等主题宣传报道活动。落实广播电视节目播出三级审查、重播重审制度，遵守新闻宣传纪律。完成县党代会、人代会、政协会议三会，冬季万人大宣讲、新春走基层、温宿县首届天山梦城·山水温宿“金物联”杯文化旅游形象大使选拔赛、天山托木尔大峡谷第三届风筝旅游节、2019《中国好声音》全国海选新疆赛区海选、中国环塔拉力赛、金华·温宿文旅走亲系列活动、中国新疆阿克苏药品博览会等重大活动的宣传报道，完成2019《中国好声音》全国海选新疆赛区温宿总决赛和中国新疆阿克苏药品博览会的直播和录播工作，网上浏览点击超过300万人次。在《新闻报道》中策划《脱贫攻坚》《壮丽70年 奋斗新时代》《天山梦城·山水温宿》等30余个专栏。维吾尔语、汉语广播电视开办新闻自办节目2个330期播出628小时、对农自办节目1个60小时、生活类自办节目6个1472小时、综艺类自办节目5个1970小时。

【专题宣传报道】　2019年，温宿县融媒体中心对自治区两会、地委扩大会议和温宿县三会和全国两会、温宿县春节联欢晚会、2019《中国好声音》全国海选新疆赛区海选、中国环塔拉力赛、金华·温宿文旅走亲系列活动、中国新疆阿克苏药品博览会等重大活动进行报道。春节前夕拍摄和制作7个《新春大拜年》短片；安排播出纪念改革开放40年纪录片和影视剧《美丽新疆40年》《我们一起走过》《创业时代》等10余部250小时。开展2019《中国好声音》新疆赛区海选、复赛、半决赛、总决赛和中国新疆阿克苏药品博览会宣传,制作宣传片 20 个播出 67 天 39.16 小时,先后出动 150 人次,全程录制 19 场次 70 小时,制作 2019《中国好声音》全程视频 17 场,播出 75 次 168 小时,制作单曲 170 首播出 213.5 小时。加强公民道德、传统文化、“中国梦”等社会主义核心价值观主题宣传,常态化开设《民族团结一家亲》《脱贫攻坚进行时》《爱国卫生》等专栏,播出相关内容 1253 小时。

【媒体宣传】 2019 年,温宿县融媒体中心发稿 695 条,其中,中央电视台用稿 6 条,新疆电视台用稿 119 条,新疆人民广播电台用稿 49 条,地区电视台用稿 290 条,地区广播电台用稿 270 条。《千名游客体验天山托木尔大峡谷越野达人秀》《新年告白》在 CCTV13《新闻直播间》、CCTV7 军事农业频道《聚焦三农》播出;《温宿县有个流动春晚大舞台》《丰收的味道——春节特别节目》《两会书写新时代惠民新篇章》《为基层减负 让干劲更足》《温宿县建成南疆首个滑翔伞基地》等一批优秀稿件在新疆卫视一套《新疆新闻联播》《今日聚焦》《新疆午报》《新闻夜班车》栏目播出。

【节目创优】 2019 年,温宿县融媒体中心打造《上班路上》《下班快乐》等 3 个互动广播节目。开展温暖回家路、新年祝福等公益活动,打造“幸福 986、路上好朋友”品牌。《温宿县 41 万株苗木出口助农民增收致富》《团结是力量》《温宿县 182 户山区牧民生态移民迎来幸福生活》等 14 个广播电视节目获地区级以上奖项。

【节目审读】 2019 年,温宿县融媒体中心严格供片渠道,完善节目制作、监审、编排、播出以及三级审片制度。开展审读工作,对新闻、生活、法制、综艺等节目进行把关,强化监督。审读、审看、审听《新闻报道》《上班路上》《食全食美》等自办广播、电视节目 3550 期 5658 小时,审查其他综合节目(含影视剧、综艺、文化等各类节目)7450 期 7500 小时。

【技术维护】 2019 年,温宿县融媒体中心抓制度保障。建立健全值班制度,加大应急处置预案的执行力度,组织应急演练。抓硬件设施完善。正式使用新机房和新发射塔,更新更换反馈系统、广播电视发射机和广播电视播出、演播室设备。在全国、自治区、地区、县党代会和两会以及元旦、春节等节假日,加强安全播出防控体系建设。维吾尔语、汉语广播安全播出 10800 小时,维吾尔语、汉语电视安全播出 14400 小时。完成农村大喇叭升级改造维护 881 套,维修大喇叭配件 200 只,维护无线数字接收机设备 539 套,发放扶贫电视 193 台,维护乡(镇)发射机 20 次、户户通 120 次。

【托峰明珠广播介绍】 托峰明珠广播为南疆地区最主要的广播媒体之一。以新闻、经济、生活服务类节目为主,娱乐、休闲节目为辅。托峰明珠交通音乐广播全天 17 小时不间断播出,截至 2019 年年底,是全疆唯一一家自办节目全部直播、播出时间最长的县级广播机构。国家通用语言广播节目有《下班快乐》《新闻资讯》《上班快乐》《汽车总动员》《食全食美》《政策与法》《986 万事帮》《今夜书香》《音乐下午茶》等 16 档,每天累积播出 14 小时,占全天总播出量的 77.8%;维吾尔语广播节目有《新闻快报》《情系农民》《生活门诊》《法治温宿》等 12 档,每天累积播出 12 小时,占全天总播出量的 66.7%。

(詹　丽)

医疗　卫生

卫生工作

【机构改革】　2019年2月15日，温宿县卫生局、计生委、老龄委合并，组建温宿县卫生健康委员会（简称温宿县卫健委），核定编制28名，其中行政编制11名，事业编制15名，机关工勤事业编制2名。内设办公室、疾病预防控制室、医政医管室（体制改革室、药政室）、基层卫生健康室（规划发展与信息室、医疗保健室）、计划生育室（家庭发展室、老龄健康室）、综合监督室（职业健康室）6个科室。

【医药卫生体制改革】　2019年，温宿县卫健委落实国家基本药物制度，实施药品供应“两票制”和药品零差率销售，县乡公立医疗机构销售基本药品3719.47万元，为患者让利546.37万元；推进“基层首诊、双向转诊、急慢分治、上下联动”的分级诊疗制度，县域内就诊率达93.73%；县人民医院与浙江金华市5家医院建立援疆医疗协作，与地区级以上6家医院建立医疗协作关系。县人民医院与8个卫生院，县维吾尔医医院与4个卫生院建立医共体，与12个乡（镇）卫生院实现远程影像、远程会诊信息化平台，开展远程医疗服务4193人次。组建家庭医生团队110个，常住人口签约16.67万人，常住人口签约率75.68%。0～6岁儿童、孕产妇、老年人、慢性病、结核病和建档立卡贫困人口家庭医生签约服务全覆盖。

【人才培训】　2019年，温宿县卫健委培训各乡（镇）卫生院及社区卫生服务站20名护士、49名村医；开展“组团式援疆工作”，实施二级以上医疗卫生机构对口支援乡（镇）卫生院工作。县直医疗卫生单位选派9名高年资专业技术人员对口支援3家乡（镇）卫生院，举办各类培训班30期1620人次；申报各类人才项目12项。选派7人去疆内外培训。下派16名专家开展服务基层活动90余次；发挥县中医医院（维吾尔医医院）的资源优势，开展中医民族医药服务的乡（镇）卫生院和村卫生室分别达到100%、93%。

【基层卫生服务管理】　2019年，温宿县卫健委开展两轮脊髓灰质炎疫苗补充免疫活动，接种率达99.59%。以乡（镇）为单位儿童常规免疫接种率达95%，含麻疹成分疫苗接种率达95.78%以上。推进结核病、艾滋病等重大传染病防控工作，完善公共卫生和重大传染性疾病预防机制，把好各族群众健康关。开展精神障碍患者救治管理工作。规范居民健康档案管理，取消纸质档案，实现健康档案电子信息化管理。以14项公共卫生内容为基础服务包，结合全民体检阳性结果，对高血压、糖尿病等慢性病患者进行规范化随访服务。乡（镇）卫生院和村卫生室符合标准化建设要求，能够开展基本医疗和基本公共卫生服务。

【健康体检】　2019年，温宿县卫健委落实全民健康体检，发放《温宿县卫生健康政策知识汇编》3万册、设置宣传栏420幅。设置体检机构17个，投入医务人员418人，配备DR影像设备14台、彩色B超工作站20个、生化分析仪24台。健康体检18.86万人，体检率100%。

【健康扶贫】　2019年，温宿县卫健委推进医疗保障制度全覆盖,农村建档立卡贫困人口全部纳入基本医疗保险、大病保险、医疗救助覆盖范围;取消贫困人口县域内住院起付线,县域内转院手续。落实先诊疗后付费政策,贫困人口享受先诊疗后付费政策4535人次,“一站式”结算4230人次。实施健康扶贫“三个一批”行动计划,大病集中救治一批383人、慢病签约服务管理一批1414人,“光明扶贫工程”免费治疗贫困户9例,贫困人口全民免费体检和家庭医生签约服务全覆盖;开展“健康防病知识进万家”宣传活动378场次、医疗保险政策宣讲14场次,印发《温宿县城乡居民及建档立卡贫困户医疗保险政策宣传材料》6万份。

【计划生育工作】 2019年,温宿县增加农牧民领证家庭625户,有效领证率达25.44%,比上年增长4.21%。享受各项制度9464人(户),兑现奖励资金3624.98万元,发放群众8387名(户)。以“5·29”计生协会纪念日为契机,开展各类活动146场次,受益3.1万人。开展慰问117场,慰问人数553人。

【卫生监督检查】 2019年,温宿县卫健委检查“九小场所”等人员密集场所97家次,排查隐患231处,整改231处;加强卫生应急工作,修订完善应急预案,开展防震减灾、消防、传染病防控、防汛医疗急救等应急演练8次;开展卫生监督执法检查,立案21起,结案20起,行政处罚6.53万元,没收非法所得2.43万元、药品器械20箱、医疗器械3台,举办民营医疗机构培训班10期。

【老年人健康管理】 2019年,温宿县卫健委结合全民健康体检,为老年人提供健康咨询指导和干预,健康管理8660人,管理率达65%。累计办理老年人优待证4168个。 (李小东)

医疗机构

温宿县人民医院

【概况】 温宿县人民医院始建于1962年,是二级甲等综合医院,差额拨款事业单位,医院业务用房34000平方米,编制床位400张,实际开放550张。2019年,核定编制374名,实有职工607人,其中在编人员346人,卫生技术人员504人,占全院职工人数的83%,高级职称38名,中级职称71名。2019年获“国家级节约型公共机构示范单位”称号。

医院设有22个职能科室、29个临床医技科室,骨科、普外科、心血管内科等8个县重点学科,口腔、眼视光等6个特色专科门诊,眼科、康复医学科2个特色专科。拥有CT、DR、数字胃肠机、四维彩超、电子胃镜、高压氧舱、全套血液透析仪和康复理疗等百余台设备,建设有标准的手术室、ICU、产房、血液透析室、内窥镜室,可开展常见病、疑难病、急危重症诊治。

2019年,温宿县人民医院门急诊166348人次,比上年增长17%;出院病人24128人次,比上年增长11.1%;住院病人手术5139例,比上年增长3.76%;体检39575人次,比上年下降1.15%;床位使用率98.8%,比上年增长11.3%;平均住院日7.1天,比上年减少0.2天。出院病人中,危重率19.88%,手术病人率21.3%,手术科室手术病人率59.33%。

【公立医院改革】 2019年,温宿县人民医院医疗费用增长12.77%,人员支出占比43.95%,医疗服务收入占比35.59%,百元医用耗材19.88元,取消药品加成后价格实际补偿比例169.22%,临床路径占比68.41%,药占比24.69%,开展远程会诊428例,上转患者3064人次,比上年增长9.31%,下转患者3655人次,比上年增长16.25%,各项指标均已达标。

2019年,温宿县人民医院构建紧密型医共体卫生院3家,松散型医共体卫生院5家,继续落实第一院长负责制,增选5名第一院长,增加8个对口帮扶科室,选派骨干人员定期坐诊、查房、培训、带教,开展各类培训57次,累计推广适宜技术5项,指导手术50例,通过帮带,全年自主开展手术500余例。运用公立医院改革经费帮助医共体卫生院完善标准化建设,与全县12个卫生院开通远程会诊,全年开展县乡远程心电诊断657例,远程影像诊断7799例。借助"巡回医疗""优秀人才服务基层"和"两癌筛查"等工作,组织专家深入医共体成员单位,开展义诊、查房、讲座和技术指导等工作,实地调研基层医疗机构存在的问题,提出解决意见和建议。选派4名骨干定点支援2所卫生院,开展义诊活动12次,诊疗病人1750人次,筛查白内障、两癌、皮肤病患者660人次,免费发放药品3000余元。

【学科建设】　2019年,温宿县人民医院申报地、县重大人才项目9项,金温两地优秀人才结对共建项目3项,自治区级继续医学教育项目5项,全院发表论文25篇。成立了以脊柱外科为主的骨二科,年内开展Halo－Vest架在伤颈椎疾患中的应用、关节镜下半月板缝合和修整成形术、中医膏方技术、"醒脑开窍"针法治疗脑血管疾病的运用等新技术40余项,购置了西门子16排CT、关节镜、彩色超声诊断仪、前列腺电切镜、口腔科CBCT等大型设备,进一步奠定了医院学科发展基础。

【人才队伍建设】　2019年,温宿县人民医院先后选派8名中青年骨干医师赴疆内外进修,组织参加短期培训35期46人次,临床实训中心组织开展各类技能培训20余期2500余人次,免费接收进修生、实习生、见习生77名,开展全县基层医疗机构执业医师考前培训班1期60人次,全院执业医师上岗率达到65%,执业护士上岗率达到90%,各学科均有高级职称技术人员,同时抽调12名骨干人员承担阿克苏职业技术学院临床、护理专业564名学生的授课、临床实践、带教等工作。

【援疆工作】　2019年,温宿县人民医院邀请金华市中医院专家到医院开展2019年度金华温宿两地"项目结亲共建·人才结对带培"暨组团式援疆活动,借助金华专家技术力量,成功举办温宿县首届膏方节,继续投入资金开展金华温宿"光明行""关爱青少年眼健康"等健康普惠工程。5名援疆专家帮带青年骨干医生12人,全年诊疗患者近万余次,指导手术500余例,教学查房100余次,参与疑难病例、死亡病例讨论150次,组织全院和科室业务讲课30余次,开展新技术23项,指导《种植牙新技术及临床运用》《膏方的制作及临床应用》等2项科研项目,指导撰写论文3篇,参与巡回医疗、卫生下乡等服务基层活动18次,义诊病人4000余人次,赠送药品8000余元,完成康复中心康复治疗8万人次。

【公共卫生】　2019年,温宿县人民医院累计开展健康宣传与知识讲座110次,健康咨询活动18次,发放各类宣传资料1万余份,完成居民健康档案建档19631份,建档率92%,儿童疫苗接种19113人次,妇幼随访1078人次,管理慢性病患者1140人次,精神障碍患者128人次,社区结核病管理58人次,常住人口签约服务14884人,签约率74%,全年共摸底全民健康体检人数20093人,实际体检人数25863人,体检率128.75%。

【项目建设】　2019年,温宿县人民医院完成老病区铁艺围墙建设和临时食堂、感染科门诊的项目建设以及老病区的环境改造、运行保障维修工作等,实施门诊电子病历系统和居民电子健康卡试点,完成结核病平台的程序接口改造和医保低保接口改造,与建行合作实施医院的线上支付系统。

【传染病防控】　2019年,温宿县人民医院按照自治区专家组、地区结核病专科联盟相关建议和意见,完善县结核病门诊、结核病集中治疗点的建设,规范诊疗流程,开通结核病专项管理系统,畅通双向转诊,同时实行院长负责,分管领导定期组织相关科室人员研究推进结核病防治工作,及时解决工作中存在的突出问题,并成立菌阴专家小组,每周及时会诊。年内累积筛查群众16500人次,接诊病人3328人次,确诊纳入治疗541人次,其中集中收治涂阳病人445人,规范治疗涂阴出院418人。

【药事管理】 2019年,温宿县人民医院平均每月基本药物种类达213.72种,基本药物种类占比达57.95%,基本药物销售金额占比达60.29%,抗菌药物使用比率51.40%,病原学检查率55.36%,抗菌药物使用强度37.47DDD。全年检出排名前五位的细菌有解脲支原体阳性、大肠埃希菌、金黄色葡萄球菌、肺炎克雷伯菌、鲍曼不动杆菌。全年发现产β内酰胺酶菌株101例,超广谱β内酰胺酶菌52例,耐甲氧西林葡萄球菌3例,多重耐药菌9例。

【优质护理服务】 2019年,温宿县人民医院各护理单元推进6S管理,制定评分标准和6S管理流动红旗,规范工作秩序,美化就医环境。举办为期15天的院内护理管理培训班,年内外派护士长和骨干护士12人赴自治区进行短期培训,4人参加阿克苏地区护理技能大赛,荣获团体三等奖及个人优秀奖。

【医疗应急管理】 2019年,温宿县人民医院认真做好各项应急保障工作,确保特殊病区管理期间无事故、无差错,长期外派医务人员为分院和看守所提供医疗服务,年内共选派44人长期参与医疗保障工作,组织参加各类医疗保障、应急演练、突发公共卫生事件演练80余次。

【社会公益活动】 2019年,温宿县人民医院组织、参与各类义诊活动19次,惠及更多人民群众,以中层干部为主,结对帮扶吐木秀克镇曲达村贫困户67户,全年帮助扶贫户助销大棚蔬菜8.6吨,增收1.5万余元。

(高　茹)

温宿县中医医院(维吾尔医医院)

【概况】 2019年12月,经阿克苏地区卫生健康委员会研究,同意温宿县维吾尔医医院按照温宿县中医医院(维吾尔医医院)加挂冠名。

温宿县中医医院(维吾尔医医院)是一所以中医民族医学为主兼有中西医结合,集医疗、急救、教学科研、预防保健等多位一体的县级二级甲等民族医医院,是城镇职工、居民医疗保险、新型农牧区合作医疗保险定点单位。占地面积36公顷,总建筑面积9694.15平方米,设置急诊科、内科、外科、康复科、妇科5个临床科室,其中康复科、妇科为地区级重点专科。设置药械科、影像、功能科、检验科等医技科室,有党政办、人事科、医务科、护理部、财务科(医保物价)、总务科(后勤、安保)6个职能科室。核编床位130张,实际开发床位185张。有职工220人,其中在编人员83人,聘用人员137人;专业技术人员166人,其中正高级职称1人,副高级职称4人,中级职称11人,有医师41人,具备执业医师资格证职工32人,占医师总数78%。中医类别执业助理医师23人。配备全自动生化分析仪、全自动五分类血球仪、全自动电解质仪等多种检验设备;彩超、多导心电图仪、心电监护仪、动态心电图、CT、CR数字X光机、500毫安X光机等影像设备;智能通络治疗仪、热疗仪、脑循环治疗仪等多项康复理疗设备。有中药饮片246种,常规熬制126种糖浆及露剂。治疗腰、颈椎骨质增生、各类疼痛风湿病等急慢性病,对附件囊肿、盆腔炎、子宫肌瘤、乳腺增生等妇科病,对银屑病、白癜风等皮肤病及内科系统各类疾病,采取中医民族医优势治疗。

【业务指标完成情况】 2019年,温宿县中医医院病患出院5487人次,比上年增长23.1%;床位使用率116.8%,比上年增长13.5%;病患平均住院天数10.1天,比上年降低8.18%;病床周转数42.2次,比上年增长23.3%。

【医疗质量管理】 2019年,温宿县中医医院建立医疗质量及管理责任体系,召开医疗质量专题会研究医疗质量管理等相关问题,规范医疗技术管理制度。制定医疗技术风险预警机制和医疗技术损害处理预案并组织实施,管理和评价新开展医疗技术的安全、质量、疗效、经济性等情况、及时发现并采取相应医疗措施降低风险。强化对科室监督与管理,加强医院内涵建设,提升服务水平。加强核心制度、医疗安全、三基考核等各项培训,推进医疗安全事件和医疗质量安全事件报告工作,防范医疗风险。举行核心制度专项培训3次,医疗安全培训2次,医疗安全事件报告制度培训1次,医德医风专项培训1次,传染病防控知识培训3次。医疗技术管理符合《医疗技术临床应用管理办法》。

【"三好一满意"活动】 2019年,温宿县中医医院按照年计划每季度开展一次满意度调查,发放调查表180份,收回180份,患者满意率85.6%。

【中医民族医药适宜技术推广】 2019年,温宿县中医医院重视中医民族医适宜技术推广项目,加大培训力度,选派4名骨干去浙江省金华市中心医院、浙江省医院、浙江省立同德医院进修3~12个月,选派4名专业骨干去自治区维吾尔医医院进修3~6个月,吸取、推广上级医院先进技术在本院实施,注重发挥中医民族医特色药优势,发挥中医民族医适宜技术防治常见病多发病中的优势和作用,开展熏蒸治疗、中医足疗、盐炕疗法、TDP涂油疗法、孜马迪疗法、泥灸疗法、浮针疗法、空气压迫力循环疗法、中频疗法、刮痧疗法、科玛特疗法、神经根封闭术治疗、小针刀治疗、火针治疗、关节腔灌注治疗、牵引疗法、乳腺推拿疗法、灌肠治疗、激光治疗、深部热疗、穴位贴等25种特色治疗技术。在各乡(镇)卫生院推广拔罐、TDP涂油、推拿、浮针、针灸、蛋清手法包扎等10种适宜技术,2016年申报的《浮针疗法在治疗急慢性腰颈椎病的运用及技术推广》县级重点人才项目推广至温宿县6个乡(镇)卫生院,举办3期培训班,培训500人次。

【队伍建设】 2019年,温宿县中医医院有医师41名,其中有执业(助理)医师资格证32人,占医师总数的78%。其中中医类别执业医师执业(助理)医师23人,中医类别执业(助理)医师占执业(助理)医师总人数的71.8%。药剂人员12名,少数民族医药专业药剂人员10名,占药剂人员的83.3%。

【临床科室与重点专科建设】 2019年,温宿县中医医院康复科、妇科2个重点科室有床位84张,占全院编制床位45.4%。专业医护人员26人,配备熏蒸治疗仪、盐炕、牵引仪、空气压迫循环治疗仪,经络穴位测评治疗仪、半导电体激光治疗仪、电针治疗仪、中频治疗仪、远光束激光治疗仪、TDP治疗仪、按摩床、足浴养生机、阴道镜、乳腺治疗仪、熏蒸治疗仪等设备,局部讯息治疗仪,使用率达90%以上。设有中医民族医特色治疗室,临床应用中能够根据本科室优势开展中医民族医特色项目服务诊疗技术。

【优质护理服务】 2019年,温宿县中医医院按照《中医护理常规、技术操作规程》等要求,开展辨证施护和中医特色专科护理,加强中医护理在慢性病防治和康复中作用,提供具有中医药特色康复和健康指导,为使护理工作做到有章可循,有据可依,制定护士考核标准,完善护理缺陷上报制度。医院定期召开全院护士例会,每月开展护理质量检查一次;及时发现护理问题,及时整改,使各项护理工作规范化、标准化,提升护理质量,重度缺陷为零。护理人员加强护患沟通,用心为患者提供优质服务,让患者从心底感到满意,给病员创造舒适方便环境。医院要求每个班次接收新病员当班护士要向病员做自我介绍,介绍医生、责任护士、病区环境、作息时间、相关检查等。要求每天保证床单清洁、平整无污渍。落实责任护士对自己所管每一位病员做好疾病相关知识宣传教育、饮食指导、康复训练等言传身教。

【“治未病”服务】 2019年,温宿县中医医院推进中医药“治未病”健康工程,构建具有中医养生特色预防保健服务体系,满足居民对中医“治未病”要求,提高医院服务能力,购买按摩床、针灸针、电针仪、灸盒、刮痧板、火罐、中频治疗仪等设施设备,制定实施糖尿病、高血压等病种高危人群中医、维吾尔医“治未病”服务技术方案,门急诊28859人次,其中门诊非药物治疗3895人次,占门诊总人数13.6%。

【医疗应急管理】 2019年,温宿县中医医院参加各类应急医疗保障工作15次、30人次,做好医院安全医疗质量安全隐患排查,对重点物品、毒麻药品制定管理制度,专人负责管理,制定防震减灾、消防、突发公共卫生事件处置、紧急医疗救援等配套制度、措施。举办消防安全培训5次,开展消防应急演练4次、传染病公共卫生突发事件应急演练7次,应急演练常态化。医疗垃圾按标准处理,提升院内美化、绿化、亮化、净化标准。与科室签订责任书,每季度开展自查工作,按要求完成各项指标任务。

【药事管理】 2019年,温宿县中医医院有中药饮片类238种,中成药48种,西药90种,西药占中药31.5%。院内方剂152种,能够满足临床需求。门诊和住院中药使用率80%以上。门诊抗菌药物使用率控制在10%,住院控制在13%。

【传染病防控】 2019年,温宿县中医医院成立传染病防控工作领导小组,储备防控药品,加强疫情监测,加强应对公共卫生突发事件处置能力,建立健全传染病报告管理制度。加强对社区卫生服务站工作管理,督导社区按要求做好医疗和公共卫生工作。

【社区卫生工作】 2019年,温宿县中医医院分管辖区迎宾、九阳、姑墨、甘泉、泉城、交通路6个社区卫生服务工作,辖区总人口30532人,其中常住人口24756人,流动人口5776人。科室有33名工作人员,其中有村医资格证10名。科室开展0~6岁儿童管理、老年人管理、孕产妇、糖尿病、高血压、精神病、结核病、计划免疫、健康教育、居民健康档案、传染病、突发公共卫生事件12项工作。

【社会公益活动】 2019年,温宿县中医医院在社区、学校、农贸市场举办健康教育宣传活动9次,开展慰问、义诊、志愿者服务活动27次。发放宣传单500余份,免费提供价值8000余元药品,赠送手套500余副,各类水果300余千克。 (王 帅)

疾病预防控制中心

【概况】 2019年,温宿县疾病预防控制中心(简称温宿县疾控中心)有在编职工23人,其中中级职称3人,初级职称14人,员级3人。内设疾病控制科、免疫规划科、结核病防治科、地方病防治科、慢性病防治科、综合卫生科、检验科、性病/艾滋病科和行政办公室9个科室。

【传染病监测】 2019年,温宿县疾控中心通过《中国疾病监测信息系统》统计温宿县法定乙、丙类及其他传染病共23种2021例,无甲类传染病报告。比上年25种3148例下降35.80%。

【免疫规划管理】 2019年,温宿县疾控中心卡介苗接种率99.5%;乙肝疫苗接种率99.93%,乙肝第一针及时接种率94.85%;脊髓灰质炎疫苗接种率99.65%;百白破三联疫苗接种率99.61%,白破二联疫苗接种率99.18%;A群流脑疫苗接种率98.84%;麻风疫苗接种率94.42%;麻腮风疫苗接种率98.83%;甲肝减毒活疫苗接种率98.05%,A+C流脑疫苗接种率93.90%。非免疫规划类疫苗接种情况:狂犬病疫苗接种1584支、乙肝疫苗接种855支、水痘疫苗接种119支、甲肝疫苗接种107支、流感疫苗接种1016支。

开展脊髓灰质炎疫苗补充免疫活动，第一轮补充免疫Ⅰ型Ⅲ型脊髓灰质炎减毒活疫苗（简称bopv疫苗）接种15466人、脊髓灰质炎灭活疫苗（简称ipv疫苗）接种184人，服苗率达99.44%。第二轮补充免疫bopv疫苗接种15656人、ipv疫苗接种5人，服苗率达99.89%。自治区、地区对温宿县两轮补充免疫开展快速评估，接种率均为100%。开展急性弛缓性麻痹病例（简称AFP）、麻疹、流脑等疫苗针对传染病的监测。

【结核病管理】 2019年，温宿县疾控中心大疫情报告肺结核患者690例，报告发病率272.04/10万，比上年发病率下降41.38%；完成肺结核病患者交通补助费及村医管理费、报病费、追踪补助、肺结核病患者密切接触者筛查补助的经费发放；开展结核病防治督导管理工作。肺结核患者和疑似肺结核患者的总体到位率100%，肺结核成功治疗率92.69%，病原性阳性率50.29%，耐多药肺结核高危人群耐药筛查率95.88%，新病原学阳性患者耐药筛查率90.27%。

【地方病防治与宣传】 2019年，温宿县疾控中心开展第26个“防治碘缺乏病日”宣传活动，共发放宣传单5800张、宣传画100张，悬挂横幅21个，摆放宣传展板2张，设立咨询点11个、咨询730余人次，发放碘盐250袋，受益群众7700余人。抽样5个乡（镇）200名学生的甲状腺肿大、尿碘、孕妇尿碘监测工作。开展包虫病防治工作。开展布鲁氏菌病监测工作。对疑似布病患者进行血清学检测，检测样品337份，阳性39例。开展生活饮用水卫生监测工作。在丰水期和枯水期采集水样54份，每份水样检测32个项目。开展疟疾监测、培训工作。12月18日，温宿县通过国家消除疟疾终期评估组对自治区疾控中心的考核，消除疟疾工作达到国家要求，顺利通过消除疟疾终期评估。

【艾滋病防治】 2019年，温宿县疾控中心召开示范区艾滋病防治专题会议和协调会4次，传达上级艾滋病防治重要精神，协调解决各部门在艾滋病防治工作中存在的问题。开展娱乐场所业主业务培训、医疗机构VCT自愿咨询检测培训班。发放宣传材料172份，开展HIV抗体检测164人次；自愿咨询检测156人次。每月开展一次工作汇报，每季度开展一次疫情分析、业务指导，每半年开展一次业务督导。

【慢性非传染性疾病管理】 2019年，温宿县疾控中心按照《国家基本公共卫生服务规范》（第三版）要求，开展居民健康档案、慢性病管理、健康教育、死因监测、精神病管理等工作，居民健康档案建档率达到92%，电子建档率99%。建档合格率70%，规范管理率50%，档案使用率70%，高血压建档率63%，高血压随访率80%，控制满意度28%，糖尿病随访率76%，精神病管理率100%。

【检验检测】 2019年，温宿县疾控中心完成各类样本的检测工作，通过国家、自治区下发的盐碘、尿碘和艾滋病初筛考核样的质量考核工作，并获得相关资质证书。

【健康教育、培训、督导】 2019年，温宿县疾控中心举办疾控知识培训班15期，培训1396人次。参加自治区、地区举办的各类培训班12人23期。向群众宣传防病知识。每季度对乡（镇）卫生院开展基本公共卫生和疾控工作情况进行督导考核。（卫江涛）

妇幼保健院

【门诊工作】 2019年，温宿县妇幼保健院设立监督台，挂牌上岗，接受监督，接待患者1476人、常规B超1168人次、婚前医学检查B超1373人次、传染病复查281人次、“三病”孕妇免费检查118人次。

【孕产妇儿童管理】 2019年,温宿县妇幼保健院推行住院分娩制度,强化孕产妇系统管理,定期为孕产妇进行健康检查,完善县、乡、村三级队伍和网络建设,孕产妇急救绿色通道,做好高危孕产妇的转诊和救治工作。全县孕产妇1931人,活产数1943人,孕产妇建卡率98.34%,孕产妇系统管理率90.74%,住院分娩率99.64%,高危孕产妇住院率100%,孕产妇死亡人数1人。新生儿访视1829人,产后访视率94.1%,母乳喂养1759人,喂养率86.50%;开展7岁以下儿童系统保健22953人,7岁以下儿童保健覆盖率96.20%;3岁以下儿童系统管理6590人,管理率94%。开展县直医疗机构儿童入托体检,检查儿童2605人。

【"出生医学证明"管理发放】 2019年,温宿县妇幼保健院按照"出生医学证明"工作的要求和规定,把"出生医学证明"和出生记录同时使用,统一管理和发放,严把新生儿入户登记办理的出生证明管理工作,杜绝人情证现象发生。办理"出生医学证明":首次签发864份,换发14份,补发8份,废证1份。

【增补叶酸预防神经管缺陷】 2019年,温宿县目标人群服用叶酸人数3682人,增补叶酸知识知晓率96.2%,叶酸服用率95.24%、叶酸服用依从率93.26%。

【新生儿疾病筛查】 2019年,温宿县妇幼保健院新生儿苯丙酮尿症(PKU)和先天性甲状腺功能低下症(CH)筛查793名,筛查率达97.06%。助产机构开展新生儿听力筛查工作,听力筛查799人,筛查率97.8%。

【免费医学检查】 2019年,温宿县妇幼保健院落实农村户籍"两癌"免费筛查,在县妇联、县卫健委积极配合下,采用宫颈脱落细胞学液基检查法,宫颈癌筛查3800人,乳腺癌筛查4000人;免费孕前优生健康检查608对1216人,免费婚检医学检查1900对,完成率100%。

【艾滋病、梅毒、乙肝母婴阻断】 2019年,温宿县妇幼保健院为各医疗卫生机构免费发放艾滋病检测试剂和采血器。实行逢孕必检、住院分娩必检和自愿咨询制,建立自愿咨询检测门诊(VCT)26个,接受艾滋病、梅毒和乙肝检测的孕产妇数1372人,艾滋病、梅毒和乙肝检测率100%。 (杨雪琴)

社会民生

民政工作

【概况】 2019年,温宿县民政局是县人民政府工作部门,正科级建制。核定编制30名,其中行政编制4名,参照《中华人民共和国公务员法》管理事业编制13名,事业编制11名,机关后勤2名;实有29人。内设综合办、社会事务室(养老儿童福利和慈善事业室)2个科室。下属温宿县上海黄浦敬老院1个事业单位,核定编制10名,实有10人。

【城乡低保】 2019年,温宿县民政局按照城乡低保工作"应保尽保、应退尽退、分类施保"原则,完善城乡低保申请审核审批程序。对在保人员进行100%入户核查,全县有城乡低保3363户6561人,发放城乡低保金2053.3万元。制定《温宿县民政系统民生领域专项整治工作方案》,解决城乡低保管理中存在入户调查把关不严、家庭经济状况核查不实、认定不精准、保障金额不精准等突出问题,清退不符合条件低保户1692户4198人。

【保障兜底】 2019年,温宿县民政局联合扶贫办、财政局出台《温宿县关于在脱贫攻坚行动中切实做好社会救助兜底保障工作的实施意见》,通过分类甄别、摸底调查,全县纳入社会保障兜底879户1863人,发放兜底保障资金398.64万元,发挥打赢脱贫攻坚战中的兜底保障作用。

【医疗救助】 2019年,温宿县民政局为全县建档立卡人员、低保对象按照50%给予定额补贴和为特困对象实行全额补贴基本医疗保险31659人417.2万元,在资助参保基础上,落实二次医疗救助政策,为建档立卡人员、民政救助对象购买商业补充医疗保险782.21万元,对经基本医疗保险、大病医疗保险报销后个人承担的医疗费用,按照90%以上比例再进行救助。落实"先诊疗后付费"制度和医疗救助"一站式"即时结算服务,"一站式"医疗救助8048人次440.48万元。

【临时救助】 2019年,温宿县民政局建立完善城乡社会救助体系,妥善解决城乡困难群众突发性、临时性生活困难,按照《地区建立临时救助及社会监督管理制度实施意见》文件要求,完善"救急难"工作机制,受理各类临时救助318人,支出临时救助资金142.08万元。

【流浪乞讨救助】 2019年,温宿县民政局研究制定《温宿县做好生活无着落流浪乞讨人员救助管理工作的实施方案》,投入4万元修缮救助站,完善救助功能。坚持"先救治、后救助"原则,配合医疗机构做好流浪乞讨人员的救治工作。救助流浪乞讨人员7名,支出救助金7.32万元。

【社会福利】 2019年,温宿县民政局全面开展"双集中"工作,有意愿"五保"老人集中供养、孤儿集中收养率均达100%。集中供养"五保"老人78人,集中收养孤儿45人。发放残疾人"两项补贴"1997名163.18万元;发放80周岁以上老人高龄补贴1208名83.91万元。集中收养特殊困境儿童198名,从学校抽调工作人员31名,通过分班分组形式对儿童进行包联做好思想教育工作,对儿童生活、就学、就医给予全力保障。

【殡葬服务】 2019年,温宿县民政局按照地区公益性生态墓地规范化建设工作总体规划,建设公益性生态公墓134处,对公益性生态公墓进行场地平整、绿化及附属设施建设。

【婚姻登记和收养登记】 2019年,温宿县民政局加强婚姻登记规范化建设,公开办事流程和群众监督电话,办理结婚登记1749对,补发结婚登记证2875对,办理离婚登记623对,补发离婚登记证44对。调解离婚案件885件,调解成功187件,收养登记2个。

【行政区划与地名管理】 2019年,温宿县民政局开展县乡(镇)界线核查工作,重点核查边界接壤部分地理实体变化情况,对旧界桩进行修复、描红。完善地名普查数据库,录入标准地名地址10.6万条,完成温宿县与昭苏县界线年检工作。

【社会组织登记管理】 2019年,温宿县民政局登记注册社会组织26家,完成26家社会组织年检、评估工作,合格率100%。9月18日成立社会组织党工委,建立党支部2个,党员8人,提升社会组织党的建设工作。

【项目建设】 2019年,温宿县儿童福利院项目4月开工建设,10月完工。建设地点温宿县校场路以南原福利园区以西,投资735万元,建筑面积2440.3平方米,地上两层,设置床位200张。 (侯政新)

扶贫开发

【争取国家扶贫资金】 2019年,温宿县农业农村局争取中央财政专项扶贫资金和自治区财政专项扶贫资金9634万元,实施畜牧养殖、渠道修建、林果补助等8大类58个项目,项目受益贫困户6000余人,项目已全部完工。实施易地扶贫搬迁工程,投资2.22亿元启动建设1232户3723人贫困户易地搬迁工程,已全部完工。项目从启动、招投标、验收到资金拨付,均严格按照扶贫项目建设程序实施。

【定点对口帮扶】 2019年,温宿县健全机关单位定点帮扶、党政干部结对帮扶、各部门协调、社会联动的脱贫攻坚责任机制,调整35名县处级领导、217个县直单位、7470名干部包联温宿县贫困户方案,并建立14个贫困村"五个一"包联体系。截至2019年年底,温宿县党员干部已与5140名贫困户结成对子,落实各项教育惠民政策,落实控辍保学"双线三包"工作制,对具备一定学习能力的40名残疾儿童、少年通过送教育上门的方式保障其接受义务教育,为温宿县680名建档立卡贫困家庭子女接受公办全日制中、高等职业教育学生按照每生每学年3000元标准进行补助,涉及金额204万元,保障帮扶实效。

【贴息贷款工作】 2019年,温宿县实施"金融+精准扶贫"模式,建立多元化扶贫投入机制,充分利用贷款贴息、风险补偿等政策工具,落实扶贫小额信贷政策措施,坚持把金融扶贫作为精准扶贫的重要手段,强化政策宣传,力争使所有讲诚信、有贷款意愿和具备一定还款能力的贫困户获得免抵押、免担保、5万元以下、3年以内的小额信用贷款,为贫困户生产经营提供资金支持,促进增收脱贫。温宿县财政投入风险补偿担保金1000万元,已申请贷款2162户,申请金额7967.2万元。2018年为795户贫困户贷款310.73万元,2019年为11户贫困户贷款11.27万元。截至2019年年底,温宿县1447户贷款3388.17万元,良性运行。

【扶贫政策宣传】 2019年,温宿县通过每周一升国旗、农牧民夜校、"民族团结一家亲"等活动,常态化、面对面开展宣传工作,确保贫困户扶贫政策清、享受项目清、帮扶措施清、识别和脱贫时间清、帮扶干部基本情况清,实现双向知晓率达100%。通过广播电视、微信平台等媒体,结合现身说法大宣讲,深入宣传脱贫致富典型,用身边的事教育身边的人,消除贫困户"等、靠、要"思想,激发贫困户内生动力,实现贫困户从"要我脱贫"向"我要脱贫"转变。重点做好贫困村级阵地建设、壮大农牧民党员队伍工作。选优配强县乡村三级扶贫干部队伍,县级扶贫专班配备工作人员20人(其中6名副科级领导干部),乡村分别按照工作力量不少于10人、5人的标准落实到位,确保党中央、自治区各项脱贫攻坚决策部署在基层落实到位。2019年选派235名国家干部到村工作,20名选派干部进入村"两委"班子。发挥援疆人才专业优势,开展送医、送教、送技术活动6387场次,惠及群众40.36万人次,不断提升群众脱贫致富实战本领。

【脱贫工作】 温宿县建档立卡贫困人口6282户22126人,贫困村14个,其中深度贫困村11个。2014—2018年贫困户脱贫4075户14901人(其中2018年脱贫738户2610人),贫困村退出6个(其中阿热勒镇托万克麦盖提村于2016年退出,博孜墩柯尔克孜民族乡博孜墩村、克孜勒布拉克村于2017年退出,柯柯牙镇艾肯博依村、博孜墩柯尔克孜民族乡吾斯塘博依村、吐木秀克镇托万克斯日木村3个深度贫困村于2018年退出)。2019年,温宿县2315户7659人脱贫,8个深度贫困村按照程序退出,深度贫困乡博孜墩柯尔克孜民族乡脱贫摘帽,温宿县实现整体脱贫。

【科技扶贫】 2019年,温宿县农业农村局开展多渠道、多层次、多形式的技能培训,提高扶贫对象自我发展能力。温宿县举办科技实用技术培训班126期,培训人员20689人次,劳动力转移就业4061人,完成目标任务190.3%。10个深度贫困村723户贫困户种植订单蔬菜46.51公顷,累计销售1014.96吨,销售额161.88万元,户均收益2239元。建立黑木耳生产点7个,500户贫困户种植菌棒80万棒,销售总额172.32万元,户均增收3101.9元。为92户贫困户购置多浪生产母羊920只,其中34户贫困户将340只扶贫羊入社托养,户均增收1000元以上。为61户贫困户购置西门塔尔生产母牛61头,每户补助1万元。向温宿国家农业科技园区、温宿产业园区、阿克苏纺织工业城等区域用工企业整建制转移就业1301人;依托农村安居富民、农田水利、道路建设等固定资产投资项目,就近就地转移就业1025人;依托县、乡、村三级劳动就业平台,挖掘农业、林果业内部调剂岗位,向果树修剪、果树嫁接、设施农业、培育苗圃、果品采摘、拾棉花等季节性务工转移就业贫困劳动力2650名。 (王奕辉)

劳动就业

【概况】 温宿县人力资源和社会保障局(简称温宿县人社局)是县人民政府综合管理全县人事劳动工作和推行人事劳动制度改革的行政职能部门,正科级建制。2019年,核定编制44名,实有39人,下辖社会保险管理局,下属单位有公共就业服务局、劳动保障监察大队、劳动人事争议仲裁院。

【人员调配管理】 2019年,温宿县人社局立足现有人才,合理优化调配,充实基层人才队伍,严格执行人事调配规定,严肃调配工作纪律,杜绝违规逆向调配现象的发生,调配各类人员78人。完成引进人才到岗人员岗前培训和手续办理、组织用人单位申报急需紧缺人才引进计划60人,实际到岗聘用28人,招聘事业单位工作人员688人。

【专业技术职务管理】 2019年,温宿县人社局完成事业单位人力资源统计年报工作,全县事业单位从业人员7844人,正式在册人员7820人,其中管理岗位892人,专业技术岗位6457人,机关工勤技能岗位136人,事业工勤技能岗位335人。完成395名专业技术人员、工勤技能人员岗位变动审批上报,其中晋升高级岗位35人,晋升中级岗位94人,晋升初级岗位385人,工勤技能岗位晋升32人;完成688名事业单位招录人员首次岗位聘用审批上报工作;2019年事业单位招聘446名;做好职称证书发放工作,发放评审类职称证352本,其中:高级任职资格16人,中级任职资格147人,初级任职资格69人,员级任职资格120人。指导、督促完成事业单位2018年新招聘93人试用期满考核鉴定,其中教育系统86人,医疗卫生系统7人;推荐少数民族科技骨干特殊培养人员2人。

【工资福利兑现】 2019年,温宿县人社局审核汇总事业单位年度工资年报,审核189个单位7844人;审核2018年机关单位工勤人员及事业单位一般工作人员考核称职(合格)以上考核工资4530人,人均月增资70.2元,补发127.15万元;发挥工资福利奖惩作用。配合相关部门做好2018年受处分人员、年底考核合格以下等次人员年终一次性奖金追减,核查123人,追减37.28万元;审批事业单位干部职工、年度内退休人员年终一次性资金,审批事业单位5512人,预发放1651.71万元,年度内退休63人,发放13.55万元;完成从"天池计划"人员中招聘为事业单位工作人员26人、引进人才28人、事业单位新招聘人员19人、2019年入编的78名特岗老师、475名新招聘教师的工资待遇套改核定工作;按照干部考核相关规定,汇总全县2019年机关工勤、事业单位7434人考核情况,控制优秀率,其中机关工勤129人,事业编制人员7305人;对115名符合工龄认定条件人员资料进行复审,及时转入档案室并将审批表发放到各单位。

【抚恤金发放】 2019年,温宿县人社局受理工伤认定61人;上报机关事业单位伤病残鉴定58人;上报企业单位伤病残鉴定18人;上报工伤劳动能力鉴定46人;办理遗属补助审批22人;按政策为66名死亡干部、工人办理丧葬费和一次性抚恤金审批手续,其中在职6人,退休59人,离休1人;为193名城镇企业和农林牧场职工办理退休审批手续并发放退休证。

【干部档案专项审核】 2019年,温宿县人社局完成2018—2019年温宿县新招录各类人员干部人事档案的建立及专审工作,对按照管理权限拟移交县委组织部管理的公务员档案进行复审,对一般干部职工档案资料进行归档整理,完成老企业、改制企业人员老档案的查询登记和拟办理企业退休人员档案的查询和提取工作,档案的查(借)阅、转递等按照档案管理有关规定执行,使干部档案更好地为党的干部工作服务。

【就业再就业】 2019年,温宿县人社局建立健全县、乡、村三级公共就业服务体系,规范村级站点就(失)业登记、职业介绍、职业培训、就业援助、创业指导等"一站式"就业服务流程,形成"城乡一体、上下贯通、平台到村、联系到户、服务到人"的工作体系。实现城镇新增就业4165人,农村富余劳动力转移就业17274人。

【职业介绍机构】 2019年,温宿县人社局与县市场监督管理局对企业用工需求情况进行摸底,开发岗位2995个,通过"温宿零距离",温宿公共就业服务平台向外发布岗位信息,同时在服务大厅设立就业信息查询点,供用人单位和求职人员查看,为求职人员进行岗位介绍、政策扶持提供方便、快捷的信息支持,引导企业来市场登记51家,求职登记301人,成功推荐就业252人。县人社局以春风行动、就业援助月、民营企业招聘周等活动为契机,组织4712人参加地区和乡(镇)组织的大型招聘会18场,发放宣传单3500余份,其中1030人与用人单位达成协议。2019届高校毕业生实名登记938人,实现就业930人,就业率99.14%。

【职业培训】 2019年,温宿县人社局对有培训意愿的富余劳动力、城镇失业人员及未就业大中专毕业生开展砌筑工、保安、中式烹调、西式面点、农艺工等符合县域经济社会发展需要的技能培训2497人，其中“去冬今春”城乡劳动力职业技能培训578人（其中贫困劳动力309人）；按照“培训一批，鉴定一批”的工作要求，坚持培训结业报批与鉴定报批相结合的原则，培训结业739人，鉴定、考核合格637人；创业培训156人（包含贫困劳动力144人）；基础技能培训339人；纺织服装产业工人基本素质培训519人（其中扶贫专项培训200人）；分批次组织纺织服装企业岗前培训905人。

【小额担保贷款】　2019年，温宿县人社局创新小额担保贷款工作举措，加大创业贷款扶持力度，扩大创业担保贷款人员范围，拓宽贷款发放渠道，对有创业意向和已创业人员开展“一助一”创业帮扶活动，激发创业群体的创业积极性。鼓励高校毕业生、下岗失业人员、城镇困难人员自主创业，促进创业带动就业，审核发放创业担保贷款11笔88万元。

【执法监察】　2019年，温宿县人社局维护劳动者合法权益。实地督查用人单位106家，对存在问题用人单位下达“限期改正指令书”；督促企业开设农民工工资专户，全年实名制录入农民工5051人，代发农民工工资2.5亿元；109个在建项目预存农民工工资保证金4181.64万元，退还60个完工达标项目农民工工资保证金1497.18万元；劳动监察年审企业358家，年审合格率99%，对2家年审不达标企业，下达“限期改正指令书”，整改到位后通过年审平台补录相关证明材料，劳动合同签订率达98%以上；依法查处各类劳动保障监察案件48件，案件查处率100%，涉及人员453人，涉及金额607.7万元。

【劳务输出】　2019年，温宿县人社局通过加大劳务输出宣传力度，逐步建立健全县、乡、村三级公共就业服务体系，加强信息网络建设，加大劳动力培训力度和跟踪服务等切实有效的措施，通过产业促就业、固定资产项目吸纳就业、政府有组织转移就业、季节性劳务输出、鼓励灵活就业和自主创业等多种形式，切实加强农村劳动力转移就业工作力度。

【劳动仲裁】　2019年，温宿县人社局坚持以事实为依据，以法律为准绳，开庭审理劳动争议仲裁案件，并依法做出裁决，受理劳动争议仲裁案件46起，开庭审理46起，结案率100%。　（刘　杨）

社会保障

【机构改革】　2019年5月机构改革，温宿县社会保险管理局划转17名编制人员到县医疗保障局，其中事业编制14名，参照《中华人民共和国公务员法》管理人员编制3名，并将承担基本医疗保险和生育保险业务职责一并划入县医疗保障局。温宿县社会保险管理局核定编制31名，其中参照《中华人民共和国公务员法》管理编制27名，全额事业编制3名，工勤编制1名；实有31人。内设行政办、财务室、居民养老征缴科、“五险”征缴科、待遇支付科、基金财务科、稽核科、网络信息管理科、档案管理科9个科室。

【企业养老保险】　2019年，温宿县参加企业养老保险16974人，其中，参保缴费10880人，完成目标任务的102%；征缴养老保险基金15356万元，发放企业离退休人员养老金6067名20080万元；基金滚存结余2474万元。

【机关事业养老保险】　2019年，温宿县12528人参加机关事业单位养老保险，其中，参保缴费9664人，完成目标任务的100%，征缴基金16573万元；发放机关事业单位退休人员基本养老金2864名17668万元。

【城乡居民养老保险】　2019年，温宿县104474人纳入城乡居民社会养老保险范畴,其中参保缴费89973人,享受养老待遇14501人。征缴基金2298万元,发放城乡居民养老待遇2861万元;滚存结余16154万元。

【失业保险】 2019年,温宿县14211人参加失业保险,完成目标任务的105%,征缴失业保险基金904万元;按规定发放384名下岗失业人员失业保险金461万元;基金滚存结余516万元。

【工伤保险】 2019年,温宿县15124人参加工伤保险,完成目标任务的113%,征缴工伤保险基金808万元;按规定支付94人工伤保险金704万元;基金滚存结余293万元。 (贯建龙)

医疗保障

【概况】 2019年2月,温宿县医疗保障局成立,属温宿县人民政府工作部门,正科级建制。核定行政编制5名,其中正科2名,副科1名。成立温宿县医疗保障服务中心,隶属于县医疗保障局管理的事业单位,核定全额事业编制17名,将县人力资源和社会保障局城镇职工和城乡居民基本医疗保险、生育保险职责、县发展和改革委员会药品和医疗服务价格管理职责,县民政局医疗救助职责划入县医疗保障局。

【基本医疗保险征缴】 2019年,温宿县22.54万人参加医疗保险,参保缴费18314.34万元。其中,参加企业医疗保险缴费1.14万人,完成目标任务100%,征缴医疗保险基金3839.74万元;参加机关事业单位医疗保险缴费1.23万人,完成目标任务100%,征缴医疗保险基金8622.99万元;灵活就业人员参加医疗保险缴费833人,征缴医疗保险基金402.67万元;参加城乡居民医疗保险缴费20.09万人,完成目标任务100%,征缴医疗保险基金5852.85万元。温宿县职工、居民享受医疗待遇48.20万人次16116.9万元,基金滚存结余2087.57万元。

【生育保险征缴】 2019年,温宿县1.69万人参加生育保险,参保缴费521.7万元。其中,参加企业生育保险缴费7196人,征缴生育保险基金221.76万元;参加机关事业单位生育保险缴费9733人,征缴生育保险基金299.94万元。温宿县职工享受生育保险待遇828人581.97万元,基金滚存结余1611.98万元。

【医疗保险惠民政策宣传】 2019年,温宿县医疗保障局通过召开医疗保险政策宣传会、田间地头移动式宣传、20家定点医疗机构规范统一制作医疗保障政策宣传栏、就诊流程图、住院告知书和分级诊疗服务主题宣传栏等方式,宣传医疗保障政策。印制发放城乡居民医疗保障政策宣传折页6万余册,开展宣传教育活动60余场次,聆听群众累计达20万余人次,宣传覆盖率100%,提高医保政策知晓率。

【贫困户医保】 2019年,温宿县22126名建档立卡贫困人口,达到应保尽保。贫困户医疗保险金个人缴费部分享受国家补贴政策,即特困供养人员100%予以补贴,低保户、建档立卡贫困户予以50%的定额补贴,补贴资金来源于国家医疗救助资金。大病补充医疗保险起付线由9000元降至7500元,并取消30万封顶线,改为上不封顶。建档立卡贫困人员就诊77909人次,总费用2762.97万元,统筹基金支付2104.72万元,个人支付558.37万元。商保大病享受157人次,商保大病支付99.88万元。商业医疗补充保险享受6425人次,实救助金额299.04万元。

【打击欺诈骗保】 2019年,温宿县有50家两定点单位,其中2家二级甲等医院、18家乡(镇)卫生院,30家药店。为加强和规范管理,保证基金使用依规、合法、安全,聚焦欺诈骗保,不定时对定点药店、医疗机构进行执法监督,深入开展规范医疗服务行为专项整治。严查虚构医疗服务、伪造医疗文书或票据等行为,药品进、销、存量稽核,严厉打击虚记、多记药品,大额台账登记混乱,化妆品、保健品串换药品刷卡销售等行为。核查协议医疗机构家100余次,定点零售药店180余次,发现问题线索52条,约谈限期整改42家,追回基金3.74万元。

【一站式服务】 2019年,温宿县医疗保障局开展便民“一站式”服务、“先诊疗后付费”工作机制。落实医保扶贫政策,确保建档立卡贫困人口就医先诊疗后付费,不缴住院押金,出院各项待遇“一站式”报销,个人自付以外费用由医院与医保等部门直接结算,实现“最多跑一次”推进医疗支付方式改革,通过办理跨县跨省就医、医疗直通车以及逐级转诊转院,基本实现出院直接结算,对不能直接结算的个别人员由医保局医保服务大厅窗口进行报销结算,但必须实行会议审定制度。简化异地就医备案程序。通过网上经办、中心端备案、电话备案事后补充材料等多种形式办理异地就医人员备案登记,备案登记取消定点医疗机构限制;及时做好批量转移就业人员的异地就医备案,保障异地安置人员及时享受到异地就医直接结算待遇。减少转诊转院流程和手续,被确诊为22类81种重特大疾病须转诊转院的,由就医医疗机构办理转诊转院手续,治疗结束需再次转往上级定点医疗机构就医的由医保部门备案;持有直通车专用证需到上级医院就诊的,只需到医保部门备案即可,确保参保人员转诊转院方便快捷。

(杨双双)

退役军人事务

【概况】 2018年11月29日,温宿县退役军人事务局成立,为隶属于温宿县人民政府管理的正科级行政单位。核定编制5名,其中科级领导职数3名(正科级2名、副科级1名),实有4人。内设办公室、业务室2个科室。2019年5月15日,设立温宿县退役军人服务中心,为隶属于温宿县退役军人事务管理的公益一类事业单位,副科级建制,核定事业编制3名,其中副科级1名,实有3人。将县民政局退役军人优抚安置职责、县人力资源和社会保障局军官转业干部服务管理职责划归县退役军人事务局。

【党的建设】 2019年10月,温宿县退役军人事务局成立党支部,召开党员大会选举党支部书记,开展“三会一课”“5+X”、党员谈心谈话、建言献策、关心关爱等活动,引导年轻干部向党组织靠拢,为党组织输送新鲜血液。加强政治理论学习,制定《党组议事规则》《班子成员分工》等内部管理规章制度,以制度管人、管事。

【社会事务】 2019年,温宿县退役军人事务局在13个乡(镇)设立由武装部部长兼任站长的退役军人服务站,在155个村(社区)设立由村(社区)治保主任兼任站长的退役军人服务站。组织退役士兵参加免费职业技能培训、阿克苏市主办的退役军人专场招聘会,促进退役士兵灵活就业;在春节、八一等节日期间,宣讲退役军人就业创业优惠政策,引领退役军人创业,提供创业贷款、税收等方面的优惠政策咨询服务,成功创业3人次。根据上级下达的自主择业军转干部和计划分配军转干部安置计划,协调相关部门做好接收和安置工作。

【双拥共建】 2019年,温宿县成立以县委书记为组长的双拥工作领导小组,结合机构改革调整双拥共建结对单位,在春节、八一建军节期间为驻地军(警)部队送价值20余万元的办公电器、油粮肉、瓜果等慰问品。动员各共建单位为共建部队送20余万元慰问品。联合县宣传部、网信办等8部门下发《温宿县在清明节期间开展“传承·2019清明祭英烈”宣传教育活动实施方案》,开展线上线下祭扫活动,组织缅怀先烈。

【优抚优待】 2019 年,温宿县退役军人事务局做好优抚优待工作,建立健全工作机制,加强政策宣传,抽调信息采集业务骨干,登记采集信息 2243 条。召开悬挂光荣牌活动启动仪式,开展悬挂工作,建立一人一档,完成光荣牌悬挂任务。开展部分退役军人社保接续工作,通过广播、电视、“温宿零距离”等新媒体发布《关于解决部分退役士兵社会保险问题的公告》,为退役军人提供详细政策咨询、档案资料整理等服务。开展自治区优抚对象“一卡通”专项整治,为优抚服务对象发放抚恤和生活补助资金 240 余万元,为义务兵家庭发放优待金 90 余万元,为退役士兵发放一次性就业经济补偿金 100 余万元。

(杨　彪)

乡(镇)建设

温宿镇

【概况】 温宿县温宿镇地处温宿县城南端偏西,东、北两面是坎坡高崖,西、南与托乎拉乡毗邻,是温宿县政治、经济、文化、交通中心。温宿镇人民政府成立于1955年5月,驻甘泉社区——文化路5号。2019年,温宿镇下辖15个社区、4个机关站所、2所学校、5所幼儿园;辖区内有党政事业单位、学校、医院、银行等单位131个,非公有制企业及个体工商户2879家,城镇工商服务从业人员占总人口的82%,是一个以第三产业为主的中心城关镇。温宿镇党委下辖党组织26个,其中,党总支1个,党支部25个,有党员712名(含预备党员46名),团员537名,妇女代表183名,"访惠聚"驻村工作队15个75人;2019年确定入党积极分子312名,确定发展对象131名,吸收预备党员44名,审批预备党员转正64名。有12个人大代表组,温宿镇第十一届人大代表59名,驻温宿县第十三届人大代表40名。2019年,全镇财政总收入4915.33万元。

【城镇建设及社区管理】 2019年,温宿镇坚持科学理政、为民办事的原则,贯彻落实党的各项政策方针;坚持民主集中制原则,重大行政事务一事一议;坚持政务公开、民主管理的原则,使群众对行政事务享有充分的参与权和知情权;坚持公平正义、依法办事的原则,保证行政工作在社会监督下和国家法律范围内运行。整合社区所有职能,设立2室2站,即社区党务室、社区综治室、社区工作站、社区服务站。社区党务室下设党员管理岗、远程教育岗、群团工作岗;社区综治室下设综治管理岗、信息员岗、民警岗;社区工作站下设环卫管理岗、计划生育工作岗、劳动保障岗、卫生服务岗、文化教育岗、民政工作岗、住房保障岗;社区服务站下设劳务就业服务岗、志愿者服务岗、物业服务岗、救助服务岗、拆迁安置服务岗。

【政治思想宣传】 2019年,温宿镇实现1个党委班子、25个党支部、712名党员学习教育全覆盖;确定调研课题16个,开展调研48次,征求意见建议20条,调研发现问题42个;全镇各级党组织和党员主动检视问题5879条,立查立改5666条。开展"习近平新时代中国特色社会主义思想进万家"活动,举办专题学习20余场次。组织党委中心组集中学习15次。重视新闻报道和对外宣传工作,在国家级媒体刊稿2篇、自治区级媒体刊稿10篇、地区级媒体刊稿21篇。

【精神文明建设】 2019年,温宿镇围绕庆祝中华人民共和国成立70周年、中国共产党成立98周年,开展各类重大主题宣讲活动2150场次,受教育群众397210人次。常态化对辖区复印店、书店、音像店等开展专项检查。开展普法专题教育活动和宣传活动180场次,受教育人员5.7万人次。全镇15个社区及机关(站所)296人参加网络学法无纸化考试,参学、参考率100%。

【社会事业发展】 2019年,温宿镇累计培训275人,新增就业2820人,开发各类就业岗位348个,举办高校毕业生专场招聘会2场次,城镇登记失业率在3.5%以内。城乡劳动力就业培训一体化管理平台录入42951人;办理就业失业登记证191本,办理就业困难人员认定57人;城乡富余劳动力季节性劳务输出拾棉花 868 人。组织开展各类计划生育宣讲 1080 余场次,参加群众 16.74 万人次;享受当年计生各项奖扶共 161 人;办理生育服务证 555 本,独生子女证 18 本,光荣证 55 本,完成计生特殊家庭意外保险 42 人。

【基层组织建设】 2019 年,温宿镇立足实际,有序建立完善 15 个"大党委"、55 个网格, 38 个网格党支部、42 个党小组,累计吸纳党员 375 人,协调解决群众难事、要事 98 项。选优配强骨干力量,选派 15 名国家干部到 15 个社区任职,担任党支部书记 1 人,党支部副书记 1 人,党支部书记助理 4 人,居委会主任助理 9 人。开展志愿服务 90 场次,政策宣讲 180 余场次,受教育群众 6 万余人次。贯彻落实党中央"基层减负年"部署要求、自治区党委 20 条措施,下发重点精简类文件比上年下降 52%,召开会议比上年下降 45%。

【基础设施建设】 2019 年,温宿镇向上争取资金,完成龙泉社区、稻香社区新阵地、清水湾便民警务站及其附属设施建设。10 月,龙泉社区、稻香社区新阵地投入使用。

【特色产业】 2019 年,温宿镇以城镇社区为平台,推进"五个嵌入",打造"嵌入式"居住示范单元 28 个,嵌入式居住居民 471 户。以现代文化为引领,推进"一社区一品牌",弘扬和传承中华民族优秀传统文化。以"细胞工程"为契机,参与"微创建"评选,挖掘宣传表彰民族团结先进典型事迹和先进典型人物。

【实施惠民工程】 2019 年,温宿镇严格落实全民参保计划,完成城镇居民基本养老保险 7900 人,城乡居民基本医疗保险 13152 人。开展全民免费健康体检,基本实现"小病不出乡、大病不出县",全民健康体检参检居民 25783 人。社会救助、福利慈善保障体系不断完善,发放低保金 364.86 万元,为居住廉租房的低保户 235 户 402 人发放冬季取暖补贴 17.58 万元,为 48 户因重大疾病、家中有特殊困难无法治疗的家庭申请临时救助。健全完善安全监管工作责任体系,检查各类场所 1245 家。配合县市监局对辖区 301 家餐饮饭店、2 个菜市场、230 户食杂店、1 家药品集散中心开展食品专项整治行动。

(朱 谱)

2019 年温宿县温宿镇各社区基本情况表

表 2

社区	社区干部(名)	小区(个)	楼栋(个)	居民小组(个)	总户数(户)	总人口(人)
交通路社区	13	9	99	9	2531	7521
友谊社区	9	8	31	7	896	2712
迎宾社区	16	10	40	12	1400	4264
新泉社区	18	7	109	16	2020	5909
欣业社区	12	2	9	20	57	122
校场社区	17	4	8	4	252	1577
明园社区	17	5	37	14	2073	5884
泉城社区	10	6	92	18	1642	4867

续表2

社区	社区干部(名)	小区(个)	楼栋(个)	居民小组(个)	总户数(户)	总人口(人)
民生社区	27	1	33	7	2144	5846
龙泉社区	18	4	68	26	1651	3972
柯克牙社区	20	—	—	5	629	1917
九阳社区	16	20	51	14	1452	4486
姑墨社区	22	9	94	26	2161	5903
甘泉社区	17	21	58	3	1962	5677
稻香社区	10	8	99	7	919	2202

说明:柯克牙社区无楼房小区,甘泉社区有45院平房,校场社区有150院平房

吐木秀克镇

【概况】 温宿县吐木秀克镇成立于2001年,位于天山托木尔峰南麓,东与托乎拉乡接壤,南隔库木艾日克河与恰格拉克乡相望,西与乌什县毗邻,距温宿县城30千米,南北宽46千米,东西长84千米,辖12个行政村(2015年5月萨瓦甫奇牧场改制为两个行政村),14个站所。全乡宜耕荒地6070.06公顷、草场136100.47公顷。

【农业农村经济】 2019年,温宿县吐木秀克镇农牧民人均纯收入11936元,种植小麦1403.79公顷,总产量9627.1吨;种植水稻222.43公顷,总产量2445.4吨;种植玉米997.74公顷,总产量10234.9吨;种植蔬菜72.03公顷;种植黑木耳40万棒,晾晒干木耳4579.5千克,销售干木耳1251千克8.02万元。林果总面积6150.47公顷,挂果面积5969.13公顷,果品总产29320吨。2019年,牲畜存栏12.32万头(只),牲畜出栏7.51万头(只),家禽出栏7.1万羽。

【社会事业】 2019年,温宿县吐木秀克镇富民安居房建设任务242户,竣工242户(其中新建96户,扩建146户),入住242户。完成全年就业任务1800人次,完成率100%。全镇医疗保险参保任务、基本养老缴费任务完成率100%。发放低保金186.34万元。发放救济物资大米10吨、面粉17.5吨、清油4.15吨、碘盐46.56吨、棉服13套,冬季“爱心煤”353户353吨。

【惠民工程】 2019年,温宿县吐木秀克镇易地搬迁贫困群众284户962人;争取上级资金1123.23万元新修自来水管道84千米,使1359户4805名贫困群众达到安全饮水标准。发放耕地地力保护补贴2622.5公顷437.70万元;发放苜蓿耕补贴551.27公顷82.69万元。改厕总户数1949户,人居环境整治工作改厕751户,补贴45.06万元。全镇“三区分离”总户数2034户。房前屋后种树绿化面积34.47公顷。

【党建工作】 2019年,温宿县吐木秀克镇按照“守初心、担使命、找差距、抓落实”总要求,开展“不忘初心、牢记使命”主题教育。召开党建工作例会11次。依托农牧民夜校,集中学习党的十九大、十九届四中全会精神、国家通用语言文字、惠民政策和法律法规,开办村干部、党员、村级后备干部、团员青年、妇

女代表等培训班。81名“访惠聚”驻村工作队员与66名村“两委”干部结成帮扶对子,开展学习培训,明确培训等级,设置初级班2461人、中级班851人、高级班213人3个培训班级,挂牌54个流动课堂,邻里结成互学对子887对。2019年,“访惠聚”驻村工作队累计解决困难诉求390件,捐赠物资84.76万元;组织惠民政策宣讲1639场次,受益群众33万余人次;开展民族团结联谊活动115场次20929人次。

【基层组织建设】 2019年,温宿县吐木秀克镇选优配齐村“两委”班子224人,调整村党支部书记3人,村“两委”班子成员19人。选派19名国家干部到村任职,调整科技副职2名,按照村“两委”班子1∶3比例,带培村后备干部198人。297名农牧民群众、14名机关干部递交入党申请,159人被列为入党积极分子,78人确定为发展对象,76人吸收为预备党员,65人转为正式党员。

【防洪工作】 2019年,温宿县吐木秀克镇维修防渗闸口4个,新建闸口292个,维修排碱渠1条2.2千米;维修山洪地点35个8.2千米,用石头2648立方米,木头1085根;完成河洪新建地点3个,维修点2个,长度1700米,石头2102立方米,木头2028根,三角架338个;完成洪沟清淤85千米。

【精神文明建设】 2019年,温宿县吐木秀克镇围绕春节、元宵节、清明、端午节,开展具有独特魅力和民族特色的活动。全年温宿县吐木秀克镇粘贴春联4500余副,悬挂灯笼9000余个;开展联谊娱乐活动19场;利用温宿县吐木秀克镇兰杆村爱国教育基地,组织干部职工、党员、团员、学生唱国歌、升国旗、集体宣誓、参观爱国教育基地、听胡达拜迪·依明的先进事迹等形式开展爱国主义教育活动,引导干部职工感恩祖国,珍惜幸福生活;组织志愿服务活动254场次,参加活动的志愿服务队员450余人。组织镇级道德讲堂活动3场,参加人数250余人,村级道德讲堂活动38场,参加人数4500人次。推荐12件好人好事,上报5名典型人员的“最美阿克苏人”先进事迹材料。评选星级文明户2833户,其中十星级文明户171户,九星级文明户417户,八星级文明户557户,七星级文明户731户,六星级文明户957户。

(张　炜)

2019年温宿县吐木秀克镇行政村基本情况表

表3

行政村	村集体经济收入(万元)	人均纯收入(元)	耕地面积(公顷)	粮食总产量(吨)	棉花总产量(吨)	牲畜存栏(头/只)	牲畜出栏(头/只)
尤喀克塔尕克村	21.48	11888.62	545.74	1595.39	0	7467	4833
托万克塔尕克村	21.46	11797.58	555.7	1898.96	0	7031	3564
尤喀克托喀依村	10.27	11252.21	213.80	1012.26	0	4657	2828
托万克托喀依村	17.18	11827.69	563.97	2564.04	0	6986	3693
曲达村	12.62	9993.69	6911.20	460.74	0	11980	6138
吐木秀克村	8.83	8802.24	3938.70	262.58	0	4916	3950
尤喀克斯日木村	22.74	13260.73	515.24	1700.54	0	4838	2691
托万克斯日木村	19.00	14985.51	344	815.95	0	4171	2085

续表 3

行政村	村集体经济收入(万元)	人均纯收入(元)	耕地面积(公顷)	粮食总产量(吨)	棉花总产量(吨)	牲畜存栏(头/只)	牲畜出栏(头/只)
兰杆村	41.00	14985.34	1385.43	3263.97	0	9807	5290
帕万拉村	25.71	14856.03	793.32	2208.33	0	4783	3694
河崖村	24.70	12032.91	429.54	2004.77	0	15745	10373
塔木里克村	0	9452.15	0	0	0	39563	25781

2019 年温宿县吐木秀克镇主要社会经济指标情况表

表 4

项　　目	指　　标	
农业	农业总产值(万元)	48815
	粮食播种面积(公顷)	2623.98
	粮食总产量(吨)	22198
	棉花播种面积(公顷)	0
	棉花总产量(吨)	0
	其他作物播种面积(公顷)	283.60
	其他作物总产量(吨)	9334
林果业	特色林果产品面积(公顷)	3333.33
	特色林果产品总产量(吨)	23000
畜牧业	存栏(头只)	123200
	出栏(头只)	75100
林业	造林面积(公顷)	8.27
	人工林存活面积(公顷)	8.27
工业	总产值(万元)	0
广电	广播覆盖率(%)	100
	电视覆盖率(%)	100
	电话普及率(%)	100
财政	总收入(万元)	2352.24
	总支出(万元)	2352.24

续表4

项　　目	指　　标	
教育	中学(所)	1
	小学(所)	6
	幼儿园(所)	11
	教职工总数(名)	348
	中高级职称教职工(名)	185
	在校学生总数(名)	3251
卫生	乡卫生院(所)	2
	村卫生室(所)	12
	专业技术人员(名)	32
	病床(张)	24
农机	拖拉机(台)	1426
	播种机(台)	108
	收割机(台)	59
	轧草机(台)	0
	农用机械使用率(%)	95
人口	总人口(人)	14625
	总户数(户)	4304
	农牧民人均收入(元)	11936
	人口出生率(‰)	4.34
	人口死亡率(‰)	5.26
	人口自然增长率(‰)	-0.92

阿热勒镇

【概况】 温宿县阿热勒镇位于温宿县城西南,地势西北高、东南低。平均海拔1174米,东与阿克苏市为邻,南与乌什县依麻木镇、阿合雅镇隔河相望,西与第一师四团接壤,北与恰格拉克乡接壤,距温宿县城39.50千米。温宿县阿热勒镇人民政府于2002年成立。辖16个行政村、87个村民小组、1个社区、9个站(所);草场面积35.81公顷,总人口6853户23706人,其中少数民族22865人,女性11558人。

【农业农村经济】 2019年,温宿县阿热勒镇林果业总面积5713.3公顷,林果业挂果总面积5165.6公顷,果品总产量25143.4吨。栽植经济林及防护林

54.6公顷,庭院房前屋后栽植树木26.16万株;林下种植绿肥904公顷。种植冬小麦2644.3公顷,总产24170.94吨;种植玉米1744公顷,总产19169.57吨;种植水稻1415.2公顷,总产15468.57吨;种植蔬菜237.9公顷,特色农作物种植面积457公顷。牲畜存栏76000头(只),牲畜出栏104800头(只),养殖家禽162800羽,全年产肉4300吨,产奶5400吨,产蛋500吨。

【政治思想宣传】 2019年,温宿县阿热勒镇开展政策理论、脱贫攻坚、我的中国梦、感恩教育等大宣讲活动,发放法律法规、惠农惠民政策等宣传材料245套23561份,组织各类大宣讲活动758场次,受教育群众5.8万人次。

【精神文明建设】 2019年,温宿县阿热勒镇组织党委中心组学习13次,干部理论学习32次,撰写学习笔记480余篇。开展政策宣讲2860场次。组织开展"周末去哪儿"等各类文体活动452场次,参与群众1.8万人次,举办各类文化娱乐活动356场次,参与群众4.5万人次。开展主题活动、茶话会、座谈会210场次。

【扶贫帮困】 2019年,温宿县阿热勒镇共有建档立卡贫困户913户3276人(其中脱贫监测户33户108人),边缘户136户513人,贫困村1个(托万克麦盖提村),全镇贫困人口占总人口的比例为14%。2019年脱贫318户1026人。利用建档立卡"数据库",逐户分析贫困成因及特点,有针对性地研究制定巩固提升帮扶计划和帮扶措施913份,分类管理实名制台账18本。2019年脱贫攻坚项目共9个,投入项目资金894.61万元。其中,基础设施类项目3个,总投资793.27万元,受益372户;产业发展类项目2个,总投资50.39万元,受益109户;教育培训类项目4个,总投资50.95万元,受益814人。

【科技培训】 2019年,温宿县阿热勒镇培训领导干部3期47人次,培训帮扶机关站所干部5期269人次,培训扶贫专班人员6期318人次,培训村干部142期1206人次,贫困群众技能技术培训183场次11385人次,贫困群众政策宣讲培训401场次17246人次。配合上级部门组织开展各类职业技能培训,参学人数达1020人次。主动与重庆等地工厂、阿克苏南工业园区各企业联系,实现就业9669人(其中整建制转移就业1174人,季节性转移就业3986人,零散就业3386人,自主就业1123人),实现人均增收5000余元,实现温宿县阿热勒镇无"零就业"贫困家庭。

【社会事业】 2019年,温宿县阿热勒镇182户343名贫困群众纳入兜底低保范围,实现应保尽保,发放农村低保金372.93万元,城市低保金20.22万元。2147名贫困人口参加养老保险。增加低保户48户76人,全镇低保户合计666户1282人。发放残疾人补贴227人27.13万元。为25名"五保"老人每人每月补助500元,为2名孤儿每人每月发放800元。救助923户3421人。发放面粉30吨、大米14吨、清油4.52吨。0~6岁儿童2781人,共完成各种免费疫苗接种6219人次。

【卫生计划生育】 2019年,温宿县阿热勒镇卫生院、村卫生室开展传染病防治、艾滋病防治等宣传活动102次。发放宣传册(单)8400余份,制作宣传栏102块,受益人数21094人。享受"农村领取光荣证家庭子女考学兑现奖励"资金16人(享受6000元奖励3人,享受4000元奖励3人,享受2000元奖励10人)。全年举办计划生育专职人员和基层计划生育宣传员业务培训班36期10250人次;举办基层计划生育宣传员业务培训班78期3250人次;在16个行政村举办计划生育培训班64期1850人次;组织镇机关站所干部、村干部、老师开展政策法规、奖励扶助优惠政策宣传培训班2期218人;组织开展4次流动人口计划生育清查工作,开展流动人口宣传培训工作,受教育群众195人。

【基层组织建设】 2019年,温宿县阿热勒镇开展“不忘初心 牢记使命”主题教育活动,常态化开展“两学一做”“5+x”“三会一课”等活动,深化“夜校+”“一托七”和党员远程教育资源共享的国家通用语言培训模式。开展国家通用语言文字培训3918班次,参学群众27.62万人次。2019年发展党员81名。强化村级干部队伍建设,调整村党支书记4名,村干部20名,选派9名机关干部到村开展工作。以现场模拟、以会代训、到村指导等方式,规范基层党组织运行体系,落实“三会一课”“四议两公开”等制度,规范村级各项议事规则和民主集中制的落实。

【防洪工作】 2019年,温宿县阿热勒镇补植补造及绿化防洪主干道路防护林3.2千米,进一步筑牢防洪和防风体系建设;投入80余万元5500余人次加固修缮沿河防洪点13处9.6千米。

【水利工作】 2019年,温宿县阿热勒镇加强水资源保护工作,农业灌溉面积达8066.6公顷,维修、清淤防渗渠47.6千米。

【安居富民】 2019年,温宿县阿热勒镇新实施安居富民工程户数772户,入住率100%,完成“三区分离”3904户,绿化村庄190.63公顷。

【文化旅游】 2019年,温宿县阿热勒镇打造特色农家乐观光点5个,通过文化旅游节、乡村美食节、集体婚礼、“一村一品”文艺演出等活动,以文化旅游助推乡村振兴产业发展,举办乡村文化旅游节13次,承办县级文化旅游现场会(节)3次,给贫困户提供就业岗位120余人,吸引游客5万人次,旅游收益270余万元。

【实施惠民工程】 2019年,温宿县阿热勒镇投资1497.02万元,实施村级惠民生项目5个:干部周转宿舍建设项目1个、援疆指挥部修建蘑菇大棚建设项目1个、吐尔拜提尤喀克买里村村委会改造项目1个、扶持壮大村集体项目1个、人居环境整治项目1个;扶贫项目12个:培训类项目4个、蔬菜订单生产苗补助项目1个、防渗渠建设项目1个、生产牛购置项目1个、村组道路建设项目4个、小集市续建项目1个。

(郭天鸿)

2019年温宿县阿热勒镇行政村基本情况表

表5

行政村	村集体经济收入(万元)	人均纯收入(元)	耕地面积(公顷)	粮食总产量(吨)	棉花总产量(吨)	牲畜存栏(头/只)	牲畜出栏(头/只)
结格吉村	18.64	10991.60	444.11	3763.20	0	2767	2295
依尔玛村	28.14	11177.90	555.47	4641.06	7.62	3707	2321
吾斯唐博依村	22.21	14377.80	454.80	3620.26	0	2498	2392
吐尔拜提尤喀克买里村	16.75	13436.30	318.63	2610.95	0	2163	2169
吐尔拜提阿热买里村	22.80	13028.30	386.67	2388.97	0	2679	2170
吐尔拜提喀拉都维村	19.56	11569.60	458.94	2234.16	0	1865	2154
皮亚其村	17.76	9568.70	423.62	3423.17	0	2440	2281
乌尔其托万克买里村	15.23	16532.60	307.26	2756.93	0	1303	1965

续表5

行政村	村集体经济收入(万元)	人均纯收入(元)	耕地面积(公顷)	粮食总产量(吨)	棉花总产量(吨)	牲畜存栏(头/只)	牲畜出栏(头/只)
夏合吐尔村	29.30	14605.80	391.27	4359.87	36.61	1760	2148
尤喀克买盖提村	22.74	10680.90	428.53	3143.30	0	2013	2265
巴格其艾日客村	21.88	11696.40	393.28	3062.47	0	1596	2181
大杨树村	14.18	11675.20	394.34	2011.21	36.51	2160	2183
喀什博依村	13.01	12382.40	388.04	2288.80	0	2368	2198
托万克麦盖提村	22.48	9362.20	380.60	2868.35	15.11	2706	2609
提格艾日客村	30.86	15001.80	501.43	4755.52	0	2183	2741
花果村	1.30	25595.20	2331.67	10852.26	0	2266	220

2019年温宿县阿热勒镇主要社会经济指标情况表

表6

项　　目	指　　标	
农业	农业总产值(万元)	65130.50
	粮食播种面积(公顷)	5804
	粮食总产量(吨)	58809.08
	棉花播种面积(公顷)	104.30
	棉花总产量(吨)	159.02
	其他作物播种面积(公顷)	885.30
	其他作物总产量(吨)	6689.30
林果业	特色林果产品面积(公顷)	8.57
	特色林果产品总产量(吨)	25200
畜牧业	存栏(头只)	76000
	出栏(头只)	104800
林业	造林面积(公顷)	54.60
	人工林存活面积(公顷)	166.60
工业	总产值(万元)	366
广电	广播覆盖率(%)	100
	电视覆盖率(%)	100
	电话普及率(%)	98

续表 6

项　目	指　标	
财政	总收入(万元)	3179.78
	总支出(万元)	3058.73
教育	中学(所)	1
	小学(所)	2
	幼儿园(所)	10
	教职工总数(名)	269
	中高级职称教职工(名)	25
	在校学生总数(名)	5514
卫生	乡卫生院(所)	1
	村卫生室(所)	16
	专业技术人员(名)	48
	病床(张)	45
农机	拖拉机(台)	2850
	播种机(台)	110
	收割机(台)	104
	轧草机(台)	11
	农用机械使用率(%)	96
人口	总人口(人)	23706
	总户数(户)	6853
	农牧民人均收入(元)	12995.50
	人口出生率(‰)	4.36
	人口死亡率(‰)	4.98
	人口自然增长率(‰)	-0.62

佳木镇

【概况】 温宿县佳木镇位于天山南麓，台兰河灌区上游，东与第一师五团接壤，西与依希来木其乡毗邻，距温宿县城26千米，距阿克苏市28千米，314国道贯穿全镇。辖14个行政村，14个站所，草场面积5388.01公顷。总户数5222户，总人口19733人，其中少数民族16975人，占86%，女性9530人，占48.3%。农村经济总收入主要由种植业、特色林果业、畜牧业、二三产业和劳务输出经济组成。

【农业农村经济】 2019年,温宿县佳木镇实现农业农村经济总收入89809.9万元,其中种植业收入30643.3万元,林果业收入38258万元,畜牧业收入18061.1万元,二三产业收入2844.5万元。农牧民外出劳务收入1371.5万元;村集体经济积累收入440.16万元;农牧民人均纯收入达到20805.6元,比上年增长7.09%。

【种植业】 2019年,温宿县佳木镇优化农业产业结构,全年种植面积6203.67公顷。其中,种植小麦1240公顷,种植玉米641.61公顷,种植特色经济作物(辣椒)726.67公顷,种植棉花3513.33公顷,种植蔬菜82.06公顷。

【林果业】 2019年,温宿县佳木镇林果总面积9800公顷,挂果面积9258.38公顷。其中核桃4333.33公顷,苹果866.67公顷,红枣4000公顷,香梨45.78公顷,育苗7.67公顷,葡萄4.93公顷。果品总产6.73万吨。其中核桃1.5万吨,红枣2.84万吨,苹果2.26万吨,香梨1274.9吨。开展两轮林下绿肥种植油菜共计1026.67公顷。林果疏密园改造63.73公顷,开展枝枯病防治工作,林果业无重大病虫害发生。

【畜牧业】 2019年,温宿县佳木镇以培育畜牧户、育肥户为突破口,推进规模化、集约化、标准化养殖,抓好品种改良、疫病防治、科学育肥等标准化养殖工作;做好补栏畜禽防疫补免,狠抓动物疫病防治、禽流感防控工作,防疫率达100%。畜牧存栏数36366头(只),畜牧出栏数114262头(只);产肉3050吨,产蛋443吨,产奶1710吨。

【精神文明】 2019年,温宿县佳木镇在各行政村主干道、314国道两侧、农户房顶,每家每户统一制作旗杆,悬挂国旗5215面,其中更换新国旗1906面;统一模板制作和规范中央、自治区重大决策部署标语宣传版面26处700余块;利用"村村通"大喇叭,收集爱国歌曲100余首,录制"自治区惠民政策明白册"4版,打造文化户文化大院3家;在县开展百日文体活动演出1场;对14个行政村、学校等开展阶段性大清查活动9次,全面清理整治"三非"现象。

【社会事业】 2019年,温宿县佳木镇开展"冬季万人大宣讲"活动140场次,受益群众31500余人次,开展群众性文体活动,举办庆春节晚会、元宵节晚会,举办农村百日文体活动10场次,观看群众2000余人次;利用"村村通"大喇叭累计广播党的十九大、十九届四中全会精神、脱贫攻坚知识、党的惠民政策、农机推广使用和计生等知识,时间达360小时;开展学习党的十九大精神,组织返乡大学生开展教育活动25次。

【基础设施建设】 2019年,温宿县佳木镇争取扶贫资金932.3万元为6个行政村修建自来水管网40.38千米,保障农户饮水安全;争取扶贫资金346.5万元为6个行政村新建柏油路7.58千米,改善群众出行条件;争取扶贫资金84.92万元修建防渗渠道2.28千米,改善生产条件。353户贫困户中享受安居富民房政策284户,享受易地搬迁政策69户,完成所有农户住房安全等级鉴定。14个行政村水电路、广播电视、宽带完备,村级阵地、村民服务活动中心、卫生室应有尽有。

【实施惠民工程】 2019年,温宿县佳木镇改造新建安居工程251户,因地制宜确定5个地区级人居环境整治示范村,覆盖2100户7969人;1847户完成"三区分离"改造。改厕2100户,庭院整治1980户,发放人居环境整治奖补资金525.58万元用于推进厕所改造以及排污设施建设。

【基层组织建设】 2019年,温宿县佳木镇建强村"两委"班子,选派1名国家干部任村党支部书记,选优配齐村"两委"班子24人,其中调整村党支部书记

4人、村“两委”班子成员20人。选派24名国家干部到村任职,调整科技副职2名,按照村“两委”班子1∶3比例,带培村后备干部233人,对4名人才引进干部进行培训。935名农牧民群众和47名机关干部递交入党申请书,226人列为入党积极分子,82人确定为发展对象,58人被吸收为预备党员,77人转为正式党员。健全村民小组政治功能,227名优秀团员、妇女委员、“联户轮值长”纳入村民小组管理层,落实工作报酬,激发工作活力,70个村民小组实现党的组织和触角延伸全覆盖。按照便于管理原则和组织程序将机关4个支部撤并为2个,按照法定程序对退休干部党支部进行换届选举。

【社区建设】 温宿县佳木镇喀赞阿斯玛社区建立于2010年5月,共有324户917人,其中少数民族706人,社区居委会干部10人。镇人民政府、派出所、警务站、卫生院、文化站、财政所、供电所、水管站、粮站、邮政、供电所以及1所中学、2所小学、1所幼儿园全部设在社区辖区内,同时还有各类商铺172家,2个砂石料场。 (梁金铸)

2019年温宿县佳木镇行政村基本情况表

表7

行政村	村集体经济收入(万元)	人均纯收入(元)	耕地面积(公顷)	粮食总产量(吨)	棉花总产量(吨)	牲畜存栏(头/只)	牲畜出栏(头/只)
加依村	76.71	23084.99	1631.98	1032.93	2472	2762	7402
通吐尔村	61.18	22642.49	1397.19	1597.74	1000	2079	5544
阿热勒巴格村	30.81	19841.4	484.14	1090.5	137	1245	7533
萨依买里村	0	23760.57	189.76	575	12	1452	3095
绿戈壁村	7.78	19372.08	340.85	904.03	304	800	1489
托万克吐曼村	67.39	21356.14	953.73	2874.68	267	4693	10044
尤喀克吐曼村	59.77	22510.54	457.53	900	1	2071	7905
兰干村	18.95	18161.23	437.91	1380.41	41	1639	6164
绿园村	16.89	19469.17	450.4	2029.79	58	2871	9968
喀赞阿斯玛村	45.78	23232.8	628.26	1144	132	10209	25188
喀什艾日克村	35.69	18837.34	568.38	1461.27	145	2675	11248
拉帕村	26.34	17591.17	808.8	1139.78	1132	2236	9952
英买里村	0	20230.44	1486.67	393.25	1276	1290	6120
佳木阔坦村	0	25083.98	529.91	360	127	344	2610

2019年温宿县佳木镇主要社会经济指标情况表

表8

项目	指标	
农业	农业总产值(万元)	64829.30
	粮食播种面积(公顷)	1875.74
	粮食总产量(吨)	16883.11
	棉花播种面积(公顷)	3513.33
	棉花总产量(吨)	7104.90
	其他作物播种面积(公顷)	27.47
	其他作物总产量(吨)	178
林果业	特色林果产品面积(公顷)	9800
	特色林果产品总产量(吨)	67300
畜牧业	存栏(头只)	36366
	出栏(头只)	114262
林业	造林面积(公顷)	181.17
	人工林存活面积(公顷)	177.55
工业	总产值(万元)	281
广电	广播覆盖率(%)	100
	电视覆盖率(%)	100
	电话普及率(%)	98
财政	总收入(万元)	2436.87
	总支出(万元)	2507.59
教育	中学(所)	1
	小学(所)	4
	幼儿园(所)	6
	教职工总数(名)	233
	中高级职称教职工(名)	43
	在校学生总数(名)	3020

续表 8

项　　目	指　　标	
卫生	乡卫生院(所)	2
	村卫生室(所)	14
	专业技术人员(名)	42
	病床(张)	39
农机	拖拉机(台)	1410
	播种机(台)	68
	收割机(台)	45
	轧草机(台)	149
	农用机械使用率(%)	97
人口	总人口(人)	19733
	总户数(户)	5222
	农牧民人均收入(元)	20805.60
	人口出生率(‰)	4.7
	人口死亡率(‰)	4.6
	人口自然增长率(‰)	0.1

克孜勒镇

【概况】 温宿县克孜勒镇位于温宿县东南方向,距离温宿县城40余千米,距离阿克苏市17千米,东界共青团镇、古勒阿瓦提乡,南界第一师六团,西邻阿克苏地区实验林场,北至依希来木其乡和佳木镇。温宿县克孜勒镇,维吾尔语意为“红色的”。辖16个行政村,84个村民小组。有耕地17600公顷。

【农业农村经济】 2019年,温宿县克孜勒镇工农业总产值12.16亿元,比上年增长8.77%;农牧民人均纯收入22199元,比上年增长5.99%。第一产业生产值12.03亿元(其中,种植业收入5.07亿元),第二产业生产值0.13亿元,第三产业生产值0.23亿元。

【种植业】 2019年,温宿县克孜勒镇粮食作物种植面积2350公顷,总产量1.86万吨,机采棉3332公顷,棉花总产量1.62万吨,总产值29280万元;蔬菜面积234.2公顷,产量7029吨;瓜果类种植面积237.24公顷,产量7003.4吨。

【林果业】 2019年,温宿县克孜勒镇林果面积11400公顷,果品总产8.38万吨,其中,核桃挂果面积4493.3公顷,总产量1.55万吨;红枣挂果面积5314.4公顷,总产量3.76万吨;其他挂果面积1293.3公顷,总产量3.07万吨;植树造林15.7公顷,退耕还林面积495.45公顷,发放退耕还林补贴

371.49万元;建成林果业示范园33个,其中,高产示范园28个328公顷,低产示范园5个46.6公顷。

【畜牧业】 2019年,温宿县克孜勒镇主要以牛、羊为主的大牲畜繁殖,加快农业产业结构调整步伐。牲畜存栏5.09万头(只),出栏7.5万头(只)。产肉2594.7吨,产奶3200吨,产蛋435吨。备用冬季青贮饲料1.45万吨,其他饲养草料5.77万吨。牲畜防检驱治50.97万头只/次,家禽产地检疫10.14万羽次。

【农机普及】 2019年,温宿县克孜勒镇有农机6950台。新增拖拉机62台,农机工具56台,采棉机2台,联合收割机1台。发放农机补贴82户。

【安居工程建设】 2019年,温宿县克孜勒镇新建扩建富民安居房280户,完成率100%,其中,新建237户,扩建43户,建档立卡贫困户2户,改厕3119户。

【精神文明建设】 2019年,温宿县克孜勒镇结合社会主义核心价值观、公民道德建设、"民族团结一家亲""我们的节日"主题,开展朗诵、演讲比赛、知识竞赛、农牧民运动会、"一村一品"系列活动,编排文艺节目46个,巡回演出16场;组织草根宣讲员深入行政村(社区)巡回宣讲300余次;大喇叭广播覆盖村、组,广播1825小时,受教育群众2.4万人。

【文化体育】 2019年,温宿县克孜勒镇建立健全各项制度,规范管理镇文化站,开展活动186场次,体育活动75场次。坚持现代文化为引领,围绕重大节庆日开展文化活动8场次,观看群众1.8万余人次;结合每周一升国旗、农牧民夜校,在镇广播发声亮剑1065次,行政村发声亮剑600余次。志愿服务队伍人数4000余人,开展志愿者服务活动380余次。

【爱国卫生】 2019年,温宿县克孜勒镇落实地方病、结核病、艾滋病及氟中毒预防知识宣传教育要求,开展疾病预防宣传12次,受益群众6万余人次,城镇居民知晓率95%,农村居民知晓率95%,流动人口知晓率60%。

【人口和计划生育】 2019年,温宿县克孜勒镇有已婚育龄妇女7022人。新出生人口123人(其中一孩43人,二孩67人,三孩13人)。持光荣证家庭1727户。落实国家法律法规规定的奖励政策。考学兑现学生奖励金21名5.2万元。南疆四地州奖励对象643人296.4万元;城镇居民奖励对象2人6000元,自治区少生快富奖励对象3人9000元。

【民政工作】 2019年,温宿县克孜勒镇有低保户358户805人,其中,城市低保户55户100人,农村低保户303户705人。五保户5户5人,其中,集中供养4户4人,分散供养1人。优抚对象6人。享受80岁以上老年人生活津贴209人。有贫困户491户1991人,其中,脱贫户261户1118人,未脱贫户230户873人。有残疾人859人,享受两项补贴282人,享受医疗救助24人。

【劳动保障】 2019年,温宿县克孜勒镇开展促进就业工作,新增城镇就业162人,办理就业失业登记证人员28名。农村富余劳动力转移就业1799人,其中,稳定就业1197人,季节性就业602人;建档立卡贫困户就业人员346人。城乡职业培训240人,97名大中专毕业生就业。城乡居民养老保险参保10333人,满60岁办理退休手续人员105人,60岁以上享受养老保险1775人。

【政治思想宣传】 2019年,温宿县克孜勒镇组织中心组学习12次,撰写调研报告15篇,心得体会60余篇,班子成员深入联系点面向农民群众讲党课活动15余次;各党支部开展撰写心得体会10篇;一般干部开展学习40余次、理论考试3次,撰写心得体会400余篇、读书笔记13.6万字。宣讲团开展巡回宣讲200余场,发放宣传资料3000余份,受教育群众2万人次。

【基层组织建设】 2019年,温宿县克孜勒镇开展7次主题教育专项学习,组织干部学习60余次5800余人次;下派3名国家干部到村担任党组织书记,选派21名国家干部到村任职,选拔科技副职16名,培养村级储备年轻干部264名,其中9名重用进村“两委”班子,调整充实村干部22人,健全村级事务监督组织机构,补选配齐村务监督委员会成员80名。撰写交流研讨材料100余份,检视问题228个,指导35个党组织1142名党员集中学习15次,检视问题10674个,为行动不便党员开展送学1568次;发展壮大党员队伍,按照“25154”工作机制,举办入党积极分子培训班2期253人,吸收预备党员66人,发展党员67人。打造乌克铁热克村、喀拉萨村党建示范点,组织5次102名驻村工作队员到党建示范点参观学习。完成喀什克沙亚提村阵地地面硬化工作,2次对镇机关阵地绿化进行完善,植树120余棵,组织机关干部、驻村工作队、基层党员到帕曼村植树1000余棵。常态组织104名村干部和264名后备干部充电学习,选派19名后备干部到县委党校参加封闭式国家通用语言培训班3期,组织村民夜校培训2140场次,参与群众178862人次。 (曹 鑫)

2019年温宿县克孜勒镇行政村基本情况表

表9

行政村	村集体经济收入(万元)	人均纯收入(元)	耕地面积(公顷)	粮食总产量(吨)	棉花总产量(吨)	牲畜存栏(头/只)	牲畜出栏(头/只)
其克特村	60.41	22241	1513.11	993.91	1952.74	2901	3482
其曼村	64.96	22490	1559.44	1486.52	1592.58	3927	4508
巴夏克其村	60.16	22988	1474.38	1340.40	1934.72	5758	6339
乌克铁热克村	76.29	20857	926.60	1047.25	640.33	5383	5964
依尔玛村	128.15	22966	1590.67	1803.87	831.25	3282	3863
古洛克村	35.10	22826	583.96	1270.18	306.93	2398	2979
加格达村	83.16	23147	1208.65	2414.22	451.86	3201	3782
阿热买里村	93.68	22761	732.06	1582.64	150.93	3152	3733
帕曼村	58.79	23382	812.97	1570.27	224.18	3759	4341
喀勒克村	48.83	23115	1095.20	1283.92	228.41	4368	4950
喀拉萨村	106.52	24427	1496.74	879.98	693.19	5711	6293
青年新村	0	20115	488.58	722.75	461.11	1863	2445
喀什博依村	0	20542	645.19	520.88	973.87	1488	2070
喀什克沙亚提村	0	19413	961.15	1174.07	1112.66	697	1279
博然其村	0	19836	1267.30	279.54	1921.57	487	1069
克尔库木村	0	23637	1936.30	264.19	2674.37	2570	3158

2019 年温宿县克孜勒镇主要社会经济指标情况表

表 10

项　目	指　标	
农业	农业总产值(万元)	120330.5
	粮食播种面积(公顷)	2350
	粮食总产量(吨)	18634.6
	棉花播种面积(公顷)	8418.45
	棉花总产量(吨)	16150.7
	其他作物播种面积(公顷)	0.27
	其他作物总产量(吨)	1.5
林果业	特色林果产品面积(公顷)	12194
	特色林果产品总产量(吨)	100132.05
畜牧业	存栏(头/只)	50945
	出栏(头/只)	60255
林业	造林面积(公顷)	36.92
	人工林存活面积(公顷)	43.5
工业	总产值(万元)	1308.7
广电	广播覆盖率(%)	98
	电视覆盖率(%)	100
	电话普及率(%)	100
财政	总收入(万元)	10445.51
	总支出(万元)	10553.36
教育	中学(所)	1
	小学(所)	7
	幼儿园(所)	14
	教职工总数(名)	428
	中高级职称教职工(名)	250
	在校学生总数(名)	6286

续表 10

项　　目	指　　标	
卫生	乡卫生院(所)	2
	村卫生室(所)	16
	专业技术人员(名)	37
	病床(张)	35
农机	拖拉机(台)	2212
	播种机(台)	1935
	收割机(台)	68
	轧草机(台)	7
	农用机械使用率(%)	95
人口	总人口(人)	27481
	总户数(户)	7184
	农牧民人均收入(元)	22199
	人口出生率(‰)	4.7
	人口死亡率(‰)	3.2
	人口自然增长率(‰)	1.5

托乎拉乡

【概况】 温宿县托乎拉乡位于新疆天山中段托木尔峰南麓,塔里木盆地北缘,地理坐标为北纬 40°51′41″~42°15′13″、东经 79°21′50″~81°29′58″之间,位于温宿县城以西,东与温宿县城相接,南与阿克苏市依干其乡接壤,西与吐木秀克镇相连,北与柯柯牙镇相接。温宿县托乎拉乡人民政府驻地位于温宿县城以西 1.5 千米处。2019 年,托乎拉乡辖 9 个行政村,共 49 个村民小组。所涉及站所为民政社保服务中心、村镇规划所、广播站、计生办、财政所、农村经济发展中心。全乡建档立卡贫困户 172 户 518 人,已全部脱贫。

【政治思想宣传】 2019 年,温宿县托乎拉乡组织开展党委中心组集中学习 15 次,参学人员 143 人次;每月初制定宣传教育计划,把党的十九大精神和十九届二中、三中、四中全会精神、习近平总书记关于新疆的重要指示批示精神、脱贫攻坚政策举措等纳入宣讲内容,组织开展“壮丽 70 年·奋斗新时代”、国防教育、脱贫攻坚主题宣讲等活动 230 余场次,受教育群众 23680 人次。规范宣传投稿、备案等管理工作,创办托乎拉乡月刊,每季度通报刊稿情况 1 次。完成上稿 145 篇,其中,被中央级媒体采用 6 篇,自治区级媒体采用 53 篇,地区级媒体采用 58 篇。

【安全生产监管】 2019 年,温宿县托乎拉乡组织安全生产检查 230 余次,涉及行政村 9 个,学校 7 所,卫生院1所,加油站2家,加气站和液化气销售点各1处,发现安全隐患130处,已整改完毕129处,未发生较大安全生产事故。

【农业农村经济】 2019年,温宿县托乎拉乡实现生产总值39703.7万元,农民人均纯收入19895.83元,比上年增加1376元,年增长率达7.43%;种植业人均纯收入3236.9元,占比16.2%;林果业人均纯收入6949.5元,占比34.9%;畜牧业人均纯收入4179.8元,占比21%;渔业、第二产业、第三产业人均纯收入2453.1元,占比12.3%;外出劳务人均纯收入2922.2元,占比14.6%;村集体再分配人均收入154.2元,占比0.01%。

【社会事业发展】 2019年,温宿县托乎拉乡发放低保金1076户2162名93.7万元,五保户生活补助金9名1.8万元,残疾补贴327名1.39万元,高龄补贴753名3.86万元,各类物资950户1890人38吨。城乡居民参加养老保险6001人,933人领取养老金。农村劳动力转移就业1377人,人均增收1800元。落实"两免一补""雨露计划"。全民免费体检和家庭医生签约服务实现全覆盖。

【基层组织建设】 2019年,温宿县托乎拉乡有9个党总支,29个党支部,党员733名,入党积极分子161名,新发展党员59名,其中机关党员4名,农民党员55名;团员550名,新发展团员22名。村干部58名(含7名科技副职),后备干部163名,"四老"人员56名。选派17名国家干部到村任职,培养村级年轻储备干部149名。推进"不忘初心、牢记使命"主题教育,乡党委查摆问题23条,党政班子528条,各党支部查摆问题99条,全乡党员查摆问题17502条。群众反映的热点难点问题41条,解决41条。

【精神文明建设】 2019年,温宿县托乎拉乡举办首届春晚、举行"我和我的祖国"庆祝中华人民共和国成立70周年暨"七一"红歌比赛、庆祝中华人民共和国成立70周年"我和我的祖国"乡村文化节、"我和祖国共成长、做感党恩 听党话 跟党走 爱党爱国爱家乡的新时代青年"等各类文娱活动;把"道德讲堂"活动延伸到各学校,以学校为主体、工作队为辅助力量,通过邀请模范宣讲、选树典型、充实活动等方式,定期开展"道德讲堂"活动。推进新时代文明实践所(站)建设,成立乡(村)级新时代文明实践所(站)10个,组建志愿服务队51支,志愿服务1900余人次,开展志愿服务80余场次。

【基础设施建设】 2019年,温宿县托乎拉乡完成安居富民房任务183户,完成率100%,已入住183户,入住率100%,发放安居富民工程建设材料559.85万元,"三区分离"2530户,目标任务完成率100%;完成乡村道路通达工程,修建柏油路23.5千米;加大水利设施建设力度,完成灌溉面积5353.33公顷,清淤排水渠18条12.6千米;修建黄羊滩防洪坝13千米,维修加固防洪堤坝9处217米,在防洪地段安装警示牌57个。

【设施农业】 2019年,温宿县托乎拉乡蔬菜种植面积240.93公顷,总产5608.9吨,总收入1628.3万元,设施蔬菜93.8公顷,露地蔬菜147.13公顷,其他特色农作物256.43公顷。其中,温室大棚256座,面积29.87公顷;拱棚1715座,面积16.09公顷。

【实施惠民工程】 2019年,温宿县托乎拉乡推进庭院环境、垃圾分类、厕所粪污治理及村容村貌整治工作。创建人居环境整治自治区级示范村3个,县级示范村3个,获地区级农村人居环境整治先进村1个;投入资金52.2万元建设托万克苏布拉克村、河畔村生态广场;庭院改造2719户,改厕2479户,发放改厕奖补资金45.24万元;设置垃圾收集点2个,垃圾填埋场27处,垃圾分类箱1437个,垃圾转运车辆7辆,污水处理池6个。

(逯 睿)

2019 年温宿县托乎拉乡行政村基本情况表

表 11

行政村	村集体经济收入(万元)	人均纯收入(元)	耕地面积(公顷)	粮食总产量(吨)	棉花总产量(吨)	牲畜存栏(头/只)	牲畜出栏(头/只)
托乎拉村	78.57	18911	606.33	2360.1	0	6510	8430
金华新村	59.47	12836	631.07	0	0	3210	3820
稻园村	56.41	18716	436.07	2188.7	0	5112	6230
托万克苏布拉克村	138.46	22782	642.27	4065.5	0	6820	7850
托万克库尔巴格村	76.73	23043	456	2638.65	0	2310	2920
尤喀克苏布拉克村	49.16	24496	495.6	1750.94	0	4215	5320
尤喀克库尔巴格村	89.11	22945	1039.75	4397.74	0	6580	9105
思源村	88.07	23290	525.6	2549.5	0	4730	5425
河畔村	21.46	26319	680.53	5338.21	0	6502	9420

2019 年温宿县托乎拉乡主要社会经济指标情况表

表 12

项　　目	指　　标	
农业	农业总产值(万元)	39703.7
	粮食播种面积(公顷)	2473
	粮食总产量(吨)	26489
	棉花播种面积(公顷)	0
	棉花总产量(吨)	0
	其他作物播种面积(公顷)	46.70
	其他作物总产量(吨)	1401
林果业	特色林果产品面积(公顷)	2225
	特色林果产品总产量(吨)	9005.60
畜牧业	存栏(头只)	45989
	出栏(头只)	58520
林业	造林面积(公顷)	6.67
	人工林存活面积(公顷)	6.67
工业	总产值(万元)	0

续表 12

项　目	指　标	
广电	广播覆盖率(%)	100
	电视覆盖率(%)	100
	电话普及率(%)	98
财政	总收入(万元)	1806.44
	总支出(万元)	1924.14
教育	中学(所)	1
	小学(所)	2
	幼儿园(所)	6
	教职工总数(名)	208
	中高级职称教职工(名)	126
	在校学生总数(名)	2410
卫生	乡卫生院(所)	1
	村卫生室(所)	9
	专业技术人员(名)	20
	病床(张)	10
农机	拖拉机(台)	1243
	播种机(台)	23
	收割机(台)	177
	轧草机(台)	56
	农用机械使用率(%)	100
人口	总人口(人)	12935
	总户数(户)	3517
	农牧民人均收入(元)	19895.83
	人口出生率(‰)	8.90
	人口死亡率(‰)	5.90
	人口自然增长率(‰)	3

恰格拉克乡

【概况】 温宿县恰格拉克乡位于北纬41°10′15″~41°18′54″、东经79°49′36″ ~80°5′24″之间,天山中段托木尔峰南麓,塔里木盆地北缘,温宿县城西部,距县城35千米,阿克苏市60千米,东隔库马里克河与温宿县托甫汗镇、吐木秀克镇相望,西南两面与温宿县阿热勒镇接壤,北至温宿县吐木秀克镇和第一师四团,呈平放的梯形。2019年,温宿县恰格拉克乡辖10个行政村(含1个社区和1个啤酒花队),56个村民小组,共有党总支8个,党支部26个,党员701人,团员606人。全乡耕地总面积9000公顷,农业总产值17651.8万元,是一个以农林为主、农牧结合的乡镇。

【农业农村经济】 2019年,温宿县恰格拉克乡地方生产总值6.89亿元,增长11.68%;农牧民人均纯收入20018.4元,增长8.33%。粮食生产面积5109公顷,总产4.59万吨;林果挂果面积4666.67公顷,果品总产量20万吨;建设“两高一优”示范园34个,核桃示范基地1个,总产78吨;建成“百十一”基地1333.33公顷,设施农业面积稳定在33.2公顷;开展农村人居环境整治,完成村庄绿化10个;引导发展农民专业合作社5家;退耕还林13.33公顷,林带补植补种39.67公顷,新增造林面积19.2公顷;完成密植园改造146.67公顷;共有农机3073台,组织农业机械化培训2360人次,发放农机补贴463.65万元,农用机械使用率99%。

【政治思想宣传】 2019年,温宿县恰格拉克乡开展党委中心组学习18次、政治理论学习50次。组建20名优秀宣讲员,在群众中宣传习近平新时代中国特色社会主义思想、全国两会精神、中华人民共和国成立70周年的辉煌成就以及党的各项惠民政策,共开展巡回大宣讲42场次,分类宣讲活动410次;推进“万人大宣讲”,宣传中华人民共和国成立70周年以来的光辉历史和“三个白皮书”、党的十九届四中全会精神等410场次。制定《温宿县恰格拉克乡2019年对外宣传奖惩制度》,邀请《阿克苏日报》记者,深入温宿县恰格拉克乡进行“民族团结”“脱贫攻坚”等方面的宣传报道,向外界推广温宿县恰格拉克乡的好人好事,提升知名度,在各大新闻媒体、公众号等刊登49篇,其中《人民日报》刊登2篇、《新疆访惠聚》刊登10篇,《阿克苏日报》刊登36篇,《新疆电视广播报》报道新闻1篇。张贴庆祝中华人民共和国成立70周年、社会主义核心价值观、扫黑除恶、脱贫攻坚等宣传标语90条。

【实施惠民工程】 2019年,温宿县恰格拉克乡新建富民安居房351户,改厕1992户,“三区分离”315户,农村卫生厕所普及率达85%。实现城镇新增就业111人,农村富余劳动力转移就业1887人次。城乡居民基本养老保险参保率103%,基本医疗保险参保率100%。社会事业全面发展,发放低保金240.16万元、临时救助金19.9万元、残疾人两项补贴18.94万元。全民免费健康体检全覆盖,落实乡卫生院、村卫生室标准化建设,整合医疗资源,就诊人数36214人次,比上年减少17.6%;家庭医生签约率达98%,比上年增加17%,十类重点人群签约率达100%,连续6年无投诉无差错无医疗事故。推进精准扶贫精准脱贫,投入678.27万元,实施扶贫项目9个,受益贫困户128户,实现128户419人脱贫,贫困发生率降至1.32%。

【基层组织建设】 2019年,温宿县恰格拉克乡坚持把政治建设摆在首位,建立“不忘初心、牢记使命”学习教育常态机制。推动“两学一做”学习教育常态化制度化,开展好“三会一课”“5+X”、组织生活会、民主评议党员等党内生活制度,经常性开展批评与自我批评,严肃党内政治生活,净化党内政治生态。统筹七支队伍力量,把准“访惠聚”“1 +2 +5”工作任务,发挥传帮带作用。加大干部监督管理、推优选优、关心关爱力度,组织体检、节日慰问、交流座谈、集体联谊等活动。坚持抓实抓细“星级化”创建、软弱涣散基层党组织整顿、国家通用语言培训、党员发展等重点工作和强基层基础12项措施,学习贯彻《中国共产党支部工作条例(试行)》《中国共产党农村基层组织工作条例》,提升村级组织规范化、科学化建设水平。鼓励国家干部到村任职,逐步进入村“两委”队伍,村干部结构进一步优化。

【精神文明建设】 2019年,温宿县恰格拉克乡建立扫黄打非基层站点4处,每周集市天对影、音频商店、摊位进行排查,确保文化市场安全。开展各类文体文艺活动152场次,举办迎新年大型农牧民文艺会演、元宵节闹社火大赛、美食大赛、农牧民运动会、广场舞大赛、返乡大学生文艺会演等活动,获全县广播体操大赛二等奖。开展志愿者服务活动120场次。

【文化教育】 2019年,温宿县恰格拉克乡加大对教育支持力度,强化“控辍保学”,确保全乡中小学生入学率100%。1256名学龄前儿童应入尽入,入学率100%。义务教育均衡发展,投入385万元补配教学仪器设备。

【医疗卫生】 2019年,温宿县恰格拉克乡组织开展卫生防病知识宣传79次,受教育群众21754人;基本完成11个村级卫生室标准化建设,全民免费健康体检常态开展,惠及群众14494人,完成率100%;当年预防接种,骨髓灰质炎疫苗、麻腮风、乙肝等十种疫苗应接种4196人,接种率100%。

【计划生育】 2019年,温宿县恰格拉克乡配备专职计生专干14名,开展计划生育宣传128场次,受教育群众23860余人次;举办计划生育法律法规、奖励扶助政策、全员人口信息系统培训24期,受益群众达3120人次;2019年为1038人发放奖励金398.22万元,其中国家奖扶60人5.76万元,国家特扶10人5.4万元,南疆地州965人386.16万元,自治区少生快富2人0.6万元,城镇奖励1人0.3万元,所有享受计划生育奖励对象的奖励金全部打卡直发,领取“计划生育光荣证”65人,办理“生育服务证”144份。

【社会劳动保障】 2019年,温宿县恰格拉克乡举办各类职业技能培训2场次,受教育群众70人次。完成城镇失业人员登记87人,实现稳定就业801人;为符合条件的69名各类失业人员办理“就业失业登记证”,转移农村富余劳动力1743人次,完成任务数100%;实现城乡低保由年初的379户927人核减到340户693人,救助困难群众483户,发放大米6.41吨,面粉15.08吨,粮油3.68吨。为低保户发放取暖用煤359吨,享受残疾人两项补贴165人,发放残疾人补贴16.48万元。

【环境保护】 2019年,温宿县恰格拉克乡人民政府与各行政村签订“环境保护目标责任书”12份;开展爱国卫生活动,结合每周五爱国卫生日,开展环境整治活动249次。

【文体广电】 2019年,温宿县恰格拉克乡举办大型文体活动28次,送文化下农村演出活动20场次,农村体育活动11场次,村村通、户户通、大喇叭设备完好率100%,音响率99%,安全播出率100%,广播覆盖率100%,电视覆盖率100%,电话普及率100%。

【基础设施建设】 2019年,温宿县恰格拉克乡投入99万元,建成生态小游园1座,占地面积5331平方米;投入60万元,新建公共卫生间及生态停车场项目,占地面积703平方米;投入92万元,完成街道改造及绿化,包括人工绿化、树木栽植、路沿石更换、安装隔离护栏等其他附属设施;建成通村柏油路45千米,自筹资金38万元建设集文化、休闲、娱乐、健身于一体的圣果林风景区。 (徐海艳)

2019年温宿县恰格拉克乡行政村基本情况表

表13

行政村	村集体经济收入(万元)	人均纯收入(元)	耕地面积(公顷)	粮食总产量(吨)	棉花总产量(吨)	牲畜存栏(头/只)	牲畜出栏(头/只)
叶克艾日克村	47.56	16506.74	615	1697.4	5.78	3339	5520
喀拉萨尔村	170.11	11218.61	628	7162.8	12.97	4823	6740
恰格拉克村	174.42	20329.51	1324	3989.96	0	6924	7650
吉格代村	94.20	25343.48	1016	4194.88	24.54	4556	6546
前进村	116.68	20969.94	1113	7248.4	0	6272	7710
苏亚克斯村	73.41	24534.99	633	5764.53	0	3516	6701
古勒巴格村	36.42	17777.88	547	3958.6	374.67	3495	5935
喀拉都维村	81.80	17593.86	1060	8862.5	0	3281	6506
庆塔买里村	3.20	23305.18	680	2900.2	0	3105	15024
和谐村	32.20	9079.10	933	141	0	5010	6216

2019年温宿县恰格拉克乡主要社会经济指标情况表

表14

项　　目	指　　标	
农业	农业总产值(万元)	17651.8
	粮食播种面积(公顷)	5109
	粮食总产量(吨)	45920.27
	棉花播种面积(公顷)	252.30
	棉花总产量(吨)	417.96
	其他作物播种面积(公顷)	1661.9
	其他作物总产量(吨)	49414.2
林果业	特色林果产品面积(公顷)	2000
	特色林果产品总产量(吨)	6600

续表 14

项　　目	指　　标	
畜牧业	存栏(头只)	45885
	出栏(头只)	75010
林业	造林面积(公顷)	33.30
	人工林存活面积(公顷)	33.30
工业	总产值(万元)	0
广电	广播覆盖率(%)	100
	电视覆盖率(%)	100
	电话普及率(%)	100
财政	总收入(万元)	2280
	总支出(万元)	2280
教育	中学(所)	1
	小学(所)	4
	幼儿园(所)	7
	教职工总数(名)	304
	中高级职称教职工(名)	34
	在校学生总数(名)	3661
卫生	乡卫生院(所)	1
	村卫生室(所)	11
	专业技术人员(名)	43
	病床(张)	22
农机	拖拉机(台)	2570
	播种机(台)	102
	收割机(台)	112
	轧草机(台)	289
	农用机械使用率(%)	99
人口	总人口(人)	17299
	总户数(户)	4251
	农牧民人均收入(元)	20018.40
	人口出生率(‰)	1.60
	人口死亡率(‰)	0.60
	人口自然增长率(‰)	1

依希来木其乡

【概况】 温宿县依希来木其乡地处南北疆交通要道314国道两侧,位于天山南部的洪积平原上,距阿克苏市18千米,距温宿县城17.5千米,坐落在县城以东,东与佳木镇毗邻、南与克孜勒镇接壤、西以红旗坡农场和实验林场片区管委会为界,北临柯柯牙镇,南北长25千米、东西宽15千米。依希来木其,维吾尔语意为"勤劳者"。2019年,温宿县依希来木其乡辖12个行政村、5个站所。

【农业农村经济】 2019年,温宿县依希来木其乡棉花种植面积435.21公顷,小麦种植面积1222.67公顷,玉米种植面积827.93公顷,核桃种植面积4620公顷,红枣种植面积12048.2公顷;油料4.35公顷,甜菜358.83公顷,瓜类185.95公顷,蔬菜507.14公顷,鲜果类1117.07公顷;林果业收入46483万元,其中采伐木材收入70万元,出售树苗收入397万元,干果品收入46016万元;申报退耕还林733.33公顷,春季植树21.95公顷,秋季植树45.65公顷;牲畜存栏76820头(只),肉产量3211吨,奶产量1821吨,蛋产量1146吨;创建农业机械化示范村4个,平安户达1496户;召开县级农业农村现场会6次,迎接地区级调研2次,自治区级现场会3次。

【农田水利设施建设】 2019年,温宿县依希来木其乡果园大渠水灌溉8570.13公顷,机井灌溉4029.6公顷。维修乡级水渠31处13千米,维修村级水渠47处17千米。加大防洪减灾工作力度,加固防洪坝6.75千米,维修防洪坝3处0.11千米。新建农村公路9.8千米。

【基层组织建设】 2019年,温宿县依希来木其乡在职村干部共76人,"访惠聚"驻村工作队12个80人,村民小组长56人,村民小组副组长119人,联户长314人。有党总支1个,党支部17个,党员640人,其中农牧民党员499人,"四老"人员59人,村级后备干部191人。规范周一升国旗制度,第一书记、村党支部书记国旗下宣讲法律法规、惠民政策。开展农牧民夜校,一托七模式国家通用语言教学,通过测试摸底,对16 ~50岁村民6900人进行分班教学,同时在教学中穿插农业技术培训,法律知识讲堂,国家通用语言教学,开展农牧民夜校350余场次,培训1.8万余人次,设专兼职教师队伍60人,开展流动课堂100余场次,培训875人。

【党风廉政建设】 2019年,温宿县依希来木其乡查办各类问题线索25件,其中,组织处理21件,立案审查4件,同时对历年以来违纪党员回访教育62人次。对2018年案件进行"回头看",已按照上级要求整改案卷60件,其中提级办理20件,本级办理40件,开展警示教育大会12次。

【政治思想宣传】 2019年,温宿县依希来木其乡开展各类宣讲70余场次,受教育群众1.8万余人次。建立由机关干部、学校教师,医护人员、"草根宣讲员"等组成的宣传队伍,推进基层理论宣讲。组建党的十九大精神宣讲团,开展习近平新时代中国特色社会主义思想宣讲活动。"民族团结一家亲"和民族团结联谊活动常态化制度化开展,726名党员干部与2375户各族群众结对认亲,开展集中宣讲活动132场次,入户宣讲10626人次,各级干部职工累计为亲戚征订党报党刊627份;开展各类联谊活动180余场次,解决群众困难诉求1245件。

【脱贫攻坚】 2019年,温宿县依希来木其乡建档立卡贫困户341户1341人,其中已脱贫138户563人(2014年脱贫16户61人,2015年脱贫2户11人,2016年脱贫83户337人,2017年脱贫18户59人,2018年脱贫19户95人)。2019年底脱贫203户

778人(待系统开放标注,包括2017年年底返贫户6户28人)。边缘户58户190人,脱贫监测户17户59人。

【惠农政策】 2019年,温宿县依希来木其乡美丽乡村庭院改造建设任务和“三区分离”共1758户,每户补贴600元,发放补贴金额105.48万元。发放2019年冬麦、春麦、玉米、苜蓿以及特色经济作物补贴金额284.48万元,补贴资金兑现率100%,涉及农户4547户,面积2394.31公顷。完成富余劳动力转移就业1976人次。

【安居富民】 2019年,温宿县依希来木其乡安居富民工程建房任务为318户,一般户314户,四类人员4户(其中五保户1户,低保户3户),安居富民竣工率、入住率均为100%。 (李姗薇)

2019年温宿县依希来木其乡行政村基本情况表

表15

行政村	村集体经济收入(万元)	人均纯收入(元)	耕地面积(公顷)	粮食总产量(吨)	棉花总产量(吨)	牲畜存栏(头/只)	牲畜出栏(头/只)
克孜勒都瓦村	13.46	20191.03	456.80	1561.27	51.52	4254	2737
依希来木其村	5.21	21861.26	591.33	1786.69	249.53	5621	4104
阿克托格拉克村	18.15	22042.19	380.67	876.64	15.91	7683	4649
阔依其村	56.81	25386.99	1346.67	2878.45	8.74	15295	10982
苏盖提艾日克村	42.12	16316.41	1018.33	653.21	3.92	10237	7765
拜什买热克村	5.48	21645.35	561.20	2148.54	9.22	8412	6895
海楼村	25.09	20881.68	601.73	1501.33	17.80	5401	3884
苏鲁瓦村	28.11	24048.49	733.26	1907.91	1.63	5359	3842
强尕克村	50.19	22361.10	880.67	902.76	48.48	4791	3274
依来克村	34.24	22740	430	676.52	29.05	4201	2684
斯也克村	62.19	23141.49	1200	2877.03	361.93	5566	4049

说明:因第12个行政村团结村属于第5个行政村苏盖提艾日克村的一个党支部,表格所填事项均计算在苏盖提艾日克村内,不单独写明

2019 年温宿县依希来木其乡主要社会经济指标情况表

表 16

项　目	指　　标	
农业	农业总产值(万元)	20969.80
	粮食播种面积(公顷)	2050.60
	粮食总产量(吨)	17770.33
	棉花播种面积(公顷)	435.21
	棉花总产量(吨)	797.73
	其他作物播种面积(公顷)	0
	其他作物总产量(吨)	0
林果业	特色林果产品面积(公顷)	1117.07
	特色林果产品总产量(吨)	29136
畜牧业	存栏(头只)	76820
	出栏(头只)	54865
林业	造林面积(公顷)	53.2
	人工林存活面积(公顷)	53.2
工业	总产值(万元)	0
广电	广播覆盖率(%)	100
	电视覆盖率(%)	100
	电话普及率(%)	100
财政	总收入(万元)	1081.61
	总支出(万元)	1081.61
教育	中学(所)	1
	小学(所)	6
	幼儿园(所)	8
	教职工总数(名)	317
	中高级职称教职工(名)	276
	在校学生总数(名)	3810

续表 16

项　目	指　标	
卫生	乡卫生院(所)	1
	村卫生所(所)	11
	专业技术人员(名)	23
	病床(张)	12
农机	拖拉机(台)	1610
	播种机(台)	58
	收割机(台)	28
	轧草机(台)	129
	农用机械使用率(%)	97
人口	总人口(人)	18738
	总户数(户)	4981
	农牧民人均收入(元)	21604.68
	人口出生率(‰)	6.83
	人口死亡率(‰)	5.34
	人口自然增长率(‰)	1.49

古勒阿瓦提乡

【概况】 温宿县古勒阿瓦提乡位于温宿县城东南方向,距温宿县城 58.8 千米,东邻阿克苏市,南接第一师六团,西接克孜勒镇,北靠共青团镇。南北长 45 千米,东西宽 30 千米。古勒阿瓦提,维吾尔语意为"繁荣的花"。2019 年,全乡辖 11 个行政村,54 个村民小组。

【农业农村经济】 2019 年,温宿县古勒阿瓦提乡农村经济总收入 10.56 亿元,其中种植业收入 6.39 亿元,林业收入 2.62 亿元,牧业收入 1.17 亿元,第二、三产业收入 0.38 万元。农牧民人均纯收入 20792.1 元,比上年增长 7.79%。稳定发展种植业,种植冬春小麦 1386.67 公顷,总产 0.97 万吨。种植棉花 1.64 万公顷,总产 3.65 万吨。种植玉米 240 公顷,总产 2.57 吨。完成农户庭院永久性拱棚面积 7.04 公顷 2888 户,林下蔬菜种植面积 44 公顷。新植防护林 54.97 公顷。完成果树整形修剪 2388.67 公顷、红枣摘心 2253.33 公顷。牲畜存栏 54824 头(只),出栏 87938 头(只),产肉 3201 吨,产奶 3000 吨,产蛋 357 吨。

【政治思想宣传】 2019 年,温宿县古勒阿瓦提乡组织党委中心组学习 12 次,党政班子成员讲党课 11 次,撰写调研报告 17 篇、心得体会 168 篇。开展民族团结宣讲 528 场,受教育人数 10 万余人次。红色收藏室参观学习人员 2 万余人次。组织发动草根宣讲员开展《新疆维吾尔自治区去极端化条例》《新疆维吾尔自治区民族团结进步工作条例》等巡回宣讲 10 次。

【实施惠民工程】 2019 年,温宿县古勒阿瓦提乡富民安居建设186户,其中新建92户,扩建94户。发放购置农机补贴188人542.31万元。实施扶贫项目3个,涉及资金1473.03万元。其中古勒阿瓦提村、巴格其村道路建设共计20.3千米,投入资金939.41万元;米勒克艾日克村、色格孜勒克村、英艾日克村防渗渠共计9.41千米,投入资金491.2万元;买里艾日克村自来水管网共计3.41千米,投入资金42.42万元。

【精神文明建设】 2019年,温宿县古勒阿瓦提乡以现代文化为引领,提升爱国主义教育基地功能,开展爱国主义教育。以第18个公民道德建设月为契机,深入开展公民道德建设、未成年人思想道德建设等主题实践活动。通过宣讲典型事迹、观看影片、选拔道德模范等方式,教育引导群众感党恩、听党话、跟党走。各行政村积极号召党员、团员、妇女组建志愿者服务队,开展志愿服务活动100余场次。

【社会事业发展】 2019年,温宿县古勒阿瓦提乡开展"惠民政策大家谈""农牧民运动会""村级文艺晚会"等各类活动。强化素质教育和师资队伍建设,多措并举提高教学质量。全民免费健康体检率100%。城乡居民养老保险参保7602人,60岁以上待遇领取养老金人员1466人。城乡居民医疗保险参保15081人,完成目标任务95.20%。全年举办建档立卡贫困户职业技能培训班4个,将就业创业工作落到实处,解决群众培训不方便、离家远、无资金问题。全年实现就业2500人,其中整建制就业177人,就近就地就业439人,外出零散就业322人,跨省市就业18人,季节性就业1570人。

【基层组织建设】 2019年,温宿县古勒阿瓦提乡深入推进"两学一做"学习教育常态化制度化,扎实开展"不忘初心、牢记使命"主题教育,以"1+3+3"大办实事好事为抓手,解决一批群众关心关注的热点难点问题。选派7名优秀干部担任村党组织书记、6名担任村治保主任,11名国家干部到村任职;开展冬季大培训,村"两委"干部及储备年轻干部、党员及预备党员等培训全员覆盖;打造1个地区级(桥头村)党建示范点;1个村级软弱涣散党组织顺利摘帽。收集群众困难诉求328件,解决260件。 (惠浩租)

2019年温宿县古勒阿瓦提乡行政村基本情况表

表17

行政村	村集体经济收入(万元)	人均纯收入(元)	耕地面积(公顷)	粮食总产量(吨)	棉花总产量(吨)	牲畜存栏(头/只)	牲畜出栏(头/只)
古勒阿瓦提村	116.36	12182.60	1576.17	1712.70	1811.56	8036	9948
古勒艾日克村	120.12	19456.30	1173.47	1016.10	2031.42	4836	8290
巴格其村	33.25	11100.90	861.53	791.70	987.88	5791	10210
买里艾日克村	170.50	13048.30	1846.11	1340.10	3426.29	8296	13264
桥头村	67.69	14399.80	985.55	782.80	1529.68	3350	4974
博斯坦托克拉克村	69.90	19962.90	110.31	863.20	1999.80	2646	4869
提根村	141.61	21082.20	1456.77	1040.40	2621.29	5178	7867
阿克吾斯塘村	102.87	27154.30	1808.53	848.90	3297.83	2239	5021
米勒克艾日克村	105.27	27647.30	321.97	939.70	6500.36	4174	8340
色格孜勒克村	118.86	26303.50	1790.03	1185.90	2958.32	4743	6632
英艾日克村	101.81	23511.60	1593.68	1878.70	2089.08	5535	8523

2019年温宿县古勒阿瓦提乡主要社会经济指标情况表

表18

项　目	指　标	
农业	农业总产值（万元）	63933
	粮食播种面积（公顷）	1400
	粮食总产量（吨）	12400
	棉花播种面积（公顷）	16413.33
	棉花总产量（吨）	35779.72
	其他作物播种面积（公顷）	0
	其他作物总产量（吨）	0
林果业	特色林果产品面积（公顷）	0
	特色林果产品总产量（吨）	0
畜牧业	存栏（头只）	54824
	出栏（头只）	87938
林业	造林面积（公顷）	54.97
	人工林存活面积（公顷）	52.22
工业	总产值（万元）	15500
广电	广播覆盖率（%）	100
	电视覆盖率（%）	100
	电话普及率（%）	88
财政	总收入（万元）	4506.29
	总支出（万元）	4280.38
教育	中学（所）	1
	小学（所）	8
	幼儿园（所）	10
	教职工总数（名）	282
	中高级职称教职工（名）	230
	在校学生总数（名）	4054

续表 18

项　目	指　标	
卫生	乡卫生院(所)	1
	村卫生室(所)	11
	专业技术人员(名)	24
	病床(张)	33
农机	拖拉机(台)	1269
	播种机(台)	385
	收割机(台)	46
	轧草机(台)	28
	农用机械使用率(%)	100
人口	总人口(人)	16540
	总户数(户)	4333
	农牧民人均收入(元)	20792.10
	人口出生率(‰)	4.90
	人口死亡率(‰)	5.40
	人口自然增长率(‰)	-0.50

博孜墩柯尔克孜民族乡

【概况】 温宿县博孜墩柯尔克孜民族乡(简称温宿县博孜墩乡)地处天山南麓,距温宿县东北方向100千米,东界拜城县,南靠佳木镇、第一师五团,西邻柯柯牙镇,北接伊犁哈萨克自治州昭苏县与哈萨克斯坦接壤。2019年,温宿县博孜墩乡有行政村9个,站所4个。全乡耕地面积2000.13公顷,草场面积20万公顷。农业总产值4395.4万元,农牧民人均纯收入7707元。

【农业农村经济】 2019年,温宿县博孜墩乡种植小麦913.33公顷,玉米400公顷,油菜233.33公顷,蔬菜933.32公顷(其中土豆446.66公顷,小拱棚种植蔬菜0.4公顷),种植沙棘1.10公顷,杏树2.75公顷,苹果9.51公顷,退耕还林37.48公顷;牲畜存栏71400头(只),出栏68100头(只)。完成1761户"三区分离"庭院改造项目;农牧民实用技术培训1750余人次;农业内部转移与季节性转移就业人数832人次,富民安居建设新建17户。

【政治思想宣传】 2019年,温宿县博孜墩乡党委中心组学习15次,干部政治学习50次,年初制定《博孜墩乡2019年党委中心组学习计划》,党委中心组脱贫专题学习7次,"不忘初心、牢记使命"主题教育暨中心组专题研讨学习2次,全年开展集中宣讲200余次,受教育群众1.6万余人次。

【精神文明建设】 2019年,温宿县博孜墩乡以"道德讲堂"为抓手,开展文明礼仪宣传普及活动,教育引导村民懂礼貌、知礼仪、守秩序，组织开展“学习和争做美德少年”“童心向党”“向国旗敬礼”等活动。通过开展“4个1”活动，组织党员干部到爱国主义教育基地为英烈扫墓，祭奠英烈，面向党旗开展传承红色基因，重温入党誓词活动；观看《榜样4》《张富清先进事迹报告会》《时代楷模》等电教片，深化党员干部干事创业精神。在全乡范围内开展形式多样、内容丰富的群众性主题宣传教育活动，组织开展百姓宣讲活动，以真人真事和真情实感讲好履职敬业、追梦筑梦、奋斗圆梦的故事。动员退休老干部、退役军人、致富典型等讲述亲身经历，坚持用身边人讲自己的事，共组织专题宣讲8次。

【脱贫攻坚】 2019年，温宿县博孜墩乡有建档立卡贫困户1217户3954人，有贫困村2个，分别是博孜墩村、克孜布拉克村；深度贫困村3个，分别是吾斯塘博依村、提坎库如克村、雪源村，有边缘户33户101人，有监测户62户216人。2014—2018年已脱贫980户3303人，博孜墩村、克孜布拉克村、吾斯塘博依村实现整村脱贫出列；2019年脱贫退出237户651人，提坎库如克村、雪源村脱贫出列。

【爱国卫生】 2019年，温宿县博孜墩乡落实每周2次卫生大扫除及节庆等重要日子的全乡卫生大清查工作；创建卫生示范乡村工作；4月开展1次除四害工作，保障全乡卫生安全；开展12次针对爱国教育月、世界无烟日、世界卫生日的宣传教育活动。

【劳动保障】 2019年，温宿县博孜墩乡下发城乡养老保险任务3520人，社保所对各村下发医疗任务6553人。职业培训任务870人，办理就业失业证书58人。

【民政救助】 2019年，温宿县博孜墩乡共有68户108人享受城乡低保（其中农村低保36户64人，发放低保金14.86万元，城市低保32户44人，发放低保金14.40万元），其中农村特殊低保户3户8人发放低保金1.78万元，城市特殊低保户5户7人2.79万元。80岁以上老年人50人，发放低保金3.95万元；五保户3户3人，共计发放1.8万元。地区残疾人“两项补贴”59户，59人发放金额6.54万元，发放退役军人生活补助3户3人共1.8万元。

【全民体检】 2019年，温宿县博孜墩乡开展全民健康体检活动，对5860名农民群众及机关站所干部进行体检工作，通过持续推进全民健康体检工作，摸准基层群众健康状况，方便农牧民及时享受均等化的基本公共卫生服务，提高居民健康水平。

【惠民工程】 2019年，温宿县博孜墩乡下达各类扶贫资金4128.49万元，共涉及项目26个，主要包括防渗渠、道路、自来水等基础设施项目；为50户贫困户购买10万棒菌棒种植扶贫黑木耳、为20户贫困户购置羊毛剪20把、为11户贫困户购置扶贫餐车等产业扶贫项目。2019年财政扶贫发展资金项目共12个项目，总投资2926.63万元；以工代赈资金项目2个，为博孜墩乡提坎库如克村小流域治理项目，雪源村6千米公路建设项目。

【基层组织建设】 2019年，温宿县博孜墩乡新发展党员44名，确定入党积极分子38名；通过资源整合，协调对接自筹等方式，完成新建“三室一中心”3个，完善活动中心2个，完成村级阵地扩建1个，新建村级文化大舞台2个；收集群众矛盾纠纷57件，化解矛盾纠纷57件，物资帮扶3.6余万元。

【基础设施建设】 2019年，温宿县博孜墩乡坚持基础设施先行，加大交通、水利、能源等基础设施建设，不断改善各族群众生产生活环境，新建柏油路面23.26千米，修整破损路面6100平方米，新建防渗渠9.73千米，修补自来水管道91.08千米、防洪坝0.4千米，全面实施农网改造升级，10千伏及以下配网建设工程投用。

【特色产业】 2019年,温宿县博孜墩乡依托天山托木尔世界自然遗产的品牌优势,坚持创新、协调、绿色、开放、共享发展,着眼于"旅游服务乡镇"的发展定位,以自然风光旅游胜地为目标,大力发展旅游业。利用扶贫专项资金、少数民族发展资金,在阿克布拉克村、尤喀克买里村、雪源村等旅游景区新建道路6335米;自筹20万元修葺观景台1处,逐步完善旅游基础设施。旅游节期间,集中展示特有的柯尔克孜民族手工制品、刺绣、服饰等以及山羊、土鸡、土鸡蛋、鸽子、马奶子、酸奶、奶皮子、奶疙瘩等特色农产品。

(李培东)

2019年温宿县博孜墩柯尔克孜民族乡行政村基本情况表

表19

行政村	村集体经济收入(万元)	人均纯收入(元)	耕地面积(公顷)	粮食总产量(吨)	棉花总产量(吨)	牲畜存栏(头/只)	牲畜出栏(头/只)
雪源村	16.60	7473.10	93.93	117.10	0	1605	1405
阿克布拉克村	17.90	7334.14	35.61	534.21	0	7785	7614
尤喀克买里村	0.21	7989.73	106.17	83.95	0	9495	8995
提坎库如克村	6.90	7365.29	191.45	309.87	0	3013	2865
博孜墩村	10.20	6947.26	738.85	1330.94	0	19729	18863
克孜布拉克村	6	7047.11	121.40	422.93	0	7177	6815
库尔干村	23.10	8498.29	336.03	488.57	0	5953	5666
吾斯塘博依村	109	8813.79	966.66	1160.6	0	9362	8930
博孜也尔村	7.60	8325.65	290.06	469.73	0	7290	6964

2019年温宿县博孜墩柯尔克孜民族乡主要社会经济指标情况表

表20

项　目	指　标	
农业	农业总产值(万元)	4395.40
	粮食播种面积(公顷)	1051.96
	粮食总产量(吨)	4917.90
	棉花播种面积(公顷)	0
	棉花总产量(吨)	0
	其他作物播种面积(公顷)	1977.01
	其他作物总产量(吨)	24919.70

续表 20

项　目	指　标	
林果业	特色林果产品面积(公顷)	0
	特色林果产品总产量(吨)	0
畜牧业	存栏(头只)	71400
	出栏(头只)	68100
林业	造林面积(公顷)	17.6
	人工林存活面积(公顷)	14.93
工业	总产值(万元)	0
广电	广播覆盖率(%)	100
	电视覆盖率(%)	100
	电话普及率(%)	100
财政	总收入(万元)	1772.97
	总支出(万元)	1772.97
教育	中学(所)	2
	小学(所)	3
	幼儿园(所)	7
	教职工总数(名)	57
	中高级职称教职工(名)	42
	在校学生总数(名)	888
卫生	乡卫生院(所)	2
	村卫生所(所)	8
	专业技术人员(名)	21
	病床(张)	17
农机	拖拉机(台)	806
	播种机(台)	157
	收割机(台)	5
	轧草机(台)	47
	农用机械使用率(%)	85

续表 20

项　目	指　标	
人口	总人口(人)	7437
	总户数(户)	2289
	农牧民人均收入(元)	7707
	人口出生率(‰)	5.9
	人口死亡率(‰)	8.7
	人口自然增长率(‰)	-2.8

托甫汗镇

【概况】 温宿县托甫汗镇位于温宿县城西南方向,距温宿县城10千米。2019年,托甫汗镇设立5个综合性办公室和1个人民武装部,即党政办公室、党建办公室、综治办公室、经济发展办公室和社会事务办公室以及人民武装部,下设农业(畜牧业)发展服务中心、文化体育广播电视服务中心、村镇规划建设发展中心、社保保障(民政)服务中心、财政所(农村合作经济经营管理服务站)、综治中心6个事业机构。辖8个行政村,31个村民小组。造林面积3351公顷,人工林存活面积2537公顷。

【种植业】 2019年,温宿县托甫汗镇农作物播种面积1889公顷,其中粮食作物1888.06公顷。水稻种植面积1474.5公顷;复播玉米面积66.7公顷;冬小麦345公顷;蔬菜种植面积157公顷(其中温室178个38公顷,产量5250吨,大中小拱棚680个2.7公顷,产量160.8吨,露地蔬菜116.3公顷,产量6978吨),马铃薯53公顷,豆类63公顷;庭院永久性温室大棚68个0.5公顷。水稻引进专用有机肥,推广并使用机械育秧等技术、使用农作物病虫害防治新药,病虫害防治面积1888公顷,覆盖率100%。

【林果业】 2019年,温宿县托甫汗镇林果业总面积3351公顷,其中核桃2600公顷,红枣80.93公顷,苹果794公顷,香梨17.9公顷。挂果面积3253公顷,总产量33382.87吨,其中核桃7668.25吨,红枣600.05吨,苹果25114.58吨,香梨253.19吨。完成林果清园3351公顷,果树修剪3351公顷。核桃新嫁接面积34.2公顷22572株,补接核桃18公顷11880株,低产园改造5.3公顷1009株(嫁接品种为"温185号"和"新新2号"为主,嫁接成活率90%以上),2次防治核桃黑斑蚜苗面积2600公顷。新增防护林面积12公顷,补植防护林84.2公顷,义务植树4.04万株。抓好落实12个284.3公顷高产林果业示范园和8个155.2公顷低产林果业示范园的施肥、修剪、病虫害防治工作。发放农民林果补贴639户375.1公顷149.2万元。

【畜牧业】 2019年,温宿县托甫汗镇牲畜存栏9632头(只),出栏4351头(只),能繁母畜存栏达6440头(只)。家禽养殖量5.85万羽,家禽出栏3.1万羽,全年产肉14.2吨,产奶0.4吨,产蛋480吨,劣质公畜去势566头,羊断尾380只,黄牛改良223头,肉羊改良280只。畜禽防疫6.25万头,其中驱虫2.16万头,羊痘8866头,检疫5870头,治疗350头(只),"五号"防疫苗565头,牛"两病"检测416头,禽流感防疫5.25万羽。制作青贮饲料3000吨,秸秆饲料4万吨。开展畜牧业专业技术培训5期3150人。

【农机管理】 2019年,温宿县托甫汗镇有拖拉机562台(大型431台,小型131台),各种牵引机械569台,其中小麦播种机16台,插秧机15台,收割机22台,农机驾驶员571名,持证率100%,耕地机械率100%,插秧机械率100%,平均机械率99%,培训人数531人。

【基层组织建设】 2019年,温宿县托甫汗镇党员干部共检视问题7250条,整改7250条。351名党员干部接受教育。围绕"1+3+3"为民办实事好事13件。定期召开专题培训会议,严格党员审批,新发展预备党员47人,完成全年发展党员计划100%。

【流动人口管理】 2019年,温宿县托甫汗镇严格落实流动人口"369"工作机制,建立出租房屋房东、经营业主、雇主、用工单位流动人口信息报告和管理责任制度,全年登记外来人员209人,登记外出人员199人。摸排登记出租房屋共67间,开展安全检查682次,确保出租房屋生产经营安全。

【宣传教育活动】 2019年,温宿县托甫汗镇开展社会主义核心价值观和中国梦宣传教育,深化党史国史和新疆史教育,开展各类宣传教育活动316场2600人次。组织党员干部、教师、"四老"人员,学习宣传活动450余次,开展群众宣传教育大会220次。

【脱贫攻坚】 2019年,温宿县托甫汗镇有建档立卡贫困户68户225人,其中监测户4户18人,边缘户14户66人,已脱贫31户114人,37户111人在2019年底脱贫摘帽。贫困人口已全部脱贫,做好11户贫困户牲畜棚圈建设项目工程,每户补贴1500元,共计16.5万元。

【全民健康体检】 2019年,温宿县托甫汗镇应参加全民健康体检人数为4623人,实际体检3970人,完成85.88%,其中0~6岁儿童体检人数431人,发现贫血儿童8人,7~14岁学生体检人数663人,发现阳性病例11人,15~64岁人群体检数2595人,多发病为高血脂、胆囊结石、高血压、肾结石、胆囊炎、糖尿病等合计阳性病患者829人,65岁以上281人体检,阳性病例261人,多发病为胆囊炎、胆囊结石、高血脂、肾结石、高血压、糖尿病。

【实施安居富民】 2019年,温宿县托甫汗镇建设安居富民项目40户,新建40户,其中一般户34户,贫困户3户,低保户2户,五保户1户(酒花楼村3户,稻泉村4户,尤喀克托甫汗村7户,托万克托甫汗村8户,托甫汗村5户,阿亚克其村13户),40户已全部竣工。按照"一户一档"要求填写纸质建档40户,电子档案录入40户。发放补助资金121.3万元。

【民生建设保障】 2019年,温宿县托甫汗镇发放城乡低保金49.98万元,粮食29.3吨,清油5.2吨,老年人生活补助2.53万元,孤儿生活费补助9600元,残疾人补贴金4.84万元,临时救助16.55万元。全镇实现新增就业99人;职业培训65人,完成目标任务100%;辖区应届高校毕业生就业率100%。全年城乡居民基本医疗保险参保5286人,完成目标任务112.64%。季节性劳务输出284人,收入260万元。规范城乡低保工作,城乡低保对象累计纳入61户131人,发放补助49.98万元。做好城乡居民医保补贴发放工作,享受临时救助27户30人16.85万元;发放18名双拥优抚对象生活补助16.8万元。

【民生项目建设】 2019年,温宿县托甫汗镇实施美丽乡村建设项目,总投资200万元,购置垃圾车1辆,洒水车1辆,垃圾船30个,新装太阳能路灯283盏。实施农村四级道路建设项目,新增柏油路13.7千米,硬化路面1千米,总投资710万元。实施防渗渠建设项目,新增防渗渠1千米,投资20万元。推进特色小城镇建设项目,学府路、康庄大道、前进路全面完工并顺利通车。干部周转宿舍全面竣工、入住。镇区街头游园顺利启动实施,4万平方米的街头新景映入眼帘。全镇天然气正式输气。 (董悦兰)

2019 年温宿县托甫汗镇行政村基本情况表

表 21

行政村	村集体经济收入(万元)	人均纯收入(元)	耕地面积(公顷)	粮食总产量(吨)	棉花总产量(吨)	牲畜存栏(头/只)	牲畜出栏(头/只)
酒花楼村	5.00	24913.79	11.61	113	0	60	20
新村	5.00	19341.37	14.4	111	0	0	0
路南村	5.00	19078.71	0	0	0	420	230
稻泉村	5.00	27719.99	29.45	296	0	398	91
尤喀克托甫汗村	76.25	18132.50	184.19	1763	0	3630	2150
托万克托甫汗村	61.42	22785.99	430.46	4293	0	2369	820
托甫汗村	11.64	10477.97	131.87	1313	0	655	190
阿亚克其村	88.21	12955.8	1086.07	11127	0	2100	850

2019 年温宿县托甫汗镇主要社会经济指标情况表

表 22

项　目	指　标	
农业	农业总产值(万元)	19534.08
	粮食播种面积(公顷)	1888.06
	粮食总产量(吨)	19016
	棉花播种面积(公顷)	0
	棉花总产量(吨)	0
	其他作物播种面积(公顷)	1062.16
	其他作物总产量(吨)	31247.32
林果业	特色林果产品面积(公顷)	3253
	特色林果产品总产量(吨)	33382.87
畜牧业	存栏(头只)	9632
	出栏(头只)	4351
林业	造林面积(公顷)	3351
	人工林存活面积(公顷)	2537
工业	总产值(万元)	0

续表 22

项　目	指　标	
广电	广播覆盖率(%)	100
	电视覆盖率(%)	100
	电话普及率(%)	100
财政	总收入(万元)	1387.74
	总支出(万元)	1503.54
教育	中学(所)	0
	小学(所)	1
	幼儿园(所)	4
	教职工总数(名)	89
	中高级职称教职工(名)	36
	在校学生总数(名)	1001
卫生	乡卫生院(所)	1
	村卫生室(所)	7
	专业技术人员(名)	13
	病床(张)	14
农机	拖拉机(台)	562
	播种机(台)	16
	收割机(台)	22
	轧草机(台)	5
	农用机械使用率(%)	100
人口	总人口(人)	7203
	总户数(户)	2039
	农牧民人均收入(元)	19620.90
	人口出生率(‰)	4.69
	人口死亡率(‰)	4.41
	人口自然增长率(‰)	0.28

柯柯牙镇

【概况】 温宿县柯柯牙镇地处天山山脉腹地,托木尔峰脚下,距温宿县城北3千米,东与温宿镇相邻,南至温宿县迎宾路,西与吐木秀克镇接壤,北与吉尔吉斯斯坦交界。2019年,温宿县柯柯牙镇管辖6个站所,下辖13个行政村,共75个村民小组。

2019年,全镇地方生产总值7.06亿元,比上年增长8.3%,目标任务完成100%。其中第一产业生产总值6.96亿元,第二产业生产总值546万元,第三产业生产总值477.8万元;农牧民人均纯收入29464.79元,比上年增长8.75%。

【惠民工程】 2019年,温宿县柯柯牙镇完成生态造林面积100公顷,其中经济林13.33公顷,防护林86.67公顷。完成富民安居工程任务27户,竣工入住率100%。争取专项配套项目资金1837.22万元。其中新修灌溉防渗渠12.04千米,总投资522.89万元;新修建自来水管网30.25千米,总投资443.41万元,完善艾肯博依村配套附属,其中投资水暖设施2.24万元、变压器1台8.86万元、高压电缆80米,村级基础生活条件有效改善。

【教育工作】 2019年,温宿县柯柯牙镇适龄儿童入学率99.88%,小学教育接受率99.98%,初中升学率99.76%,有2所学校、3所幼儿园、拥有教职工86名,其中少数民族教师55名;共有学生及学前儿童547名,其中少数民族学生499名。落实4岁以上儿童免费学前教育政策和小学生免费提供一次营养餐政策。

【农业农村经济】 2019年,温宿县柯柯牙镇强化林果业11个"两高一优"和13个低产低效园改造工作双向示范园建设,新增科技示范园5个。落实退耕还林补助面积1613.09公顷,发放补助资金1340.66万元,惠及群众1053户。

【社会事业发展】 2019年,温宿县柯柯牙镇转移富余劳动力807人次,登记失业人员40人,参加城乡养老保险人员3249人,交付养老保险金64.86万元,参加城市农村合作医疗保险人员5205人,交付医疗保险金1065.60万元。在温宿县创业脱贫县级示范点萨依巴格村,开展"滴灌式"技能培训200余人次,带动温宿县柯柯牙镇47户106人脱贫,深度贫困村萨依巴格村实现整村退出。全镇654户2124贫困人口全部脱贫,2个深度贫困村全部退出。发放各项惠农补贴补助3020.52万元,其中农村城市低保金34.66万元,临时救助资金3.99万元,护边员补助699.40万元,退耕还草羊圈补助69.58万元,农机补贴56.20万元。

【开发核桃新品种】 2019年,温宿县柯柯牙镇拥有核桃品种资源21种,有"新温185""扎343""温179""新早丰""新新2"5个品种,均有早实丰产性强、壳薄、光滑,内皱壁退化,易取整仁、出仁率和出油率高、仁色浅味香的特点,在全国各地得到大面积推广。

【政治思想宣传】 2019年,温宿县柯柯牙镇各级党员干部共检视问题18378条,已整改17825条。通过参观柯柯牙绿化工程纪念馆、观看先进典型事迹影片等形式,551名党员干部受到了教育。

【基层组织建设】 2019年,温宿县柯柯牙镇落实管党治党主体责任,推进"两学一做"学习教育和"不忘初心、牢记使命"主题教育常态化制度化,党员"四个意识"不断增强、"四个自信"更加坚定、"两个维护"忠诚践行。注重在稳定发展一线、脱贫攻坚一线培养锻炼干部,推进公务员职务与职级并行工作,干部选拔任用、监督管理、关心关爱激励机制不断完善,干部队伍综合素质提升。"访惠聚"驻村工作推进,"1+2+5"任务落实。

【精神文明建设】 2019年,温宿县柯柯牙镇开展村级各项文艺活动642场,组织观看电影109场,开展村级各项宣讲872次,发放各类图书资料万余册,电视、广播覆盖率100%,电话普及率100%。
(杜光辉)

2019年温宿县柯柯牙镇行政村基本情况表

表23

行政村	村集体经济收入(万元)	人均纯收入(元)	耕地面积(公顷)	粮食总产量(吨)	棉花总产量(吨)	牲畜存栏(头/只)	牲畜出栏(头/只)
艾肯博依村	27.31	8997.08	58	0	0	1350	495
龙口村	0	27007.01	65.33	0	0	6802	1440
柯柯牙村	1.61	35105.18	233.4	0	0	722	286
萨依巴格村	46.40	10873.67	67.27	0	0	1326	1175
核桃新村	7.65	29152.74	48	0	0	117	80
果林村	0.50	41625.97	98.47	0	0	443	680
英沿村	6.36	15391.64	14.13	15.05	0	9650	4505
英巴村	0	31620.47	0.93	0	0	34	30
园林村	0	39364.67	12.73	0	0	17	0
绿化新村	2.55	68695.18	52.60	0	0	6282	4080
戈壁新村	0	68032.93	343.27	0	0	1342	1421
帕克勒克村	65.56	10098.75	30.07	49	0	17879	4405
塔格拉克村	35.40	10255.65	71.80	187.5	0	6445	2134

2019年温宿县柯柯牙镇主要社会经济指标情况表

表24

项目	指标	
农业	农业总产值(万元)	9566.90
	粮食播种面积(公顷)	65.27
	粮食总产量(吨)	251.55
	棉花播种面积(公顷)	0
	棉花总产量(吨)	0
	其他作物播种面积(公顷)	57.40
	其他作物总产量(吨)	441.70

续表 24

项　　目	指　　标	
林果业	特色林果产品面积(公顷)	9733.33
	特色林果产品总产量(吨)	20384.90
畜牧业	存栏(头只)	52409
	出栏(头只)	20731
林业	造林面积(公顷)	100
	人工林存活面积(公顷)	100
工业	总产值(万元)	546
广电	广播覆盖率(%)	100
	电视覆盖率(%)	100
	电话普及率(%)	100
财政	总收入(万元)	3365.71
	总支出(万元)	3476.83
教育	中学(所)	0
	小学(所)	2
	幼儿园(所)	3
	教职工总数(名)	86
	中高级职称教职工(名)	79
	在校学生总数(名)	547
卫生	乡卫生院(所)	1
	村卫生所(所)	13
	专业技术人员(名)	11
	病床(张)	8
农机	拖拉机(台)	444
	播种机(台)	4
	收割机(台)	0
	轧草机(台)	7
	农用机械使用率(%)	85

续表 24

项目	指标	
人口	总人口(人)	11475
	总户数(户)	3977
	农牧民人均收入(元)	29464.79
	人口出生率(‰)	5.53
	人口死亡率(‰)	3.96
	人口自然增长率(‰)	1.57

共青团镇

【概况】 温宿县共青团镇位于温宿县城西南方向,距县城 52 千米,辖 10 个行政村、57 个村民小组,下属农业(畜牧业)发展服务中心、文化体育广播电视服务中心、村镇规划建设发展中心、社保保障(民政)服务中心、财政所(农村合作经济经营管理服务站)5 个管理单位。全镇耕地面积 11238.7 公顷。

【农业农村经济】 2019 年,温宿县共青团镇农作物播种面积 9004.80 公顷,其中水稻 697.7 公顷,冬小麦 995.03 公顷,正复播玉米总面积 686.1 公顷,棉花 6415.5 公顷,甜菜 13 公顷,蔬菜 19.08 公顷(其中温室 7 个 0.33 公顷,大中小拱棚 1585 个 3.8 公顷,露地蔬菜 14.67 公顷)。林果挂果面积 3335 公顷,果品总产 27100 吨。新增防护林 20.01 公顷,补植防护林 480.24 公顷,义务植树 5.5 万株。落实 5 个 80.04 公顷高产林果业示范园。

年末,牲畜存栏 37987 头(只),出栏 24948 头(只)。能繁母畜存栏 21677 头(只)。养殖家禽 15970 羽,家禽出栏 22862 羽。全年产肉 948.37 吨,产奶 1586.9 吨,产蛋 336.15 吨。购买引进优质种公羊 24 只,开展劣质公畜去势 2654 头,黄牛改良 592 头,肉羊改良 4011 只。新修防洪坝 402 米,维修防洪坝 1890 米。全年实现农村经济总收入 51969.33 万元,农牧民人均纯收入 19999.5 元。

【基层组织建设】 2019 年,温宿县共青团镇开展“不忘初心、牢记使命”主题教育活动,开展理论学习 6 次,班子成员查找问题 506 条,一般干部查找问题 633 条,分层次开展党员干部培训 6 场次,领导干部专题党课 13 期次,观看专题片 8 期次,撰写理论文章、心得体会 800 余篇,应知应会测试 4 场次,分层次开展交流讨论 6 场次,受教育党员干部达 1300 余人次。开展各类检查 89 次,查出问题 123 件,通报曝光 23 次,解决群众困难诉求 24 条,排查安全隐患 50 个,给低保户、五保户发放过冬煤 108 吨,组织贫困户 60 余人就近拾棉花创收,帮助困难群众申请临时救助 6 人 45000 元。发展预备党员 53 人,完成计划 100%。各村推行“两会两票”机制,村“两委”按照正职 1:3,副职 1:3 储备后备干部 168 人。

【民族团结教育】 2019 年,温宿县共青团镇领导干部结对认亲 338 对,组织开展“亲戚手拉手,暖冬在行动”“迎新春 送祝福”“温宿县民族团结最强音”等主题教育活动;开展民族团结宣讲,推进“民族团结一家亲”和民族团结联谊活动。开展民族团结结亲联谊活动 100 余场次。

【政治思想宣传】 2019 年,温宿县共青团镇开展社会主义核心价值观和中国梦宣传教育,深化党史国史教育,开展各类宣传教育活动220场次。行政村每天播音3次6小时,收听人数73.2万人次,开展文体活动127场次。

【脱贫攻坚】 2019年,温宿县共青团镇有建档立卡贫困户124户384人,2014—2018年已脱贫70户227人,2019年底脱贫摘帽54户157人。通过加强组织领导,强化队伍管理,落实帮扶措施,加大督查检查各项措施,对贫困户进行全覆盖帮扶,做到“不落一户,不落一人”。

【全民健康体检】 2019年,温宿县共青团镇应参加健康体检7737人,实际体检7737人,其中0 ~6岁儿童体检人数974人,发现贫血儿童27人,7 ~14岁学生体检人数1303人,发现阳性病例214人,15 ~ 64岁人群体检数4958人,多发病为高血脂、胆囊结石、高血压、肾结石、胆囊炎、糖尿病等合计阳性病患者1067人,65岁以上人群体检数502人,阳性病例218人,多发病为胆囊炎、胆囊结石、高血脂、肾结石、高血压、糖尿病。

【就业指导】 2019年,温宿县共青团镇富余劳动1178人整建制就业350人,季节性就业828人,职业技能培训29人,取得技能资格证29人,开展就业和社保宣讲120场次,受教育6560人次。

【安居富民】 2019年,温宿县共青团镇完成安居富民建设44户,其中新建36户,扩建8户;一般户37户,四类户7户。发放补助资金133.15万元。

【社会保障】 2019年,温宿县共青团镇发放低保金62.93万元、粮食44吨、清油5.77吨、优抚金59340元,享受5人,发放老年人生活补助2.61万元、残疾人补贴金229656元。参加新农保人数10192人,参合率达98%以上。

【项目建设】 2019年,温宿县共青团镇新建项目7个,其中综合服务中心附属建设项目,总投资720万元;创业就业小集市建设项目,总投资520万元;尤喀克佳木村农村道路建设项目,铺设柏油路8.6千米,项目总投资430万元;安全饮水建设项目(尤喀克佳木村、托万克佳木村)铺设管网31.27千米,总投资792万元;核桃晾晒场建设项目,新建硬化3628平方米,总投资43.5万元;棚圈建设项目,25户建设棚圈每户补助1.5万元,总投资37.5万元;壮大村集体购置采棉机项目,项目总投资250万元。

(王 潼)

2019年温宿县共青团镇行政村基本情况表

表25

行政村	村集体经济收入(万元)	人均纯收入(元)	耕地面积(公顷)	粮食总产量(吨)	棉花总产量(吨)	牲畜存栏(头/只)	牲畜出栏(头/只)
尤喀克佳木村	20.97	11849.92	728.4	2058.08	250.95	7836	5144
托万克佳木村	20.36	12238.68	650.93	1719.44	827.90	5670	3723
千亩地村	0	24497.81	1179.66	2191.13	1709.51	449	297
喀拉布运村	22.36	16608.64	495.63	783.34	692.83	1032	680
尤喀克买里村	10	20756.29	226.21	119.26	129.78	304	202
吉日木苏盖特村	5	31626.66	900.73	1123.6	1352.88	643	424

续表 25

行政村	村集体经济收入(万元)	人均纯收入(元)	耕地面积(公顷)	粮食总产量(吨)	棉花总产量(吨)	牲畜存栏(头/只)	牲畜出栏(头/只)
阿孜干布拉克村	5	35166.17	1123.07	1057.67	3956.06	2005	1319
萨叶科普村	1	32908.75	1286.93	1175.46	4243.39	11997	7873
恰其力克村	71.17	16660.32	1641.93	1926.88	4602.02	5754	3777
铁路新村	0	36822.73	3043	1416.43	13507.64	2297	1509

2019 年温宿县共青团镇主要社会经济指标情况表

表 26

项　　目	指　　标	
农业	农业总产值(万元)	31777.7
	粮食播种面积(公顷)	2053.8
	粮食总产量(吨)	13571.29
	棉花播种面积(公顷)	6311.07
	棉花总产量(吨)	31272.96
	其他作物播种面积(公顷)	68.99
	其他作物总产量(吨)	1598.48
林果业	特色林果产品面积(公顷)	3335
	特色林果产品总产量(吨)	27100
畜牧业	存栏(头只)	37987
	出栏(头只)	24948
林业	造林面积(公顷)	59.3
	人工林存活面积(公顷)	353.9
工业	总产值(万元)	0
广电	广播覆盖率(%)	100
	电视覆盖率(%)	100
	电话普及率(%)	99
财政	总收入(万元)	1256.45
	总支出(万元)	1256.45

续表 26

项　　目	指　　标	
教育	中学(所)	0
	小学(所)	3
	幼儿园(所)	7
	教职工总数(名)	109
	中高级职称教职工(名)	8
	在校学生总数(名)	1522
卫生	乡卫生院(所)	2
	村卫生室(所)	8
	专业技术人员(名)	19
	病床(张)	6
农机	拖拉机(台)	1309
	播种机(台)	311
	收割机(台)	21
	轧草机(台)	3
	农用机械使用率(%)	100
人口	总人口(人)	12967
	总户数(户)	2950
	农牧民人均收入(元)	19999.5
	人口出生率(‰)	4.90
	人口死亡率(‰)	3.70
	人口自然增长率(‰)	1.20

荣　誉

先进集体

2019年度温宿县获表彰先进集体一览表(国家级)

表27

获表彰集体	表彰时间	荣誉称号	表彰单位
温宿县民政局	2019年	全国民政系统先进集体	中华人民共和国人力资源和社会保障部、民政部
温宿县人民医院	2019年2月	国家级节约型公共机构示范单位	国管局、中华人民共和国国家发展改革委员会、财政部
温宿县第二小学	2019年4月	全国第六届中小学艺术展演活动艺术表演类小学甲组二等奖	全国第六届中小学艺术展演活动组委会
温宿县人民检察院	2019年6月	人民满意的公务员集体	中共中央组织部、中共中央宣传部
温宿县林业和草原局	2019年9月	全国生态建设突出贡献先进集体	国家林业和草原局
温宿县委组织部	2019年12月	摄制的《那山那路那人》在“2019年行业电视节目展评展播活动”中被推选为纪录片类优秀作品	中国电视艺术家协会行业电视委员会

2019年度温宿县获表彰先进集体一览表(自治区级)

表28

获表彰集体	表彰时间	荣誉称号	表彰单位
温宿县人民检察院	2019年7月	先进基层党组织	自治区党委
温宿县	2019年10月	自治区文明县城	自治区精神文明建设指导委员会

2019年度温宿县获表彰先进集体一览表（地区级）

表29

获表彰集体	表彰时间	荣誉称号	表彰单位
温宿县委政法委	2019年1月	阿克苏地区2018年度反恐维稳先进集体	中共阿克苏地区委员会、阿克苏地区行政公署
温宿县司法局	2019年1月	阿克苏地区2018年度反恐维稳先进集体	中共阿克苏地区委员会、阿克苏地区行政公署
温宿县公安局巡逻防控大队	2019年1月	集体三等功	阿克苏地区公安局
温宿县公安局城镇派出所泉城便民警务站	2019年1月	集体三等功	阿克苏地区公安局
温宿县公安局文化路便民警务站	2019年1月	集体三等功	阿克苏地区公安局
温宿县公安局恰格拉克派出所古勒巴格村警务室	2019年1月	集体三等功	阿克苏地区公安局
温宿县公安局古勒阿瓦提派出所	2019年1月	情报工作成绩突出先进集体	阿克苏地区公安局
温宿县公安局治安管理大队	2019年1月	情报工作成绩突出先进集体	阿克苏地区公安局
温宿县公安局国内安全保卫大队	2019年1月	情报工作成绩突出先进集体	阿克苏地区公安局
温宿县公安局看守所	2019年1月	反恐维稳先进集体	中共阿克苏地区委员会、阿克苏地区行政公署
温宿县公安局国保大队	2019年1月	反恐维稳先进集体	中共阿克苏地区委员会、阿克苏地区行政公署
温宿县社会保险管理局	2019年1月	地区人社系统“先进集体”	阿克苏地区人力资源和社会保障局
温宿县温宿镇迎宾社区	2019年1月	地区充分就业社区	阿克苏地区人力资源和社会保障局
		阿克苏地区2018年度反恐维稳先进集体	中共阿克苏地区委员会、阿克苏地区行政公署
温宿县气象局	2019年2月	优秀单位	阿克苏地区气象局
温宿县人民法院	2019年4月	优秀法院、扫黑除恶专项斗争先进单位、党风廉政建设先进单位	阿克苏地区中级人民法院
温宿县第二中学	2019年6月	地区级毒品预防教育示范校	阿克苏地区禁毒委员会
	2019年9月	教育工作先进集体	中共阿克苏地区委员会、阿克苏地区行政公署

续表 29

获表彰集体	表彰时间	荣誉称号	表彰单位
温宿县托乎拉乡第一小学	2019 年 7 月	先进基层党组织	中共阿克苏地区委员会
温宿县托乎拉乡中学	2019 年 7 月	先进基层党组织	中共阿克苏地委教育工作委员会
温宿县依希来木其乡中学	2019 年 7 月	2019 年阿克苏地区“保险杯”中学生足球联赛道德风尚奖	阿克苏地区教育局、阿克苏地区文化体育广播电视旅游局
温宿县教育和科学技术局	2019 年 8 月	2019 年阿克苏地区“保险杯”中学生篮球联赛道德风尚奖	阿克苏地区教育局、阿克苏地区文化体育广播电视旅游局
温宿县第五中学	2019 年 8 月	2019 年阿克苏地区“保险杯”中学生篮球联赛道德风尚奖	阿克苏地区教育局、阿克苏地区文化体育广播电视和旅游局
温宿县阿热勒镇中学	2019 年 8 月	2019 年阿克苏地区“保险杯”中学生排球联赛初中男子组第二名	阿克苏地区教育局、阿克苏地区文化体育广播电视旅游局
		2019 年阿克苏地区“保险杯”中学生排球联赛高中男子组第二名	
		2019 年阿克苏地区“保险杯”中学生排球联赛高中女子组第三名	
温宿县恰格拉克乡中学	2019 年 8 月	2019 年阿克苏地区“保险杯”中学生排球联赛优秀组织奖	阿克苏地区教育局、阿克苏地区文化体育广播电视旅游局
温宿县人力资源和社会保障局	2019 年 9 月	“阿克苏地区浙阿杯”创业创新大赛优秀组织奖	阿克苏地区行政公署、浙江省援疆指挥部
温宿县温宿镇第六小学	2019 年 9 月	教育工作先进集体	中共阿克苏地区委员会、阿克苏地区行政公署
温宿县纪委监委	2019 年 10 月	阿克苏地区“纪法铭于心 廉洁伴我行”知识竞赛优秀组织奖	中共阿克苏地区纪律检查委员会、阿克苏地区监察委员会
温宿县温宿镇	2019 年 11 月	阿克苏地区乡镇（街道）纪检监察干部“大练兵”竞赛（西五县市片区）活动中一等奖	中共阿克苏地区纪律检查委员会

先进个人

2019 年度温宿县获表彰先进个人一览表(国家级)

表 30

姓名	工作单位	表彰时间	荣誉称号	表彰单位
王　霞	温宿县第五中学教师	2019 年 8 月	“新时代好少年”主题教育读书活动“我为祖国点赞”征文指导一等奖	教育部关工委全国青少年“新时代好少年”主题教育读书活动组委会
阿依古丽·艾比布力	温宿县恰格拉克乡中学教师	2019 年 9 月	全国优秀教师	教育部
艾合买提·玉山	温宿县托乎拉乡司法所所长	2019 年 9 月	全国模范司法所长	司法部
阿孜古丽·玉努斯	温宿县温宿镇退休干部	2019 年 9 月	最美家庭	中华全国妇女联合会

2019 年度温宿县获表彰先进个人一览表(自治区级)

表 31

姓名	工作单位	表彰时间	荣誉称号	表彰单位
艾合买提·托乎尼亚孜	温宿县人民检察院检委会专职委员	2019 年	“访惠聚”先进工作者	新疆维吾尔自治区“访惠聚”驻村工作领导小组
曹　伟	温宿县人民检察院党组成员、纪检组组长	2019 年	“访惠聚”先进工作者	新疆维吾尔自治区“访惠聚”驻村工作领导小组
张连生	温宿县人民检察院刑事检察部副科级检察员	2019 年	“访惠聚”先进工作者	新疆维吾尔自治区“访惠聚”驻村工作领导小组
李　鑫	温宿县公安局政治处管理岗九级职员	2019 年 1 月	全区政工信息优秀通讯员	新疆维吾尔自治区公安厅政治部
王　慧	温宿县气象局局长	2019 年 1 月	2018 年重大气象服务先进个人	新疆维吾尔自治区气象局
郭　超	温宿县人民法院司法警察	2019 年 6 月	2019 年度晋授警衔培训班优秀教练员	新疆维吾尔自治区高级人民法院
曹湘波	温宿县委办公室副主任	2019 年 7 月	2019 年度优秀共产党员	中共新疆维吾尔自治区委员会
古丽先·吾休尔	温宿县人民法院刑庭副庭长	2019 年 7 月	优秀共产党员	新疆维吾尔自治区高级人民法院党组
艾尼外尔·赛来	温宿县人大常委会党组副书记、主任	2019 年 9 月	自治区人大系统先进个人	新疆维吾尔自治区人大常委会
赵学斌	温宿县公安局综合技术侦查大队教导员	2019 年 11 月	个人二等功	新疆维吾尔自治区公安厅

2019 年度温宿县获表彰先进个人一览表(地区级)

表 32

姓名	工作单位	表彰时间	荣誉称号	表彰单位
肖乎来提·艾海提	温宿县公安局国内安全保卫大队民警	2019 年 1 月	个人三等功	阿克苏地区公安局
兰　波	温宿县公安局警令部副主任	2019 年 1 月	个人三等功	阿克苏地区公安局
杨路明	温宿县公安局国内安全保卫大队副大队长	2019 年 1 月	个人三等功	阿克苏地区公安局
赵骏鹏	温宿县公安局综合技术侦查大队副大队长	2019 年 1 月	个人三等功	阿克苏地区公安局
李重阳	温宿县公安局综合技术侦查大队副大队长	2019 年 1 月	个人三等功	阿克苏地区公安局
杨　扬	温宿县公安局特巡警大队大队长	2019 年 1 月	个人三等功	阿克苏地区公安局
邵斌强	温宿县看守所安保大队大队长	2019 年 1 月	个人三等功	阿克苏地区公安局
郭　辉	温宿县公安局城镇派出所泉城便民警务站站长	2019 年 1 月	个人三等功	阿克苏地区公安局
艾尔凡·艾尔肯	温宿县公安局城镇派出所明园警务室民警	2019 年 1 月	个人三等功	阿克苏地区公安局
艾力卡木·艾麦提	温宿县公安局托乎拉派出所库如力村警务室民警	2019 年 1 月	个人三等功	阿克苏地区公安局
曹佼佼	温宿县公安局克孜勒派出所治安巡逻点站长	2019 年 1 月	个人三等功	阿克苏地区公安局
吴敏艳	温宿县社会保险管理局科员	2019 年 1 月	地区人社系统服务窗口十佳业务能手	阿克苏地区人力资源和社会保障局
王　慧	温宿气象局党支部书记、局长	2019 年 2 月	优秀工作者	阿克苏地区气象局
李开群	温宿气象局干部、预报组工程师	2019 年 2 月	优秀工作者	阿克苏地区气象局
奴尔古丽·托乎尼牙孜	温宿县人民法院审判员	2019 年 4 月	调解能手	中共阿克苏地区中级人民法院党组
张启焕	温宿县人民法院书记员	2019 年 4 月	优秀书记员	中共阿克苏地区中级人民法院党组
张　雁	温宿县人民法院审管办副主任	2019 年 4 月	十佳女法官	中共阿克苏地区中级人民法院党组
许志顺	温宿县托甫汗镇第二小学教师	2019 年 5 月	地区学前、中小学青年教师技能“大比武”基本功研赛三等奖	阿克苏地区教育局、阿克苏地区教育学会

续表 32

姓名	工作单位	表彰时间	荣誉称号	表彰单位
韩晏飞	温宿县委组织部副部长	2019 年 7 月	地区优秀党务工作者	中共阿克苏地区委员会
铁木尔·阿不拉	温宿县柯柯牙镇萨依巴格村党支部书记	2019 年 7 月	地区优秀党务工作者	中共阿克苏地区委员会
刘　虹	温宿县温宿镇新泉社区党支部书记、居委会副主任	2019 年 7 月	地区优秀共产党员	中共阿克苏地区委员会
努尔买买提·毛尼牙孜	温宿县恰格拉克乡吉格代村治保主任	2019 年 7 月	地区优秀共产党员	中共阿克苏地区委员会
杨旭普	温宿县托甫汗镇党委副书记	2019 年 7 月	地区优秀共产党员	中共阿克苏地区委员会
魏国庆	温宿县共青团镇吉日木苏盖特村驻村工作队队员	2019 年 8 月	中华人民共和国成立 70 周年“我和我的祖国”中华古诗词擂台赛“探花”	阿克苏地区文化体育广播电视和旅游局
祁繁忠	温宿县托甫汗镇酒花楼村村民	2019 年 8 月	阿克苏地区“守初心、担使命、坚决做到两个维护”廉政书画优秀奖	中共阿克苏地区纪律检查委员会、阿克苏地区监察委员会
于　震	温宿县柯柯牙镇党委委员、纪检书记	2019 年 11 月	2019 年阿克苏地区乡(镇)纪检监察干部大练兵培训优秀学员	中共阿克苏地区纪律检查委员会

(张祖婷)

附　录

2019年温宿县党、政、企事业单位负责人名录

【中共温宿县委员会】

书　记:薛建强
副书记:包尔汗·买买提(维吾尔族)
　　车　勇(1月离任)
　　肖　森
　　刘洪胜(1月任职)
　　王建国(浙江援疆)
常　委:张新华
　　汪　军(12月任职)
　　肖　森
　　项世扬(浙江援疆)
　　宋喜坤
　　郑光喜
　　刘　宁(1月离任)
　　刘洪胜(1月离任)
　　孙凤霞(女,2月任职,12月离任)
　　李　强(12月离任)
　　张伟东
　　木塔力甫·米吉提(维吾尔族,1月任职,12月离任)
　　克尤木·台外库里(维吾尔族)

【县委各部门】

中共温宿县纪律检查委员会(温宿县监察委员会)

纪委书记、监委主任:刘洪胜(1月离任)
　　孙凤霞(女,2月任职,12月离任)
　　张伟东(12月任职)
纪委副书记、监委副主任:
　　倪　忠
　　热汗古丽·吐松(女,维吾尔族)
纪委常委:胡　琴(女)
　　贺　剑
　　陆俊红
　　范鸿猷(11月任职)
监察委员会委员:胡　琴(女)
　　贺　剑
　　王越飞(11月任职)
　　吾斯曼·库尔班(维吾尔族)
　　周永胜(8月离任)

纪委工作部门

办公室主任:庞钰磊(5月离任)
　　张恒武(11月任职)
组宣部部长:高　翔(2月任职)
案件审理室主任:李春晓
信访室主任:漆娟宏(女)
案件监督管理室主任:卢晓峰(11月离任)
　　徐春伟(11月任职)
党风政风监督室主任:庞婵炜(女,11月离任)
第一纪检监察室(政治纪律监督检查室)主任:
　　艾克然木·艾尔肯(维吾尔族)
第二纪检监察室主任:王越飞(11月离任)
　　卢晓峰(11月任职)
第三纪检监察室主任:
　　伊力哈木·吾甫尔(维吾尔族)
第四纪检监察室主任:拜　科(回族)
第五纪检监察室主任:杜　洋
纪检监察干部监督室主任:

阿提坎木·艾山(女,维吾尔族)
第一纪检监察组组长:
田俊琳(女,5月任职,兼任县委组织部部务委员)
第二纪检监察组组长:
穆太力普·麦麦提(维吾尔族,5月任职)
第三纪检监察组组长:
覃志刚(5月任职,兼任教科局党组成员)
第四纪检监察组组长:刘　剑(5月任职)
第五纪检监察组组长:薄英梅(女,5月任职)
第五纪检监察组组长:曾才林(5月任职)
第一纪工委监察局第一监察分局局长:
陈晓凤(女,11月离任)
副局长:阿迪力·木台力甫(维吾尔族)
第四纪工委监察局第四分局局长:
杨志清(2月离任)
副局长:艾热提·斯马义(维吾尔族)
县委巡察办主任:陆俊红
县委巡察办副主任:
冯俊青
阿曼古丽·穆尼尔丁(女,维吾尔族,8月离职)
陈晓凤(女,11月任职)
县委巡察组正科级巡察专员:
崔益民
刘宏民
田志伟
刘卫斌
牟秀伟(女)
古海尔尼沙·胡达拜地(女,维吾尔族)

县委办公室

主　任:胡晓涛(5月离任)
宁晓斌(11月任职)
副主任:张晓峰(8月离任)
聂贵明(浙江援疆)
冯文斌(12月任职)
曹湘波(8月任职)
曹　锐(2月任职,5月离任)
肖　瑶(5月任职,11月离任)
机关党委专职副书记:
阿依古丽·吐尔逊(女,维吾尔族,2月离任)
县督查考评办主任:马存刚(2月离任)
副主任:范鸿猷(2月离任)
机要保密局局长:唐　辉
副局长:卜希伟
王怀宝(2月任职)
机关事务管理办公室主任:叶　飞(2月离任)
武光华(5月任职)
信息综合办公室主任:王怀宝(2月离任)
县委专用通信局局长:孙　淘(5月离任)
深化改革领导小组办公室专职副主任:
曹　锐(2月离任)

组织部

部　长:郑光喜
副部长:胡新民(2月离任)
迪力穆拉提·穆萨(维吾尔族,2月离任)
韩晏飞(2月任职)
魏建军(2月任职)
杜　军(11月离任)
江春花(女,2月任职)
尕　龙(哈萨克族,2月任职)
李建华(女,2月离任)
李汉勇(11月离任)
方仲寅(浙江援疆)
吾斯曼·热合曼(维吾尔族,挂职,6月任职)
部务委员:杨新丽(女,2月任职)
王春玲(女,2月任职)
田俊琳(女,5月任职)
办公室主任:杨　勇
县委基层组织建设领导小组办公室副主任:
王海东(2月离任)
张帆(2月离任)

县党代表联络办专职副主任:杨　娟(女,2 月离任)

县干部考核办专职副主任:张　弘(2 月离任)

县干部信息中心(人事档案服务中心)主任:
　　吴　云(女,12 月任职)

县老干、老年活动中心主任:
　　周　玲(女,12 月任职)

县党员干部现代远程教育管理中心(党员电化教育中心)主任:杨　勇

县人才工作领导小组办公室主任:
　　李亚洲(2 月离任)

老干部局

局　长:李汉勇(11 月离任)
　　王春玲(女,兼任组织部部务委员,11 月任职)

编委办

主　任:魏建军(2 月离任)
　　胡新民(2 月任职)

副主任:杨新丽(女,2 月离任)
　　尹　俊(2 月任职)
　　张　弘(2 月任职)

事业单位登记管理局局长:尹　俊(2 月离任)

宣传部

部　长:刘　宁(1 月离任)
　　李　强(1 月任职,12 月离任)
　　阿孜古丽·阿吾拉(女,维吾尔族,12 月任职)

副部长:胡晓燕(女,4 月离任)
　　景文兴(2 月任职)
　　朱东建
　　穆耶赛尔·尼亚孜(女,维吾尔族,2 月任职)
　　刘子豪(2 月任职)

文明办专职副主任:马友瑞(2 月离任)

副主任:文　涛(2 月离任)

对外宣传办(政府新闻办公室)专职副主任:
　　覃志刚(2 月离任)

宣传中心主任:魏晓欧

社科联主席:马友瑞(回族,2 月任职)

政法委(综治办)

书　记:车　勇(1 月离任)
　　刘洪胜(1 月任职)

副书记:木塔力甫·米吉提(维吾尔族,2 月任职)
　　马监君
　　罗卫东
　　王智超(2 月离任)
　　侯燕军(2 月任职)

专职副书记:刘　强(9 月离任)
　　马传奇(9 月任职)

社会管理综合治理委员会办公室主任:
　　王智超(2 月离任)

防范和处理邪教问题领导小组办公室:
　　李　刚(2 月离任)

边防委员会办公室主任:舒亚帮

网格化服务管理中心主任:肖　瑶(5 月离任)
　　赵金星(5 月任职)

副主任:袁　超

县委网络安全和信息化领导小组办公室(县网信办〈互联网信息办〉)

党工委书记:车　勇(2 月离任)
　　刘洪胜(2 月任职)

副书记:罗卫东

党工委副书记、主任:朱东建

党工委委员、副主任:
　　帕尔哈提·买买提(维吾尔族,2 月离任)
　　肖　海
　　靖云航(8 月任职)

统战部

部　长:木塔力甫·米吉提(维吾尔族,12 月离任)

克尤木·台外库力(维吾尔族,12月任职)
副部长:图尔逊·图尼牙孜(维吾尔族,11月离任)
刘东文
赵安刚(2月任职)
热木提力·艾比力(维吾尔族,8月任职)

县直机关工委

书　记:刘　瑛(2月任职)
副书记:刘　芳(女,正科级)
袁　健(2月任职,5月离任)
副书记、纪工委书记:张娓娓(女,5月任职)
纪工委书记:刘　芳(女,5月离任)

农村工作领导小组办公室(扶贫办)

扶贫办主任:冯志雄(2月离任)

地方志办(党史研究室)

主　任:许向阳(女,回族,2月离任)
副主任:冯泽敏(2月离任)
樊晓莉(女,8月任职)

档案馆

馆　长:李永梅(女,2月任职)
副馆长:田　萍(女,5月离任)
阿曼古丽·木尼尔丁(女,维吾尔族,8月任职)

【温宿县人民代表大会常务委员会】

党组书记:刘洪胜(6月任职)
车　勇(2月离任)
党组副书记、主任:艾尼外尔·赛来(维吾尔族)
党组成员、副主任:
阿依先木古丽·阿塔吾拉(女,维吾尔族)
马监君
阿不来提·吾斯曼(维吾尔族,7月离任)
张方远
艾散·阿卜都热合曼(维吾尔 族,7月任职)
党组成员:李　平(2月任职)

【县人大各委办(党组)】

机关党组书记、办公室主任:李　平(2月任职)
机关党组副书记:刘艳琳(女,5月任职)
机关党组成员:
张新社(5月任职)
柴新武(5月任职)
艾合买提·吐尼亚孜(维吾尔族,5月任职)
办公室副主任:
艾合买提·吐尼亚孜(维吾尔族,5月离任)
法制工委主任:刘艳琳(女)
财经工委主任:张新社
科教文卫工委主任:
阿不都外力·阿不来提(维吾尔族,2月离任)
柴新武(2月任职)
代表人事工委主任:
阿不都热依木·买买提(维吾尔族,2月离任)
代表人事工委副主任:
艾合买提·吐尼亚孜(维吾尔族,5月任职)

【温宿县人民政府】

党组书记、县长:包尔汗·买买提(维吾尔族)
党组副书记、常务副县长:肖　森
党组成员、副县长:
宋喜坤(12月离任)
罗卫东
吐尔洪·库尔班(维吾尔族)
王文彬(10月离任)
董建利(11月任职)
阿依甫拉提·司马义(女,柯尔克孜族)
艾斯卡尔·托乎提(维吾尔族,8月离任)
张光华(11月离任)
副县长:项世扬(浙江援疆)
党组成员:张建国(11月任职)

【政府部门】

政府办

人民政府党组成员，政府办党组书记、主任（外事办主任）：郭其年（8 月任职）

政府办党组副书记、副主任：

木拉提·肉孜（维吾尔族，2 月任职）

副主任：玉山江·沙吾提（维吾尔族，2 月离任）

党组成员、副主任：罗栋良

党组成员：王晓娜（女）

行政服务中心

党组书记、专职副主任：张中奇（8 月任职）

党组成员、副主任、公共资源交易中心主任：

王生才（8 月任职）

党组成员、副主任：

亚尔麦麦提·吐鲁洪（维吾尔族，8 月任职）

电子政务管理办公室

主　任：武光华（5 月离任）

副主任：王晓娜（女）

信访局

党组书记、副局长：武建新（2 月任职）

党组副书记、局长：

艾尔肯·司马义（维吾尔族，2 月离任）

阿不都热依木·买买提（维吾尔族，2 月任职）

党组成员、副局长：张毅（2 月任职）

旅游局

党支部书记、副局长：杨　寒（2 月离任）

党支部副书记、局长：张贤儒（2 月离任）

副局长：黄　毅（2 月离任）

文化体育广播影视局

党组书记、副局长：

吐尔逊江·阿木提（维吾尔族，2 月离任）

党组副书记、局长：刘　瑛（2 月离任）

党组成员、副局长：武建萍（女，2 月离任）

文物保护管理所所长：卓　胜（2 月离任）

文化体育广播电视和旅游局（文物局）

党组书记、副局长：

胡晓燕（女，2 月任职，5 月离任）

王　迪（女，5 月任职）

党组副书记、局长：杨　寒（2 月任职）

党组成员、副局长：

吐尔逊江·阿木提（维吾尔族，2 月任职）

党组成员：武建萍（女，2 月任职）

卓　胜（2 月任职）

黄　毅（2 月任职，10 月离任）

覃志刚（2 月任职，4 月离任）

发展和改革委员会（粮食和物资储备局）

党组书记、副主任：

吐尔逊·阿不都热依木（维吾尔族，2 月离任）

党组副书记、主任：况东旭（2 月离任）

党组成员、副主任：宋志斌（2 月离任）

车万里（5 月离任）

对口援县工作领导小组办公室专职副主任：

吕鸿斌（2 月离任）

党组书记、副主任：牛　东（2 月任职）

党组副书记、主任（粮食和物资储备局局长）：

艾尔斯兰·莫明（维吾尔族，2 月任职）

党组成员、副主任：刘继堂（8 月任职）

党组成员：刘　剑（5 月任职）

副主任：王国军（浙江援疆）

粮食监督稽查大队大队长：郭新华（女）

商务和经济信息化委员会

党组书记、副主任：白芳萍（女，2 月离任）

主任科员、副主任、招商局局长：全国栋（2 月离任）

招商局综合办主任：伍粤辉（2 月离任）

商务和工业信息化局

党组书记、副局长:白芳萍(女,2月任职)

党组副书记、局长:叶 飞(2月任职)

党组成员、副局长:李登清(2月任职)

党组成员(副科级):伍粤辉(2月任职)

统计局

党支部书记、副局长:

艾尔斯兰·莫明(维吾尔族,2月离任)

党支部副书记、局长:张善军(2月离任)

副局长:月尔古丽·阿不拉(女,维吾尔族,2月离任)

经济普查中心主任:赵 智(2月离任)

党组书记、副局长:宋志斌(2月任职)

党组副书记、局长:

月尔古丽·阿卜拉(女,维吾尔族,2月任职)

副局长:赵 智(2月任职)

党组成员、县经济普查中心主任:

苏 薇(女,2月任职)

社会经济调查队队长:范银菊(女)

副队长:吐逊江·吾布力(维吾尔族)

安全生产监督管理局

党组书记、副局长:柴新武(2月离任)

党组副书记、局长:牛 东(2月离任)

煤炭工业管理局

党支部副书记、局长:杨海东(2月离任)

副局长、主任科员:张延虎(2月离任)

地震局

党支部副书记、局长:吴 君(2月离任)

副局长:阿曼古丽·吾休尔(女,维吾尔族,2月离任)

政府专职消防队

队 长:谭伯平(2月离任)

应急管理局局

党组书记、副局长:张善军(2月任职)

党组副书记、局长:杨海东(2月任职)

副局长:张延虎(2月任职)

党组成员:董斌祥(2月任职)

谭伯平(2月任职)

科技局

党支部书记、副局长:孙群凤(女,2月离任)

副局长:李登清(2月离任)

教育局

教育党工委书记:刘洪胜(2月离任)

教育党工委副书记:

吐尔洪·库尔班(维吾尔族,5月离任)

教育党工委副书记、教育局局长:

艾尔肯·艾海提(维吾尔族,2月离任)

教育党工委委员、纪工委书记、教育局主任科员:

林勇军(2月离任教育局主任科员)

县人民政府教育督导室主任:张玉忠(2月离任)

县人民政府教育督导室副主任:王国庆(2月离任)

工会主席:艾合麦提·阿不都许库尔(维吾尔族)

教育和科学技术局(民族语言文字工作委员会)

教育党工委书记:李 强(2月任职,12月离任)

教育党工委副书记:宋喜坤(5月任职)

教育党工委副书记,教科局党组副书记、局长:

艾尔肯·艾海提(维吾尔族,2月任职)

教育党工委委员、纪工委书记:林勇军

教科局党组成员、副局长、主任科员:

林勇军(2月任职)

教科局党组成员:王国庆(2月任职)

张玉忠(2月任职,5月离任)

工会主席:艾合麦提·阿不都许库尔(维吾尔族)

民政局

党组书记、副局长：

安尼瓦尔·达吾提（维吾尔族，2月离任）

苏成德（2月任职）

党组副书记、局长：

苏成德（2月离任）

安外尔·麦麦提（维吾尔族，2月任职）

党组成员、副局长：

张　月（女）

汪　玲（女，2月任职）

凯赛尔·约麦尔（维吾尔族，2月任职）

党组成员：任文勇（11月离任）

张　月（女，2月离任）

最低生活保障工作办主任：张学良

社会组织党工委专职副书记：任文勇（2月离任）

老龄委专职副主任：张　月（女，2月离任）

财政局（金融办、国资办）

党组书记、副局长：何德军（2月任职）

党组副书记、局长：何德军（2月离任）

玉山江·沙吾提（2月任职）

党组成员、副局长：邹晓蓉（女）

财政局党组成员（国有资产管理办公室主任）：

徐锡宝（8月任职）

党组成员：沈丽娟（女，2月任职）

党组成员：穆太力普·麦麦提（维吾尔族，5月任职，兼任县纪委监委第二纪检监察组组长）

副局长：宗亚青（浙江援疆）

会计核算中心主任：李东华（女，12月任职）

农村综合改革办公室主任：沈丽娟（女，2月离任）

国有资产管理办公室

党支部书记、副主任：徐锡宝（2月离任）

党支部副书记、主任：尹红安（2月离任）

副主任：潘存亮（2月离任）

县城乡建设（集团）有限责任公司

董事长：赵　坤（2月离任）

姜珏炜（5月任职）

总经理：姜珏炜（5月离任）

伍新国（8月任职）

副总经理：赵　泽（8月任职）

县惠农联合运营农产品有限责任公司

董事长：伍新国

国家税务总局温宿县税务局

党委书记、局长：曾　胜（2月任职）

党委副书记、副局长：伊　瑞（女，2月任职）

党委委员、副局长：张平川

饶　明

许　翔

张西刚（2月任职）

党委委员、纪检组组长：杜　伟（2月任职）

副局长：卡地登·力提甫（维吾尔族，2月任职）

吴建业（2月任职）

程林凯（2月任职）

人力资源和社会保障局

党组书记、副局长：

魏建军（2月任职，兼任组织部副部长）

党组副书记、局长：

李建华（女，兼任组织部副部长，2月离任）

迪力穆拉提·穆萨（维吾尔族，2月任职）

党组成员、副局长：秦　亮（11月任职）

副局长：岳　刚（8月离任）

党组成员、公共就业服务局局长：冯泽敏（2月任职）

党组成员，社会保险管理局党支部副书记、局长：

蔡咏梅（女）

劳动保障监察大队指导员：马后刚

社会保险管理局

党支部书记：

买合木提·阿木提(维吾尔族,2月离任)
党支部副书记、局长:蔡咏梅(女)
副局长:贾建龙

医疗保障局

党组书记、副局长:马存刚(2月任职)
党组副书记、局长:
马合木提·阿木冬(维吾尔族,2月任职)
党组成员、副局长:许　涛(2月任职)

退役军人事务局

党组书记、副局长:吴万辉
副书记、局长:
艾海提·艾合塔木(维吾尔族,2月离任)
阿不力米提·卡德尔(维吾尔族,2月任职)
党组成员、副局长:孙新建
退役军人服务中心主任:乔伟松(8月任职)

农业局

党委副书记、局长:李　平(2月离任)
党委委员、副局长,农业产业化发展局局长:
吴　斌(2月离任)

畜牧兽医局

党组书记、副局长:何　军(2月离任)
党组副书记、局长:
吐鲁洪·艾西来甫(维吾尔族,2月离任)
党组成员:郑旭辉(2月离任)
罗　新(2月离任)
陈永强(2月离任)

农业综合开发办公室

党支部书记、副主任:
艾山·毛拉买提(维吾尔族,2月离任)
党支部副书记、主任:杨晓华(2月任职)

农业农村局(扶贫办、畜牧兽医局)

党组书记、副局长:冯志雄(2月任职)
党组副书记、局长:
玉山·马木提(维吾尔族,2月任职)
党组成员、副局长:吴　斌(2月任职)
党组成员:艾山·毛拉买提(维吾尔族,2月任职)
杨晓华(2月任职)
何　军(2月任职)
吐鲁洪·艾西来甫(维吾尔族,2月任职)
党组成员:薄英梅(女,5月任职,兼任县纪委监委第五纪检监察组组长)
农机服务中心主任:
陈志远(二级主任科员,6月任职)

林业局

党组书记、副局长:
卡合曼·克然木(维吾尔族,2月离任)
党组副书记、局长:邓　浩(2月离任)
党组成员、副局长:李　坚(2月离任)
党组成员:阿不都外力·亚生(维吾尔族,2月离任)
杨文华(2月离任)

林业和草原局

党组书记、副局长:黄贵国(2月任职)
党组副书记、局长:
帕尔哈提·买买提(维吾尔族,2月任职)
党组成员、副局长:李　坚(2月任职)
党组成员:阿不都外力·亚生(维吾尔族,2月任职)
罗　新(2月任职)

水利局

党组书记、副局长:

吐尔逊·恰瓦尔(维吾尔族,2月离任)

赵　坤(2月任职)

党组副书记、局长:

马洪武(2月离任)

买合木提·买买提(维吾尔族,2月任职)

党组成员、副局长:柴一峰(2月任职)

党组成员:陈　东(2月任职)

党组成员、库托河水资源总站党支部书记:崔磊磊

防汛抗旱办主任:

阿不力米提·卡德尔(维吾尔族,2月离任)

副主任:陈　东(2月离任)

环境保护局

党组书记、副局长:艾尔肯·亚森(维吾尔族)

党组副书记、局长:李文科

党组成员、副局长:李　成

国土资源局

党组副书记、局长:罗　衡(3月离任)

党组成员、副局长:刘艳霞(女,4月离任)

党组成员、不动产登记中心主任:

刘　翔(3月离任)

党组成员:姜宝庆(3月离任)

不动产登记中心副主任:李　静(女,3月离任)

自然资源局

党组书记、局长:查剑勤(3月任职)

党组成员、副局长:刘　翔(3月任职)

党组成员、不动产登记中心主任:

李　静(女,3月任职)

不动产登记中心副主任:

麦合木提·毛尼亚孜(维吾尔族,3月任职)

审计局

党组书记、副局长:

艾合麦提·沙吾提(维吾尔族,2月离任)

王鹏飞(2月任职)

党组副书记、局长:

王鹏飞(2月离任)

艾合麦提·沙吾提(维吾尔族,2月任职)

党组成员、副局长:蔡　艳(女,2月任职)

经济责任审计中心主任:朱　芸(女)

卫生局

党工委书记、党组书记、副局长:

徐　慧(女,2月离任)

党工委副书记、党组副书记、局长:

毛拉阿伍提·瓦伊提(维吾尔族,2月离任)

党工委委员、党组成员、副局长:张学辉(2月离任)

爱卫办主任:王玉兰(女,2月离任)

副主任:艾散·阿塔吾拉(维吾尔族,2月离任)

计划生育委员会

党组书记、副主任:柳玉华(女,2月离任)

党组成员、副主任:龚爱华(女,2月离任)

卫生健康委员会

党委书记、副主任:徐　慧(女,2月任职)

党委副书记、主任:

毛拉阿伍提·瓦伊提(维吾尔族,2月任职)

党委委员、副主任:张学辉(2月任职)

党委委员:王玉兰(女,2月任职)

龚爱华(女,2月任职)

艾散·阿塔吾拉(维吾尔族,2月任职)

住房和城乡建设局

党组书记、副局长:王吉山(2月任职)

党组副书记、局长:

王吉山(2月离任)

艾力·买买提(维吾尔族,2月任职)

党组成员、副局长:李海川(2月离任)

党组成员:徐茂森
王　昊(5月任职)
副局长:周　毅(援疆)
李　翔(2月任职)
城镇住房保障管理办公室主任:徐茂森
副主任:林　鹏(5月任职)

交通运输局

党组副书记、局长:李爱军(2月离任)
马洪武(2月任职)
党组书记、副局长:阿迪力·艾孜买提(维吾尔族)
党组成员、副局长:王荷冕

市场监督管理局

党组书记、副局长:吴　畏(5月离任)
胡晓涛(5月任职)
党组副书记、局长:吴　畏(5月任职)
党组副书记、副局长:买买提·斯马义(维吾尔族)
党组成员:贺东旭(2月任职)
副局长:阿布拉江·尼亚孜(维吾尔族,2月离任)

公安局

党委书记、局长:罗卫东
副书记、政委:开赛尔·吾休尔(维吾尔族)
党委委员、副政委:刘　宝(5月离任)
沈学智(11月任职)
党委委员、副局长:
朱东建
刘　强(9月离任)
阿不都维力·赛买提(维吾尔族)
罗　强
祁　军(11月任职)
吐尔逊江·阿布都瓦依提(维吾尔族,兼任国保大队大队长)
王纪伟(浙江援疆)
夏　晨(挂职)
党委委员、纪委书记:马传奇(2月离任)
党委委员、政治处主任:武发洲
党委委员:杜高峰(11月任职)
警令部主任:赵　珏(回族,4月离任)
张　超(8月任职)
综合技术侦查大队教导员:赵学斌
大队长:宋　慧
禁毒大队大队长:胡卫东
交通管理大队教导员:排尔哈提·伊敏(维吾尔族)
大队长:蔡国梁(5月离任)
汤　颖(5月任职)
城镇派出所教导员:
麦合木提江·马木提(维吾尔族,8月任职)
城镇派出所所长:罗　强
看守所教导员:麦麦提艾力·萨迪克(维吾尔族)
所　长:张　峰(8月离任)
李文龙(8月任职)
刑事侦查大队教导员:
开赛尔·吐尼亚孜(维吾尔族)
大队长:祁　军(5月离任)
王林兵(11月任职)
特巡警大队教导员:沈学智(2月离任)
蔺　超(5月任职)
队　长:杨　扬
国保大队教导员:鲁　丽(女,11月离任)
队　长:吐逊·毛拉买提(维吾尔族)
拘留所教导员:张　伟
所　长:侯彩明
治安管理大队教导员:崔振云
大队长:杨志成
托乎拉乡派出所指导员:
吐热甫江·阿不都肉苏力(维吾尔族)
所　长:张　宁
克孜勒镇派出所指导员:
买买提·依不拉依木(维吾尔族)
所　长:张　超(8月离任)
韩玉亮(4月任职)
恰格拉克乡派出所指导员:

艾尼瓦尔·艾尔肯(维吾尔族)
所　长:冯军政
古勒阿瓦提乡派出所教导员:
亚生·玉山(维吾尔族,4 月任职)
古勒阿瓦提乡派出所所长:晏　涛
依希来木其乡派出所指导员:
艾尔肯·阿不来提(维吾尔族)
所　长:张雁君(11 月离任)
姚剑波(11 月任职)
佳木镇派出所指导员:木台力甫·木沙(维吾尔族)
所　长:杜高峰(11 月离任)
赵　珏(11 月任职)
阿热勒镇派出所指导员:张永利
所　长:买尔旦·吐迪(维吾尔族,2 月离任)
吐尔逊·吐鲁洪(维吾尔族,2 月任职)
共青团镇派出所教导员:
阿迪力·阿卜力米提(维吾尔族,8 月任职)
共青团镇派出所所长:刘　杠
吐木秀克镇边防派出所所长:
赛甫丁·哈地尔(维吾尔族)
阿克青边防派出所所长:
艾力卡木·艾尼瓦尔(维吾尔族)
博孜墩柯尔克孜民族乡边防派出所副所长:
艾力·艾海提(维吾尔族)
塔格拉克牧场边防派出所长:
阿迪力·阿不都热西提(维吾尔族)

司法局

党组书记:黄顺春
局　长:图尔荪·艾尔肯(维吾尔族)
党组成员、副局长:穆立新(5 月任职,挂职)
任文勇(11 月任职)

温宿国家农业科技园区管委会

党工委书记:肖　森
党工委副书记、主任:杨　军(8 月离任)
侯明平(8 月任职)
党工委委员、副主任:唐国斌(4 月离任)
吐逊江·苏力旦(维吾尔族)
郭振江(4 月任职)
党政办公室(纪检监察室)主任:
张全领(5 月任职)
党政办公室(纪检监察室)副主任:
徐圣富(5 月任职)
农业科技发展局副局长:于　强(5 月任职)
成　杰(5 月任职)
社会事务管理局局长(综治办主任):
张庆森(5 月任职)
艾力·艾木杜拉(维吾尔族,5 月任职)
规划建设环保局(安监局)副局长:徐凡智(5 月任职)
赵伟成(5 月任职)
经济协作发展局(统计局)局长:吕鸿斌(2 月任职)
白　桦(5 月任职)
财政局副局长(国资办副主任):孙志强(5 月任职)
袁艺轩(女,5 月任职)

温宿产业园区管理委员会

党工委书记:姚兆宾(侗族,2 月离任)
况东旭(2 月任职)
管委会主任:朱永强
党工委委员、副主任:陈　利
张远顺(8 月任职)
经济发展科副科长:丁英丽(女)
靖云航(8 月离任)
种　强(8 月任职)
党政办主任:刘传篪
副主任:张　凯
招商引资科科长:肖　融(女,回族,11 月任职)
招商引资科副科长:樊晓莉(女,8 月离任)
肖　融(女,回族,11 月离任)
汪如浩(11 月任职)
规划建设环保科副科长:高新民
李海川(2 月任职)
社会事务管理科科长:郑　江(11 月任职)

阿克苏纺织工业城(开发区)温宿县产业园区

主　任:王庆中

副主任:黎　斌

　　吴学坤(8 月离任)

　　何其贵(11 月任职)

【政协温宿县委员会】

党组书记、副主席:张锦锋

党组副书记、主席:图尔干·克然木(柯尔克孜族)

党组成员、副主席:艾买尔·艾肯木(维吾尔族)

　　塔依尔·艾沙(维吾尔族)

　　孙有佩

党组成员、秘书长:许　斌

【政协各委办(党组)】

机关党组书记、办公室主任:许　斌(5 月任职)

办公室副主任:艾合麦提·麦麦提(维吾尔族)

机关党组成员、政协委员和提案工作委员会工作科科长:庞钰磊(5 月任职)

机关党组成员、政协学习和文史资料工作委员会工作科科长:何　楠(11 月任职)

文史资料工作委员会工作科科长:

　　王春玲(女,11 月离任)

政协委员和提案工作委员会工作科科长:

　　艾尔肯·玉素甫(维吾尔族,2 月离任)

副科长:迪力夏提·吐松(维吾尔族,2 月离任)

【法检两院】

法院

党组书记、副院长:罗　文

党组副书记、院长:吾斯曼·热合买提(维吾尔族)

党组成员、副院长:玉苏甫·麦麦提(维吾尔族)

　　蔡国栋

副院长:林　榕(浙江援疆)

党组成员、纪检组组长:冯文斌(12 月离任)

党组成员、政工科科长:安丰斌

审判委员会专职委员:吴　琳(女,5 月离任)

　　马辉勇(回族)

审判管理办公室主任:徐翼翔(女)

副主任:张　雁(女,5 月任职)

民事审判庭庭长:曹　辉

立案庭庭长:查宝亚

刑事审判庭副庭长:古丽先·吾休尔(女,维吾尔族)

执行局副局长:邢　慧

　　艾尼瓦尔·买米提力(维吾尔族)

法警大队大队长:贾小军

纪检监察室副主任:李永福(副科级)

检察院

党组书记、副检察长:魏　敏

党组副书记、检察长:

　　艾山·拜克日(维吾尔族,5 月离任)

　　买买提·吐尼亚孜(维吾尔族,5 月任职)

党组成员、副检察长:图尔迪·居曼(维吾尔族)

　　王彦林(8 月离任)

　　陈丛武(11 月任职)

党组成员、纪检组组长:曹　伟

党组成员、政治部主任:李　刚(11 月任职)

检委会专职委员:艾合买提·托乎尼亚孜(维吾尔族)

公诉科科长:邓小华

【群众团体】

总工会

党组书记、主席:翟　斌

党组成员、副主席:郝文梅(女,回族)

共青团温宿县委员会

书记、党组书记:成希杰

副书记、党组成员:

　　叶子·玉素甫(女,维吾尔族,2 月任职)

妇女联合会

党组书记、主席:吐尼沙·司坎代尔(女,维吾尔族)

党组成员、副主席:杨雅琴(女)

党组成员、副主席(挂职一年):
阿曼古丽·阿巴拜克力(女,维吾尔族)

科学技术协会
主 席:刘 江
副主席:冯志斌

工商联
主 席:张方远
副主席:李福庆

归国华侨联合会
主 席:鲁正刚(2月离任)
杨恒斌(8月任职)

残疾人联合会
书记、副理事长:柳新权
理事长:热沙来提·艾力(女,维吾尔族)
党组成员:张新忠(2月任职)

红十字会
专职副会长:罗敬仁

【事业单位】
党校
校 长:郑光喜
校委委员、副书记:艾尼瓦尔·艾买尔(维吾尔族)
校委委员、常务副校长:梁起超
校委委员、副校长:刘经纶

农村经营管理局
局 长:王志强(2月离任)
副局长:王 瑞(女)

农业技术推广站
党支部书记、副站长:吐鲁洪·沙吾提(维吾尔族)
党支部副书记、站长:赵友伟
副站长:屈彦方(2月任职)

农机服务中心
主 任:陈志远
副主任:李文友
付宏良
农机校校长:买买提·那斯尔(维吾尔族,2月离任)

农业检验检测中心
主任、农林植保检测中心主任:王明智
副主任:郭彩虹(女)

畜禽品种改良站
党支部书记:库尔班·居麦(维吾尔族)
站 长:杨 涛

畜牧兽医站
党支部书记、副站长:陈永强
副站长:
尼牙孜·阿吾提(维吾尔族)
努热比亚·热麦提(女,维吾尔族,11月任职)

动物卫生监督所
所 长:郑旭辉

油区工作委员会办公室
主 任:黎 明(2月离任)

油区服务协调中心
主 任:林 勇(8月任职)
副主任:李亚洲(2月任职,11月离任)
热孜万古丽·阿不拉(女,维吾尔族,11月任职)

供销联合社
党委书记、副主任:全国栋(2月任职)
党委副书记、主任:赵 坚(2月离任)

艾力·阿木提(维吾尔族,2月任职)

副主任:苏继宗

林管站

党支部书记、副站长:杨俊杰

党支部副书记、站长:阿布都外力·亚生(维吾尔族)

副站长:赵志华(女)

早让自然保护区管理站

站　长:顾红梅(女)

胡杨林管站

站　长:阿米娜·胡曼别克(女,哈萨克族)

副站长:程新瑛(5月任职)

草原工作站

党支部书记、副站长:罗　新

副站长:艾买尔·热合曼(维吾尔族)

农业产业化服务办公室

党支部书记:艾力·阿木提(维吾尔族,2月离任)

主　任:吕军旗

副主任:古丽巴哈·亚森(女,维吾尔族)

库托河水管总站

党支部书记:崔磊磊(11月任职)

站　长:崔磊磊(11月离任)

副站长:吐鲁贡·奥斯曼(维吾尔族)

杨　瑞(11月任职)

台兰河水管总站

党支部书记、副站长:马昌青(回族)

党支部副书记、站长:朱双弘(11月离任)

王万里(11月任职)

副站长:李永明(11月任职)

吾麦尔江·台外库力(维吾尔族,11月任职)

王万里(11月离任)

农村自来水管理总站

党支部书记:朱双红(11月任职)

党支部副书记、站长:

肉斯坦木·胡达拜迪(维吾尔族,11月任职)

站　长:沈国昌(11月离任)

城镇供排水公司

党支部书记:周懋琼(女)

新疆农业广播电视学校温宿县分校

校　长:巴图尔·达尼西(维吾尔族)

副校长:米热古丽·托合提(女,维吾尔族)

人工影响天气办公室

党支部书记、副主任:

买尔旦·司马义(维吾尔族,2月离任)

杨志清(3月任职)

党支部副书记、主任:潘玉东

副主任:龙秀全(2月离任)

韩　挺(10月任职)

电影放映管理中心

主　任:阿布都外力·孜克尔牙(维吾尔族)

副主任:廖海山

吾甫尔·米尔孜(维吾尔族)

文化馆

馆　长:刘家宏

图书馆

馆　长:牛玉红(女)

副馆长:高　扬(女)

广播电视中心

主　任:景文兴(12 月离任)

副主任:牛建升(12 月离任)

融媒体中心

主　任:景文兴(12 月任职)

副主任:牛建升(12 月任职)

　　　张晓红(女,12 月任职)

人民医院

党总支书记、副院长:贺　梅(女 ,11 月离任)

党总支书记、院长:王天堂(11 月任职)

副院长:侯保国

　　　艾热提・坎吉(维吾尔族)

　　　利小华(浙江援疆)

维吾尔医医院

党支部书记、副院长:吴萦钦(11 月离任)

　　　　　　　　　贺　梅(女,11 月任职)

副院长:吐鲁洪・依力牙斯(维吾尔族)

　　　阿不都如苏力・阿不都尼亚孜(维吾尔族)

　　　方艳华(女,回族)

疾病控制中心

主　任:马忠云(回族)

副主任:努尔・艾合麦提(维吾尔族)

地方病防治领导小组办公室

主　任:阿不力孜・阿不都克然木(维吾尔族,2 月离任)

艾滋病防治办公室

主　任:艾力江・甫拉提(维吾尔族,2 月离任)

妇幼保健院

党支部副书记、院长:彭　静(女)

院副院长:刘　文

卫生监督所

所　长:王彦军

副所长:陈凤芝(女)

　　　帕提古丽・托乎尼牙孜(女,维吾尔族)

人口和计划生育生殖健康服务站

副站长:图妮萨・阿木提(女,维吾尔族)

　　　陈方竑(女)

政治学校

校　长:付道顺(5 月任职)

副校长:

　　艾合买提・艾山(维吾尔族,2 月离任)

　　阿曼古丽・吾休尔(女,维吾尔族,2 月任职)

　　李　浩(8 月任职)

教育培训中心(教师进修学校、职业高中、职工文化学校)

党支部书记:李明秀(女)

党支部副书记,主任:迪力夏提・祖尔冬(维吾尔族)

副主任:张　璞

　　　赵　莹(女,11 月任职)

第一中学

党支部书记:居麦・西日甫(维吾尔族)

党支部副书记、校长:王永平

副校长:艾合买提・买买提(维吾尔族)

　　　排尔哈提・艾萨(维吾尔族)

　　　王　铮

第二中学

党支部书记:朵　柱(5 月离任)

　　　　　哈占玺(土族,5 月任职)

副校长:陈良俊
魏福胜
陈德勇(11 月任职)
吕未寒(浙江援疆)
周　东(浙江援疆)

第三中学

党支部书记:王兆军
党支部副书记、校长:艾合麦提·艾合太木(维吾尔族)
副校长:哈力木热提·阿不力肯木(维吾尔族)
刘　涛
杨　峰

第四中学

党支部副书记、校长:杨　莉(女,11 月任职)
副校长:王　洋(11 月任职)
刘兴强(11 月任职)
陈　勇(11 月任职)

第五中学

党支部书记:哈占玺(土族,5 月离任)
张玉忠(5 月任职)
党支部副书记、副校长:艾买尔江·艾力(维吾尔族)
副校长:李　斌
安　睿
桑文科
董曲成(浙江援疆)
王东旭(挂职,10 月离任)

第二小学

党支部书记:李明秀(女)
副校长:杨　莉(女,11 月离任)
项达昌(浙江援疆)
樊红梅(女,11 月任职)
包拉提别克·对沙汗(哈萨克族,挂职,10 月离任)

幼教中心

主　任:杨　印
副主任:毛丽旦·阿不都热合曼(女,维吾尔族)
文红玲(女)
张　茜(11 月任职)

【银行保险】

工商银行温宿县支行

行　长:盖　云(6 月离任)
王　涛(7 月任职)
副行长:郭建华
金鸿范

农业银行温宿县支行

行　长:刘建军
纪委书记:阿不来提·托乎提(维吾尔族)
副行长:黄治国(12 月离任)
樊学忠(12 月任职)

农业发展银行温宿县支行

党支部书记、行长:沙丽雅(女,8 月离任)
党支部书记、行长:刘　彪(8 月任职)
党支部委员、副行长:亚库甫江·热合曼(维吾尔族)
刘大新
徐永刚(8 月离职)
罗丽红(女,8 月任职)

建设银行温宿县支行

行　长:段建军(12 月离任)
陈娣江(女,12 月任职)
副行长:张锦新(7 月离任)
周　力(7 月任职)

新疆温宿农村商业银行股份有限公司

党委书记、董事长:牟光辉

党委委员、监事长:艾尼外尔·依不拉依木(维吾尔族)
党委委员、行长:张兴国
党委委员、副行长:薛新显
　　刘宗芹(女)
　　司马义·麦麦提(维吾尔族)

人寿保险股份有限公司温宿县支公司

经　理:张成林(3月离任)
　　薛　勇(4月任职,11月离任)
　　杨　进(12月任职)

人民财产保险股份有限公司温宿支公司

经　理:陈昌凤

【邮政通信】

中国邮政温宿县分公司

经　理:吐尔逊·达吾提(维吾尔族)

中国电信温宿县分公司

经　理:李　昌

中国移动温宿县分公司

经　理:田　俊

中国联通温宿县分公司

经　理:李　丽(女)

【乡(镇)】

温宿镇

党委书记:潘多彬
党委副书记、镇长:
　　莫明江·毛拉托乎提(维吾尔族,5月离任)
　　艾沙·努尔(维吾尔族,5月任职)
党委委员、人大主席:热合曼·阿布拉(维吾尔族)
副书记:
　　亚克甫·吐尔苏(维吾尔族,政法书记,8月离任)
　　月买尔江·木沙(维吾尔族,政法书记,8月任职)
　　郭佳莹(女)
　　张晓锋(8月任职)
党委委员:
　　李柏树(人武部部长)
　　艾尼瓦尔·阿布都热依木(维吾尔族,统战干事)
　　罗　强(派出所所长)
　　库尔班江·玉苏甫(维吾尔族,宣传干事)
　　邹　鑫(纪委书记,监察办主任)
　　李政廷(8月任职)
　　张雁君(南城派出所所长,11月任职)
副镇长:王银珂(女)
　　韩　兴
　　楚琴曼(女,8月任职)

温宿镇社区

迎宾社区党支部书记、副主任:潘合明(11月离任)
党支部副书记、主任:
　　阿曼古丽·阿不拉(女,维吾尔族)
欣业社区党支部书记、副主任:李朝全
新泉社区党支部书记、副主任:刘虹(女)
党支部副书记、居委会主任:
　　图妮萨柯孜·托合尼亚孜(女,维吾尔族)
甘泉社区党支部书记、副主任:程新瑛(女,5月离任)
党支部副书记、主任:
　　阿依古丽·艾力(女,维吾尔族,8月任职)
明园社区党支部书记、副主任:乔伟松(8月离任)
买帕哈纳社区党支部书记、副主任:王军琪(5月离任)
姑墨社区党支部:邵　倩(女,5月任职)
党支部副书记、主任:吐逊阿依·托乎提(女,维吾尔族)
交通路社区党支部书记、副主任:武永辉(5月离任)
党支部副书记、主任:
　　阿力木·阿不都卡德尔(维吾尔族)
英巴格社区党支部副书记、主任:

艾斯凯尔·亚森(维吾尔族,5月离任)

民生社区党支部书记、副主任:杨文龙(8月离任)

党支部副书记、主任:

阿依古丽·阿布拉(女,维吾尔族)

友谊社区党支部书记、副主任:魏崇源

居委会主任:

阿丽屯古丽·穆合塔尔(女,维吾尔族,8月任职)

泉城社区党支部书记、副主任:李政延(8月离任)

龙泉社区党支部书记、副主任:包　蕾(女,回族)

校场社区党支部书记、副主任:杨　鑫(土家族)

党支部副书记、居委会主任:

艾斯凯尔·亚森(维吾尔族,5月任职)

九阳社区党支部书记:谢红春(女,5月任职)

托乎拉乡

党委书记:孙有佩

党委副书记、乡长:

托乎尼亚孜·奥斯曼(维吾尔族,8月离任)

莫依冬·毛尼亚孜(维吾尔族,8月任职)

党委副书记:

许亚军

艾合买提·艾尔肯(维吾尔族,政法书记)

包　瑛(女,宣传干事,11月任职)

党委委员:

哈木拉提·毛一冬(维吾尔族,统战干事)

武永辉(人武部部长,5月任职)

井立崇(人武部部长,5月离任;纪委书记、监察办主任,5月任职)

张　宁(派出所所长)

王　冬(纪委书记、监察办主任,5月离任)

副乡长:吐尔逊·吐尼牙孜(维吾尔族,5月任职)

段丽虹(女)

吐木秀克镇

党委书记:杨钟鹏(8月离任)

廖朝阳(8月任职)

党委副书记、镇长:艾热提·司马义(维吾尔族)

党委委员、人大主席:

亚库甫·艾山(维吾尔族,2月任职)

党委副书记:

亚库甫·艾山(维吾尔族,政法书记,2月离任)

赛甫丁·艾比不拉(维吾尔族,政法书记,2月任职)

吴学坤(8月任职)

张文铠(11月任职)

张娓娓(女,纪委书记,5月离任)

蓟玉强(11月离任)

党委委员:

刘坤新(人武部部长)

吐尔洪·托合提(维吾尔族,组织干事)

尹　皓(纪委书记、监察办主任)

杨　建(8月任职)

宋东杰(11月任职)

赛甫丁·艾比不拉(维吾尔族,统战干事,2月离任)

库尔班·图热克(维吾尔族,8月任职)

赛甫丁·哈地尔(维吾尔族,吐木秀克边防派出所所长)

艾力卡木·艾尼瓦尔(维吾尔族,阿克青边防派出所所长)

副镇长:

王天琪

买合木提·吾布力卡斯木(维吾尔族,8月任职)

坎拜尔尼沙·吐尔逊(女,维吾尔族,11月任职)

茹仙古丽·茹孜(女,维吾尔族,11月离任)

杨　建(8月离任)

阿热勒镇

党委书记:楚伟涛

党委副书记、镇长:

阿卜杜许库尔·阿卜力米提(维吾尔族,2月离任)

艾木都拉·牙生(维吾尔族,2月任职)

党委委员、人大主席:

玉山·马木提(维吾尔族,2月离任)

迪力夏提·吐松(维吾尔族,2月任职)

党委副书记:

阿布都吾甫尔·库尔班(维吾尔族,政法书记)

王　磊

潘存鑫

党委委员:

艾斯卡尔·斯迪克(维吾尔族,宣传干事)

舒　勇(人武部部长,8月离任)

杨文龙(人武部部长,8月任职)

董自波(纪委书记、监察办主任)

麦合木提·木塔力甫(维吾尔族,2月任职)

月买尔江·木沙(维吾尔族,统战干事,8月离任)

麦麦提·毛拉麦提(维吾尔族,统战干事,8月任职)

买尔旦·吐迪(维吾尔族,派出所所长,2月离任)

吐尔逊·吐鲁洪(维吾尔族,派出所所长,2月任职)

热木提力·艾比力(维吾尔族,2月离任)

副镇长:热木提力·艾比力(维吾尔族,2月离任)

图然克孜·图尔迪(女,维吾尔族)

麦合木提·木塔力甫(维吾尔族,2月任职)

宋东杰(11月离任)

亚生·阿西木(维吾尔族)

佳木镇

党委书记:朱亚军

党委副书记、镇长:

安外尔·麦麦提(维吾尔族,2月离任)

阿不力米提·阿不都热西提(维吾尔族,2月任职)

党委委员、人大主席:

托乎尼牙孜·毛尼牙孜(维吾尔族)

党委副书记:

买尔旦·吐迪(维吾尔族,政法书记,2月任职)

欧阳伟伟(瑶族,5月任职)

郑　江(宣传干事,11月离任)

李亚洲(宣传干事,11月任职)

宁晓斌(5月离任)

党委委员:沈　楠(5月任职)

艾斯卡尔·达吾提(维吾尔族,统战干事)

徐兴涛(纪委书记、监察办主任)

徐彦兵(人武部部长,5月离任)

赵东亮(人武部部长,5月任职)

杜高峰(派出所所长,11月离任)

赵　珏(派出所所长,11月任职)

副镇长:阿布都热依木·那尤甫(维吾尔族)

麦麦提·图尔荪(维吾尔族)

欧阳伟伟(瑶族,5月离任)

贾光明

张　华

沈　楠(5月任职)

克孜勒镇

党委书记:李　强(3月离任)

董建利(3月任职)

党委委员、人大主席:

阿孜古丽·阿不都热合曼(女,维吾尔族)

党委副书记:

艾木都拉·牙生(维吾尔族,政法书记,2月离任)

木热迪力·买合木提(维吾尔族,政法书记,2月任职)

郑兴才

喻红涛(宣传干事)

党委委员:

亚力坤·马木提(维吾尔族,统战干事)

付小涛

阿迪力江·吾守尔(维吾尔族,组织干事)

刘容能(人武部部长)

徐春伟(纪委书记,监察办主任,11月离任)

王宏科(纪委书记,监察办主任,11月任职)

张　超(派出所所长,8 月离任)
副镇长:阿迪力江·吾守尔(维吾尔族)
付小涛
袁　健(2 月离任)
刘　英(女)
马　瑞(5 月任职)
韩玉亮(派出所所长,8 月任职)

恰格拉克乡

党委书记:张伟东(12 月离任)
汪　军(12 月任职)
党委副书记、乡长:
阿迪拉·艾合买提(女,维吾尔族)
党委委员、人大主席:玉散·毛力(维吾尔族)
副书记:图尔迪·阿伍提(维吾尔族,政法书记)
肖　莹(女)
潘合明(11 月任职)
江春花(女,主任科员,2 月离任)
党委委员:阿合尼亚孜·毛尼亚孜(维吾尔族)
孔令春(人武部部长)
艾力亚斯·萨木萨克(维吾尔族)
艾尼·毛勒买买提(维吾尔族,宣传干事)
冯军政(派出所所长)
李强君(纪委书记、监察办主任,8 月任职)
副乡长:艾力亚斯·萨木萨克(维吾尔族)
依力哈木·依沙木丁(维吾尔族)
刘潼潼(8 月任职)
王伟基(11 月任职)
代　宽(5 月离任)
刘子豪(8 月离任)
李强君(8 月离任)

依希来木其乡

党委书记:
艾尼瓦尔·买提尼亚孜(维吾尔族,8 月离任)
祁金平(8 月任职)
党委副书记、乡长:
祁金平(8 月离任)
库尔班·买买提(维吾尔族,8 月任职)
党委委员、人大主席:
木塔力甫·买买提(维吾尔族,5 月离任)
阿力木·毛拉麦提(维吾尔族,5 月任职)
副书记:玉素甫江·玉山(维吾尔族,政法书记)
刘　阳
赵鸿龙(11 月任职)
李科一(11 月离任)
党委委员:
布海力且木·苏为(女,维吾尔族)
艾尼瓦尔·毛拉肉孜(维吾尔族,统战干事,5 月任职)
李平华(5 月任职)
曹书豪(纪委书记、监察办主任)
邱祖国(人武部部长,11 月任职)
张雁君(11 月离任)
姚剑波(派出所所长,11 月任职)
阿力木·毛拉麦提(维吾尔族,5 月离任)
赵鸿龙(人武部部长,11 月离任)
副乡长:赛伊迪力·艾麦提(维吾尔族,5 月任职)
艾尼瓦尔·毛拉肉孜(维吾尔族)
阿力木·毛拉麦提(维吾尔族,5 月离任)
李平华
宋乃贵(5 月任职)
李雪纯(女,8 月任职)
马鸿雁(8 月离任)

古勒阿瓦提乡

党委书记:宋　磊
党委副书记、乡长:
库尔班·尼扎米丁(维吾尔族,2 月离任)
艾海提·艾合塔木(维吾尔族,2 月任职)
党委委员、人大主席:
吾不力卡斯木·买合木提(维吾尔族,2 月离任)
吾甫尔·库尔班(维吾尔族,2 月任职)
副书记:

吾甫尔·库尔班(维吾尔族,政法书记,2月离任)
穆太力普·麦麦提伊敏(维吾尔族,政法书记,2月任职)
孙　斌
黄贵国(2月离任)
薛　振(5月任职)

党委委员:
李建宗(纪委书记、监察办主任)
亚库甫·亚生(维吾尔族)
艾孜买提·依明(维吾尔族,统战干事,5月任职)
王亚奇(人武部部长,5月任职)
晏　涛(派出所所长)
薛　振(人武部部长,5月离任)
穆耶赛尔·尼亚孜(女,维吾尔族,宣传干事,2月离任)
玛依热·吐尔逊(女,维吾尔族,宣传干事,5月任职)
穆太力普·麦麦提伊敏(维吾尔族,统战干事,2月离任)

副乡长:
艾力·吐尔迪(维吾尔族,5月任职)
亚库甫·亚生(维吾尔族)
刘　洋(5月任职)
穆耶赛尔·尼亚孜(女,维吾尔族,2月离任)
赵德忠(8月离任)
王亚奇(5月离任)
艾尼瓦尔·艾拜(维吾尔族,挂职)

博孜墩柯尔克孜民族乡

党委书记:徐志刚

党委副书记、乡长:
阿依甫拉提·司马义(女,柯尔克孜族,副县长)

党委委员、人大主席:吐逊·买买提(维吾尔族)

党委副书记:张荣立
高万俊
阿迪力·哈里克(柯尔克孜族,政法书记)
岳　昕(8月任职)
曹湘波(8月离任)

党委委员:
库尔班·亚生(维吾尔族)
王海龙(纪委书记、监察办主任,8月任职)
翟小辉(人武部部长)
魏志翔(宣传干事)
岳昕(组织干事,8月离任)
艾克拉木·艾色提(维吾尔族,统战干事,5月任职)
艾力·艾海提(维吾尔族,边防派出所副所长)

副乡长:库尔班·亚森(维吾尔族)
魏志翔
艾合买提·吾布力卡斯木(维吾尔族)
穆妮热·库尔班(女,维吾尔族,5月任职)
焦国斌(8月任职)
王海龙(8月离任)

托甫汗镇

党委书记:刘　鑫

党委副书记、镇长:亚森·斯迪克(维吾尔族)

党委委员、人大主席:
吐鲁洪·依力牙斯(维吾尔族,2月离任)
吐尔洪·托合提(维吾尔族,5月任职)

副书记:
木热迪力·买合木提(维吾尔族,政法书记,2月离任)
吐鲁洪·依力牙斯(维吾尔族,政法书记,2月任职)
杨旭普
郭　勇(8月任职)
刘继堂(8月离任)

党委委员:郭　勇(纪委书记、监察办主任,8月离任)
周亚雄(纪委书记、监察办主任,8月任职)
艾尔肯·吾斯曼(维吾尔族)
雷　磊(人武部部长)
肖克热提·艾孜木(维吾尔族)
蒋　燕(女,宣传干事,11月离任)

刘　芳(女,宣传干事,11月任职)

副镇长:艾尔肯·吾斯曼(维吾尔族)

查冬冬(5月任职)

杨志义(8月任职)

兰　波(派出所所长,8月任职)

张文铠(2月离任)

沈　楠(8月离任)

共青团镇

党委书记:刘朝美(女)

党委副书记、镇长:凯赛尔·麦麦提力(维吾尔族)

党委委员、人大主席:阿布拉·托呼提(维吾尔族)

党委副书记:

刘　剑(宣传干事,5月离任)

文　涛(2月任职)

岳　刚(8月任职)

尕　龙(哈萨克族,2月离任)

莫依冬·毛尼亚孜(维吾尔族,政法书记,8月离任)

库尔班江·艾萨(维吾尔族,政法书记,11月任职)

党委委员:牛　东(纪委书记、监察办主任)

陈柏松(组织干事)

买合木提·赛依迪力(维吾尔族,统战干事)

赵建东(人武部部长)

刘　杠(派出所所长)

热孜古丽·克比尔(女,维吾尔族)

副镇长:陈柏松

热孜古丽·克比尔(女,维吾尔族)

阿不都萨拉木·阿布都热合曼(维吾尔族)

吴晟嘉

柯柯牙镇

党委书记:刘　杰

党委副书记、镇长:

艾散·阿卜都热合曼(维吾尔族,8月离任)

亚克甫·吐尔荪(维吾尔族,8月任职)

党委委员、人大主席:

艾力·买买提(维吾尔族,2月离任)

木塔力甫·买买提(维吾尔族,5月任职)

党委副书记:

郑皓尹

艾克拜尔·艾尼外尔(维吾尔族,政法书记)

王　迪(女,5月离任)

王小兵(5月任职)

党委委员:

孙立国(人武部部长)

古丽扎尔·阿木冬(女,维吾尔族,宣传干事)

艾买尔江·艾克帕尔(维吾尔族,统战干事)

王　东(组织干事,5月离任)

于　震(纪委书记、监察办主任)

阿迪力·阿不都热西提(维吾尔族,兼任温宿县边防大队副大队长,塔格拉克边防派出所所长)

副镇长:古丽扎尔·阿木冬(女,维吾尔族)

热合曼·热买提(维吾尔族)

代冬冬(11月任职)

赵新秦(11月离任)

温宿县2019年国民经济和社会发展统计公报

2019年在以习近平同志为核心的党中央坚强领导下,县委、政府团结带领全县各族人民,以习近平新时代中国特色社会主义思想为指导,紧紧围绕社会稳定和长治久安总目标,按照自治区党委“1+3+3+改革开放”的工作部署,坚持稳重求进工作总基调,深入贯彻新发展理念,以供给侧结构性改革为主线,坚决打好三大攻坚战,经济运行总体平稳,人民生活持续改善,统筹推进温宿县经济社会朝着实现全面建成小康社会的目标迈出了新的步伐。

一、综合

2019年,全县地方生产总值80.62亿元,比上年增长9.02%,其中:第一产业增加值25.07亿元,增长5.6%;第二产业增加值19.05亿元,增长7.8%;第三产业增加值36.5亿元,增长11.5%。

地方生产总值中一、二、三次产业的结构百分比由2018年的35∶32∶33转变为31∶24∶45。

二、农业

农林牧渔业总产值54.49亿元,按可比价格计算,比上年增长6.23%,其中,农业产值43.52亿元,增长5.89%;林业产值0.61亿元,增长4.86%;畜牧业产值8.2亿元,增长8.7%;渔业产值0.8亿元,增长3.94%;农林牧渔服务业产值1.36亿元,增长5.03%。

农作物播种面积8.87万公顷,下降5.12%,其中,粮食播种面积3.01万公顷,下降12.85%;棉花播种面积3.53万公顷,下降6.02%;油料播种面积0.02万公顷,下降15.79%;蔬菜播种面积0.36万公顷,下降14.31%。

全年粮食产量26.3万吨,下降8.06%。棉花产量7.25万吨,下降5.44%。油料产量366吨,下降15.67%。甜菜产量40420吨,下降32.01%。蔬菜产量8.99万吨,下降16.32%。水果(含果用瓜)产量53万吨,增长10.14%。

年末牲畜存栏77.44万头(只),下降3.42%;全年牲畜出栏101.58万头(只),增长4.76%。肉类总产量39612吨,增长6.28%,其中主要肉类产量:羊肉产量14929吨,增长4.2%;牛肉产量8290吨,增长46.46%;猪肉产量3343吨,下降36.44%。牛奶产量35473吨,增长8.72%。绵羊毛产量686吨,下降67.41%。

三、工业和建筑业

全年实现工业增加值11.76亿元,比上年增长12%。规模以上工业增加值9.08亿元,比上年增长13.4%,规下及个体工业增加值2.68亿元。

全县实现建筑业增加值7.29亿元,比上年增长2.5%。

四、固定资产投资

全社会固定资产投资比上年增长17.56%。

房地产开发投资9.5亿元,增长2.03%。房屋施工面积76.04万平方米,下降25.37%;商品房销售面积9.19万平方米,增长777.04%。

五、国内贸易

社会消费品零售总额46.26亿元,比上年增长12.5%。

六、交通、邮电和旅游

2019年,全县民用车辆拥有量达65044辆,比上年增长10.2%。其中:汽车50857辆,比上年增长13.7%,摩托车14121辆,比上年下降1.1%。

全县道路总里程2649千米(包括国省道),高速公路109千米。国道1条110千米,省道1条26千米,县道8条249千米,乡道81条900千米,专用公路58条246.7千米;沥青路面2243千米,占全县公路总里程的84.6%,13个乡(镇)通油率达100%,140个行政村已通油路140个,通油率达100%。

县域旅游A级景区8个,星级农家乐6个。全年共接待国内旅游人数169.54万人次,比上年增长

99.46%;旅游总收入 9.86 亿元,比上年增长95.63%。

七、财政、金融

地方财政收入7.63亿元,增长39.6%。地方公共财政预算收入5.16亿元,增长6.3%。

地方财政支出41.22亿元,增长11.7% 。地方公共财政预算支出36.79亿元,增长3.8%。

年末金融机构人民币各项存款余额103.73亿元,比上年增长6.9%。金融机构人民币各项贷款余额107.1亿元,增长29%。

八、教育和科学技术

2019年,全县拥有各类学校机构181所,其中:职业中学1所、高级中学2所、初级中学7所、九年一贯制学校6所、小学49所、幼儿园116所,另有教学点22个;全县教职员工5169人,其中:职高50人、高中399人、初中1054人、小学2174人、幼儿园1492人;在校学生和幼儿教育儿童总计59096名,其中:职业高中466名、普通高中4514名、初中10368名,小学27441名,幼儿园在园人数16307名;全年小学学龄儿童入学率99.95%,初中入学率99.9%,初中毕业生升学率99.2%。

县财政下拨科技三项经费3000万元。全年安排自治区级、地区级科技计划项目3项。选聘并下派科技特派员56名。

九、文化、卫生和体育

2019年,全县有电影事业机构1个,其中电影放映单位1个。拥有文化馆1个,图书馆1个。广播人口覆盖率98.4%,电视人口覆盖率98%。

2019年,全县各级各类医疗卫生机构197家,其中县级二级医院2家,乡镇卫生院17个,社区卫生服务室12个、营利性医疗机构29个、村卫生室133个、专业公共卫生机构4个(卫生监督所、疾控中心、妇幼保健院、计生服务站)。

2019年,全县医疗卫生单位实有人数1521人,其中卫生专业技术人员906人(副高级职称以上人员38人、中级职称人员97人、初级职称377人、无职称人员394人)。

2019年,全县执业(助理)医师400人,每千人拥有执业(助理)医师1.63人;注册护士359人,每千人拥有注册护士1.47人;全科医生36人。每万人拥有全科医生数为1.47人。核定床位数837张(县医院400张,维吾尔医医院130张,乡镇卫生院257张,民营医院50张),实际开放床位1074张(县医院500张,维吾尔医医院185张,乡镇卫生院339张,民营医院50张)。

十、人民生活

城镇居民人均可支配收入32298元,比上年增长7.4%,农村居民人均可支配收入14221元,增长10.4%。农牧民人均纯收入19025.8元,比上年增加1297元,增长7.32%。

十一、劳动就业和社会保障

2019年,通过各种途径实现城镇就业再就业4165人,其中:就业困难人员实现就业269人。城镇登记失业率控制在2.15%以内。

2019年,全县失业保险参保人数14211人,城镇职工医疗保险参保人数24568人,生育保险参保人数16929人,城镇居民医疗保险参保(城乡居民医疗保险)200879人。

资助全县城镇最低生活保障对象共计692户994人,发放低保救助715万元;农村最低生活保障对象共计2701户5530人(户数为2019年12月31日数,资金为2019年1—12月累计数),发放低保救助1671万元,发放率达100%。

十二、资源、环境和安全生产

温宿县坚持加快矿产资源勘探开发,以矿产资源优势为依托,大力实施优势资源转换战略,详查矿产资源的种类、分布和储量,重点加大对全县石油、煤、东陵玉、岩盐、白云岩、黑耀岩、铜、铅、铁、镍、石灰石等矿产勘探开发。

截至2019年底,发现各种矿产地107处,其中:大型11处,中型13处,小型14处,矿点20处,矿化点104处。已初步探明矿种31种。预计原油储量12195万吨、天燃气储量3170.8亿立方米。

温宿县煤炭品种多,品种有:贫煤、脊煤以及部分配焦煤（都属动力用煤），低灰高热量，发热量达7800大卡以上；煤炭储量约7.4亿吨、岩盐10处6座矿山储量约1000亿万吨、花岗岩约1750万立方米、铜矿储量约1285吨、石膏矿储量约35亿吨、石灰石约19507万吨、石膏估算总矿储量有100亿吨左右、东陵玉约30万立方米、白云岩矿点有4处，估算地质储量是42.835亿吨。铁矿10个矿体，4个矿化点，估算（334资源储量）90.2万吨等其他矿物的储量。

2019年，温宿县境内共有钻井34口，其中当年完成钻井24口，正在钻井19口，全年原油产量5.83万吨，天然气产量3.5亿立方米。

全县有自然保护区1个，自然保护区面积26700公顷，占全县总面积的1.45%。

2019年，全县发生各类事故80起，比上年下降12%。各类事故死亡人数17人，比上年上升113%；受伤57人，比上年下降3%；直接经济损失24.05万元，比上年下降38%。道路交通事故59起，死亡人数17人，事故起数下降2%，死亡人数上升142%，经济损失上升7%。

备注：

1. 公报中，生产总值、增加值、总产值绝对额均为当年价格，生产总值、增加值增长速度均按可比价格计算，总产值增长速度按上年价格指数缩减计算。

2、固定资产投资数据以地区反馈为准。

本公报中主要经济指标数据来源于温宿县统计局，其他数据来源于相关部门。其中，农业机械动力来源于县农机局；林业数据来源于县林业和草原局；农牧民人均纯收入来源于县农业农村局；油井勘探数据来源于县商工局；道路数据来源于县交通运输局；旅游、文化、广播、电视数据来源于县文旅局；财政数据来源于县财政局；教育、科技数据来源于县教育和科学技术局；卫生数据来源于县卫生健康委员会；就业与社会保障数据来源于县人力资源和社会保障局；医疗保险数据来源于县医疗保障局；城乡低保数据来源于县民政局；矿产资源数据来源于县自然资源局；安全生产数据来源于县应急管理局。

重要文件辑目

【中共温宿县委重要文件辑目】

1月12日,温党委〔2019〕2号,《中共温宿县委履行扶贫领域腐败和作风问题主体责任情况报告》

1月17日,温党办发〔2019〕1号,印发《关于持续深入开展习近平总书记对新疆工作重要指示批示贯彻落实情况"回头看"工作》

1月31日,温党发〔2019〕1号,中共温宿县委员会 温宿县人民政府《关于表彰奖励2018年度反恐维稳忠诚卫士、先进集体和先进个人的决定》

2月1日,温党发〔2019〕2号,中共温宿县委员会 温宿县人民政府《关于表彰2018年度招商引资工作先进集体和先进个人的决定》

2月16日,温党发〔2019〕4号,《中共温宿县委员会关于温宿县2018年度县委管理领导班子、领导干部考核结果的通报》

2月18日,温党办发〔2019〕5号,中共温宿县委办公室 温宿县人民政府办公室 印发《关于〈温宿县机构改革方案〉的实施意见》的通知

2月18日,温党办发〔2019〕8号,印发《温宿县贯彻落实中央脱贫攻坚专项巡视反馈意见整改方案》的通知

2月26日,温党办发〔2019〕46号,中共温宿县委办公室印发《关于进一步推进"三进两联一交友"活动制度化常态化长效化实施方案》的通知

2月26日,温党办发〔2019〕47号,中共温宿县委办公室 温宿县人民政府办公室 印发《温宿县乡(镇)卫生院、计生服务站事权上划工作实施方案》的通知

3月8日,温党发〔2019〕17号,中共温宿县委员会 温宿县人民政府印发《温宿县贯彻落实中央脱贫攻坚专项巡视反馈意见整改方案》的通知

3月26日,温党发〔2019〕20号,《中共温宿县委员会关于十二届县委第六轮巡察组长授权任职及任务分工的决定》

3月30日,温党办发〔2019〕52号,中共温宿县委办公室 温宿县人民政府办公室印发《温宿县经济口关于贯彻落实自治区党委九届六次全体会议精神的实施方案》的通知

4月5日,温党办发〔2019〕53号,中共温宿县委办公室印发《县委网络安全和信息化委员会工作规则》和《县委网络安全和信息化委员会办公室工作细则》的通知

4月10日,温党办发〔2019〕54号,中共温宿县委办公室 温宿县人民政府办公室关于印发《温宿县迎接中央扫黑除恶专项斗争督导组开展专项督导工作方案》的通知

4月15日,温党办发〔2019〕66号,关于印发《关于构建温宿县一体化大招商工作机制的实施方案》的通知

4月29日,温党办发〔2019〕71号,中共温宿县委办公室关于印发《中共温宿县委全面深化改革委员会工作规则》《中共温宿县委全面深化改革委员会专项小组工作细则》《中共温宿县委全面深化改革委员会办公室工作细则》的通知

5月8日,温党办发〔2019〕61号,中共温宿县委办公室关于印发《县委全面依法治县委员会工作规则》《县委全面依法治县委员会协调小组工作规则》《县委全面依法治县委员会办公室工作细则》的通知

5月8日,温党办发〔2019〕62号,中共温宿县委办公室关于印发《温宿县委贯彻落实〈党委(党组)国家安全责任制规定〉的实施办法》的通知

5月8日,温党办发〔2019〕63号,中共温宿县委办公室 温宿县人民政府办公室印发《温宿县党政机关办公用房管理办法》《温宿县党政机关公务用车管理办法》的通知

5月8日,温党办发〔2019〕65号,中共温宿县委

办公室印发《关于解决形式主义突出问题落实“基层减负年”工作实施细则任务分解方案》的通知

5月28日，温党发〔2019〕22号，中共温宿县委员会　温宿县人民政府关于印发《温宿县关于大力促进民营经济健康发展的实施方案》的通知

5月28日，温党发〔2019〕23号，中共温宿县委员会　温宿县人民政府印发《关于成立温宿县绩效综合考评委员会的通知》《温宿县2019年度绩效综合考评办法》的通知

6月11日，温党办发〔2019〕73号，印发《关于进一步完善“1+X”分级管理运行体系构建大风险隐患排查工作机制》的通知

6月20日，温党发〔2019〕24号，中共温宿县委员会　温宿县人民政府印发《温宿县关于全面实施预算绩效管理的实施方案》的通知

6月25日，温党办发〔2019〕75号，中共温宿县委办公室　温宿县人民政府办公室印发《温宿县贯彻落实〈自治区党委、自治区人民政府关于防范化解地方政府性债务风险的实施意见〉有关政策措施分工方案》的通知

6月29日，温党发〔2019〕25号，《中共温宿县委员会关于表彰先进基层党组织、优秀共产党员和优秀党务工作者的决定》

7月6日，温党办发〔2019〕74号，中共温宿县委办公室关于印发《温宿县第二十一个党风廉政教育月活动实施方案》的通知

7月15日，温党办发〔2019〕76号，中共温宿县委办公室　温宿县人民政府办公室关于印发《温宿县贯彻落实〈关于加快推进基层社会治理现代化努力开创平安新疆建设新局面的意见〉的实施方案》的通知

7月17日，温党办发〔2019〕77号，中共温宿县委办公室关于印发《温宿县纪委监委派驻（派出）纪检监察机构改革方案》的通知

7月17日，温党办发〔2019〕78号，中共温宿县委办公室关于印发《温宿县公务员职务与职级并行制度实施方案》的通知

8月14日，温党发〔2019〕26号，中共温宿县委员会印发《关于解决“两不愁三保障”突出问题坚决打赢脱贫攻坚战的实施方案》的通知

8月26日，温党办发〔2019〕82号，中共温宿县委办公室　温宿县人民政府办公室关于印发《温宿县国有企业资产负债约束管理办法》的通知

8月26日，温党办发〔2019〕83号，中共温宿县委办公室　温宿县人民政府办公室关于印发《温宿县直属国有企业负责人履职待遇、业务支出管理办法（试行）》的通知

9月9日，温党发〔2019〕27号，《中共温宿县委员会　温宿县人民政府关于表彰温宿县2019年优秀教师、先进教育工作者等先进个人的决定》

12月24日，温党委〔2019〕20号，《温宿县委班子“不忘初心、牢记使命”主题教育专题民主生活会情况报告》

12月30日，温党发〔2019〕31号，《中共温宿县委员会　温宿县人民政府关于表彰温宿县第九批浙江省金华市优秀援疆干部、优秀援疆人才、优秀援疆支教教师的决定》

12月30日，温党发〔2019〕32号，《中共温宿县委员会　温宿县人民政府关于为第九批金华援疆指挥部记集体三等功的决定》　（沈　茂）

【温宿县人大常务委员会重要文件辑目】

1月3日，温人发〔2019〕1号，《关于批准调整温宿县2019年本级财政预算收支的决议》

1月3日，温人发〔2019〕2号，《关于干部任免的通知》

2月28日，温人发〔2019〕4号，《温宿县人大常委会关于接受刘洪胜同志辞去温宿县监察委会主任职务的决定》

2月28日，温人发〔2019〕5号，《温宿县人大常委会关于接受艾山·拜克日同志辞去温宿县人民检察院检察长职务的决定》

2月28日，温人发〔2019〕6号，《温宿县人大常委会关于接受阿不都热依木·买买提同志辞去温宿

县十三届人大常委会委员职务的决定》

2月28日,温人发〔2019〕7号,《干部任免的通知》

2月28日,温人发〔2019〕8号,《温宿县人大常委会关于孙凤霞同志任温宿县监察委会代理主任的决定》

2月28日,温人发〔2019〕9号,《干部任免的通知》

2月28日,温人发〔2019〕10号,《干部任免的通知》

2月28日,温人发〔2019〕11号,《温宿县人大常委会关于买买提·吐尼亚孜同志任温宿县人民检察院代理检察长的决定》

2月28日,温人发〔2019〕12号,《干部任免的通知》

2月28日,温人发〔2019〕13号,《干部任免的通知》

2月28日,温人发〔2019〕14号,《干部任免的通知》

3月28日,温人发〔2019〕15号,《干部任免的通知》

5月20日,温人发〔2019〕16号,《关于批准温宿县2019年政府债务限额及分配方案的决议》

5月20日,温人发〔2019〕17号,《干部任免的通知》

15月20日,温人发〔2019〕18号,《干部任免的通知》

5月20日,温人发〔2019〕19号,《干部任免的通知》

7月25日,温人发〔2019〕20号,《关于批准温宿县2018年财政决算的决议》

7月25日,温人发〔2019〕21号,《关于批准2019年温宿县政府债务限额及分配方案的决议》

7月25日,温人发〔2019〕22号,《关于对政府有关工作报告的审议意见》

7月25日,温人发〔2019〕23号,《干部任免的通知》

7月25日,温人发〔2019〕24号,《干部任免的通知》

9月24日,温人发〔2019〕25号,《关于接受阿不来提·吾斯曼同志辞去温宿县人大常委会副主任职务的决定》

9月24日,温人发〔2019〕26号,《关于干部任命的通知》

9月24日,温人发〔2019〕27号,《关于干部任命的通知》

9月24日,温人发〔2019〕28号,《关于干部任命的通知》

9月24日,温人发〔2019〕29号,《关于批准"十三五"环境保护规划决议》

11月21日,温人发〔2019〕30号,《温宿县人大常委会关于接受王文彬同志辞去温宿县副县长职务的决定》

11月21日,温人发〔2019〕31号,《关于干部任命的通知》

11月21日,温人发〔2019〕32号,《关于干部任命的通知》

11月21日,温人发〔2019〕33号,《关于干部任命的通知》

1月3日,温人办〔2019〕1号,《关于召开温宿县第十三届人民代表大会第四次会议的通知》

1月5日,温人办〔2019〕2号,《关于召开县十三届人大常委会第21次会议的通知》

2月25日,温人办〔2019〕3号,《关于转办温宿县第十三届人民代表大会第四次会议代表议案、建议的函》

2月28日,温人办〔2019〕4号,《关于印发县人大常委会2019年工作要点的通知》

3月21日,温人办〔2019〕5号,《关于召开县十三届人大常委会第22次会议的通知》

4月28日,温人办〔2019〕6号,《关于做好向自治区人代会提交议案和建议准备工作的通知》

4月29日,温人办〔2019〕7号,《关于开展民族团结进步条例执法检查的通知》

5月6日，温人办〔2019〕8号，《关于开展国家通用语言文字法执法检查的通知》

5月19日，温人办〔2019〕9号，《关于召开县十三届人大常委会第23次会议的通知》

5月25日，温人办〔2019〕10号，《关于召开温宿县第十三届人民代表大会第五次会议的通知》

（许　芳）

【温宿县人民政府重要文件辑目】

1月7日，温政发〔2019〕1号，《关于废止和失效部分规范性文件的通知》

1月11日，温政发〔2019〕10号，《关于2018年度温宿县地方隐性债务清查及化解情况的报告》

3月1日，温政发〔2019〕25号，《关于成立温宿县推进政府职能转变和“放管服”改革协调领导小组的通知》

3月27日，温政发〔2019〕42号，《关于印发政府班子成员分工的通知》

4月6日，温政发〔2019〕44号，《关于温宿县现代农业产业园建设规划(2019－2025)的批复》

1月11日，温政办〔2019〕2号，关于印发《温宿县清理拖欠民营企业中小企业账款工作方案》的通知

1月28日，温政办〔2019〕8号，关于印发《温宿县新一轮退耕还林还草工程项目补助资金管理实施细则》的通知

2月23日，温政办〔2019〕11号，关于印发《温宿县易地扶贫搬迁问题整改工作方案》的通知

3月13日，温政办〔2019〕14号，关于成立温宿县政府隐性债务化解方案推进工作领导小组的通知

3月19日，温政办〔2019〕17号，关于调整温宿县教育督导委员会组成人员的通知

3月31日，温政办〔2019〕21号，关于印发《温宿县打赢蓝天保卫战三年行动计划实施方案(2018—2020年)》的通知

4月1日，温政办〔2019〕22号，关于印发《温宿县2019年城区春季绿化实施方案》的通知

4月1日，温政办〔2019〕25号，关于做好2019年自治区《政府工作报告》和行署第一次全体会议重点任务完成情况督查工作的通知

5月5日，温政办〔2019〕31号，关于印发《温宿县创建全域旅游示范区实施方案》的通知

5月28日，温政办〔2019〕33号，关于印发《温宿县“六型”政府建设2019年工作要点》的通知

6月17日，温政办〔2019〕36号，关于印发《温宿县“点线面”推进经济工作实施方案》的通知

6月17日，温政办〔2019〕37号，关于印发《温宿县能源资源开发经营管理攻坚行动方案》的通知

6月27日，温政办〔2019〕38号，关于印发《温宿县推进智慧城市建设三年行动计划(2019—2021年)》的通知

6月27日，温政办〔2019〕39号，关于印发《温宿县支持实体经济高质量发展攻坚行动方案》的通知

6月27日，温政办〔2019〕40号，关于印发《温宿县深化“放管服”改革攻坚行动方案》的通知

6月27日，温政办〔2019〕41号，关于印发《温宿县开展农村公路“路畅民安”专项行动加快推进“四好农村路”实施方案》的通知

6月27日，温政办〔2019〕42号，关于印发《温宿县交通出行便利化专项攻坚实施意见》的通知

8月6日，温政办〔2019〕44号，关于印发《温宿县违建别墅问题清查整治专项行动实施方案》的通知

8月13日，温政办〔2019〕45号，关于印发《温宿县全面开展工程建设项目审批制度改革实施方案》的通知

8月27日，温政办〔2019〕46号，关于印发《温宿县深化科技体制改革2019年推进计划》的通知

8月27日，温政办〔2019〕47号，关于印发《温宿县贯彻落实阿克苏地区关于全面加强乡村小规模学校和乡(镇)寄宿制学校建设的实施意见的实施方案》的通知

10月5日，温政办〔2019〕49号，关于印发《温宿县农村饮水安全工程运行管理办法》的通知

12 月 25 日,温政办〔2019〕51 号,关于印发《温宿县 2019 年秋季及 2020 年春季城区绿化实施方案》的通知 (刘永成)

【政协温宿县委员会重要文件辑目】

4 月 30 日,温政协办〔2019〕2 号,《政协温宿县委员会 2019 年度委员开展调研视察活动方案》

(许 斌)

【温宿县纪委监委重要文件辑目】

1 月 12 日,温纪发〔2019〕1 号,关于印发《关于做好漫画和微动漫作品展播》的通知

1 月 16 日,温纪办发〔2019〕5 号,关于印发《温宿县纪委监委公务用车管理制度》等 19 项制度的通知

1 月 16 日,温纪办发〔2019〕6 号,关于印发《温宿县纪检监察系统集中整治形式主义、官僚主义实施方案》的通知

1 月 16 日,温纪办发〔2019〕7 号,关于印发《温宿县纪委监委领导班子 2018 年度民主生活会暨专题民主生活会方案》的通知

1 月 28 日,温纪办发〔2019〕10 号,关于印发《温宿县纪委监委退休干部 2019 年度红色大讲堂实施方案》的通知

2 月 25 日,温纪办发〔2019〕14 号,关于印发《温宿县纪检监察系统强化集中整治形式主义、官僚主义 7 项措施》的通知

4 月 9 日,温纪办发〔2019〕16 号,《关于进一步推进县纪委监委领导干部“三进两联一交友”活动制度化、常态化、长效化工作》的通知

7 月 22 日,温纪办发〔2019〕22 号,关于印发《温宿县纪检监察干部培训三年规划(2019—2021)》《2019 年温宿县纪检监察干部全员培训计划》的通知 (戴 冬)